Korpusgestützte Analyse
internetbasierter Kommunikation

Michael Beißwenger · Harald Lüngen ·
Simon Meier-Vieracker · Sarah Steinsiek · Angelika Storrer ·
Laura Herzberg

Korpusgestützte Analyse internetbasierter Kommunikation

Eine Einführung

 J.B. METZLER

Michael Beißwenger
Institut für Germanistik
Universität Duisburg-Essen
Essen, Deutschland

Sarah Steinsiek
Institut für Germanistik
Universität Duisburg-Essen
Essen, Deutschland

Harald Lüngen
Institut für Deutsche Sprache
Mannheim, Deutschland

Angelika Storrer
Seminar für Deutsche Philologie
Mannheim, Deutschland

Simon Meier-Vieracker
Institut für Germanistik
Technische Universität Dresden
Dresden, Deutschland

Laura Herzberg
Institut für Deutsche Sprache
Mannheim, Deutschland

ISBN 978-3-476-05976-5   ISBN 978-3-476-05977-2 (eBook)
https://doi.org/10.1007/978-3-476-05977-2

Die Deutsche Nationalbibliothek verzeichnet diese Publikation in der Deutschen Nationalbibliografie; detaillierte bibliografische Daten sind im Internet über https://dnb.d-nb.de abrufbar.

© Springer-Verlag GmbH Deutschland, ein Teil von Springer Nature 2025

Das Werk einschließlich aller seiner Teile ist urheberrechtlich geschützt. Jede Verwertung, die nicht ausdrücklich vom Urheberrechtsgesetz zugelassen ist, bedarf der vorherigen Zustimmung des Verlags. Das gilt insbesondere für Vervielfältigungen, Bearbeitungen, Übersetzungen, Mikroverfilmungen und die Einspeicherung und Verarbeitung in elektronischen Systemen.
Die Wiedergabe von allgemein beschreibenden Bezeichnungen, Marken, Unternehmensnamen etc. in diesem Werk bedeutet nicht, dass diese frei durch jede Person benutzt werden dürfen. Die Berechtigung zur Benutzung unterliegt, auch ohne gesonderten Hinweis hierzu, den Regeln des Markenrechts. Die Rechte des/der jeweiligen Zeicheninhaber*in sind zu beachten.
Der Verlag, die Autor*innen und die Herausgeber*innen gehen davon aus, dass die Angaben und Informationen in diesem Werk zum Zeitpunkt der Veröffentlichung vollständig und korrekt sind. Weder der Verlag noch die Autor*innen oder die Herausgeber*innen übernehmen, ausdrücklich oder implizit, Gewähr für den Inhalt des Werkes, etwaige Fehler oder Äußerungen. Der Verlag bleibt im Hinblick auf geografische Zuordnungen und Gebietsbezeichnungen in veröffentlichten Karten und Institutionsadressen neutral.

Einbandabbildung: © marchmeena29 / Getty Images / iStock

Planung/Lektorat: Ferdinand Pöhlmann
J.B. Metzler ist ein Imprint der eingetragenen Gesellschaft Springer-Verlag GmbH, DE und ist ein Teil von Springer Nature.
Die Anschrift der Gesellschaft ist: Heidelberger Platz 3, 14197 Berlin, Germany

Wenn Sie dieses Produkt entsorgen, geben Sie das Papier bitte zum Recycling.

Vorwort

Diese Monographie ist als Einführungsbuch konzipiert, das für den Einsatz in Lehrveranstaltungen und für das Selbststudium verwendet werden kann. Es richtet sich an Studierende, die einen forschungsbasierten Überblick über die linguistische Erforschung internetbasierter Kommunikation gewinnen und die Möglichkeiten der Arbeit mit Sprachkorpora für die empirische Analyse sprachlicher und kommunikativer Phänomene in Chats, Social-Media-Umgebungen und Online-Communities kennenlernen möchten. Neben einer linguistischen Perspektive auf Sprache in digitalen Kommunikationsumgebungen werden daher auch diejenigen korpus- und computerlinguistischen Grundlagen vermittelt, die für die Untersuchung eigener Forschungsfragen mit Korpora benötigt werden. Korpus- und computerlinguistische Vorkenntnisse sind dafür nicht erforderlich; das Buch ist für Leserinnen und Leser mit linguistischem Grundwissen konzipiert, wie es in Bachelor-Studiengängen typischerweise im Rahmen von Seminaren des Typs „Einführung in die Linguistik" bzw. „Einführung in die Sprachwissenschaft" vermittelt wird.

Die Idee zu diesem Buch geht zurück auf linguistische Lehrveranstaltungen, in denen an den Universitäten Duisburg-Essen, Dortmund, Dresden und Mannheim Basis- und Aufbauwissen zur linguistischen Beschäftigung mit Sprache unter den Bedingungen der Kultur der Digitalität in Studiengängen der Germanistik und der Angewandten Sprachwissenschaften vermittelt wurde. Die Fragestellungen, Korpora und Datenbeispiele sind auf die deutschsprachige internetbasierte Kommunikation bezogen; die dazu vorgestellten Beschreibungsansätze, Konzepte und korpuslinguistischen Grundlagen sind aber prinzipiell auch in Studiengängen mit anderen philologischen Fächern nutzbar. An zwei Fallstudienbeispielen werden sprachkontrastive Fragestellungen vorgestellt, um zu verdeutlichen, dass die linguistische Beschäftigung mit der ‚digitalen Welt' als globalem Kommunikationsraum nicht nur mit Fokus auf einer Einzelsprache (hier dem Deutschen) betrachtet werden kann, sondern dass für die Untersuchung von emergenten Praktiken der kommunikativen Organisation von Verständnis und Verstehen unter den Bedingungen internetbasierter Kommunikation auch die sprachenübergreifende Forschung spannende Perspektiven auf die Besonderheiten sozialer Interaktion unter den Bedingungen der Digitalität bereithält.

In die Konzeption des Buches sind neben Ideen der Autorinnen und Autoren Anregungen verschiedener Fachkolleg:innen eingeflossen, von denen insbesondere Steffen Pappert (Duisburg-Essen) namentlich zu erwähnen ist.

Die Kapitel des Buches wurden anhand einer vorab vereinbarten Konzeption von den Autorinnen und Autoren arbeitsteilig verfasst, wobei keines der Kapitel ‚monadisch' entstanden ist. Wechselseitig zu Vorfassungen ausgetauschte Rückmeldungen und Anregungen sind in die Endfassung eingeflossen. Vernetzungen zwischen den Kapiteln sind über Querverweise angezeigt.

Das Gesamtkonzept wurde von Michael Beißwenger und Harald Lüngen erarbeitet. Die einzelnen Kapitel wurden verfasst von

- Michael Beißwenger: ▶ Kap. 1–3, ▶ Abschn. 4.1, 5.1 und ▶ Kap. 6
- Michael Beißwenger/Sarah Steinsiek: ▶ Abschn. 4.2 und 5.4

- Harald Lüngen/Sarah Steinsiek: ▶ Abschn. 4.3
- Simon Meier-Vieracker: ▶ Abschn. 4.4 und 5.6
- Sarah Steinsiek: ▶ Abschn. 5.3
- Angelika Storrer: ▶ Abschn. 5.2 sowie Abschnitt „Hypertext" in ▶ Abschn. 2.3
- Laura Herzberg: ▶ Abschn. 5.5

Die inhaltliche Organisation des Manuskripts besorgte Michael Beißwenger. Wertvolle Unterstützung bei der Manuskripterstellung und Endkorrektur leisteten Antonia Hamdi, Lena Gojevic, Sarah Schiffbäumer und Lisa Völker. Für die engagierte und interessierte Begleitung des Manuskripts vom ersten Konzept bis hin zur Publikation danken wir Ferdinand Pöhlmann und Ute Hechtfischer vom Metzler-Verlag.

Abschließender Dank gebührt den Studierenden, die über viele Semester im Rahmen von Seminaren unsere Didaktisierungen zum Gegenstand mit Interesse und hilfreichen Rückmeldungen begleitet haben. Seminare sind das Salz in der Suppe, das die Weiterentwicklung nicht nur von Lehrkonzepten, sondern insbesondere auch von Forschungsideen in bedeutsamer Weise trägt und begleitet. In diesem Sinne hoffen wir, dass das vorliegende Buch eine nützliche Ressource für Studierende bilden wird.

Michael Beißwenger
Harald Lüngen
Simon Meier-Vieracker
Sarah Steinsiek
Angelika Storrer
Laura Herzberg
Essen, Dresden und Mannheim
im November 2025

Inhaltsverzeichnis

1	**Einleitung**	1
2	**Eine linguistische Perspektive auf internetbasierte Kommunikation** ...	9
2.1	Kommunizieren in einer vernetzten Welt	10
2.2	Digitalität und Sprache	12
2.3	Internetbasierte Kommunikation: Begriffsbestimmung und Merkmale	20
2.4	Ein pragmatischer Beschreibungsrahmen	27
2.4.1	Grundlegende Unterscheidungen	28
2.4.1.1	Sprache im Gebrauch – Interaktion – Text – gesprochene und geschriebene Sprache – Kommunikationsformen und -gattungen	28
2.4.1.2	Technologisch-situative Bedingungen der Kommunikation – Affordanzen – Praktiken	34
2.4.2	Keyboard-to-screen-Kommunikation – textformenbasierte Interaktion	37
2.4.3	Multimedialität und Multimodalität.......................................	43
3	**Sprachliche Besonderheiten internetbasierter Kommunikation**	57
3.1	Interaktionsorientiertes Schreiben und schriftsprachlicher Wandel	61
3.2	Merkmale interaktionsorientierter Schriftlichkeit	65
3.2.1	Merkmale interaktionsorientierter Schriftlichkeit: Phänomene	66
3.2.1.1	Schnellschreibphänomene...	66
3.2.1.2	Geschriebene Alltagssprache..	72
3.2.1.3	Graphostilistische Besonderheiten.......................................	77
3.2.1.4	Emoticons und Emojis	80
3.2.1.5	Inflektive und Inflektivkonstruktionen	84
3.2.2	Merkmale interaktionsorientierter Schriftlichkeit: Praktiken	87
3.2.2.1	Referenzieren und Zitieren	92
3.2.2.2	Verstehenssicherung und Beziehungsgestaltung mit Emojis	100
3.2.2.3	Kontextsensitives Revidieren	106
3.2.2.4	Ausblick zur praktikenzentrierten Analyse internetbasierter Kommunikation........	111
4	**Methodische Grundlagen**	115
4.1	**Sprachgebrauchsdaten, wissenschaftliche Aussagen und kommunikative Wirklichkeit**	116
4.2	**Korpuslinguistische Basiskonzepte**	118
4.2.1	Was ist ein Korpus?	118
4.2.2	Wofür sind Korpora nützlich?..	122
4.2.3	Was ist beim Umgang mit Korpusdaten für Analysezwecke zu beachten?	122
4.2.3.1	Gegenstand und Zusammensetzung des Korpus	123
4.2.3.2	Welche Typen von Daten sind in Korpora enthalten?.........................	124
4.2.3.3	Recherche- und Analysefunktionen	129
4.2.3.4	Treffer, Belege und Pseudotreffer	133

4.3	**Zugängliche Korpora im Porträt**	137
4.3.1	Aktuelle Korpora internetbasierter Kommunikation	137
4.3.1.1	MoCoDa2	137
4.3.1.2	Wikipedia-Korpora in DeReKo	140
4.3.1.3	DWDS-Blog-Korpora	143
4.3.1.4	Das Nottinghamer Korpus deutscher YouTube-Sprache (NottDeuYTSch)	145
4.3.1.5	What's up, Switzerland?	147
4.3.1.6	DiDi-Korpus	148
4.3.1.7	Korpora zu anderen Sprachen	151
4.3.2	‚Historische' Korpora internetbasierter Kommunikation	152
4.3.2.1	Dortmunder Chat-Korpus	152
4.3.2.2	sms4science.ch	154
4.3.3	Korpora zu anderen Domänen des Sprachgebrauchs – als Ressourcen für domänenvergleichende Untersuchungen	155
4.3.3.1	Korpora geschriebener Sprache in DeReKo	155
4.3.3.2	Das DWDS-Kernkorpus	158
4.3.3.3	Korpora gesprochener Sprache: DGD/FOLK	160
4.4	**Erhebung, Aufbereitung und Auswertung eigener Korpora**	161
4.4.1	Überblick	161
4.4.2	Wie kommen wir an Daten?	162
4.4.3	Grundlegende Werkzeuge oder: Kochutensilien	165
4.4.4	Dateiformate	168
4.4.5	Tools	170
4.4.5.1	YouTube Data Tools	171
4.4.5.2	Instaloader	173
4.4.5.3	Zeeschuimer und 4CAT (TikTok und mehr)	175
4.4.5.4	In memoriam: rtweet	176
4.4.5.5	WhatsApp- und Telegram-Export	177
4.4.6	Scraping und Crawling	178
4.4.7	Maßgeschneidertes Scraping	180
4.4.8	Analyseschritte	180
4.4.8.1	Vorverarbeitung	181
4.4.8.2	Korpusanalysetools	184
5	**Fallstudien**	189
5.1	**Wie sind Korpusuntersuchungen aufgebaut?**	191
5.2	**„Klausuren gemeinsam ablegen, sprich: voneinander abschreiben": *sprich* als Konnektor und Reformulierungsindikator**	193
5.2.1	Fragestellung und Bezug zum Stand der Forschung	195
5.2.2	Datengrundlage	197
5.2.3	Methodisches Vorgehen bei der Analyse	199
5.2.4	Ergebnisse und Interpretation	201
5.2.5	Methodische Reflexion	202
5.2.6	Anschlussstellen für weitere Untersuchungen	204

Inhaltsverzeichnis

5.3	***weil*** **mit Verbzweitstellung in Gesprächen und in der internetbasierten Kommunikation**	207
5.3.1	Einleitung	207
5.3.2	Fragestellungen und Bezug zum Stand der Forschung	208
5.3.3	Datengrundlage	211
5.3.4	Methodisches Vorgehen bei der Analyse	213
5.3.5	Ergebnisse und Interpretation	217
5.3.6	Methodische Reflexion	233
5.3.7	Anschlussstellen für Folgeuntersuchungen	235
5.4	**Pragmatisierung von Interpunktionszeichen: Funktionale Analyse von Auslassungspunkten in der deutschen und chinesischen Messenger-Kommunikation**	236
5.4.1	Fragestellungen und Bezug zum Stand der Forschung	241
5.4.2	Datengrundlage	246
5.4.3	Methodisches Vorgehen bei der Analyse	248
5.4.4	Ergebnisse und Interpretation	249
5.4.4.1	Auslassen	249
5.4.4.2	Andeuten	252
5.4.4.3	Organisieren	253
5.4.4.4	Segmentieren	256
5.4.5	Methodische Reflexion	260
5.4.6	Anschlussstellen für Folgeuntersuchungen	260
5.5	**„OK, Schluß mit Blödeln": Funktionen von *okay* in deutschen und englischen Wikipedia-Diskussionen**	262
5.5.1	Fragestellung und Bezug zum Stand der Forschung	263
5.5.2	Datengrundlage	266
5.5.3	Methodisches Vorgehen bei der Analyse	267
5.5.4	Ergebnisse und Interpretation	270
5.5.5	Methodische Reflexion	273
5.5.6	Anschlussstellen für weitere Untersuchungen	274
5.6	**Involvierung auf dem Social-Media-History-Account** @ichbinsophiescholl	275
5.6.1	Fragestellung und Bezug zum Stand der Forschung	275
5.6.2	Datengrundlage	277
5.6.3	Methodisches Vorgehen	280
5.6.4	Ergebnisse und Interpretation	280
5.6.5	Methodische Reflexion	293
5.6.6	Anschlussstellen für weitere Untersuchungen	294
6	**Zusammenfassung und Ausblick**	297
	Serviceteil	301
	Literatur und Ressourcen	302

Einleitung

Die linguistische Beschäftigung mit internetbasierter Kommunikation ist die Beschäftigung mit Sprache unter den Bedingungen und mit den Mitteln der **Kultur der Digitalität**. Anders als noch um die Jahrtausendwende, als die Nutzung des Internets zumeist an einen Rechnerarbeitsplatz gebunden war und der Zugriff über mobile Technologien (*mobile computing*) noch in den Kinderschuhen steckte, unterscheiden wir heute nur noch in Ausnahmefällen zwischen ‚online' und ‚offline'. Auf dem Smartphone haben wir das Internet immer dabei. Selbst in Zeiten, in denen wir es nicht aktiv nutzen, empfängt dieser zusätzliche ‚Arm' des digitalen Zeitalters Daten und benachrichtigt uns, sofern wir die Benachrichtigungsfunktion nicht stumm geschaltet haben, über Neuigkeiten aus der ‚digitalen Welt' und über das Eintreffen von Nachrichten. Solange wir das Smartphone am Körper tragen, ist unsere Hosen- oder Jackentasche kontinuierlich vernetzt und online, und nicht wenige Menschen haben das Handy sogar in der Nacht stets in Griffweite.

Dadurch, dass das Internet für die überwiegende Mehrzahl seiner Nutzer:innen stets in Reichweite ist, verlassen wir uns in vielen Bereichen unseres privaten und beruflichen Alltags auf die Möglichkeit, jederzeit Informationen aus dem Netz abrufen oder mit anderen Menschen in Kontakt treten zu können. Anders als in der Generation 30+, die den Einzug des Internets in die Lebens- und Arbeitswelt in ihrer Biographie noch bewusst als die Eröffnung neuartiger Möglichkeiten des Umgangs mit Information und Wissen, der Etablierung und Pflege sozialer Kontakte und der Kommunikation erlebt hat, sind für die heranwachsende Generation die digitale Vernetztheit und die dadurch ermöglichten sozialen Praktiken ein ganz selbstverständlicher und wichtiger Bestandteil ihrer Alltagserfahrung und Lebensgestaltung. Wo um die Jahrtausendwende das Chatten mit Unbekannten noch etwas aufregend Neues war, ist der zeitnahe Austausch von schriftlichen Nachrichten heutzutage Normalität und ein fest integrierter Bestandteil des kommunikativen Haushalts des überwiegenden Teils der Gesellschaft und seiner sozialen und kulturellen Praxis. Wir leben und agieren nicht mehr in einer **Kultur *mit* Digitalität**, sondern in einer **Kultur *der* Digitalität** (Stalder 2016), in der das Internet und die auf ihm basierenden Technologien einen wesentlichen Motor der Organisation und Gestaltung von sozialer Praxis sowie der Kultur(en) darstellen, in denen wir uns bewegen und an deren Entwicklung und Veränderung wir mitwirken.

Ein wesentliches Organisationsprinzip des Sozialen und die Grundlage von Kultur ist die **Kommunikation**. Als *zoon politikon* ist der Mensch nach Aristoteles ein soziales Wesen, welches des Anschlusses an andere Menschen bedarf, um sich zu verwirklichen, sich über die umgebende Welt klar zu werden und diese entsprechend seiner Wünsche zu gestalten. Der Kontakt mit anderen Individuen, die Verständigung über eigene Bedürfnisse und die Welt ist dabei aber nur mittelbar möglich. Gedanken, Wünsche und Ziele lassen sich nicht unmittelbar von einem Bewusstsein ins andere übertragen, sondern bedürfen der Vermittlung über Zeichensysteme. **Sprache** hat ihren Ursprung im Bedürfnis des Menschen nach interpersonalem Anschluss und sozialer Organisation. Die Tradierung der Konventionen und Gebrauchsbedingungen dieses Zeichensystems an nachfolgende Generationen stabilisiert die Gesellschaft und ihre Kultur(en).

Mit den Möglichkeiten der digitalen Vernetzung und digitalen Kommunikation haben sich die Formen und Praktiken sozialer Organisation in einer Weise verändert, die in ihren gesellschaftlichen Implikationen und Auswirkungen dem kulturellen Umbruch infolge des **Buchdrucks** vergleichbar ist. Ohne die Innovationskraft des Buchdrucks, deren Auswirkungen wir bis heute erfahren, wäre das Internet nicht denkbar.

Wenn Sprache – im Sinne der **Linguistischen Pragmatik** – als Instrument sozialer Organisation und interpersonalen Handelns aufgefasst wird, dann ist es folgerichtig, dass technologische Innovationen und die durch sie ausgelösten Veränderungen in den sozialen und kommunikativen Praktiken einer Gesellschaft auf die Sprache zurückwirken. Es ist kein historisches Novum der ‚digitalen Revolution', dass sich die Art und Weise, wie wir mittels Technologien sprachliches Handeln und Kommunikation gestalten, verändert, wenn wir dafür neuartige Formen der Vermittlung nutzen. Der Buchdruck hat – insbesondere ab der Erfindung des Drucks mit beweglichen Lettern durch Johannes Gutenberg Mitte des 15. Jahrhunderts – die massenhafte Vervielfältigung und Verbreitung geschriebener Sprache ermöglicht und damit nicht nur neue Wege des gesellschaftlichen Zugangs zu sowie der Verhandlung von Wissen ermöglicht (vgl. von Polenz 2000: 127), sondern unter anderem in maßgeblicher Weise die Vereinheitlichung und Standardisierung des deutschen Schriftsystems und der Orthographie vorangetrieben. Die Auswirkungen dieses **Sprachwandels** sind unserem Schriftsystem bis heute eingeschrieben: Die Großschreibung im Satzinnern (Nomen, Nominalisierungen bzw. Köpfe von Nominalphrasen, vgl. Bergmann/Nerius 1998; Nerius 2007: 308 f.), das System der Interpunktion oder die systematische Nutzung des Wortzwischenraums für die Getrennt- und Zusammenschreibung (vgl. Giesecke 1989; Giesecke 1992: 50–54) hätten sich ohne diesen Wandel nicht so entwickelt, wie sie sich entwickelt haben und wie sie im amtlichen Regelwerk der deutschen Rechtschreibung (AR 2024) kodifiziert sind. Auch für die Standardisierung des Grapheminventars und, unter varietätenlinguistischer Perspektive, für die Herausbildung und Etablierung einer überregionalen deutschen Verkehrssprache (vgl. von Polenz 2000: 129) bildeten der Buchdruck und dessen gesellschaftliche Aneignung einen wesentlichen Impuls.

Die **internetbasierte Kommunikation** steht zunächst in der Tradition der durch den Buchdruck ausgelösten Veränderungen im gesellschaftlichen Umgang mit Schrift und Schriftlichkeit. In digitaler Kodierung und vermittelt durch das Internet werden sprachliche Äußerungen dabei noch einmal in ganz anderer Größenordnung reproduzierbar und zudem in einer Weise weltweit distribuierbar, bei der Zeit und Kosten so gut wie keine Rolle mehr spielen. Die ‚Datenautobahn' – eine Metapher aus den frühen 1990er-Jahren – befördert Nachrichten ohne merkliche Zeitdifferenz sowohl von Berlin nach Potsdam wie auch von Berlin nach Australien. Wo Nachrichten in Windeseile physischen Raum überwinden, wird die Welt im Bewusstsein der Menschen kleiner und erweitern sich die Möglichkeiten der sozialen Vernetzung erheblich. Anhand der **multimedialen Gestaltungsmittel des World Wide Web** sowie der Möglichkeiten der **hypertextuellen Vernetzung** von Nachrichten ergeben sich zudem neue sprachliche und semiotische Formen, die für das sprachliche Handeln und für die Organisation von Kommunikation genutzt werden. Zugleich bedingt die Kommunikation vermittelnde Technologie neuartige Formate für den Zuschnitt kommunikativer Äußerungen (*Postings*), die neue sprachliche Praktiken der kommunikativen Aushandlung von Sinn, Verstehen und intersubjektivem Verständnis hervorbringen. Nicht von ungefähr hat sich die Linguistik ab Beginn der 1990er-Jahre, in zunehmendem Maße ab der Jahrtausendwende, den sprachlichen Besonderheiten der internetbasierten Kommunikation zugewandt und anhand empirischer, sprachdatenbasierter Untersuchungen

Modelle dafür entwickelt, die diese als Indizien für einen Sprachwandel erklären, der in seinem Kern ein **Sprachwandel im Bereich der Schriftlichkeit** und deren Weiterentwicklung durch die Möglichkeiten der Digitalität ist (vgl. Storrer 2014). Dieser Wandel betrifft gleichermaßen die **sprachlichen Formen**, d. h. das Inventar der sprachlichen Ausdruckseinheiten, ihre Strukturen und ihre grafische Gestalt, wie auch die **sprachlichen Praktiken**, also die Art und Weise, wie die Sprachverwender:innen unter den gegebenen technologischen Bedingungen (*Affordanzen*) und mit den zur Verfügung stehenden Gestaltungsmitteln grundlegende Aufgaben der Konstitution und Gestaltung von Kommunikation und sprachlichem Handeln bewältigen.

Dass die internetbasierte Kommunikation dabei heutzutage nicht notwendigerweise (nur) schriftliche Formen nutzt, ist ein weiterer Aspekt des digitalitätsbedingten Wandels, der seit gut einem Jahrzehnt und maßgeblich bedingt durch größere Übertragungskapazitäten sowie die Etablierung **multimodaler Kommunikationsumgebungen** eine zunehmende Rolle spielt. Internetbasierte Kommunikation ist zwar nach wie vor zu großen Teilen schriftlich-multimodal realisiert (und wird das sicherlich auch in zehn Jahren noch sein), daneben etablieren sich aber mehr und mehr auch Kommunikationsanwendungen, in denen zeitsynchron mittels gesprochener Sprache und Videobildern kommuniziert werden kann. Beispiele für solche Anwendungen sind Teamspeak, Discord, Zoom, BigBlueButton oder die entsprechenden Funktionen in Microsoft Teams (vgl. Hoffmann 2020; Marquardt 2022; Oloff/Ibnelkaïd 2024; Zima 2024). Bedeutsam ist aber, dass auch in solchen Anwendungen noch schriftliche Kommunikationskanäle zur Verfügung stehen, die begleitend oder alternativ zur Audio- und Videoverbindung genutzt werden können (und, wie der Blick in die Nutzungspraxis zeigt, auch werden). Daneben haben einige Messengerdienste die Möglichkeit zur Aufnahme und Versendung von ‚Sprachnachrichten' (Audio-Postings) in ihren Funktionsumfang integriert, die in Chatverläufen alternierend mit schriftlichen Postings verwendet werden können (vgl. König 2024). Gesprochene und geschriebene Sprache, Mündlichkeit und Schriftlichkeit, gehen in den derzeit gängigen Formen internetbasierter Kommunikation für Linguist:innen spannende neue Verbindungen ein, und entwickeln die kommunikativen Möglichkeiten weiter, auf die die Nutzer:innen solcher Angebote mit ihren Praktiken der Gestaltung digital gestützter Kommunikation reagieren.

Das vorliegende Buch gibt eine Einführung in den Bereich der internetbasierten Kommunikation aus linguistischer Sicht. Im Zentrum der Betrachtung stehen Formen internetbasierter Kommunikation, in denen die Kommunikationsbeiträge schriftlich-multimodal realisiert werden. Das Buch ist für das Selbststudium und für den Einsatz in Seminaren konzipiert. Die Autor:innen sind in der Germanistischen Linguistik zuhause und haben ihre Forschungs- und Lehrschwerpunkte unter anderem im Bereich der empirischen Erforschung internetbasierter Kommunikation und in der Korpuslinguistik.

Dem Charakter eines Einführungsbuches entsprechend kann dieses Buch keinen umfassenden Überblick über den Stand der linguistischen Forschung und den zugehörigen Fachdiskurs bieten. Das möchte es auch gar nicht leisten. Zum **Stand der Forschung** gibt es einschlägige Sammelbände – genannt seien exemplarisch Herring/Stein/Virtanen (2013), Marx et al. (2020) und Meier-Vieracker et al. (2023) – sowie das jüngst erschienene *Handbuch Sprache und digitale Kommunikation* (Androutsopoulos/Vogel 2024), das einen systematischen Überblick über den Stand der Forschung und die linguistische Diskussion der zurückliegenden zweieinhalb Jahrzehnte bietet. Bei der Lektüre des vorliegenden Buches werden Sie bemerken, dass wir an vielen Stellen auf diese und weitere Literatur verweisen, die Sie für eine vertiefende Beschäftigung mit grundlegenden Konzepten, linguistischen Positionen und der darauf bezogenen Forschungsdiskussion nutzen können.

Die Kapitel des Buches vermitteln zum einen relevantes Konzeptwissen, das für eine linguistische Betrachtung von Sprache in der internetbasierten Kommunikation benötigt wird. Dabei werden die **Charakteristika des Sprach- und Zeichengebrauchs in der internetbasierten Kommunikation** nicht isoliert vorgestellt, sondern in Beziehung gesetzt zu Traditionen der Schriftlichkeit und Mündlichkeit, die vor dem Internet schon da waren und die bei der Kommunikation in Chats und Messenger-Diensten, in sozialen Netzwerken und Online-Foren unter den charakteristischen Bedingungen digitaler Vernetzung aufgegriffen und adaptiert werden. Wie wir in der ‚Offline-Welt' sprechen und schreiben, welche Strukturprinzipien wir beachten, wenn wir mündliche Gespräche führen oder mit Texten umgehen, bildet die Ressource, aus der wir schöpfen, wenn wir Kommunikation unter digitalen Vorzeichen organisieren und sprachlich gestalten. Ebenso wie die ‚Kultur der Digitalität' basiert auch der Sprachgebrauch in der digitalen Welt auf vorgängigen Traditionen, d. h. auf gesellschaftlich tradierten Erfolgsmodellen für die Organisation sozialer Praxis (Beißwenger 2020).

Zum anderen möchten wir Ihnen mit dieser Einführung **Methoden, Forschungsressourcen und Werkzeuge** an die Hand geben, anhand derer Sie als Studierende der germanistischen Linguistik eigenständig – zum Beispiel im Rahmen von Referaten, Hausarbeiten, Bachelor- oder Masterarbeiten – Untersuchungen zu Phänomenen der internetbasierten Kommunikation planen und durchführen können. Seit Beginn des 21. Jahrhunderts sind verschiedene digitale Datensammlungen zum Sprachgebrauch entstanden, die für die Zwecke linguistischer Recherche und Analyse aufgebaut wurden (sog. **Korpora**) und die Linguistinnen und Linguisten Möglichkeiten bieten, Sprache gebrauchsbasiert empirisch zu erforschen. Wir stellen Ihnen Korpora vor, die über das Internet frei zugänglich sind, und zeigen Ihnen an ausgewählten Beispielen, wie diese Korpora für die empirische Analyse von Sprache in der internetbasierten Kommunikation genutzt werden können. Dafür ist es wichtig, einige grundlegende Konzepte aus dem Bereich der **Korpuslinguistik** und der **Korpusmethoden** zu kennen, die sich mit dem Aufbau, der Aufbereitung und der systematischen Auswertung von Korpusdaten für die Beantwortung linguistischer Fragestellungen beschäftigen. Diese Konzepte werden praxisorientiert vorgestellt und anhand von Fallstudien in ihrer Bedeutung für die korpusgestützte Durchführung eigener Untersuchungen veranschaulicht.

Über die Arbeit mit existierenden Korpora hinaus zeigen wir Ihnen, wie Sie selbst **Korpora aus dem Internet erheben, für Analysezwecke aufbereiten und auswerten** können. Das dafür benötigte Know-how wird dann interessant, wenn Sie Kommunikationsformen oder kommunikative Praktiken untersuchen möchten, die in vorhandenen Korpora nicht oder in nicht ausreichendem Maße erfasst sind. Wir stellen Ihnen Methoden und Werkzeuge vor, die Sie beim Aufbau eigener Korpora unterstützen, und geben Praxistipps, wie Sie diese zielgerichtet und planvoll einsetzen.

Das Buch ist entsprechend in vier Hauptkapitel gegliedert:

▶ Kap. 2 beleuchtet zunächst den Stellenwert internetbasierter Kommunikation in der gegenwärtigen Alltags- und Lebenswelt und präzisiert die Begriffe ‚Digitalisierung' und ‚Digitalität', die als soziotechnische Rahmenkonzepte für das Verständnis der sprachlichen, sozialen und kulturellen Bedeutung von digitalen Kommunikationspraktiken benötigt werden und die der linguistischen Forschung zum Thema explizit oder implizit zugrunde liegen. Ausgehend von relevanten Basiskonzepten für die linguistische Beschreibung sprachlichen Handelns in technisch vermittelter Kommunikation wird ein pragmatischer Beschreibungsrahmen entwickelt, der die Spezifik internetbasierter Kommunikation aus einer Modellierung ihrer Gemeinsamkeiten und Unterschiede zu vorgängigen Organisationsformen sprachlicher Kommunikation – mündlichen Gesprächen und schriftlichen Texten – ableitet und die digitalkulturelle, sprachliche Praxis in Traditionen des sprachlichen Handelns einordnet.

Vor diesem Hintergrund werden in ▶ Kap. 3 semiotische und sprachliche Merkmale internetbasierter Kommunikation vorgestellt und funktional erklärt. Dafür wird mit dem *interaktionsorientierten Schreiben* ein Leitkonzept eingeführt, das es ermöglicht, Besonderheiten bei der Kommunikation in Chats, Social-Media-Umgebungen und Online-Communities als Ausdruck eines emergenten Wandels im Bereich des gesellschaftlichen Umgangs mit Schriftlichkeit zu beschreiben, für den die Orientierung an den Anforderungen interaktionaler Verständigung charakteristisch ist. Merkmale des interaktionsorientierten Schreibens werden dabei unter zwei Perspektiven betrachtet: einmal ausgehend von den sprachlichen bzw. semiotischen Phänomenen und einmal als Indikatoren für *Praktiken*, mit denen unter den Bedingungen der Digitalität grundlegende Anforderungen der Interaktion bearbeitet werden.

▶ Kap. 4 gibt eine Einführung in die Grundlagen der korpusgestützten Sprachanalyse. Das Kapitel umfasst neben einer Vorstellung frei nutzbarer Sprachkorpora für die Analyse internetbasierter Kommunikation eine Einführung in wichtige methodische Konzepte für die linguistische Analyse von Korpusdaten, die für die Planung und Durchführung eigener Untersuchungen – zum Beispiel im Rahmen von wissenschaftlichen Hausarbeiten, Bachelor- oder Masterarbeiten – bedeutsam sind. Darüber hinaus stellen wir Ihnen digitale Methoden und Werkzeuge vor, die Sie für den Aufbau eigener, projektspezifischer Korpora nutzen können, und geben Hinweise, was Sie bei der Erhebung, Aufbereitung und Auswertung eigener Korpusdaten beachten müssen.

In ▶ Kap. 5 illustrieren wir anhand von fünf Fallstudien, in denen aktuelle Forschungsfragen im Bereich der linguistischen Analyse internetbasierter Kommunikation bearbeitet werden, wie korpusgestützte linguistische Forschung zum Thema in der Praxis aussieht. Dabei werden ausgewählte Phänomene und Praktiken unter Anwendung der in ▶ Kap. 4 vorgestellten korpuslinguistischen und -methodischen Grundlagen qualitativ und quantitativ untersucht. Die Fallstudien folgen einem einheitlichen Aufbau, der von der Formulierung einer wissenschaftlichen Fragestellung und deren Einordnung in die Forschungsdiskussion über die Korpusauswahl und die Beschreibung des methodischen Vorgehens bis hin zur Darstellung und Interpretation der Ergebnisse führt. Ein methodenreflexiver Abschnitt und die Formulierung von Anschlussstellen für weitere Untersuchungen bieten Inspiration für die Planung eigener Untersuchungen.

In jedes der Kapitel sind Aufgaben zur Vertiefung und Reflexion sowie Hinweise zur weiterführenden Lektüre integriert, die Sie zur eigenständigen Auseinandersetzung mit den vorgestellten Inhalten und zur Entwicklung von Fragestellungen für eigene Forschungsarbeiten anregen sollen.

Zur Zitation von Datenbeispielen in diesem Buch

Datenbeispiele sind, wenn sie Sprachkorpora entnommen sind, so referenziert, dass sie im betreffenden Korpus aufgefunden und nachgeprüft werden können bzw. dass im Falle eines projektbezogen erhobenen Korpus die Zuordnung zu diesem Korpus deutlich wird. Dafür verwenden wir die folgenden Abkürzungen und Zitationskonventionen für die Korpora, die in ▶ Abschn. 4.3 bzw 5.6 vorgestellt werden:

- **MoCoDa 2**: Mobile Communication Database 2. Referenzen auf Korpusbelege aus der MoCoDa 2 ist jeweils ein Chat-Code (zum Beispiel *Aqkwk*) beigegeben, der auf das Korpusdokument (= einen Ausschnitt aus einem Chat-Verlauf) verweist, das unter diesem Code im Korpus aufgefunden werden kann. Wird nur ein einzelnes Posting aus der MoCoDa 2 referenziert, ist die ID des Postings im Korpusdokument mit einem Rautezeichen an den Chat-Code angeschlossen (zum Beispiel *Aqkwk#21*).
- **DCK**: Dortmunder Chat-Korpus. Referenzen auf Korpusbelege aus dem Chat-Korpus erfolgen anhand der ID des Korpusdokuments und, nach einem Rautezeichen (#), der ID des Postings in diesem Dokument (zum Beispiel *2221006#568*).
- **DEREKO-WDD**: das Korpus mit Wikipedia-Diskussionsseiten als Teil der Wikipedia-Korpora in DEREKO.
- **DEREKO-WPD**: das Korpus mit Wikipedia-Artikelseiten als Teil der Wikipedia-Korpora in DEREKO.
- **FOLK**: das Forschungs- und Lehrkorpus Gesprochenes Deutsch (FOLK) in der Datenbank gesprochenes Deutsch (DGD).
- **DWDS-[Name]**: die Korpora im Portal „Der deutsche Wortschatz von 1600 bis heute". Dem Kürzel *DWDS* ist jeweils der Kurztitel des referenzierten Korpus beigefügt (zum Beispiel *DWDS-Kernkorpus* oder *DWDS-Tagesspiegel*).
- **Projektkorpus @ichbinsophiescholl**: das Korpus, das für die Untersuchung in der Fallstudie in ▶ Abschn. 5.6 selbst erhoben wurde.

Belege, die der Forschungsliteratur entnommen sind, sind mit einer Literaturreferenz versehen. Belege aus eigenen Belegsammlungen der Autor:innen sind mit dem Kürzel *BS* (für Belegsammlung) und einer Angabe der Kommunikationsanwendung versehen (zum Beispiel **BS-WhatsApp**).

Um Ihnen bei Querverweisen zwischen den Kapiteln das Auffinden der Datenbeispiele im Buch zu erleichtern, sind die Datenbeispiele jeweils innerhalb eines Hauptkapitels fortlaufend nummeriert. „Datenbeispiel 3-1" ist zu lesen als „das erste Datenbeispiel in ▶ Kap. 3".

Eine linguistische Perspektive auf internetbasierte Kommunikation

Inhaltsverzeichnis

2.1 Kommunizieren in einer vernetzten Welt – 10

2.2 Digitalität und Sprache – 12

2.3 Internetbasierte Kommunikation: Begriffsbestimmung und Merkmale – 20

2.4 Ein pragmatischer Beschreibungsrahmen – 27

© Der/die Autor(en), exklusiv lizenziert an Springer-Verlag GmbH, DE, ein Teil von Springer Nature 2025
M. Beißwenger et al., *Korpusgestützte Analyse internetbasierter Kommunikation*,
https://doi.org/10.1007/978-3-476-05977-2_2

2.1 Kommunizieren in einer vernetzten Welt

95 % der Menschen in Deutschland über 14 Jahren und 100 % in der Altersgruppe der 14- bis 29-Jährigen haben 2023 regelmäßig das Internet genutzt, 80 % (Gruppe 14+) beziehungsweise 98 % (Gruppe 14–29) täglich. Die durchschnittliche Nutzungsdauer lag bei den täglichen Nutzer:innen in der Gruppe 14+ bei 204 min und in der Gruppe der 14- bis 29-Jährigen bei stolzen 352 min pro Person. Geht man idealisiert davon aus, dass wir durchschnittlich sieben Stunden eines Tages schlafend verbringen, so bedeutet das, dass bei den Über-14-Jährigen und Erwachsenen ein Fünftel und den 14- bis 29-Jährigen knapp 35 % der täglichen Wachzeit entweder auf die ausschließliche oder die andere Aktivitäten begleitende Internetnutzung entfallen.

Etwa ein Viertel der täglichen Internetnutzung (53 min in der Gruppe 14+, 86 min bei der Gruppe 14–29) werden dabei für Zwecke der privaten Kommunikation eingesetzt. Die dafür bevorzugt genutzten Anwendungen sind Messengerdienste (14+: 72 % täglich, 84 % wöchentlich; 14–19: 90/99 %). Am beliebtesten ist hier WhatsApp (14+: 68/82 %), mit deutlichem Abstand gefolgt von Telegram (14+: 5/13 %) und Signal (14+: 5/11 %). Auch die sonstige Internetnutzung ist zu einem nicht unbeträchtlichen Teil durch die Nutzung von Angeboten geprägt, die der interpersonalen Kommunikation dienen. Bedeutsam waren hier im Jahr 2022 Social-Media-Plattformen wie Facebook (14+: 20/35 %), Instagram (14+: 21/31 %), TikTok (14+: 8/14 %), Snapchat (14+: 8/13 %) und X (früher Twitter; 14+: 4/10 %).

Diese Zahlen sind den **ARD/ZDF-Onlinestudien** 2022 und 2023 entnommen, in denen regelmäßig die Online-Nutzung der in Deutschland lebenden Wohnbevölkerung erhoben wird und die Präferenzen der Befragten für bestimmte Online-Angebote dargestellt werden. Die Zahlen dokumentieren eindrucksvoll, dass unsere Alltagskommunikation heute in bedeutsamer Weise durch den Umgang mit internetbasierten Kommunikationsanwendungen geprägt ist, über die wir mit anderen Menschen in Kontakt treten und soziale Beziehungen organisieren. Wer das Internet täglich nutzt – wie vermutlich der überwiegende Teil der Leser:innen dieses Buches –, wird sich internetbasierte Kommunikationsmöglichkeiten aus seinem Alltag kaum mehr wegdenken können. Unternehmen Sie einmal den Versuch, zwei oder drei Tage lang ohne Smartphone, Computer und Tablet auszukommen. Dabei werden Sie feststellen, in wie vielen Situationen Sie üblicherweise ganz selbstverständlich auf Messenger- und E-Mail-Dienste oder auf die Nachrichtenfunktionen von Social-Media-Plattformen zugreifen, um mit Freunden zu plaudern, rasch etwas mit der Familie zu klären, sich mit Bekannten zu verabreden, sich im Rahmen des Studiums mit Kommiliton:innen auszutauschen, eine Anfrage an Ihre Lehrenden zu versenden oder mit der Vorgesetzten bei Ihrem Nebenjob Aufgaben und Arbeitszeiten festzulegen. Zwar belegt die ARD/ZDF-Onlinestudie 2022 auch, dass knapp die Hälfte aller Internetnutzer:innen in Deutschland zu ‚digitalen Auszeiten' neigt und schon mindestens einmal (9 %), manche auch mehrmals (17 %) oder sogar regelmäßig (15 %) ‚Digital-detox'-Phasen einlegt, in denen der Umgang mit digitalen Medien und Geräten in der Freizeit eingeschränkt wird. Im beruflichen Bereich lässt sich das hingegen nicht so einfach umsetzen und auch in der Freizeit handelt es sich dabei in aller Regel um bewusste, geplante und begrenzte Phasen; der Begriff der ‚Auszeit' impliziert das ja bereits: Wo man sich eine Auszeit

2.1 · Kommunizieren in einer vernetzten Welt

> **Zur Vertiefung**
>
> **Befunde zur Online-Nutzung in Deutschland**
> Für die Bundesrepublik Deutschland existiert eine sehr gute **Studienlage in Bezug auf die Online-Nutzung** der in Deutschland lebenden Bevölkerung:
>
> - Die **ARD/ZDF-Onlinestudie** erhebt seit 1997 im Jahresturnus über Telefon- und Online-Befragungen die Entwicklung der Internetnutzung bei der deutschsprachigen Wohnbevölkerung ab 14 Jahren. Dabei wird nicht nur die Internetnutzung als solche, sondern werden auch die Präferenzen der Befragten für bestimmte Online-Angebote und Online-Aktivitäten ermittelt. Im zeitlichen Verlauf ergibt das ein aussagekräftiges Bild zu Formen und bevorzugten Nutzungskontexten des Internets.
>   ▶ https://www.ard-zdf-onlinestudie.de/
> - In der **JIM-Studie („Jugend • Information • Medien")** erhebt der Medienpädagogische Forschungsverbund Südwest (mpfs) seit 1998, ebenfalls im Jahresturnus, den Medienumgang der 12- bis 19-Jährigen. Dabei werden nicht nur die Internetnutzung und die Präferenzen der Altersgruppe für bestimmte Online-Dienste, sondern auch der Umgang mit anderen Medien (Bücher, Radio, Fernsehen) und die Medienausstattung der Jugendlichen abgebildet.
>   ▶ https://www.mpfs.de/studien/
> - Die **KIM-Studie („Kindheit • Internet • Medien")** ist das Pendant zur JIM-Studie für die Altersgruppe der 6- bis 13-Jährigen. Sie wird, zumeist in einem zweijährigen Turnus, ebenfalls vom mpfs durchgeführt und hat einen ähnlichen Fokus wie die JIM-Studie. Seit 2020 werden JIM und KIM ergänzt um Basisuntersuchungen zum Medienumgang der 2- bis 5-Jährigen (**miniKIM**). Im Jahr 2021 wurde zudem mit der **SIM-Studie („Senior*innen • Information • Medien")** eine Untersuchung der Mediennutzung der Über-60-Jährigen in Deutschland durchgeführt.
>   ▶ https://www.mpfs.de/studien/
>
> Sämtliche bisherigen Ausgaben der genannten Studien sind unter den angegebenen URLs frei zugänglich.

nehmen muss, stellt außerhalb des damit bezeichneten Zeitraums das, was während der Auszeit vermieden werden soll, den Normalfall dar.

Internetbasierte Kommunikationsanwendungen haben in vergleichsweise kurzer Zeit unseren Kommunikationshaushalt und die Gesellschaft verändert. Im Unterschied zum **Buchdruck**, dessen Erfindung den technologischen Ausgangspunkt für vergleichbar weitreichende Veränderungen im gesellschaftlichen Umgang mit Wissen und Informationen sowie im Bereich der schriftlichen Kommunikation darstellte, hat die gesellschaftliche Aneignung der durch das Internet eröffneten Möglichkeiten zum Teilen von Informationen, zur Kommunikation und sozialen Vernetzung nur wenige Jahre gedauert. Zwar gibt es Computernetze bereits seit Ende der 1960er Jahre und existiert das Internet immerhin schon seit Anfang der 1980er; seinen Einzug in die Breite der Haushalte erlebte es aber erst ab 1993 mit der Einführung des World Wide Web als hypertextuell organisiertem Internetdienst und der Möglichkeit, das Internet mittels Browser-Software anhand grafischer Benutzeroberflächen zu nutzen. Die erste Phase des als ‚digitale Revolution' bezeichneten technologischen und gesellschaftlichen Umbruchs durch Computer und Internet vollzog sich in gerade einmal zehn Jahren, von der Bereitstellung des ersten Webbrowsers (*Mosaic*) bis zur Jahrtausendwende. Bereits im Jahr 2003 ermittelte die ARD/ZDF-Onlinestudie 55,3 % der Wohnbevölkerung in Deutschland über 14 Jahren als Internetnutzer:innen, in der Altersgruppe der 14- bis 19-Jährigen sogar 94,7 % und bei den Berufstätigen 73,4 %. Dies zeigt einerseits, dass das Internet – wie es bei medialen Umbrüchen häufig der Fall ist – zunächst nicht nur technologisch, sondern auch hinsichtlich seiner Nutzer:innen ein ‚junges' Medium darstellte (die übrigen Altersgruppen zogen allerdings bis Ende der Nullerjahre rasch nach); andererseits zeigt die hohe Nutzerquote unter den Erwerbstätigen, dass das Internet bereits nach der Jahrtausendwende auch in vielen Berufsfeldern angekommen war und sich dort als Arbeits- und Kommunikationsmittel etabliert hatte.

> **? Arbeitsaufgaben**
> Die internetbasierte Kommunikation ist in kontinuierlichem Wandel: Nicht nur ändert sich der Funktionsumfang der Online-Plattformen und Apps, über die Kommunikation organisiert wird und die wir nutzen, um uns mit anderen Menschen auszutauschen und zu vernetzen, sondern auch die Präferenzen für Plattformen und Apps wandeln sich im Lauf der Zeit.
> 1. Schlagen Sie in der Ausgabe der JIM-Studie, in deren Berichtsjahr Sie der Altersgruppe der 14–15-Jährigen angehört haben, nach, welches die beliebtesten Kommunikationsanwendungen und Online-Communities in Ihrer Altersgruppe waren. Inwiefern deckt sich der Befund der Studie mit Ihren eigenen Präferenzen in diesem Alter?
> 2. Vergleichen Sie die Ergebnisse der Studie unter 1. mit den Ergebnissen der aktuellen Ausgabe der JIM-Studie. Wie haben sich die Präferenzen der 14–15-Jährigen für Kommunikationsformen und Apps verändert? Achten Sie unter anderem auf die Ergebnisse für Instagram und Facebook. Wie würden Sie auf dem Hintergrund Ihrer eigenen Erfahrung die Veränderungen bei den Präferenzen für Instagram und Facebook in der Altersgruppe 14–15 erklären?
> 3. Welche weiteren Veränderungen hinsichtlich der Nutzung von Online-Angeboten fallen Ihnen im Vergleich der beiden Ausgaben der Studie auf?

2.2 Digitalität und Sprache

Die in ▶ Abschn. 2.1 präsentierten Befunde aus der ARD/ZDF-Onlinestudie sowie die Befunde aus den JIM- und KIM-Studien belegen, dass wir unseren privaten und beruflichen Alltag inzwischen als ‚digital geprägt' erleben. Wir können aus unserer eigenen Biographie belegen, dass und wie diese Prägung durch das Aufkommen neuer Online-Plattformen und Apps sowie über die Weiterentwicklung digitaler Endgeräte sich ständig weiterentwickelt, unser Handeln, Denken und unsere Praktiken beeinflusst, wie wir uns mit anderen Menschen vernetzen und an der Gesellschaft teilhaben. Im Bildungskontext ist die Rede von einer **‚digitalen'** bzw. **‚digitalisierten Welt'** und von einer ‚**durch Digitalität geprägten Gesellschaft**', für die es spezifischer Kompetenzen bedarf, um sich in ihr zurechtzufinden und ihre Möglichkeiten für den Umgang mit Wissen und Informationen, für das Lernen und Unterrichten und für die gesellschaftliche Teilhabe zu nutzen (vgl. KMK 2017, 2021; Eickelmann 2020). Doch was genau ist unter **Digitalisierung und Digitalität** zu verstehen und welche Aspekte von Digitalisierung und Digitalität sind für Sprache und ihren Gebrauch in der internetbasierten Kommunikation prägend?

> **Definition**
>
> Der Begriff **Digitalisierung** beschreibt die Prägung von Mensch, Gesellschaft und Sprache unter einer technologisch-entwicklungsgeschichtlichen Perspektive. Im Fokus stehen dabei der Prozess der gesellschaftlichen Aneignung von digitalen Technologien und die darauf rückführbaren Phänomene kulturellen Wandels.
>
> Der Begriff **Digitalität** beschreibt aus informationstheoretischer und medientechnischer Perspektive ein Format für die Kodierung und Aufbewahrung von Daten: Daten sind digital, wenn sie in binärer Kodierung (Nullen und Einsen) kodiert sind und von Computern gespeichert und verarbeitet werden können (= **Digitalität$_1$**). Aus kulturwissenschaftlicher Sicht wird Digitalität aber auch als dynamisch-kulturprägende Bedingung gegenwärtiger Gesellschaftsformen und Praktiken verstanden (= **Digitalität$_2$**).
>
> Der Begriff Digitalisierung lässt sich zu den medien- und kommunikationswissenschaftlichen Begriffen **Mediatisierung** und **Medialisierung** in Beziehung setzen:
> - Der Begriff **Mediatisierung** beschreibt den medialen Wandel und dessen Einfluss auf die Kommunikation und den Alltag von Menschen. Dabei werden sowohl die ‚klassischen' Massenmedien als auch digitale Technologien beziehungsweise generell die Indienstnahme von Werkzeugen für die Zwecke des kommunikativen Handelns betrachtet.
> - Der Begriff **Medialisierung** hingegen beschreibt die Rolle von Massenmedien für einzelne gesellschaftliche Teilbereiche (z. B. Politik, Wissenschaft).

Auch wenn wir im vorliegenden Einführungsbuch den Begriffen *Digitalisierung* und *Digitalität* den Vorzug geben werden, lohnt es sich für eine breitere Einarbeitung in die Prägungen der Gesellschaft durch digitale Technologien, Befunde aus der Mediatisierungs- und Medialisierungsforschung zur Kenntnis zu nehmen. Gute Ausgangspunkte dafür bilden die Monographien von Birkner (2019), Krotz (2001, 2007) und Averbeck-Lietz (2015: Kap. 7) sowie der Buchbeitrag von Kinnebrock et al. (2015).

Die Konzepte, die mit den Begriffen **Digitalisierung**, **Digitalität$_1$** und **Digitalität$_2$** verbunden sind, hängen miteinander zusammen: Digitalität$_1$, die digitale Kodierung von Daten, ist ein Ergebnis von Digitalisierungsprozessen, ebenso wie die Digitalität$_2$, die die Bedingungen und Mechanismen der Aushandlung und Hervorbringung von kulturellen Bezugssystemen beschreibt. Der Prozess der Digitalisierung ist dabei nicht als abgeschlossen zu betrachten. Vielmehr bilden die Praktiken der ‚Kultur der Digitalität' den Ausgangspunkt für weitere und neue Digitalisierungsprozesse, die wiederum neue kulturelle Möglichkeiten eröffnen. Digitalisierung und Kultur bedingen sich in der ‚Kultur der Digitalität' somit in Form eines dynamischen, wechselseitigen Abhängigkeits- und Ermöglichungsverhältnisses.

Das Konzept **‚Kultur der Digitalität'** geht zurück auf den Kultur- und Medienwissenschaftler Felix Stalder (vgl. Stalder 2016). Wir werden darauf in diesem Kapitel noch ausführlicher zu sprechen kommen. Für einen eindeutigen terminologischen Gebrauch des Ausdrucks ‚Digitalität' beziehen wir uns in den weiteren Kapiteln dieses Buches mit ‚Digitalität' auf die ‚Kultur der Digitalität' und meinen damit Digitalität$_2$ im oben charakterisierten Sinne. Wenn von digital kodierten Daten die Rede ist (= Digitalität$_1$), werden wir explizit von *digitaler Kodierung* oder *digitaler Kodiertheit* sprechen.

Im Folgenden werden wir zunächst einige relevante **Aspekte von Digitalisierungsprozessen in ihren Auswirkungen auf Sprache und Kommunikation** beleuchten. Dazu greifen wir die Unterscheidungen von Henning Lobin auf, der in zwei Monographien – *Engelbarts Traum. Wie der Computer uns Lesen und Schreiben abnimmt* (Lobin 2014) und *Digital und vernetzt. Das neue Bild der Sprache* (Lobin 2018) – verschiedene Arten der Prägung von Sprache durch digitale Technologie eingeführt hat. Lobin bezieht sich dabei auf den Informatiker Wolfgang Coy, der drei Erscheinungsformen von Computertechnologie – als Automat, Werkzeug und Medium – unterschieden hat, und überträgt diese Unterscheidungen auf die Betrachtung der Prägung sprachlicher Tätigkeit durch Technologie.

Den Ausgangspunkt für Lobins Überlegungen bildet die digitale Kodierung geschriebener Sprache. Schrift ist dadurch nicht mehr an Papier und Druck gebunden, sondern wird über digitale Speichermedien und Endgeräte bereitgestellt, in beliebiger Zahl reproduzierbar, über digitale Infrastrukturen vermittelbar, anhand von Software bearbeitbar und anhand automatisierter Prozesse verarbeitbar. Durch diese Entwicklung erfährt Schriftkultur, aber auch sprachliche Tätigkeit im weiteren Sinne, tiefgreifende Veränderungen (vgl. ebd.: 54–79; Lobin 2014: 77–97). In Anlehnung an Lobin betrachten wir diese Veränderungen unter drei Aspekten:

Automatisierung Der Aspekt der Automatisierung beschreibt die **Ersetzung sprachlicher Tätigkeit durch technologische Verfahren**. Sprachliche Tätigkeit wird dadurch **hybrid**, insofern der Mensch die Ausführung bestimmter Teilprozesse seiner Tätigkeit an technologische Prozesse abgibt. Beispiele sind im Bereich der Textproduktion digitale Rechtschreibhilfen, Speech-to-text-Software, mit der gesprochene Sprache automatisch in geschriebene Sprache transformiert wird, oder automatische Übersetzungsdienste (Google Translator u. a.). Im Bereich der Textrezeption sind die Crawlerprogramme von Suchmaschinen ein gutes Beispiel, die Textressourcen im Netz indexieren und aus einer automatischen Analyse der Texte und Quellcodes Metadaten generieren, die für das Retrieval der betreffenden Dokumente benötigt werden. Im Bereich der digitalen Kommunikation stellen Dialogsysteme (Chatbots im Kundensupport, Alexa und Siri) Beispiele für die **Hybridisierung sprachlicher Tätigkeit** dar, bei denen Menschen mit künstlichen Agenten in Dialog treten, die sprachliche Eingaben auf der Grundlage von Programmroutinen bzw. mit KI-Verfahren verarbeiten und dazu (aus Sicht der Programmierung) geeignete Antworten erzeugen, die über eine Sprachsynthesesoftware ausgegeben werden.

2.2 · Digitalität und Sprache

Multimedialisierung Der Aspekt der Multimedialisierung beschreibt die **Unterstützung sprachlicher Tätigkeit** durch digitale Werkzeuge, die durch intuitiv zu handhabende User Interfaces die Möglichkeiten der Produktion und Gestaltung von Texten vereinfachen und erweitern (Textverarbeitung) und die neben Schriftzeichen auch weitere Zeichentypen (Bild, Video, Audio) prozessieren können (= **Werkzeugcharakter von Technologie**). Beispiele für Effekte der Multimedialisierung sind im Bereich der Textproduktion und -organisation das ‚Ausschneiden' und ‚Einfügen' von Textteilen per ‚Copy & Paste' oder die Vereinfachung von grafischer Textgestaltung (Layout), die menügesteuert begleitend zur Textproduktion erzeugt werden kann. Durch vereinfachte Möglichkeiten, digitale Bilder, Video- oder Audiodateien herzustellen und zu verändern, entwickelt sich Text vom reinen Schriftprodukt mehr und mehr zum multimedialen Produkt und wandelt sich die Kultur schriftlicher Informationsvermittlung hin zu einer Kultur der Multimedialität (z. B. YouTube-Videos, Podcasts, 3D-Simulationen).

Vernetzung Der Aspekt der Vernetzung schließlich beschreibt die vor allem durch das World Wide Web massenwirksam gewordenen Möglichkeiten der digitalen Vernetzung von sprachlichen Informationen und der digitalen Vernetzung von Menschen: Über URL-Verweise und Hyperlinks lassen sich Ressourcen **vielfältig und assoziativ miteinander verknüpfen**, sodass sprachliche Produkte unterschiedlicher Autor:innen und unterschiedlicher Art über das Internet mit nur einem Mausklick erreicht werden können, ganz gleich, auf welchen Servern in welchen Ländern sie gehostet sind. Für uns ist das heute selbstverständlicher Teil unseres Alltags; für die Menschen zu Beginn der 1990er Jahre war das ein Quantensprung hinsichtlich des Zugangs zu und der Verfügbarmachung von Informationen. Neue Möglichkeiten der Vernetzung stiftet das Internet aber nicht nur zwischen Dokumenten, sondern auch zwischen Menschen, die anhand digitaler, internetbasierter Kommunikationstechnologien räumlich und zeitlich unbeschränkt zueinander in Kontakt treten können. Im Zusammenwirken der hypertextuellen, über Hyperlinks vernetzten Organisation von Ressourcen und von Formen internetbasierter Kommunikation ergeben sich neue Formate und Praktiken der Kooperation zwischen Menschen sowie der Erstellung und des Teilens von Inhalten, die mit Konzepten wie ‚user generated content' und ‚social media' verbunden werden und ohne die Plattformen wie zum Beispiel Wikipedia, YouTube, Facebook, X (Twitter), Instagram oder TikTok sowie die über diese Plattformen organisierten Kommunikationsprozesse und gesellschaftlichen Diskurse nicht denkbar wären.

Automatisierung, **Multimedialisierung** und **Vernetzung** sind als Prozesse nicht abgeschlossen und gehen weiter. Die durch sie ausgelösten Prozesse gesellschaftlichen Wandels und die durch sie hervorgebrachten veränderten Praktiken des Gesellschaftsvollzugs haben sich aber schon jetzt so weitreichend in die kulturelle Praxis von Gesellschaften eingeschrieben, dass Kultur nicht mehr unabhängig von Digitalisierung gedacht werden kann. Mehr noch: Digitale Praktiken sind zu einem wesentlichen Merkmal der Aushandlung und der Weiterentwicklung von Kultur und menschlicher Kommunikation geworden.

Eine neue Dimension der computertechnischen Vernetzung und Analyse von Texten sowie der Automatisierung sprachlicher Tätigkeit entsteht aktuell durch generative Sprachmodelle und Chatbots, wie z. B. **ChatGPT**: Gestützt auf eine Künstliche Intelligenz (Verfahren des maschinellen Lernens) analysiert ChatGPT zu Nutzeranfragen eine gigantische Zahl digitaler Textdaten („Big Data") und erzeugt mittels einer Sprachsynthesesoftware dazu eine natürlichsprachliche Antwort. Die Software ist zum gegenwärtigen Stand für viele Zwecke bereits erstaunlich. Im Idealfall sind die von ChatGPT generierten Antworten – eine einzelne Äußerung oder ein Text – nicht mehr ohne Weiteres von menschlichen Sprachäußerungen unterscheidbar. ChatGPT stellt in dieser Hinsicht eine Weiterentwicklung von Suchmaschinentechnologie und von computerbasierten Dialogsystemen dar. Aus vorhandenem kulturellen Material – textuellen Artefakten – erzeugt sie neue Äußerungen und Texte. Es ist anzunehmen, dass Technologien dieser Art in den nächsten Jahren immer ausgereifter werden und automatisch erzeugte Texte in vielen Fällen nicht mehr von menschlich verfassten Texten unterscheidbar sind. Ein Ergebnis dieser Entwicklung könnte sein, dass die Gesellschaft neue Praktiken der Kennzeichnung und Authentifizierung menschlich erzeugter Texte entwickelt, um in Handlungsbereichen, in denen es wichtig ist, natürlichsprachliche von künstlich erzeugten Äußerungen unterscheiden zu können (zum Beispiel wissenschaftliche Fachpublikationen, Hausarbeiten oder Textantworten in E-Klausuren). Der Bedarf an und die Ausbildung von Authentifizierungspraktiken kann wiederum neue Digitalisierungsprozesse anstoßen. Gesellschaftliche Bedürfnisse, die Weiterentwicklung von Technologien sowie die kulturelle Aneignung von deren Wirkungsweisen und Leistungen sind damit eng aufeinander bezogen. Die ubiquitäre Verfügbarkeit generativer Sprachmodelle verändert schon jetzt die individuell und gesellschaftlich genutzten Praktiken des Schreibens in erheblicher Weise – mit Auswirkungen auf alle gesellschaftlichen Bereiche, in denen Schreibfertigkeiten eine wichtige Rolle spielen (etwa die Wissenschaft, Limburg et al. 2023), und auf die Vermittlung von Schreibkompetenzen in Schule und Hochschule (Steinhoff 2024, 2025; Gredel et al. 2024).

An diesem Punkt setzt das bereits erwähnte Konzept ‚**Kultur der Digitalität**' von Felix Stalder an, welches die Bedingungen, Effekte und Dynamiken der Organisation kultureller Systeme durch den Umgang mit digitaler Technologie beschreibt (Stalder 2016). Drei Formen kultureller Praktiken bilden nach Stalder die Rahmenbedingungen für die ‚Kultur der Digitalität':

1. „die Nutzung bestehenden kulturellen Materials für die eigene Produktion" als grundlegendes Verfahren für die Konstitution und Aushandlung kultureller Prozesse (**Referenzialität**);
2. die Aushandlung und kollektive Etablierung von Bedeutungszuschreibungen, Handlungsoptionen und sozialen Bezugssystemen (**Gemeinschaftlichkeit**);
3. die Nutzung automatisierter Verfahren für die Bewältigung des Daten- und Informationsüberflusses als notwendige Voraussetzung für individuelles und gemeinschaftliches Handeln (**Algorithmizität**) (Stalder 2016: 13).

Auch Stalder betont, dass Digitalisierung nicht als ein abgeschlossener Prozess zu betrachten ist. Das Beispiel ChatGPT wäre in seiner Terminologie an der Schnittstelle von Referenzialität und Algorithmizität einzuordnen; die oben hypothetisch antizipierte gesellschaftliche Reaktion auf die Weiterentwicklung von ChatGPT und vergleichbaren Tools fiele in den Bereich der Gemeinschaftlichkeit, in dem Praktiken des Umgangs mit Technologie ausgehandelt werden, was neue Digitalisierungsprozesse hervorbringen kann. Die ‚Kultur der Digitalität' ist somit immer dynamisch zu denken als etwas,

2.2 · Digitalität und Sprache

das sich im Zusammenspiel von Digitalisierungsprozessen und den Praktiken der Referenzialität, Gemeinschaftlichkeit und Algorithmizität weiterentwickelt.

Wenn Kommunikation ein zentrales Organisationsprinzip von Kultur ist, dann ist die internetbasierte Kommunikation ein zentrales Organisationsprinzip der Kultur der Digitalität. Sie vereint in sich Merkmale aller drei Aspekte von Digitalisierung in dem von Lobin beschriebenen Sinne und weist alle drei Merkmale digital-kultureller Praxis auf, die von Stalder unterschieden werden. Die konstitutiven Aspekte von Digitalisierung und Digitalität erscheinen in ihr somit wie unter einem Brennglas verdichtet. Die Erforschung internetbasierter Kommunikation kann somit wichtige Erkenntnisse einerseits zur Kommunikation und Sprachverwendung unter den Bedingungen der Digitalität und andererseits zu den Ausprägungen sozialen Handelns in der Kultur der Digitalität liefern.

Medien/digitale Medien Auch wenn internetbasierte Kommunikation in der Vergangenheit (und vereinzelt auch heute noch) in der Forschungsliteratur unter dem Label ‚neue Medien' behandelt wurde, verzichten wir in diesem Einführungsbuch bewusst auf die Verwendung des **Medienbegriffs**. Der Begriff des ‚Mediums' hat in Philosophie, Semiotik, Linguistik, Medien- und Kommunikationswissenschaften in den zurückliegenden Jahrzehnten eine Vielzahl an Konzeptualisierungen und Differenzierungen erfahren und ist dadurch gleichsam überstrapaziert worden, sodass bei seiner Verwendung in einem Einführungsbuch, das sich in differenzierter Weise mit der Medialität von Sprache und Kommunikation beschäftigt, stets mitangezeigt werden müsste, welches Medienkonzept gerade gemeint ist – für einen Überblick aus linguistischer Perspektive sei auf Pappert (2016) und Habscheid (2000) verwiesen, für eine semiotische Differenzierung von Medienbegriffen auf Posner (1985). Für die linguistische Beschreibung internetbasierter Kommunikation ist es zudem erforderlich, Aspekte der Vermitteltheit von Kommunikation sowie das Zusammenspiel der dafür genutzten Werkzeuge und Verfahren terminologisch differenzierter zu erfassen als es mit dem Begriff des Mediums möglich ist. Auch ein Terminus wie ‚digitale Medien' würde der Sache nur begrenzt gerecht: Bezieht er sich auf die digitale Kodiertheit von Daten? Auf die apparativen Voraussetzungen für die Teilhabe an der Kultur der Digitalität, also Smartphone, Tablet oder PC? Auf die Vermittlungsleistung bestimmter Technologien bzw. Softwareprodukte (z. B. eine bestimmte Chat- oder Messaging-Software)? Und selbst wenn man diese Konzepte begrifflich differenzierte, bliebe immer noch die Frage, wie die Medialität von Sprache und Sprachgebrauch – die schließlich im Zentrum der linguistischen Betrachtung von Kommunikation stehen – zu behandeln wäre.

Um solche Ambiguitäten zu vermeiden, werden wir in diesem Buch auf Termini zurückgreifen, die sich in der Literatur alternativ zum Medienbegriff als Bezeichner für unterschiedliche Ausprägungen von Medialität etabliert haben. Drei wichtige Unterscheidungen, auf die wir in den weiteren Kapiteln noch genauer eingehen werden, seien an dieser Stelle eingeführt:

- Wir sprechen von **(digitalen) Technologien**, wenn wir uns auf die technologischen Bedingungen und Möglichkeiten von Kommunikation beziehen. Zwischenmenschliche Kommunikation betrachten wir dann als technologisch vermittelt, wenn für deren Zustandekommen die Mittel unserer Körperlichkeit nicht ausreichen. Das ist grundsätzlich in allen Formen von Kommunikation der Fall, mit denen wir den Bereich der unmittelbaren Begegnung in einem geteilten Hier und Jetzt transzendieren und bei denen wir körperexterne Hilfsmittel (Werkzeuge) für die kommunikative Überbrückung von Zeit und/oder Raum einsetzen müssen. Technologisch vermittelt ist nach diesem weit gefassten Verständnis von Technologie bereits die Kommunikation mittels berittenem Boten. Auch die schriftliche Kommunikation per Brief ist technologisch vermittelt: Wir benötigen Schreibwerkzeuge und Beschreibmaterialien, Konventionen zur körperexternen Fixierung von sprachlichen Äußerungen (= ein Schriftsystem und eine Tradition seiner Verwendung) sowie Infrastrukturen und Institutionen für die Übermittlung und Zugänglichmachung von schriftlichen Äußerungen (ein Post- oder Fernmeldewesen, Drucktechnik, Verlage, Bibliotheken, ...).

- Wir sprechen von **(digitalen) Speicherformaten**, wenn wir uns auf spezifische Formen der digitalen Kodiertheit von Datenobjekten beziehen (z. B. GIF- oder XLS-Dateien).
- Wir sprechen von **(digitalen) Daten**, wenn wir uns auf digital kodierte Daten beziehen (z. B. Textdaten und multimodale Daten in digitalen Korpora).
- Wir sprechen von **(digitalen) Endgeräten**, wenn wir uns auf die apparativen Voraussetzungen für die Nutzung internetbasierter Kommunikationsdienste und -plattformen beziehen. Aktuell sind das im Wesentlichen Smartphones, Personal- und Tabletcomputer. Es ist nicht ausgeschlossen, dass künftig auch ‚smarte' Lautsprecher, die schon heute in vielen Haushalten stehen und mit denen wir per Sprachassistenz-Software Internetangebote abrufen können (z. B. Amazon Alexa), vermehrt als Schnittstellen zu internetbasierten Kommunikationsanwendungen eingesetzt werden. Und möglicherweise entwickelt sich eine neue Generation ‚virtueller' Kommunikationsumgebungen, für deren Nutzung VR-Brillen, Datenhandschuhe, möglicherweise sogar Datenanzüge die apparative Zugangsvoraussetzung darstellen. Der Science-Fiction-Autor Tad Williams hat in seiner Romantetralogie *Otherland* schon Ende der 1990er-Jahre eine Vision des Internets der Zukunft entwickelt, in der die Menschen ‚vollimmersiv' über Datenanzüge in 3D-Welten eintauchen und sich in diesen bewegen. Allzu weit hergeholt sind solche Visionen heutzutage nicht mehr.
- Wir sprechen von **Realisierungsformen von Sprache**, wenn wir sprachliche Äußerungen hinsichtlich ihrer Materialität beschreiben. In der Tradition des einflussreichen Modells von Peter Koch und Wulf Oesterreicher (Koch/Oesterreicher 1985, 1994) hat sich dafür in Teilen der Linguistik die Redeweise von einer ‚medialen Mündlichkeit' und ‚medialen Schriftlichkeit' eingespielt. Der Begriff des Mediums ist dabei auf die materiale Qualität von Äußerungen bezogen, die entweder ‚phonisch' (= artikulierte Laute) oder ‚grafisch' (= Schriftzeichen) sein kann. Auch diesen, sehr spezifisch sprachlich-materiellen Medienbegriff werden wir aus den dargelegten Gründen vermeiden. Stattdessen betrachten wir Laute und Schriftzeichen als materiale Formen, mit denen Sprache in konkreten Äußerungssituationen realisiert werden (= Realisierungsformen; s. ▶ Abschn. 2.4.1).

❓ Arbeitsaufgaben

1. Identifizieren Sie in den nachstehenden Datenbeispielen aus WhatsApp-Chats Phänomene, die sich auf die *Automatisierung sprachlicher Tätigkeit* (im Sinne Lobins) zurückführen lassen. Wie gehen die Beteiligten mit diesen Phänomenen um? Suchen

2.2 · Digitalität und Sprache

Sie in Ihren eigenen Messenger-Chats nach vergleichbaren Beispielen und untersuchen Sie, ob bzw. wie die Mitwirkung der Technologie an der sprachlichen Form der Äußerungen in den Folgeäußerungen der Beteiligten aufgegriffen und bearbeitet wurde.

Datenbeispiel 2-1 (BS-WhatsApp)

Alina: Hallo Lara,

Ich habe 14 Punkte auf meine Klausur Ersatzleute bekommen 🥳😊 desertierten wollte ich dich fragen, ob du am 14.6 also Mittwoch Zeit für mich hättest ich denke ab 16 Uhr passt es bei mir.immer.

Alina: Ersatzleistung *

Datenbeispiel 2-2 (MoCoDa2 zffjM|42-43)

Julia: Die Tasse steht im Spind seit dem die andauernd versifft auf dem Hof stand. Bringe keine Tassen mit damit andere die Sachen verstecken lassen. Kann ja nicht zu viel verlangt sein, dass man die Tassen säubert, die man nutzt. 😉

Julia: *verdrecken

Datenbeispiel 2-3 (MoCoDa2 1Pzep|24-25)

Mona: Dauert wohl bei ihm immer so lange. Die haben wojl alle nen Henri.

Mona: *termin

2. Welche Merkmale der Prägung von Sprache durch Computertechnologie (im Sinne Lobins) und welche Praktiken der ‚Kultur der Digitalität' (im Sinne Stalders) lassen sich den nachstehend abgebildeten Postings aus den Instagram-Auftritten zweier Beauty-Influencerinnen zuordnen?

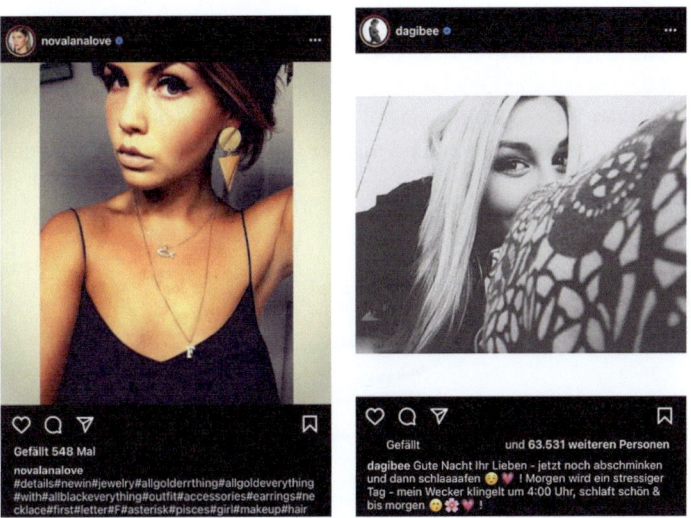

Influencerinnen Novanonalove und Dagi Bee

3. Mit welcher Intention wird in dem linken Posting die Möglichkeit genutzt, dieses mittels Hashtags mit anderen Inhalten auf der Plattform zu vernetzen? Wie lässt sich

die unterstellte Intention zu den Kommunikationszielen von Influencer:innen in Beziehung setzen? Und welche Rolle spielen die sprachlichen Ausdrücke, die in den Hashtags verwendet sind?

Lektüreempfehlung zu den Aufgaben 2 und 3: Zum Selbstverständnis und zu den Social-Media-Strategien von Influencer:innen sei die folgende Literatur empfohlen: Von Rotz/Tokarski (2020) beleuchtet das Phänomen der Influencer:innen aus einer wirtschaftswissenschaftlichen Perspektive. Eine Analyse zu Werbestrategien von Influencer:innen mit linguistischer Perspektive bieten Meer (2018) und Böckmann et al. (2019). Meer (2021) beschreibt am Beispiel von Influencer:innen auf YouTube Strategien des Aufbaus parasozialer Beziehungen.

2.3 Internetbasierte Kommunikation: Begriffsbestimmung und Merkmale

Der Sprachphilosoph Ludwig Wittgenstein (1889–1951) hat in seinen *Philosophischen Untersuchungen* an einem figürlichen Beispiel verdeutlicht, wie die Art und Weise, wie wir Gegenstände erfassen, von der Aspekthaftigkeit unseres Erkennenwollens abhängig ist. Anhand des ‚Hase-Enten-Kopfs' (‚H-E-Kopf') demonstriert er, dass wir in der damit gegebenen grafischen Form Unterschiedliches erkennen können, je nachdem, wie sie uns präsentiert wird: So wie sie in der ◘ Abb. 2.1 abgebildet ist, werden wir in ihr das Bild eines Entenkopfs erkennen, wenn wir sie um 90° nach rechts kippen, hingegen das Bild eines Hasenkopfs. Der Aha-Effekt, der sich ergibt, wenn man bei der Betrachtung eines Gegenstands durch einen Wechsel der Betrachtungsweise (Wittgenstein nennt das den ‚Aspektwechsel') plötzlich etwas anderes erkennt, lässt sich auf die erkenntnisstiftende Funktion wissenschaftlicher Konzepte übertragen: Es macht einen Unterschied, wie wir die Objekte unseres Erkenntnisinteresses sprachlich bezeichnen, und die Wahl der Bezeichnung spiegelt häufig Merkmale des Modells, das wir gedanklich vom Gegenstand entwerfen und mit der gewählten terminologischen Bezeichnung auf den Punkt bringen.

◘ **Abb. 2.1** Der ‚H-E-Kopf' von Ludwig Wittgenstein. (Wittgenstein 1984: 520)

2.3 · Internetbasierte Kommunikation: Begriffsbestimmung

Dies lässt sich auf das Nebeneinander der verschiedenen Fachtermini übertragen, mit denen der Forschungsgegenstand, den wir in diesem Buch als ‚Internetbasierte Kommunikation' bezeichnen, im Lauf seiner wissenschaftlichen Erkundung auf jeweils unterschiedliche Weise konzipiert wurde: Der Terminus **computervermittelte Kommunikation** (von engl. ‚computer-mediated communication') reflektiert zentrale Aspekte des Gegenstands, den er bezeichnet, in anderer Weise als der Terminus **internetbasierte Kommunikation** oder die Termini **digitale Kommunikation** und **Online-Kommunikation**. Der Gegenstand wird dadurch nicht nur in unterschiedlicher Weise benannt, sondern dem Nachdenken in unterschiedlicher Weise vorgestellt. Wir stellen im Folgenden die verschiedenen Konzepte vor, die sich mit den genannten Termini verbinden, und erläutern, weshalb wir den Terminus ‚internetbasierte Kommunikation' favorisieren.

> **Definition**
>
> **Computervermittelte Kommunikation** (engl. ‚computer-mediated communication') bezeichnet die Kommunikation über vernetzte oder nicht-vernetzte Computer, die die Eingabe, Übermittlung und Darstellung von Nachrichten unterstützen. Eine Definition aus den 1990er-Jahren stammt von John December: „Computer-Mediated Communication (CMC) is the process by which people create, exchange, and perceive information using networked telecommunications systems (or non-networked computers) that facilitate encoding, transmitting, and decoding messages." (December o. J.)

Der Terminus ‚computer-mediated communication' ist die früheste Bezeichnung für unseren Gegenstand, die sich ab Anfang der 1990er-Jahre für die Kommunikation im Internet in der internationalen Forschung breit durchgesetzt hat. Er beschreibt die internetbasierte Kommunikation als eine neue Form der vermittelten Kommunikation (‚mediated communication').

> **Definition**
>
> **Vermittelte Kommunikation** bezeichnet Kommunikation, bei der für die Kontaktherstellung zwischen den Beteiligten notwendigerweise körperexterne Hilfsmittel und Vermittlungsinstanzen zum Einsatz kommen müssen.

Einfache Beispiele für vermittelte Kommunikation sind die Übermittlung von Nachrichten über berittene Boten, die Kommunikation per Rauchzeichen oder Gespräche zwischen Kindern, die sich zweier leerer Joghurtbecher mit einer dazwischen gespannten Schnur bedienen, um über eine gewisse Entfernung miteinander sprechen zu können. Das Fernmeldewesen und das Telefonnetz sind (ursprünglich nicht-digitale) Beispiele für gesellschaftliche Institutionen, deren Aufgabe in der Vermittlung gesprochener und geschriebener Kommunikation besteht.

Mit Ausnahme der Face-to-face-Kommunikation, in der sich die Beteiligten von Angesicht zu Angesicht begegnen und in der unsere körpereigenen Mittel ausreichend sind, um kommunikative Äußerungen zu produzieren und wahrzunehmen, können entsprechend der obigen Definition alle anderen Formen der Kommunikation, weil bei ihnen zwischen den Beteiligten Zeit oder Raum oder beides überbrückt werden muss, als vermittelt gelten. Bei der Vermittlung müssen unweigerlich Werkzeuge und Übermittlungsverfahren als vermittelnde Hilfsmittel (‚Medien') ins Spiel kommen, da sprachliche Äußerungen, die in einer Face-to-face-Situation geäußert werden, alleine nicht das Potenzial haben, zeitlich konserviert und/oder an einen anderen Ort transferiert werden zu können. Je komplexer eine Gesellschaft, desto vielfältiger und komplexer sind auch die Formen vermittelter Kommunikation, derer sie sich bedient, um sprachliches Handeln und gesellschaftliche Teilhabe zu organisieren.

Für vermittelte Kommunikation ist charakteristisch, dass die zum Zwecke der Vermittlung verwendeten Hilfsmittel und Verfahren **Einfluss auf die übermittelten Nachrichten und auf die Organisation der Kommunikation** nehmen. Im Vergleich zur Face-to-face-Kommunikation muss, wenn Äußerungen vermittelt werden sollen, notwendigerweise der „ganzheitliche, kontinuierliche und variable Kommunikationsprozeß [...] nach festen Regeln in Ebenen und Einheiten zerlegt und so für den technischen Prozeß zugänglich gemacht" werden (Weingarten 1989: 32). Der technische Prozess und die durch ihn gesetzten Rahmenbedingungen legen der Kommunikation jedoch nicht nur Beschränkungen auf, sondern eröffnen auch Potenziale für die Art und Weise, wie Kommunikate gestaltet werden und welche Ressourcen genutzt werden können, um zwischen den Kommunikationsbeteiligten Verständnis und Verstehen zu ermöglichen. Formen internetbasierter Kommunikation sind Formen vermittelter Kommunikation.

Nach der Jahrtausendwende wurde in der deutschsprachigen Forschung als zeitgemäße Alternative zum Terminus ‚computer-mediated communication' der Begriff **internetbasierte Kommunikation** vorgeschlagen, der heutzutage ebenfalls in einer Vielzahl von Forschungsarbeiten begegnet. Um die Jahrtausendwende war der Aspekt der Vermittlung durch Computer nicht mehr nur ein Merkmal der Kommunikation per Internet; stattdessen waren Computernetze auch in immer stärkerem Maße an der technischen Organisation von Telefongesprächen und des Briefverkehrs beteiligt. Der Terminus ‚internetbasierte Kommunikation' stellte eine zeitgemäße Bezeichnungsoption zur Verfügung, in der das Internet selbst als Komponente enthalten ist, wodurch das terminologische Konzept explizit die innovativen Gestaltungsmöglichkeiten von Kommunikaten, die hypertextuelle Organisationsstruktur von Inhalten und die Möglichkeit zur Vernetzung von Kommunikationsbeiträgen mit anderen Online-Ressourcen durch Hyperlinks inkludiert – Aspekte, die in der Komponente ‚computervermittelt' nicht enthalten sind.

> **Definition**
>
> **Internetbasierte Kommunikation** bezeichnet die Kommunikation auf der Grundlage von Kommunikationstechnologien, die die Infrastruktur des Internets als technische Basis nutzen.

Internetbasierte Kommunikationstechnologien geben spezifische technologische und modale Ressourcen sowie Bedingungen für die Produktion und Rezeption von kommunikativen Äußerungen vor, die sich von den Produktions- und Rezeptionsbedingungen in mündlicher interaktionaler Sprache und bei der Produktion monologischer schriftlicher Texte in charakteristischer Weise unterscheiden (vgl. Beißwenger/Pappert 2018: 448).

2.3 · Internetbasierte Kommunikation: Begriffsbestimmung

Daneben begegnet in der Forschungsliteratur häufig auch die Bezeichnung ‚**digitale Kommunikation**', die, sofern Digitalität nicht lediglich auf das Speicherformat der übermittelten Daten bezogen (= Digitalität$_1$), sondern als digitalkulturelle Praxis im Sinne des Konzepts der ‚Kultur der Digitalität' verstanden wird (= Digitalität$_2$), als gleichbedeutend mit dem Terminus ‚internetbasierte Kommunikation' aufgefasst werden kann. Wir werden die beiden Termini in diesem Buch als Synonyme behandeln und verwenden.

Den ebenfalls häufiger anzutreffenden Terminus **Online-Kommunikation** werden wir hingegen vermeiden, da dessen Komponente *Online-* einer Zeit entstammt, in der sich noch klar unterscheiden ließ, wann man online (bzw. ‚im Netz') ist und wann nicht (‚offline'). Das in den 1990er-Jahren geprägte Begriffspaar ‚online'/‚offline' wird unserem heutigen Umgang mit digitalen Technologien nicht mehr gerecht. Wer ein Smartphone mit sich führt, ist beständig ‚online' und kann jederzeit und eng eingebettet in beliebige Bereiche des Alltags auf die Möglichkeiten des Internets zugreifen. Stalders Konzept von der ‚Kultur der Digitalität' spiegelt das wider: Unser Alltag und unsere kulturellen Praktiken sind nicht nur durch eine permanente Präsenz des Digitalen geprägt, sie sind ohne digitale Praktiken überhaupt nicht mehr vorstellbar und bilden beständig neue Praktiken aus, in denen das Digitale als konstitutiver und gestaltender Bestandteil an der Sinnbildung und Sinnzuschreibung maßgeblich beteiligt ist.

Als Grundlage für die weiteren Kapitel dieses Buches treffen wir über die internetbasierte Kommunikation folgende erste Feststellungen. Damit ist der Gegenstand eingegrenzt, mit dem wir uns im Weiteren beschäftigen:

Grundlegende Merkmale internetbasierter Kommunikation Internetbasierte Kommunikation ist **vermittelte Kommunikation**. Vermittelt ist sie in mehrfacher Hinsicht: Der Austausch von Kommunikaten (= zeichenhaften Hervorbringungen, mit denen kommunikative Handlungen realisiert werden) nutzt das Internet als Infrastruktur, über die die Kommunikate in digitaler Kodierung übermittelt werden. Für die Produktion und Rezeption von Kommunikaten werden digitale Endgeräte (= Computer, Smartphone, Tablet) sowie eine Client-Software (= eine spezielle App oder ein WWW-Browser) benötigt, anhand derer der jeweilige Kommunikationsdienst für die Herstellung, Gestaltung und Versendung bzw. für den Empfang und die Darstellung der Kommunikate genutzt werden kann.

Im Fokus der linguistischen Erforschung internetbasierter Kommunikation stehen vornehmlich Formen interpersonaler Kommunikation, also der Kommunikation zwischen (menschlichen) Individuen (Chats, Foren, Messengerdienste, soziale Netzwerke), in jüngerer Zeit aber auch Formen der Kommunikation mit künstlichen Agenten bzw. Bots, etwa mit Sprachassistenz-Software wie Alexa oder Siri. Den Kernbereich der internetbasierten Kommunikation bilden solche Formen der dialogischen Kommunikation, bei denen

- die Beteiligten **zwischen Rezipienten- und Produzentenrollen wechseln** können und
- die Kommunikate von ihren Produzent:innen als Beiträge zu einer **interaktionalen, sequenziell organisierten Kommunikationsstruktur** konzipiert sind.

Für Kommunikationsformen, in denen die Kommunikationsbeiträge primär schriftlich realisiert werden, ist zudem charakteristisch,
- dass die übermittelten Beiträge (Postings) in Form eines **zeitpersistenten Verlaufsprotokolls** am Bildschirm bzw. im Handy-Display vorgehalten werden und
- dass für die Komposition der Beiträge (Postings) Mittel der **multimodalen Textgestaltung** (Typographie, Bildzeichen) und der **hypertextuellen Textgestaltung** (Hyperlinks) genutzt werden können.

Bekannte Formen internetbasierter Kommunikation sind Chats und Online-Foren, die Kommunikation über Messaging-Dienste wie WhatsApp oder Signal, in ‚sozialen Netzwerken' wie *Instagram*, *Twitter* und *Facebook*, aber auch mündliche, über Audio- und Videoconferencing-Software (*Discord*, *Teamspeak*, *Zoom*, *BigBlueButton* u. dgl.) vermittelte Gespräche. Auch Kommunikationsfunktionen in online-basierten Computerspielen (‚Multiplayer Games') wie z. B. *World of Warcraft*, *League of Legends* oder *Among Us* und in Spiele-Apps (*Clash of Clans* u. a.) sowie in ‚virtuellen Welten' wie z. B. *Second Life* zählen zu den Gegenständen, die im linguistischen Forschungsfeld Internetbasierte Kommunikation untersucht werden.

Konzeptuell abgegrenzt ist die internetbasierte Kommunikation nach den oben genannten Merkmalen von Formen der **monodirektionalen One-to-many-Kommunikation**, in denen die Produzent:innen- und Rezipient:innen-Rollen klar verteilt und die Kommunikate nicht als Elemente eines sequenziellen Verlaufs, sondern als monologische Äußerungen konzipiert sind, auf die von Rezipient:innen nicht unmittelbar mit Kommunikaten gleicher Art reagiert werden kann. Prototypische Beispiele dafür sind Artikel von Online-Zeitungen, Blog-Postings oder digitale Portale zu Fachwissen (z. B. Online-Grammatiken, Online-Lernangebote). Solche Kommunikate werden als **Hypertexte** bezeichnet und linguistisch mit erweiterten Ansätzen aus der Textlinguistik beschrieben.

> **Definition**
>
> **Hypertexte** sind computerverwaltete, nicht-linear organisierte Texte.

Das Merkmal ‚nicht-linear organisiert' grenzt Hypertexte von linear organisierten Texten ab, die dafür konzipiert sind, von Anfang bis Ende auf einem vorgegebenen Leseweg rezipiert zu werden (z. B. Märchen, Novellen, Kriminalromane). Nicht-linear organisierte Hypertexte verknüpfen stattdessen Hypertexteinheiten (oft als ‚Seiten', ‚Module' bezeichnet) durch computerverwaltete **Hyperlinks** (Kurzform: *Links*). Auf einem Endgerät (Smartphone, Tablet, Bildschirm etc.) können die Nutzenden diese Hyperlinks aktivieren, um zwischen den Hypertexteinheiten zu wechseln und sich einen individuellen Leseweg zu bahnen.

Das Merkmal ‚computerverwaltet' heißt, dass Hypertexte von speziellen Softwaresystemen verwaltet werden, die man als **Hypertextsysteme** bezeichnet. Diese Systeme organisieren den Zugriff der Nutzenden auf die Inhalte und Links. Das Merkmal ‚computerverwaltet' grenzt Hypertexte von Texten in gedruckten Medien ab, die ebenfalls nicht dafür gedacht sind, von Anfang bis Ende in einer bestimmten Abfolge rezipiert zu werden, z. B. gedruckte Enzyklopädien oder Wörterbücher.

2.3 · Internetbasierte Kommunikation: Begriffsbestimmung

Hypertext ist ein Begriff, der schon sehr lange in verschiedenen Disziplinen unter verschiedenen Perspektiven diskutiert wird. Der Artikel „Hypertext" im Glossar für Grundbegriffe der Digital Humanities (Wachter/Schröter 2023) gibt einen interdisziplinär ausgerichteten Abriss der Ideengeschichte. Die digitale Version ist selbst als Hypertext organisiert und enthält viele weiterführende Hyperlinks. Eine Einführung in die textlinguistischen Diskussionen um das Hypertextkonzept findet sich in Storrer (2019).

> ▶ **Zwei Beispiele für Hypertexte**
> 1) **Online-Grammatik** *grammis*

Ein Beispiel für die Mehrwerte der nicht-linearen Organisationsform bietet das grammatische Informationssystem *grammis*, das von Grammatikexpert:innen am Leibniz-Institut für deutsche Sprache erstellt und fortlaufend gepflegt wird. Die Komponente „Propädeutische Grammatik" führt in grammatische Grundbegriffe ein. Rezipient:innen können, wie in einer Buchgrammatik, die hierarchische Strukturierung in Kapitel und Unterkapitel nutzen. Es gibt aber auch sog. Lernpfade für Themen wie Tempus, Phrasen oder Wortbildung, die relevante Seiten aus verschiedenen Kapiteln miteinander verknüpfen. Außerdem enthalten alle Seiten Hyperlinks zu anderen grammis-Komponenten, z. B. zum terminologischen Wörterbuch oder zu einer Datenbank mit relevanter Fachliteratur. Durch die hypertextuelle Organisation kann man sich das Grammatikwissen in der Reihenfolge und Tiefe aneignen, die dem individuellen Vorwissen und Bedarf entspricht.

2) **Online-Enzyklopädie** *Wikipedia*

Eine der sicherlich bekanntesten Hypertexte ist die Online-Enzyklopädie ***Wikipedia***. An ihr lässt sich sehr gut demonstrieren, wie sich computerverwaltete Hypertexte von ebenfalls nicht linear organisierten Vorläufern (= gedruckten Enzyklopädien) unterscheiden: Wikipedia-Artikel lassen sich schnell aktualisieren. Die Artikel sind durch Hyperlinks mit Quellenangaben verknüpft, die – soweit frei und digital verfügbar – durch Links aufgerufen und verifiziert werden können. Auch der Wechsel zwischen verschiedenen Artikeln durch das Aktivieren von Hyperlinks geht deutlich schneller als die Verweisverfolgung in einer gedruckten Enzyklopädie. Außerdem können Bilder, interaktive Karten sowie Audio- und Videodateien integriert werden.

Das Hypertextsystem ***MediaWiki***, das die Wikipedia computertechnisch verwaltet, unterstützt die Autor:innen bei der gemeinschaftlichen Arbeit an den Artikeln. Zum Beispiel gibt es zu jedem Artikel einen (übrigens frei einsehbaren) **Diskussionsbereich**, in dem sich die Autor:innen austauschen können (vgl. im Detail Storrer 2018b). Diese Diskussionen zählen wiederum zum Gegenstandsbereich der internetbasierten Kommunikation (im oben definierten Sinne), auch wenn sie, wie andere internetbasierte Kommunikate auch, durch Links angereichert sein können. Es geht darum, sich schnell und effizient auszutauschen, die Diskussionsbeiträge werden deshalb oft mit einer **interaktionsorientierten Schreibhaltung** (s. ▶ Abschn. 3.1) verfasst.

Der Vergleich von Korpora aus Diskussionen einerseits mit Korpora aus Artikeltexten anderseits kann deshalb gut genutzt werden, um sprachliche Unterschiede zwischen text- und interaktionsorientiert verfassten Schreibprodukten auf einer sehr großen Datenbasis zu untersuchen (s. ▶ Abschn. 4.3.1.2 zu Wikipedia-Korpora, ▶ Abschn. 5.2 und 5.5 [Fallstudien]). ◀

Hypertexte gehören nicht unmittelbar zum Gegenstandsbereich der internetbasierten Kommunikation im oben definierten Sinne. Sie können aber durchaus mit Formen internetbasierter Kommunikation vernetzt auftreten. Plattformen für **Blog-Postings** (= Hypertexte) sehen häufig Kommentarsektionen vor, in denen die Rezipient:innen des Postings Kommentare hinterlassen und mit der bzw. dem Verfasser:in oder auch untereinander diskutieren können. Auch in vielen **Online-Zeitungen** finden sich unter den von den Journalist:innen verfassten Artikeln (= Hypertexten) Kommentarsektionen, in denen die Leser:innen kommentieren und diskutieren können. Auch bei **Videos auf YouTube** handelt es sich um monologisch konzipierte Kommunikate; die Kommentare der Rezipient:innen unter den Videos zählen hingegen zur internetbasierten Kommunikation im oben definierten Sinne.

Dies führt die grundsätzliche konzeptuelle Trennung von internetbasierter Kommunikation und digitalen Texten nicht ad absurdum, sondern bestätigt diese vielmehr, insofern auch dann, wenn beides in einer Anwendung miteinander vernetzt auftritt, funktional und strukturell erkennbar bleibt, bei welchen Anteilen es sich um Hypertexte und bei welchen um dialogisch-sequenziell organisierte Kommunikation handelt. Gerade die unterschiedliche Funktion dialogisch-interaktionaler und monologisch-textueller Kommunikation ist der Grund dafür, dass die beiden Formen in nicht wenigen Online-Angeboten miteinander kombiniert werden. Mit der Möglichkeit, aus Beiträgen zu internetbasierten Kommunikationsverläufen mittels Hyperlinks auf Kommunikationsexterne Online-Ressourcen zu verlinken, ist zudem ein zentrales Strukturierungsmittel von Hypertexten auch in der internetbasierten Kommunikation nutzbar.

Weitere Begriffe Wenn Sie bereits linguistische Literatur zur internetbasierten Kommunikation gelesen haben, werden Sie an dieser Stelle möglicherweise die Begriffe **interaktionsorientiertes Schreiben**, **digitale Alltagsschriftlichkeit**, **Keyboard-to-screen-Kommunikation** oder **textformenbasierten Interaktion** vermisst haben. Während es uns im vorliegenden Kapitel um die Klärung des allgemeinen Konzepts ging, das wir der Betrachtung unseres Gegenstands zugrunde legen, bringen die genannten Begriffe linguistische Forschungsergebnisse zur internetbasierten Kommunikation terminologisch auf den Punkt und beziehen sich dabei auf bestimmte Aspekte des Gegenstands:

So beschreibt der von Angelika Storrer geprägte Begriff **interaktionsorientiertes Schreiben** (vgl. Storrer 2018a, s. ▶ Abschn. 3.1) eine spezifische Form des Schreibgebrauchs, der sich in der internetbasierten Kommunikation herausgebildet hat und anschließend auch in andere Domänen des Schreibens eingedrungen ist, und der Begriff **digitale Alltagsschriftlichkeit** die daraus resultierenden Veränderungen im gesellschaftlichen Umgang mit Schriftlichkeit.

Der Begriff **Keyboard-to-screen-Kommunikation**, den Andreas Jucker und Christa Dürscheid in die linguistische Diskussion eingeführt haben (vgl. Jucker/Dürscheid 2012) beschreibt die charakteristischen Unterschiede, die die digitale Kommunikation gegenüber der Face-to-face-Kommunikation ausweist, und der von Michael Beißwenger geprägte Begriff **textformenbasierte Interaktion** (vgl. Beißwenger 2020) die spezifische Weiterentwicklung der Möglichkeiten von menschlicher Kommunikation durch internetbasierte Kommunikationstechnologien sowie die daraus resultierenden multimodalen Gestaltungsmöglichkeiten.

Diese Konzepte werden wir in den ▶ Abschn. 2.4.2 (Keyboard-to-screen-Kommunikation, textformenbasierte Interaktion) und 2.4.3 (Multimodalität) ausführlich vorstellen und diskutieren, da die ihnen unterliegenden Modellierungen der Merkmalhaftigkeit internetbasierter Kommunikation und des in ihr beobachtbaren Schreibgebrauchs für die linguistische Untersuchung sprachlicher Phänomene bei der Kommunikation im Netz bedeutsam sind.

2.4 Ein pragmatischer Beschreibungsrahmen

Auch wenn sich die Linguistik seit bereits gut dreißig Jahren mit der internetbasierten Kommunikation beschäftigt und sich die Erforschung internetbasierter Kommunikation inzwischen als ein gut etabliertes und dynamisches Forschungsfeld der Linguistik etabliert hat, lohnt es sich doch, einen genaueren Blick auf die Frage zu richten, was die internetbasierte Kommunikation eigentlich ausmacht und was sie von anderen, vorgängigen Formen der Kommunikation unterscheidet. Für die Diskussion dieser Frage setzen wir zunächst bei den Bezeichnungen an, derer sich die Nutzer:innen internetbasierter Kommunikationsanwendungen bedienen, um über ihre Kommunikation zu sprechen. Anschließend stellen wir verschiedene Konzeptualisierungen aus der linguistischen Literatur vor, denen die Frage zugrunde liegt, inwieweit es sinnvoll ist, die Chat- und Messenger-Kommunikation als Gespräche bzw. Texte zu betrachten. Wir werden zeigen, dass solche Konzeptualisierungen Ansatzpunkte bieten, an denen sich argumentativ festmachen lässt, dass die schriftliche internetbasierte Kommunikation in bestimmter Hinsicht **Gesprächen** gleicht, zugleich aber ebenso viele Merkmale des **sprachlichen Handelns** mit Texten aufweist.

Die charakteristische Verbindung dieser Merkmale zusammen mit der technologischen Vermittlung eröffnet eine Perspektive, unter welcher die internetbasierte Kommunikation als eine **dritte, eigenständige Form des sprachlichen Handelns** beschrieben werden kann, die an vorgängig vorhandenen Organisationsformen des sprachlichen Handelns – das Handeln in Interaktion und das Handeln mit Texten – anknüpft und daraus etwas Neues hervorgebracht hat (s. ▶ Abschn. 2.4.2). Schriftliche Formen der internetbasierten Kommunikation haben zum einen eine an mündliche Gespräche erinnernde Struktur, die aber im Medium der Schrift realisiert wird; zum anderen werden bei der Gestaltung und Darstellung von Kommunikationsbeiträgen die materialen und multimodalen Qualitäten von Textformen für die Organisation eines interaktionalen, sequenziell konzipierten Austauschs genutzt. Das Merkmal der Multimodalität (s. ▶ Abschn. 2.4.2) prägt den Kommunikationsprozesse dabei in vielfältiger Weise: bei der Produktion von und beim Umgang mit Kommunikaten, bei der Organisation von Verständnis und Verstehen, und nicht zuletzt auf der Ebene des physischen Umgangs mit dem genutzten Endgerät (Handy, Tablet, PC).

2.4.1 Grundlegende Unterscheidungen

2.4.1.1 Sprache im Gebrauch – Interaktion – Text – gesprochene und geschriebene Sprache – Kommunikationsformen und -gattungen

Um diese Argumentation zu entwickeln, benötigen wir zunächst einige wichtige Konzepte und Grundunterscheidungen, die für jede linguistische Betrachtung von Sprache grundlegend sind:

- **Sprache im Gebrauch**
- *Organisationsformen sprachlichen Handelns*:
  - **Interaktion**
  - **Text**
- *Realisierungsformen sprachlichen Handelns*:
  - **gesprochene Sprache**
  - **geschriebene Sprache**
- **Kommunikationsform**
- *Kommunikative Gattungen*:
  - **Gesprächsart**
  - **Textsorte**

‚Sprache im Gebrauch' charakterisiert die Betrachtungsperspektive, die wir in diesem Buch einnehmen, wenn wir Sprache in der internetbasierten Kommunikation untersuchen. Die Konzepte Interaktion und Text beschreiben **Organisationsformen**, die Konzepte gesprochene und geschriebene Sprache **Realisierungsformen** des sprachlichen Handelns. Die Beschreibung sprachlicher Kommunikation hinsichtlich ihrer materialen Realisierung – in Form von artikulierten Sprachlauten oder Schriftzeichen – wird damit konzeptuell getrennt von der Frage nach der Organisationsform, die Individuen für die Bearbeitung kommunikativer Aufgaben wählen.

Sprache im Gebrauch Die gebrauchsbasierte Betrachtung von Sprache untersucht gesprochene und geschriebene Äußerungen in konkreten Verwendungskontexten und unter Berücksichtigung von pragmatischen Faktoren und Merkmalen der Kommunikationssituation. Zu den pragmatischen Bedingungen zählt zuvorderst, dass Äußerungen „von Personen mit Überzeugungen, Wünschen und Absichten […] geäußert werden, an andere Personen mit Überzeugungen, Wünschen und Absichten gerichtet sind und in Zusammenhang stehen mit bereits erfolgten und sich anschließenden Äußerungen" (Meibauer et al. 2015: 212). Die Überzeugungen, Wünsche und Absichten der beteiligten Personen drücken sich in den Äußerungen aus, die in der Situation als Mittel des **partnerorientierten Handelns** dienen.

Die sprachliche und nichtsprachliche Gestaltung der Äußerungen richtet sich danach, was die Beteiligten über die Situation und übereinander wissen beziehungsweise danach, wie sie die Situation und ihr Gegenüber einschätzen. Relevante Situationsmerkmale sind unter anderem:

- die **Beziehung** der Beteiligten und deren gemeinsame Vorgeschichte,
- die **räumliche und zeitliche Struktur** der Kommunikation (zur gleichen Zeit am gleichen Ort oder räumlich/zeitlich getrennt?),

2.4 · Ein pragmatischer Beschreibungsrahmen

- der **Anlass** und die **Art** der Kommunikation (z. B. Bewerbungsgespräch, Flirt, Sprechstundengespräch; privater Brief, wissenschaftliche Hausarbeit, Behördenschreiben),
- die **Öffentlichkeit oder Privatheit** der Kommunikation sowie
- bei vermittelter Kommunikation die Anforderungen und **Handlungsmöglichkeiten**, die sich aus den technologischen Bedingungen ergeben (Affordanzen) (vgl. Liedtke/Tuchen 2018).

Sprache in ihrem Gebrauch und sprachliche Einheiten hinsichtlich ihrer Funktionen im Gebrauch zu untersuchen ist die Perspektive der **Linguistischen Pragmatik**, bei der der Handlungscharakter von Sprache sowie die Verwendungsbedingungen und Funktionen sprachlicher Einheiten im Zentrum der Betrachtung stehen. Die sprachlichen und kommunikativen Besonderheiten der internetbasierten Kommunikation haben sich im Gebrauch von Sprache unter den technologischen Bedingungen des Internets herausgebildet. Um diese Besonderheiten zu erfassen und ihre Spezifik gegenüber anderen Ausprägungen sprachlicher Kommunikation zu erklären, liegt eine primär pragmatisch ausgerichtete Betrachtungsweise gleichsam auf der Hand. Tatsächlich ist ein Großteil der gegenwärtigen linguistischen Forschung zur internetbasieren Kommunikation pragmatisch ausgerichtet oder legt, neben weiteren Perspektiven, eine pragmatische Perspektive zugrunde.

Das bedeutet nicht, dass Strukturperspektiven auf Sprache keine Rolle spielen; im Gegenteil: Die Untersuchung sprachlicher Strukturen verträgt sich hervorragend mit einer pragmatischen Betrachtungsweise, die Strukturen (z. B. bestimmte syntaktische Konstruktionen, bestimmte Zeichenkombinationen) im Gebrauch hinsichtlich ihres Funktionsbeitrags zu den Handlungsabsichten und Ausdruckswünschen ihrer Urheber:innen sowie hinsichtlich ihrer Wirkung auf die Adressat:innen beschreibt. In den Fallstudien in ▶ Kap. 5 werden Sie das Zusammenspiel von pragmatischer Sprachbetrachtung und linguistischer Strukturanalyse an verschiedenen Beispieluntersuchungen nachvollziehen können.

Organisationsformen des sprachlichen Handelns Wir unterscheiden zwei Formen der Organisation des sprachlichen Handelns. Dabei legen wir die pragmatische Grundannahme zugrunde, dass sprachliches Handeln grundsätzlich partnerorientiert und darauf gerichtet ist, in einem gegebenen situativen Kontext für ein Gegenüber – eine Adressatin oder einen Adressaten und deren bzw. dessen Rezeptions- und Verstehensbedingungen – relevant und interpretierbar zu sein. Um partnerorientiertes sprachliches Handeln zu organisieren, haben wir menschheits- und kulturgeschichtlich zwei Organisationsformen ausgebildet, die uns heute in einer Vielzahl von Erscheinungsformen begegnen: das Handeln in Interaktion und das Handeln mit Texten:

- **Handeln in Interaktion**: Sprachliches Handeln ist interaktional organisiert, wenn die daran Beteiligten systematisch zwischen der Produzenten- und Rezipientenrolle wechseln (in Gesprächen: Sprecherrolle, Hörerrolle), in einer gemeinsamen Situation verbunden sind (in Gesprächen: gleicher Ort, selbe Zeit) und die Äußerungen der Beteiligten sequenziell aufeinander folgen. Bei der sequenziellen Organisation stellen vorausgehende Äußerungen den Kontext für daran anschließende Äußerungen bereit. Was ein:e Beteiligte:r als nächstes sagt oder tut, richtet sich danach, was zuvor gesagt oder getan wurde, und strukturiert vor, was von den anderen Beteiligten als nächstes geäußert oder getan werden kann, sofern alle Beteiligten kooperativ sind. Der Prototyp der Interaktion und zugleich die ontogenetisch und phylogenetisch primäre Form der Kommunikation ist das Gespräch von Angesicht zu Angesicht (Face-to-face-Gespräch; vgl. Imo/Lanwer 2019).

— **Handeln mit Texten (Textkonzept von Konrad Ehlich)**: Beim sprachlichen Handeln mit Texten sind die Beteiligten – der/die Schreibende und die Adressat:innen des Textes – nicht über eine gemeinsame Situation verbunden. Die Kommunikation zerfällt in eine Produktions- und eine Rezeptionssituation, in denen Schreibende und Lesende jeweils alleine mit der kommunikativen Äußerung umgehen. Um die zwischen den Beteiligten gegebene zeitliche und/oder räumliche Distanz zu überbrücken, muss sich die Äußerung von der/dem Handelnden ablösen und auf einem körperexternen Träger fixiert werden, anhand dessen die Äußerung in eine oder viele mögliche Rezeptionssituationen *überliefert* werden kann. Eine Textäußerung liegt vor, wenn eine sprachliche Äußerung in ihrer materialen Fixierung diese Merkmale aufweist (vgl. Ehlich 1983, 1984).

Dass wir den Ausführungen in den nachfolgenden Abschnitten primär das Textverständnis von Konrad Ehlich zugrunde legen, lässt sich damit begründen, dass für die spezifische Diskussion dessen, was die internetbasierte Kommunikation gegenüber vorgängigen Organisationsformen des sprachlichen Handelns auszeichnet, der **Überlieferungscharakter** von Texten bedeutsamer ist als die Struktur und kommunikative Funktion konkreter Textexemplare (s. ▶ Abschn. 4.4.2).

Dass wir in dieser Einführung dennoch den Interaktionsbegriff nach Imo/Lanwer (2019) zugrunde legen, hat damit zu tun, dass dieser in Forschungsarbeiten zur internetbasierten Kommunikation überwiegend verwendet wird. Das liegt daran, dass dieser Interaktionsbegriff nicht notwendigerweise auf gesprochene Sprache als Realisierungsform beschränkt ist und sich somit grundsätzlich auch auf Formen vermittelter Kommunikation anwenden lässt. Für eine Diskussion der verschiedenen Interaktionsbegriffe sei auf Imo (2024) verwiesen.

Realisierungsformen des sprachlichen Handelns Als Realisierungsformen für das sprachliche Handeln, haben sich menschheits- und kulturgeschichtlich zwei Verfahren etabliert, wie wir sprachliche Äußerungen hervorbringen und für die Adressat:innen unseres Handelns wahrnehmbar machen: der Laut und die Schrift mit jeweils unterschiedlichen materialen Eigenschaften, mit denen sich die Kulturtechniken des Sprechens und des Schreibens verbinden:

> **Definition**
>
> — **Gesprochene Sprache** bezeichnet die lautliche Realisierung von sprachlichen Äußerungen unter Rückgriff auf das Phonemsystem einer Sprache.
> — **Geschriebene Sprache** bezeichnet die schriftliche Realisierung von sprachlichen Äußerungen unter Rückgriff auf das Schriftsystem einer Sprache.

2.4 · Ein pragmatischer Beschreibungsrahmen

> **Zur Vertiefung**
>
> **Unterschiedliche Textbegriffe**
>
> Vermutlich sind Ihnen in Ihrem Studium (auch) andere Konzeptionen von ‚Text' begegnet als diejenige, die wir hier – im Anschluss an Arbeiten von **Konrad Ehlich** – gewählt haben. Tatsächlich gibt es in der Linguistik ganz unterschiedliche Vorschläge, was man als Text betrachten kann und wie sich die Einheit ‚Text' linguistisch definieren lässt. Für den wissenschaftlichen Diskurs stellt die Koexistenz unterschiedlicher begrifflicher Konzeptionen eines Gegenstands nicht notwendigerweise ein Problem dar, da sich diese Konzeptionen üblicherweise zu verschiedenen Perspektiven auf den Gegenstand in Beziehung setzen lassen. So beleuchtet das Textkonzept von Konrad Ehlich insbesondere die Leistungen von Text als Mittel für das situationsentbundene Handeln und als Träger kultureller Überlieferung. Andere Konzeptionen der Einheit ‚Text' rücken die sprachliche und strukturelle Dimension sowie die kommunikative Funktion in den Vordergrund, die der Text für die Schreibenden erfüllen soll. Das ist beispielsweise in der **Textdefinition aus Brinker/Cölfen/Pappert** (2018) der Fall, die als eine der „klassischen" Einführungen in die Textlinguistik gelten kann:
>
> » „Der Terminus ‚Text' bezeichnet eine von einem Emittenten hervorgebrachte begrenzte Folge von sprachlichen Zeichen, die in sich kohärent ist und als Ganze eine erkennbare kommunikative Funktion signalisiert." (Brinker/Cölfen/Pappert 2018: 17)
>
> Brinker/Cölfen/Pappert (2018) beschreiben Texte als Handlungsmittel, Ehlich charakterisiert Texte demgegenüber – unter einer weiteren, kulturgeschichtlichen Perspektive – hinsichtlich ihres Potenzials, Zeit und Raum zu überbrücken und damit situationsübergreifend zu handeln. Wenngleich die beiden Textkonzepte unterschiedliche Aspekte an ihrem Gegenstand herausstellen, teilen sie beide eine pragmatische Perspektive auf Sprache. Sie stehen nicht im Widerspruch zueinander, sondern können einander ergänzen.

Sowohl gesprochene als auch geschriebene Äußerungen werden in der Linguistik als grundsätzlich **multimodal** aufgefasst, d. h. dass die Äußerung im Akt ihrer Hervorbringung neben sprachlichen (lautlichen oder grafischen) Einheiten auch Einheiten aus anderen semiotischen Systemen aufweisen kann, die für das Handeln und für das Verstehen der Äußerung ebenso bedeutsam sind wie die sprachlichen Anteile. Beispiele für Multimodalität in gesprochener Sprache sind die Kombination der gesprochenen Äußerung mit Formen mimischen und gestischen Ausdrucks und mit einer bestimmten Körperhaltung. Beispiele für Multimodalität in geschriebener Sprache sind Mittel der semiotischen Schriftgestaltung – die Wahl einer bestimmten Schriftart, Fettungen und Kursivierungen –, die Integration von Bildern oder, im digitalen Raum, auch von Video- und Audiodateien sowie von Emojis.

Zum Weiterlesen: Fiehler et al. 2004 (gesprochene Sprache), Dürscheid 2016 (geschriebene Sprache/Schriftlinguistik)

> **Zur Vertiefung**
>
> **Unterschiedliche Interaktionsbegriffe**
>
> Auch zum Konzept Interaktion gibt es alternative Konzeptualisierungen. So reserviert Hausendorf (2015) im Unterschied zu der oben gegebenen Definition den Terminus ‚Interaktion' für Kommunikationssituationen, in denen sich die Beteiligten unmittelbar wechselseitig wahrnehmen. Der daraus resultierende Interaktionsbegriff ist wesentlich enger gefasst als der von Imo/Lanwer (2019) vertretene, insofern er ausschließlich auf die Face-to-face-Kommunikation anwendbar ist, für die die unvermittelte **Wahrnehmungswahrnehmung** der Beteiligten (= die Wahrnehmung des Gegenübers mit allen Sinnen und die simultan gegebene Möglichkeit wahrzunehmen, dass man vom Gegenüber ebenfalls wahrgenommen wird) ein zentrales Merkmal darstellt.
>
> Auch hier gilt, wie bei den verschiedenen Konzeptualisierungen des Gegenstands ‚Text', dass es nicht eine ‚wahrere' und eine wenigere wahre Konzeptualisierung gibt. Vielmehr spricht einiges dafür, die Face-to-face-Kommunikation gegenüber anderen Kommunikationsformen als exponiert zu betrachten: Sie ist die erste Kommunikationsform, in der wir in unserem Leben begegnen (und daher **ontogenetisch primär**) und zugleich die erste Kommunikationsform, die sich menschheitsgeschichtlich herausgebildet hat (und daher auch **phylogenetisch primär**). In ihr begegnen sich Individuen unmittelbar und mit allen Sinnen und organisieren wechselseitiges Verständnis und Verstehen mit ausschließlich körpereigenen Mitteln.

Auf die Ebene der ‚Konzeption' sprachlicher Äußerungen (i. S. v. Koch/Oesterreicher) werden wir in ▶ Abschn. 3.1 noch zu sprechen kommen, wenn wir mit den Konzepten des **text- und interaktionsorientierten Schreibens** eine begriffliche Unterscheidung einführen, in die die Idee der ‚Konzeption' nach Koch/Oesterreicher eingeflossen ist, die aber spezifisch auf die Beschreibung von Schreibhaltungen in der internetbasierten Kommunikation und des schriftsprachlichen Wandels durch internetbasierte Kommunikation zugeschnitten ist. Koch/Oesterreicher selbst haben sich in ihren Arbeiten bestenfalls am Rande mit Formen internetbasierter Kommunikation beschäftigt (vgl. Koch/Oesterreicher 2007).

Kommunikationsformen Für unsere Beschäftigung mit internetbasierter Kommunikation ist weiterhin das Konzept der Kommunikationsform und dessen Abgrenzung zu **Textsorten** und **Gesprächsarten** relevant.

> **Definition**
>
> Der Begriff **Kommunikationsform** bezeichnet die Gesamtheit aller Kommunikationsereignisse, die unter gleichen Bedingungen des Kontakts bzw. der Vermittlung zustande kommen. Sie sind „allein durch situative bzw. mediale Merkmale definiert, in kommunikativ-funktionaler Hinsicht also nicht festgelegt" (Brinker/Cölfen/Pappert 2018: 142).

2.4 · Ein pragmatischer Beschreibungsrahmen

> **Zur Vertiefung**
>
> **Realisierungsformen vs. ‚Medialität' von Sprache**
> Wenn wir **Realisierungsformen** sprachlicher Äußerungen beschreiben, betrachten wir Sprache hinsichtlich ihrer Materialität und im Bewusstsein, dass der Verwendung von artikulierten Lauten und Schriftzeichen ein Laut- bzw. Schriftsystem zugrunde liegt, das in jeder Einzelsprache unterschiedlich ausgeprägt ist. Mit der Redeweise von Realisierungsformen vermeiden wir den Begriff der **Medialität** in Bezug auf die Formseite sprachlicher Äußerungen, wie er in den Arbeiten von Peter Koch und Wulf Oesterreicher (Koch/Oesterreicher 1985, 1994) für die Realisierungsebene sprachlicher Äußerungen eingeführt ist (‚mediale Mündlichkeit', ‚mediale Schriftlichkeit'). In ▶ Abschn. 2.2 haben wir dargelegt, weshalb wir in diesem Buch bewusst auf die Verwendung des Begriffs ‚Medium' verzichten. Zugleich ist mit den oben gegebenen Definitionen festgelegt, dass wir uns, wenn wir sprachliche Äußerungen als ‚gesprochen' oder ‚geschrieben' bezeichnen, damit ausschließlich die Art und Weise ihrer materialen Realisierung meinen und nicht die Versprachlichungseinstellung (‚Konzeption'), die ihrer Formulierung sprecher- oder schreiberseitig zugrunde liegt (‚Konzeption' i. S. v. Koch/Oesterreicher). Wir blenden das in der Forschungsliteratur zur internetbasierten Kommunikation häufig herangezogene Modell von Koch/Oesterreicher damit nicht aus, sondern ersetzen die darin getroffenen (wichtigen) begrifflichen Differenzierungen durch präzisere und begrifflich eindeutigere Konzepte.

Die **Face-to-face-Kommunikation** ist die unmittelbare Kommunikationsform des Menschen und, wie oben erläutert, ontogenetisch und phylogenetisch primär. Bei allen weiteren Formen der Kommunikation, die als gesellschaftlich ausgearbeitete Lösungen zur kommunikativen Überwindung von Zeit und Raum zur Verfügung stehen und individuell angeeignet werden, handelt es sich um Formen vermittelter Kommunikation. Diese sind auf die Indienstnahme körperexterner Hilfsmittel und auf Vereinbarungen zu deren Verwendung angewiesen, um die Hervorbringung, die Übermittlung und die Wahrnehmung von kommunikativen Äußerungen zu ermöglichen.

Kommunikative Gattungen, Gesprächsarten und Textsorten Kommunikationsformen sind nicht gleichzusetzen mit **kommunikativen Gattungen** bzw. **Gesprächsarten** oder **Textsorten**. Diese Konzepte bezeichnen Typen von Texten oder Gesprächen, die mit einer kommunikativen Funktion verknüpft sind und mit denen spezifische kommunikative Ziele bearbeitet werden. Sie weisen charakteristische Strukturmerkmale auf, die sich gesellschaftlich als Mittel zur Bearbeitung dieser Ziele herausgebildet haben. Kommunikative Gattungen bzw. Textsorten und Gesprächsarten werden gesellschaftlich tradiert und stellen bewährte Schemata für die Bearbeitung wiederkehrender Aufgaben dar. Beispiele für Textsorten sind das Bewerbungsschreiben, der wissenschaftliche Fachartikel, der Vertrag, der Gesetzestext oder die Werbeanzeige, Beispiele für Gesprächsarten sind Flirtgespräche, Prüfungsgespräche, Unterrichtsgespräche, Arzt-Patienten-Gespräche oder Arbeitsbesprechungen.

Im Gegensatz zu Gattungen bzw. Textsorten und Gesprächsarten sind Kommunikationsformen hingegen nur durch die **Kontaktbedingungen** bestimmt, unter denen Kommunikation ermöglicht wird, aus denen sich die Möglichkeit der Nutzung bestimmter Realisierungsformen und Gestaltungsoptionen für kommunikative Äußerungen ergeben. Anders ausgedrückt: Eine Kommunikationsform kann für unterschiedliche kommunikative Gattungen genutzt werden – textuelle Kommunikationsformen für unterschiedliche Textsorten bzw. Kommunikationsformen des Gesprächs für unterschiedliche Gesprächsarten (vgl. Pappert 2016: 21–22; Brinker/Cölfen/Pappert 2018: 142).

2.4.1.2 Technologisch-situative Bedingungen der Kommunikation – Affordanzen – Praktiken

Um uns mit internetbasierter Kommunikation als vermittelter Kommunikation zu beschäftigen, benötigen wir neben Konzepten für die linguistische Beschreibung grundlegender Organisations- und Realisierungsformen von Sprache weiterhin Konzepte, die es ermöglichen, die **Rolle der Technologie** in digital vermittelter Kommunikation sowie die Wechselbeziehungen zwischen technologischen Rahmenbedingungen der Kommunikation und beobachtbarem Kommunikationsverhalten zu beschreiben. Dazu führen wir im Folgenden drei weitere Konzepte ein, die in der linguistischen Forschungsliteratur zum Thema eine wichtige Rolle spielen: **Kommunikationstechnologie**, **Affordanz** und **Praktik**.

> **Definition**
>
> Eine **Kommunikationstechnologie** definiert ein geregeltes Zusammenspiel von technischen Hilfsmitteln und Verfahren, die für die Abwicklung kommunikativen Austauschs in vermittelter Kommunikation benötigt werden.

Die verwendete Kommunikationstechnologie prägt die technologisch-situativen Rahmenbedingungen einer Kommunikationsform und legt fest, (i) welche technischen Hilfsmittel für den Zugang zur Kommunikation benötigt werden, (ii) wie kommunikative Äußerungen produziert und gestaltet werden, (iii) wie sie zwischen den Beteiligten übermittelt und (iv) wie sie den Adressat:innen präsentiert werden (vgl. Beißwenger 2007: 14–17, 512).

Die einzige Kommunikationsform, die ohne Rückgriff auf eine Kommunikationstechnologie auskommt, ist die Face-to-face-Kommunikation.

> **Definition**
>
> Mit **Affordanzen** sind die von einem Gegenstand oder einer Technologie bereitgestellten Möglichkeiten zur Interaktion gemeint (vgl. Hutchby 2001: 453; Meredith 2017: 43; Norman 1988: 9–13; Knorr 2022).

Das Konzept der Affordanzen geht auf den Psychologen James Jerome Gibson zurück, der den Begriff *affordances* (1979) eingeführt hat, um zu beschreiben, was eine Umgebung einem Tier bietet oder zur Verfügung stellt (vgl. Gibson 2015: 119). Der

Soziologe Ian Hutchby, der das Konzept aufgreift, betont, dass die Affordanzen von Objekten sich für verschiedene Spezies und Subjekte unterschiedlich darstellen und dass die Materialität von Artefakten die Ausübung einer Aktivität sowohl ermöglichen als auch einschränken könne (vgl. Hutchby 2001: 448). Bezogen auf die digitale Kommunikation werden Affordanzen als „Handlungsmöglichkeiten" betrachtet, „die ein bestimmter Aspekt eines technischen Objektes – z. B. das Interface eines Online-Angebotes – den jeweiligen Nutzern offeriert" (Bucher 2024: 12).

Der charakteristische Unterschied zwischen den technologisch-situativen Rahmenbedingungen von Kommunikation (bezogen auf eine bestimmte Kommunikationsanwendung, z. B. WhatsApp, ein Online-Forum, Instagram) und Affordanzen besteht darin, dass sich situativ-technologische Bedingungen objektiv als ‚Features' eines technologischen Systems beschreiben lassen, wohingegen die dadurch eröffneten Gebrauchsmöglichkeiten subjekt- und auch kontextspezifisch unterschiedlich als Affordanzen wahrgenommen werden können (vgl. Knorr 2022: 72). Technologien sind Artefakte und existieren – als Objekte der Dingwelt – „unabhängig von deren Nutzerinnen und Nutzern, was für die Affordanz nicht gilt, die immer wahrgenommene Affordanz ist" (Bucher 2024: 12–13). Um diesen Aspekt besonders herauszustellen, ist in der Literatur zu Affordanzen bisweilen auch von **relationalen Affordanzen** die Rede (vgl. Schröder/Richter 2022).

Bringt man das Konzept der Affordanzen mit der Gebrauchs- bzw. Handlungsperspektive auf Sprache zusammen, dann sind die Affordanzen die von einem Subjekt wahrgenommenen Gebrauchseigenschaften von Artefakten, die als Mittel des Handelns genutzt werden können. Anders ausgedrückt: Die Affordanzen eines Artefakts – im Falle der internetbasierten Kommunikation einer bestimmten Kommunikationsanwendung – ermöglichen und beschränken, wie kommunikative Handlungen ausgeführt und – sprachlich und nichtsprachlich – gestaltet werden können. In diesem Zusammenhang wird ein weiteres Konzept aus der linguistischen Pragmatik bedeutsam, das sprachliches Handeln als situations- und kontextspezifische Zweck-Mittel-Disposition beschreibt: das Konzept der sprachlichen und kommunikativen **Praktiken**.

> **Definition**
>
> Das Konzept der **Praktiken** beschreibt unter einer pragmatischen Perspektive, wie wir die Anforderungen von Kommunikation mit den in der Kommunikationssituation zur Verfügung stehenden Mitteln bearbeiten, die als **Ressourcen** kommunikativen Handelns betrachtet werden.

Deppermann et al. (2016: 1) charakterisieren ausgehend von u. a. Schegloff (1997) und Heritage (2010) Praktiken als Konstellationen, die sich „durch den kontextsensitiven Einsatz von bestimmten sprachlich-kommunikativen Formen als Ressourcen zur Lösung grundlegender Aufgaben der Interaktionskonstitution und zur Herstellung bestimmter Handlungen aus[zeichnen]".

Erst wenn Ressourcen in einer konkreten Kommunikationssituation für bestimmte **Zwecke der Kommunikation** in Dienst genommen werden, werden sie Teil von Praktiken, d. h. Mittel-Zweck-Konstellationen, in deren Rahmen mit ihnen bestimmte kommunikative Aufgaben im Rahmen des sprachlichen Handelns realisiert werden. Die

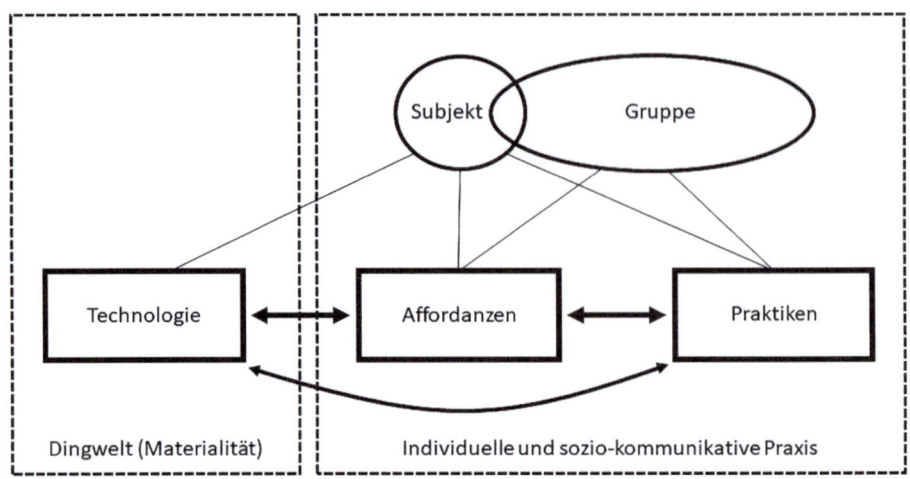

☐ **Abb. 2.2** Zusammenspiel von Technologie, Affordanzen und Praktiken

Ressourcen sind dabei die Mittel, die kommunikativen Ziele und Wünsche der Kommunikationsbeteiligten definieren die Zwecke, und die Verbindung aus einem oder mehreren Mittel(n) und dem situativ erkennbaren Zweck definiert eine spezifische Praktik. In vermittelter Kommunikation bilden die Affordanzen der Kommunikationsanwendung die Ressourcen für Praktiken. ☐ Abb. 2.2 veranschaulicht das Zusammenspiel zwischen Technologie, Affordanzen und Praktiken.

In der Betrachtung der ☐ Abb. 2.2 mag Ihnen aufgefallen sein, dass die Beziehung zwischen Technologie und Affordanzen nicht als einseitig gerichteter Pfeil (von der Technologie zu den Affordanzen) eingezeichnet ist, sondern dass der Pfeil auch in die umgekehrte Richtung weist. Damit wird der Tatsache Rechnung getragen, dass Technologien, wiewohl es sich bei ihnen um materiale Objekte der Dingwelt handelt, nicht im luftleeren Raum entstehen und dass die Entwicklung und Weiterentwicklung von Technologie, zumindest mittelbar, ebenfalls Resultat individueller und sozio-kommunikativer Praxis ist. Technologien werden von Menschen entwickelt, die damit auf wahrgenommene oder antizipierte sozio-kommunikative Bedarfe reagieren, um Zeichenressourcen und Werkzeuge zu deren Bearbeitung bereitzustellen. Eine zentrale Rolle spielt dabei die Analyse von Praxis und der aus der Beobachtung von Praxis ableitbaren, individuell oder gesellschaftlich wahrgenommenen Affordanzen in Bezug auf vorhandene „Lösungen" für bestimmte Bedarfe, die vorhandene Technologien bereitstellen. Dingwelt und soziale Welt sind somit nicht voneinander unabhängig, sondern die Individuen zur Verfügung stehenden Werkzeuge resultieren letztlich immer aus wahrgenommenen Bedürfnissen und dafür entwickelten Lösungen. Das gilt für moderne Kommunikationstechnologien in gleicher Weise wie für steinzeitliche Werkzeuge für die Bisonjagd oder für die Bearbeitung von Tierhäuten.

2.4.2 Keyboard-to-screen-Kommunikation – textformenbasierte Interaktion

Um die Spezifik der internetbasierten Kommunikation zu erfassen und sie in den Kontext der kulturellen Praxis des Sprechens und Schreibens, der Interaktion und des Textes einzuordnen, gibt es in der linguistischen Literatur verschiedene Erklärungsangebote. Prominent und in der Forschungsliteratur vielfach aufgegriffen ist das Konzept der **Keyboard-to-screen-Kommunikation**, das Andreas Jucker und Christa Dürscheid (Jucker/Dürscheid 2012) in einem Artikel vorgeschlagen haben. Dieses Konzept beantwortet die Frage nach der Spezifik digitaler Kommunikation auf der Ebene der Nutzer-Interfaces, die für die Produktion und die Rezeption der kommunikativen Äußerungen notwendigerweise verwendet werden müssen. Das Konzept der **textformenbasierten Interaktion** (Beißwenger 2020) beantwortet demgegenüber die Frage auf der Ebene der sprachlichen Traditionen und Ressourcen, vor deren Hintergrund die internetbasierte Kommunikation als eine spezifische Ausprägung menschlicher Verständigung unter den Bedingungen der Kultur der Digitalität beschrieben und in die historische Entwicklungslinie von Organisations- und Realisierungsformen des sprachlichen Handelns eingeordnet werden kann.

Keyboard-to-screen-Kommunikation Das Konzept *Keyboard-to-screen-Kommunikation* beschreibt die für internetbasierte Kommunikation auf Stand der Technologie der Jahrtausendwende charakteristische Nutzung von Tastatur und Bildschirm als zentrales Charakteristikum der neuen Kommunikationsformen. Der Bezeichnung *keyboard-to-screen* ist dabei in bewusster Analogie zur Bezeichnung *face-to-face* gewählt, um herauszustellen, welches nach Auffassung der beiden Autor:innen der zentrale Unterschied zur Kommunikation von Angesicht zu Angesicht ist. Das Gegenüber wird in Formen internetbasierter Kommunikation nicht unmittelbar, sondern nur vermittelt über den Bildschirm wahrgenommen; was am Bildschirm wahrgenommen wird, ist nicht die Person selbst im Akt des Sprechens, sondern sind stattdessen schriftliche Äußerungen, die über die Tastatur als Eingabemedium erzeugt werden. Die Kontaktbedingungen zwischen den Kommunikationsbeteiligten erscheinen somit gegenüber der Face-to-face-Begegnung in zweifacher Hinsicht durch die Zuhilfenahme von Ein- und Ausgabemedien determiniert: die tastaturschriftliche Enkodierung der Äußerung und die Übermittlung ausschließlich der schriftlichen Äußerung anstelle zeichenhaft deutbarer Verhaltensäußerungen ihrer Produzentin/ihres Produzenten.

Das Konzept bietet einen griffigen Terminus und zugleich fruchtbaren Ansatzpunkt, um die Rolle der technischen Vermittlung für das Zustandekommen kommunikativen Kontakts zu fixieren, der sich unter einer schriftlinguistischen Perspektive auch für die Erklärung einiger sprachlicher Besonderheiten in der internetbasierten Kommunikation nutzen lässt. Zugleich wird dabei aber die Neuartigkeit internetbasierter Kommunikation auf den Einfluss von Ein- und Ausgabegeräten reduziert und über die internetbasierte Kommunikation ausgesagt, dass sie sich von der Face-to-face-Kommunikation grundsätzlich unterscheide. Dass die internetbasierte Kommunikation durchaus auch Merkmale mit Face-to-face-Gesprächen teilt und warum das so ist, bleibt offen. Darüber hinaus ist der Terminus *Keyboard-to-screen-Kommunikation* zum gegenwärtigen Zeitpunkt, in dem durch das Aufkommen ‚smarter' Nutzer-Interfaces die Grenzen zwischen Ein- und Ausgabegerät fluide geworden sind und sich eher auf der Ebene der Software (Bildschirmtastatur) als auf der Ebene von Peripheriegeräten greifen lassen, nicht mehr wirklich zeitgemäß. Es wäre daher mit Blick auf den aktuellen Stand der Technologie angemessener, von *Screen-to-screen-Kommunikation* oder von *Display-to-display-Kommunikation* zu sprechen, mit Blick auf die zunehmende Durchsetzung (auch) von spracheingabegesteuerten Formen der Bedienung von Nutzeroberflächen auch noch generischer von *Interface-to-interface-Kommunikation*. Damit würde das Konzept letztlich aber so allgemein gefasst, dass es sich nur noch dadurch vom Konzept der *vermittelten Kommunikation* (s. ▶ Abschn. 2.3) unterschiede, dass die genutzten Interfaces technische Werkzeuge darstellen, was sicherlich nicht im Sinne der Autor:innen wäre.

Wir halten fest, dass die Leistung des Konzepts *Keyboard-to-screen-Kommunikation* darin besteht, den charakteristischen Einfluss der technisch vermittelten Enkodierung von Sprache und der Wahrnehmung des kommunikativen Gegenübers über schriftliche Äußerungen am Bildschirm herauszustellen, der gerade im Vergleich mit der Face-to-face-Kommunikation mit der für sie charakteristischen, multimodalen wechselseitigen Wahrnehmung der Beteiligten besonders eindrücklich wird.

Textformenbasierte Interaktion Das Konzept der *textformenbasierten Interaktion* (Beißwenger 2020) wählt einen anderen Weg, die Spezifik internetbasierter Kommunikation zu erklären. Hier stehen nicht nur die Unterschiede zur Face-to-face-Kommunikation im Fokus, sondern zugleich auch die Gemeinsamkeiten. Das Konzept möchte eine Antwort auf die Frage liefern, wie sich die internetbasierte Kommunikation kommunikationsgeschichtlich einordnen lässt, d. h. welche Entwicklungslinien sich für die internetbasierte Kommunikation zum gesellschaftlichen, kulturell tradierten Umgang mit interaktionalen Formen des sprachlichen Handelns und zum Handeln mit Texten rekonstruieren lassen. Diese Frage wird einerseits unter der Perspektive der linguistischen Pragmatik (Bedingungen des sprachlichen Handelns) und andererseits mit Blick auf den Beitrag der Technologie für das Zustandekommen dieser Entwicklung beantwortet. Dafür setzt das Konzept nicht primär bei den technischen Werkzeugen oder Interfaces an, die für die Kommunikation genutzt werden, sondern bei den Organisations- und Realisierungsformen sprachlichen Handelns, also bei Text und Interaktion bzw. beim Sprechen und Schreiben (s. ▶ Abschn. 2.4.1.1), und deren Adaption im Rahmen internetbasierter Kommunikationsanwendungen.

Das Konzept beschreibt die internetbasierte Kommunikation als eine Familie von Kommunikationsformen, die vor dem Hintergrund der Kultur der Schriftlichkeit entstanden sind und deren Entstehung als notwendige Voraussetzung Traditionen der Indienstnahme von *Textformen* für die Organisation von Kommunikationsprozessen hat. Im Zuge der Digitalisierung sind die kulturell tradierten Formate für das sprachliche Handeln mit Texten zunächst um digitale Formate für die Erfassung, Speicherung, Gestaltung, Verwaltung und Verarbeitung von Texten erweitert worden (Textverarbeitung) und schließlich als Trägerformate für die Erfassung und Vermittlung sprachlicher Äußerungen in internetbasierten Kommunikationsanwendungen adaptiert worden.

Das Konzept der **Textform** ist dabei in bewusster terminologischer Abgrenzung zum Konzept *Text* gewählt: Genutzt werden die materialen Mittel und Realisierungsformate, die die Bedingung für die Produktion von Texten bilden; trotzdem werden in

2.4 · Ein pragmatischer Beschreibungsrahmen

der internetbasierten Kommunikation damit nicht notwendigerweise sprachliche Äußerungen der Kategorie ‚Text' produziert, sondern typischerweise Äußerungen, die von den Produzierenden als Beiträge zu einem sequenziell organisierten Kommunikationsgeschehen intendiert sind.

> **Definition**
>
> **Textformen** machen Potenziale der **Verdauerung** sprachlicher Information als Ressource für die Organisation von Kommunikation verfügbar und ermöglichen die zeitliche Entkopplung von Produktion, Übermittlung und Rezeption.

In Textformen wird Sprache schriftlich-visuell und in der Fläche präsentiert, persistent vorgehalten (‚Verdauerung' i. S. v. Ehlich 2007) anstatt nur flüchtig artikuliert, im Prozess der Produktion revidierbar sowie multimodal gestaltbar. Bei der Gestaltung von Textformen in internetbasierten Kommunikationsanwendungen stehen darüber hinaus hypertextuelle Gestaltungsmittel zur Verfügung.

Die zentrale Textform der internetbasierten Kommunikation ist das **Posting**. Darunter versteht man eine schriftlich bzw. **multimodal** komponierte Äußerung, die zunächst als Ganze produziert und anschließend zur Übermittlung an die Adressat:innen abgeschickt wurde. Den Adressat:innen wird sie als multimodal gestaltete **Sehfläche** (i. S. v. Schmitz 2006, 2011) an ihren Bildschirmen angezeigt und in ein nach dem Prinzip einer endlosen Schriftrolle organisierten **Verlaufsprotokoll** eingeordnet, das alle Postings in der zeitlichen Abfolge ihres Erhalts untereinander vorhält und ebenfalls als Sehfläche organisiert ist (vgl. ◨ Abb. 2.3). Das Verlaufsprotokoll ist eine weitere, für die internetbasierte Kommunikation konstitutive Textform und bildet die Grundlage für die Rezeption und Verarbeitung der mit den Postings realisierten kommunikativen Äußerungen durch die Adressat:innen (vgl. Beißwenger 2020).

Textformen bilden die Grundlage für jedwedes Handeln mit Texten. Bereits für die kulturgeschichtlich frühesten Formen der körperexternen Fixierung sprachlicher Information (Inschriften) ist die charakteristische Verbindung von persistentem Material, Fläche und Schrift konstitutiv. ◨ Abb. 2.4 zeigt die erste Seite aus einem frühneuzeitlichen Druck. Im Zuge der Digitalisierung wird das Inventar vorgängig genutzter Beschreibmaterialien – von Stein, Holz, Tierhäuten, Papyrus oder Papier – um persistente digitale Speicherzustände und wird die Flächigkeit dinglicher Schreibflächen durch in Software emulierte Flächen – zum Beispiel die am Bildschirm dargestellte ‚Seite' eines Dokuments in einem Textverarbeitungsprogramm – erweitert.

In internetbasierten Kommunikationsanwendungen gewinnt die Organisation von Kommunikation durch die Indienstnahme von Textformen das Merkmal der **Persistenz**. Interaktional intendierter kommunikativer Austausch wird dadurch im Gegensatz zu mündlichen Gesprächen zeitlich flexibel gestaltbar, eine simultane Ko-Orientierung der Beteiligten auf die Entwicklung des Kommunikationsgeschehens ist damit nicht mehr unabdingbar, um sequenziell organisierte Verständigung zu ermöglichen. Als ein Effekt der zeitlichen Flexibilisierung von Interaktion durch Textformen bei gleichzeitiger räumlicher Getrenntheit wird die Herstellung von Verstehen von den Beteiligten nicht mehr umfassend und unmittelbar in einem simultanen Abgleich von Sprechen, Hören und Verstehenssignalen (Sprecher-, Hörersignale) geleistet; vielmehr ist die Or-

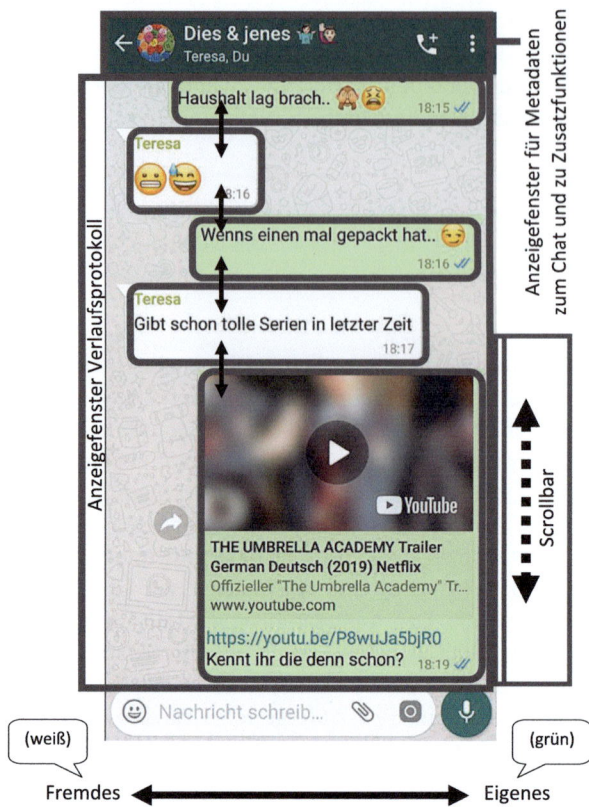

◻ **Abb. 2.3** Multimodale Gestaltung von Postings und Verlaufsprotokoll in der Anwendung *WhatsApp*

ganisation von Verstehen gegenüber dem mündlichen Gespräch deutlich in den Bereich der individuellen Handlungsplanung und Äußerungsrezeption verlagert. In dieser Hinsicht steht die internetbasierte Kommunikation in einer grundsätzlichen **Differenz zu mündlichen Formen der Interaktion**, auch wenn sie mit dem Merkmal der Sequenzialität eine zentrale Bedingung für Interaktion erfüllt.

Pointiert ausgedrückt steht die Kommunikation per WhatsApp, Instagram oder X (Twitter), aber auch bereits in den ‚klassischen' Chat- und Foren-Diensten der 1990er-Jahre, damit in einer Traditionslinie, die von den sumerischen Tontäfelchen und antiken Inschriften über das Urkunden- und Handschriftenwesen des Mittelalters, über Inkunabeln, Bücher, Printmedien und Textverarbeitung bis zu den Textformen des Internets führt: Alle diese Formen der Herstellung und Gestaltung schriftlicher Kommunikate nutzen körperexterne Träger für die Fixierung von Äußerungen, die in Form grafischer Zeichen flächig repräsentiert und für die visuelle Rezeption vorgehalten werden. Durch die Persistenz der als Äußerungsträger verwendeten Materialien bzw. Speicherzustände kann die Äußerung aus der Produktionssituation herausgelöst und unabhängig von der bzw. dem Produzierenden für Rezeptionssituationen verfügbar gemacht werden. Die Produktion der Äußerung geht dabei typischerweise der Rezeption voraus.

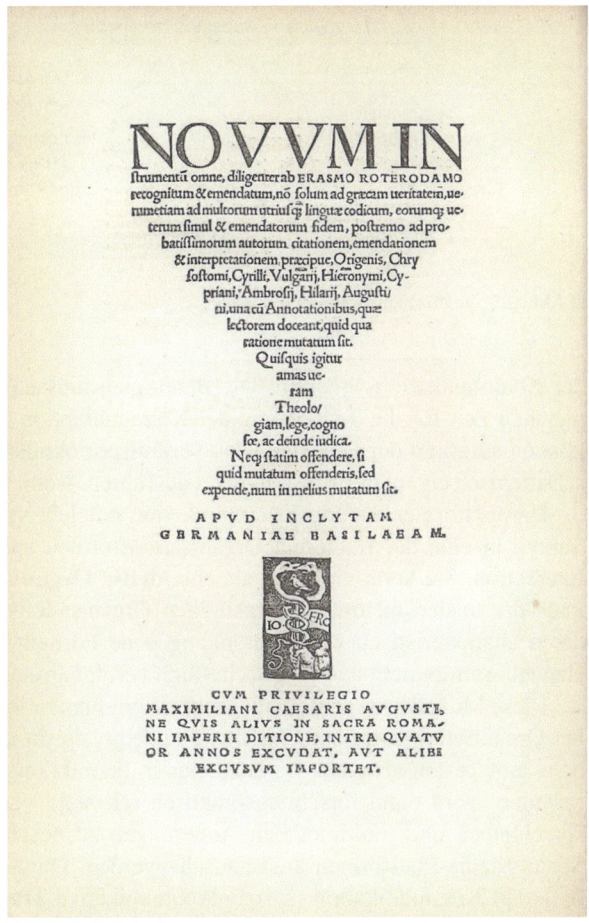

Abb. 2.4 Nutzung von Visualität, Flächigkeit und multimodaler Gestaltbarkeit in einem frühneuzeitlichen Druck: die erste Seite von Erasmus von Rotterdams *Novum Instrumentum omne* (1516) als Sehfläche. (Quelle: Wikimedia Commons)

Das mag auf den ersten Blick weit hergeholt klingen. Ohne diese Traditionslinien mitzudenken, bleibt die Beschäftigung mit internetbasierter Kommunikation aber notwendigerweise eindimensional: Das Internet und seine vielfältigen Präsentations- und Kommunikationsformen kommen nicht aus dem luftleeren kulturellen Raum, und die Kultur der Digitalität steht ihrerseits in einer kulturellen Tradition, die die Vorbedingungen dafür bereitgestellt hat. Die textformenbasierte Interaktion kann somit als Entwicklungsschritt in der Geschichte der gesellschaftlichen Aneignung und Ausformung des Umgangs mit Schrift und Schriftlichkeit gelten. Sie weist dabei zugleich **Gemeinsamkeiten und charakteristische Differenzen sowohl zum Text als auch zur Interaktion** auf: Auf der Ebene der Produktion, Gestaltung und Rezeption von Äußerungen weist sie – material und prozessual – Gemeinsamkeiten mit Texten auf; auf der Ebene der Organisation steht sie der Interaktion nahe, während zugleich die Nutzung von Textformen zu einer unhintergehbaren Asynchronisierung der für Gespräche charakteristischen Zeitlichkeitsbedingungen führt. Zugleich erlaubt die Nutzung von Textformen im Vergleich zu mündlichen Interaktionen eine zeitliche Flexibilisierung

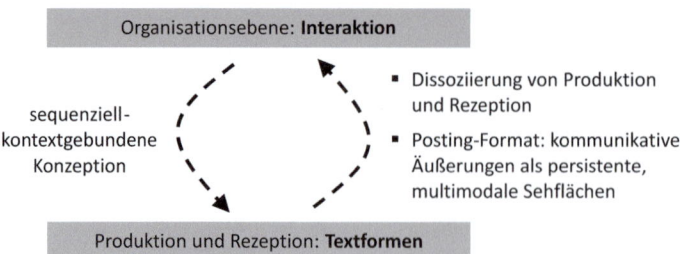

Abb. 2.5 Textformenbasierte Interaktion

der Kommunikationssituation: Die Beteiligten müssen nicht, wie in Gesprächen, zur gleichen Zeit für die Teilhabe an der Kommunikation zur Verfügung stehen, sondern können aufgrund der Persistenz des Verlaufsprotokolls relevante nächste Interaktionsschritte nach eigenem Ermessen dann ausführen, wenn sie sich dafür entscheiden.

Die textformenbasierte Kommunikation entzieht sich somit einer Einordnung als Subtyp in eine der tradierten Organisationsformen sprachlichen Handelns Text und Interaktion. Sie kann vielmehr als eine **dritte Organisationsform** gelten, die Merkmale der beiden historisch vorgängigen Organisationsformen in sich vereint und in deren charakteristischer Verschränkung neue Formen der Organisation sprachlichen Handelns ermöglicht und gesellschaftlich verfügbar macht (s. ◘ Abb. 2.5).

Diese Modellierung internetbasierter Kommunikation als einer neuartigen und dritten Organisationsform sprachlichen Handelns, die in der Tradition sowohl des Handelns mit Texten als auch des Handelns in Interaktion steht und deren Möglichkeiten erweitert, wird dann forschungspraktisch relevant, wenn es darum geht, die schriftsprachlichen und multimodalen Äußerungen zu beschreiben, die in Chats oder auf Social-Media-Plattformen ausgetauscht werden. Durch die Einordnung der internetbasierten Kommunikation in soziokommunikative Traditionen wird die Analyse der Sprachlichkeit und Gestaltung von Postings an **Prozesse des Sprachwandels** anbindbar (s. ▶ Abschn. 3.1). Durch die Betonung der Affordanzen von Textformen, die in Form von Gestaltungsmöglichkeiten und von Restriktionen für die Verstehensaushandlung zwischen den Beteiligten zutage treten, vermeidet das Modell eine unreflektierte Betrachtung und Analyse der sprachlichen Konstruktion von Postings in Analogie zu Sprecherbeiträgen in mündlichen Interaktionen (Gesprächen).

Besonders deutlich wird diese Differenz, wenn man die **Bedingungen des Handelns mit Textformen** mit den Bedingungen der Hervorbringung von *Turns* (Sprecherbeiträgen) in gesprochener Sprache vergleicht: Während für Turns in mündlicher Interaktion eine Simultaneität von Versprachlichung (Produktion) und Äußerung mit der rezipientenseitigen Wahrnehmung und Verarbeitung unabdingbar ist, sind im Falle des Handelns mit Textformen die Produktion, die Übermittlung, die Verfügbarmachung für sowie die Wahrnehmung und Verarbeitung durch die Rezipient:innen als eine strikt konsekutive Abfolge von Schritten organisiert, bei denen die Schritte 1 und 2 für die Rezipient:innen und die Schritte 4 und 5 für die Produzent:innen intransparent und nicht verlässlich antizipierbar sind (◘ Abb. 2.6). Das hat erhebliche Konsequenzen für das System des Turn-taking und für die Aushandlung von Verstehen zur Laufzeit der Interaktion (Beißwenger 2007, 2016, 2020, vgl. Androutsopoulos 2024: 77–81).

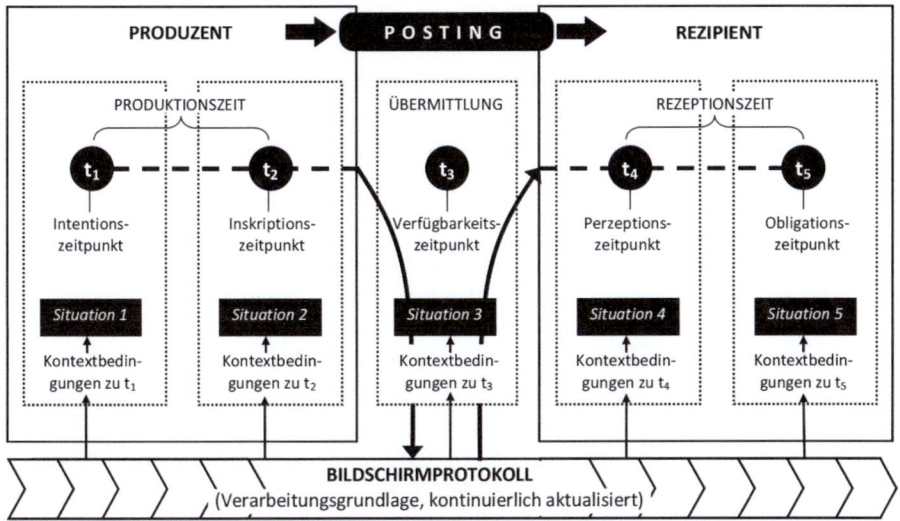

◘ **Abb. 2.6** Zeitlichkeitsbedingungen in textformenbasierter Interaktion. (Abb. aus Beißwenger 2020: 303)

2.4.3 Multimedialität und Multimodalität

In seinen Differenzierungen zur Prägung sprachlicher Tätigkeit durch Digitalisierungsprozesse benennt Henning Lobin (s. ▶ Abschn. 2.2) die **Multimedialisierung** als einen zentralen Aspekt, durch den sich die Möglichkeiten der Produktion und Gestaltung sowie die Wahrnehmung von auf der Nutzung von Textformen basierenden Kommunikaten gewandelt hat. Charakteristisch für Multimedialität ist die Verknüpfung von Zeichenformaten, mit denen unterschiedliche Sinneskanäle angesprochen werden. In der linguistischen Forschungsliteratur zur internetbasierten Kommunikation begegnet daneben das Konzept der **Multimodalität**, das die Vernetzung von Zeichensystemen in zwischenmenschlicher Kommunikation unter der Perspektive der Konstruktion von Bedeutung fokussiert.

> **Definition**
>
> **Multimedialität** bezeichnet die Integration unterschiedlicher Typen von Medien. Der Begriff des ‚Mediums' ist in diesem Zusammenhang am ehesten im Sinne von Zeichenformaten zu verstehen, mit denen unterschiedliche Sinneskanäle (auditiv, visuell) beziehungsweise charakteristische Kombinationen davon (audiovisuell) angesprochen werden und die typischerweise in je spezifischen (digitalen) Formaten enkodiert vorliegen (Schrift, Bild, Audio, Video, Animation mit den jeweils dafür existierenden Dateiformaten).

‚Multimedial' wäre in diesem Sinne zum Beispiel eine Internetseite, auf der geschriebene Sprache mit Bild- und Videodateien zu einem Kommunikat (zum Beispiel der Homepage einer Universität) kombiniert sind, zu dem die einzelnen Medientypen spezifische Beiträge leisten.

> **Definition**
>
> **Multimodalität** bezeichnet eine „zweckorientierte Form des Rückgriffs auf Zeichen unterschiedlicher Natur in der Kommunikation" (Klug/Stöckl 2015: 242) und zugleich eine analytische Perspektive auf menschliche Kommunikation, die davon ausgeht, dass an jedweder Art der kommunikativen Herstellung von Bedeutung mehrere Arten von Zeichenressourcen beteiligt sind.

Sprache ist, wenn sie verwendet wird, aufgrund ihrer unabdingbaren Materialität unter dieser Perspektive immer und grundsätzlich multimodal: In der gesprochenen Sprache tritt Sprache in Kombination mit stimmlichen Zeichenressourcen (Intonation, Prosodie), bei Face-to-face-Begegnungen zudem in Verbindung mit leiblichen Zeichenressourcen (Mimik, Gestik) auf; geschriebene Sprache ist mit Schrift verknüpft, die als Zeichenressource eigenen Typs gestaltbar ist (Typographie) und als solche das schriftsprachliche Kommunikat mitkonstituiert. In der Forschung zu Multimodalität werden neben dem Zusammenspiel von gesprochener und geschriebener Sprache mit anderen Zeichenressourcen darüber hinaus alle Formen von Kommunikaten untersucht, in denen zwei oder mehrere Zeichenmodalitäten für die Bedeutungskonstitution genutzt werden (vgl. ebd.: 242–243) – von Sprache-Bild-Einheiten und empraktischen Formen der Kommunikation (im Operationssaal, bei Orchesterproben, in Ausbildungskontexten) über Film, Performances und andere Werke der Kunst bis hin zu multimedialen (sic) Präsentationen, digitalen Animationen, TikTok-Videos und den Benutzeroberflächen digitaler Kommunikationsanwendungen.

Während unter dem Begriff ‚Multimedialität' aus v. a. medienwissenschaftlicher und mediengestalterischer Perspektive die Kombination unterschiedlicher Medientypen (zum Beispiel in einem multimedialen Produkt, einer Softwareanwendung, einem digitalen Lernangebot) betrachtet wird, untersucht die Multimodalitätsforschung als Forschungsfeld der Linguistik das Zusammenspiel unterschiedlicher Zeichenmodalitäten unter dem Erkenntnisinteresse, wie damit in einem gegebenen situativen Kontext Sinn und Bedeutung konstituiert und kommuniziert werden (zum Weiterlesen: Klug/Stöckl 2015).

Wir werden im Folgenden – und haben das auch in den bisherigen Teilen dieses Buches schon stillschweigend getan – das Konzept der Multimodalität zugrunde legen, wenn wir Phänomene internetbasierter Kommunikation hinsichtlich der Vernetzung unterschiedlicher Zeichensysteme betrachten. Unter der von Lobin gewählten Entwicklungsperspektive hat das Konzept der Multimedialität durchaus seine Berechtigung: Zuerst wurden im Zuge von Digitalisierungsprozessen in Kommunikationsanwendungen unterschiedliche Zeichenformate – Schrift, Bild, Video, Ton – integriert, um es den Nutzer:innen zu ermöglichen, diese auf komfortable Weise miteinander zu verknüpfen. Das Vorhandensein dieser Möglichkeiten – im Sinne von Affordanzen – bildete dann die Voraussetzung dafür, das Inventar an technischen Funktionen zur kombinierten Nutzung von Schrift, Bild, Video und Ton im Gebrauchskontext als Ressource für die Konstruktion sozialer Bedeutung zu nutzen. Einzelne Kommunikate sind dabei Ausdruck des Zugriffs auf die multimedialen Gestaltungsmöglichkeiten für die Realisierung von individuellen und kollektiven Zwecken (Intentionen, Handlungs- und Ausdrucksabsichten). Durch ihren **Zweckbezug**, der durch das handelnde Individuum und

2.4 · Ein pragmatischer Beschreibungsrahmen

dessen Interpretation des situativen Kontexts zustande kommt, sind die wahrnehmbaren Produkte semiotischer Hervorbringung aus einer linguistischen Analyseperspektive **multimodale Artefakte**.

Multimodalität ist bei der Analyse internetbasierter Kommunikation auf verschiedenen Ebenen der Kommunikationsteilhabe als Kategorie von Bedeutung (Beispiel WhatsApp):

a) auf der Ebene des **Endgeräts** (PC, Smartphone, Tablet) als haptisches Objekt mit berührungssensitivem, interaktiven Display, das durch unterschiedliche Arten von Bediengesten bedient werden kann und das manifester Teil der physischen Umgebung des/der Nutzenden ist;
b) auf der Ebene der **Chat-Interfaces** als multimodal gestaltete, interaktive Sehflächen, die den Zugang zur Kommunikation ermöglichen und strukturieren und die Nutzerfahrung mit der Anwendung prägen;
c) auf der Ebene des **Verlaufsprotokolls** als zweidimensional ausgerollte, endlose Anzeigefläche für den ‚user generated content';
d) auf der **Posting**-Ebene als zweidimensionale, an allen Seiten flächig begrenzte, in Form und Farbgebung gegen den Hintergrund abgehobene Sprechblase, der andere Sprechblasen vorausgehen und nachfolgen und in der der von den Nutzer:innen übermittelte ‚Content' – eine bestimmte Zeichenfolge und/oder eine oder mehrere mitübermittelte Dateien – in einer bestimmten, zentral festgelegten Formatierung und Anordnung zur Anzeige gebracht werden;
e) auf der Mikroebene der im **Verlaufsprotokoll** angezeigten Postings als strukturierte Gestalt von Zeichen unterschiedlichen Typs (Schriftzeichen, Emojis, Bilder sowie eingebettete Player für das Abspielen von Video- und Audiodateien);
f) auf der Ebene der Produktion von Postings als **multimodal gestalteter Editor**, der auf die ebenfalls multimodal gestaltete Bildschirmtastatur mit den in ihr enthaltenen Bearbeitungs- und Gestaltungswerkzeugen zugreift;
g) auf der Ebene der **Bildschirmtastaturen** als Anordnung interaktiver Schaltflächen und Eingabehilfen, die individuell konfiguriert werden können;
h) auf der Mikroebene der Produktion als im Editor vorgehaltene, **bearbeitbare Textform** (= Posting-Entwurf).

Wir veranschaulichen im Folgenden für die WhatsApp-Kommunikation mit dem Smartphone als Endgerät die Bedeutsamkeit der oben genannten Ebenen (a) bis (h) für die linguistische Analyse. Dazu isolieren wir zunächst anhand eines Screenshots, der einen Ausschnitt aus einem Zwei-Personen-Chat zeigt, die verschiedenen Ebenen und beschreiben anschließend, wie die multimodale Gestaltung beziehungsweise – die Ebenen (f) und (h) betreffend – Gestaltbarkeit Einfluss auf die semiotische Organisation von Postings, die sequenzielle Organisation der Kommunikation und den Umgang der Nutzer:innen mit den anwendungsspezifischen Affordanzen nehmen. Im vorigen Abschnitt haben wir das Interface der Chat-Ansicht in der Anwendung von WhatsApp bereits als multimodale Gestalt (Sehfläche) eingeführt (s. ◘ Abb. 2.3); in der im Folgenden vorgenommenen Beschreibung nehmen wir die verschiedenen Strukturierungsebenen genauer auseinander (s. ◘ Abb. 2.7 und 2.8).

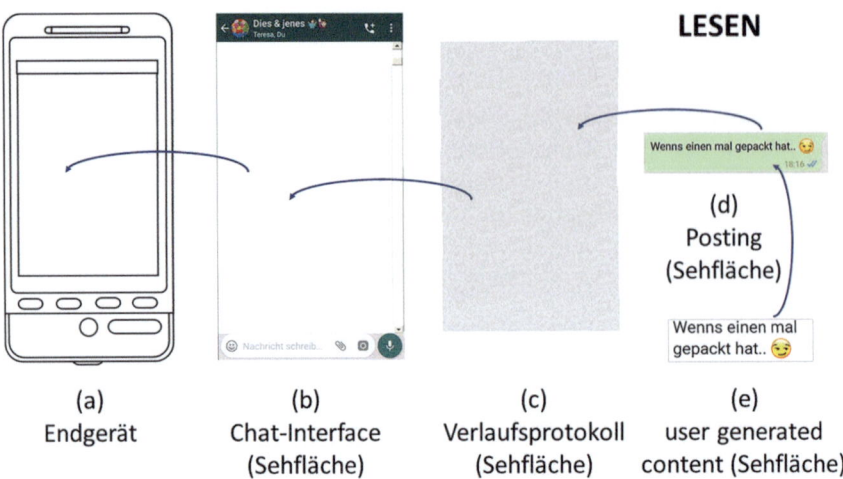

◘ **Abb. 2.7** Mehrebenenarchitektur der multimodalen Darstellung von WhatsApp-Chats (Rezeptionsseite/ *Lesen*)

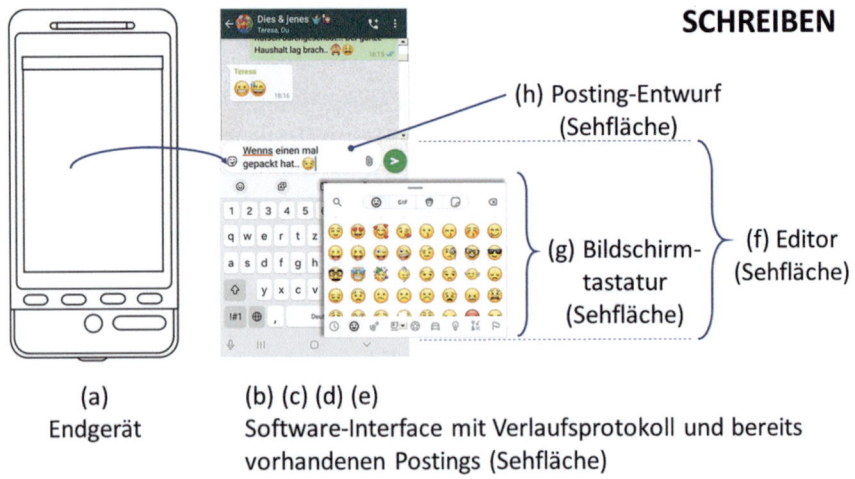

◘ **Abb. 2.8** Mehrebenenarchitektur der multimodalen Darstellung von WhatsApp-Chats (Produktionsseite/ *Schreiben*)

Textformen als Sehflächen Bei den Elementen (b) bis (h) handelt es sich um Textformen, die den Benutzenden als Sehflächen gegenübertreten. In Textformen wird Sprache zur sichtbaren Gestalt in der Fläche (vgl. Schmitz 2011: 30), bei der alle Einheiten des Kommunikats gleichzeitig – d. h. simultan – für die Rezipientinnen und Rezipienten präsent gemacht werden. Dabei wird

» „die temporale Logik linearer Kommunikation [...] durch eine räumliche Logik ersetzt, in der die Zusammenhänge zwischen Elementen nicht mehr eindimensional fortlaufend, sondern zweidimensional in der Fläche bestehen" (Bucher 2011: 139).

2.4 · Ein pragmatischer Beschreibungsrahmen

Während für die gesprochene Sprache aufgrund der Flüchtigkeit der Äußerung die Simultaneität von sprecherseitiger Hervorbringung und hörerseitiger Verarbeitung unabdingbar ist, bedeutet Simultaneität in Textformen eine Befreiung der/des Lesenden von der Gebundenheit an den Akt der Hervorbringung; die persistente Speicherung und der Produktcharakter der Äußerung ermöglichen ihr/ihm, die Äußerung zu einem selbstgewählten Zeitpunkt und in eigenem Tempo, ggf. auch ‚gegen den Strich' zu lesen und sie bei Bedarf auch mehrfach zu lesen.

Das Display auf dem Endgerät (a) stellt die Schnittstelle für die Anzeige und Manipulation der Sehflächen dar, die für die Nutzer:innen in mehreren Ebenen (Layern) übereinandergelegt werden und diesen somit als holistische Ganzheit gegenübertreten, deren Inhalte sich im Nutzungsverlauf verändern. Auf jeder der Ebenen konstituieren der zweidimensionale Raum, die Anordnung der darin enthaltenen Strukturelemente und deren grafische Gestaltung spezifische Bedeutungen, die auf relevante Teilaufgaben der Organisation des Kommunikationsprozess verweisen:

1. Das **Chat-Interface** (Element (b) in den ◘ Abb. 2.7 und 2.8) konstituiert die Fläche als ‚Screen' für die Teilhabe an einem bestimmten (Einzel- oder Gruppen-)Chat, das aus einem Header, einem Dokumenten-Anzeigebereich und einem Footer besteht. Im Header werden grundlegende situative Parameter der Kommunikation (Thema des Chats – sofern von der/dem Initiator:in des Chats spezifiziert – und Beteiligte) angezeigt. Darunter befindet sich ein Frame (Fenster) für die Anzeige eines Dokuments, an das sich eine abgegrenzte Fläche für den Wechsel für den Aufruf der Produktionsumgebung anschließt, die durch die Beschriftung „Nachricht schreiben" als solche kenntlich gemacht ist. Interaktiv, d. h. berührungssensitiv, ist nur der Footer, der bei Berührung den Wechsel in die Produzierendenrolle ermöglicht. Der Frame für die Dokumentenanzeige ist für Manipulationen der darin angezeigten Inhalte gesperrt; sind die Inhalte umfangreicher als die Größe des Fensters, erscheint am rechten Rand eine Scrollbar, mit der durch Berührungsgesten im Dokument nach oben und unten navigiert werden kann.
2. Das **Verlaufsprotokoll** (Element (c)) hat den Charakter eines ‚living document', in dem alle Postings, die von den Chat-Beteiligten verschickt werden, in absteigend chronologischer Anordnung gespeichert werden. Mit jedem neuen Posting wird das Dokument aktualisiert. Sein Inhalt wird im Frame für die Dokumentenanzeige des Chat-Interfaces (a) angezeigt. Die vertikale Dimension der Fläche symbolisiert den zeitlichen Verlauf der Kommunikation, wobei nur diejenigen Zeitpunkte dokumentenrelevant sind, an denen neue Postings eintreffen. Die horizontale Dimension ist dafür vorgesehen, für den Dokumenteninhalt nutzerspezifische Sichten zu generieren, in denen Postings, die von der/dem Benutzer:in verfasst wurden, rechts-, und Postings, die von anderen Beteiligten verfasst wurden, linksbündig platziert erscheinen.
3. Einzelne **Postings** werden in Form von flächigen Parzellen in das Verlaufsprotokoll eingespielt (Element (e)). Als visuelle Metapher dafür, dass jedes Posting einen Beitrag zu einer fortlaufenden Interaktion darstellt, fungiert eine Rahmenlinie, die die Form einer Comic-Sprechblase hat. Postings werden farblich gegenüber der Hintergrundgrafik abgehoben; bei der Anzeige der Postings im Verlaufsprotokoll werden für jede:n Nutzer:in unterschiedliche Farbgebungen generiert, je nachdem, ob es sich um selbst verfasste Postings oder um Postings der anderen Beteiligten

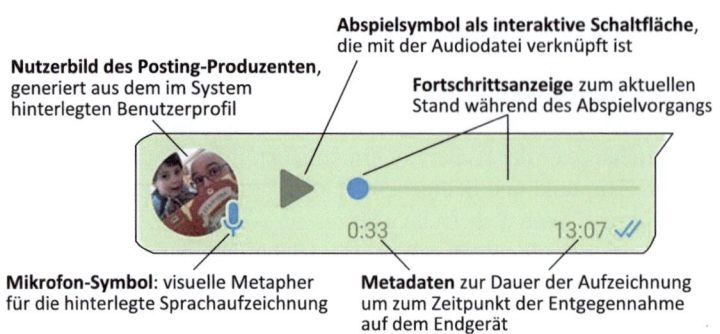

Abb. 2.9 Präsentation eines Audio-Postings am Bildschirm als visuelle, flächige, multimodale und interaktive Gestalt

handelt. Im Falle von Postings, die Tonaufzeichnungen, Grafik- oder Videodateien, Sticker oder GIFs enthalten, kommen bei der Darstellung von dessen Inhalten im Protokoll andere Layout-Templates zum Einsatz als bei Schrift-Emoji-Postings; im Falle der Übermittlung von Audioaufzeichnungen, die mit der WhatsApp-eigenen Mikrofon-Funktion aufgenommen wurden (‚Sprachnachrichten'), wird eine interaktive Player-Anwendung für Audiodateien als sichtbarer Inhalt des Postings eingebunden, die das Abspielen der Aufnahme und eine Navigation in deren Verlauf ermöglicht (s. Abb. 2.9). Jedes Posting wird vom System um Metadaten-Angaben erweitert, die bei der Übermittlung des Postings vom System automatisch generiert werden und mit denen der Name des Verfassers/der Verfasserin, der Zeitpunkt der Übermittlung sowie im Falle von Audio-Aufnahmen die Länge der Audio-Datei angegeben werden.

4. Auf der Mikroebene des Postings, dem von dessen Verfasser:in übermittelten **Posting-Inhalt** (Element (h)), sind die horizontale und die vertikale Dimension auf die Konventionen unseres Schriftsystems bezogen, nach denen die Schreib- und Leserichtung von links nach rechts und von oben nach unten verläuft. Im Posting-Inhalt können Schriftzeichen mit Bildzeichen (Emojis) kombiniert sein; der Inhalt kann aber auch auf einer Tonaufzeichnung, Grafik- oder Videodatei mit beigegebenem Text, aus einem Sticker oder einem GIF bestehen.

5. Aktiviert der/die Nutzer:in im Chat-Interface (b) durch Berührung die Option „Nachricht schreiben", so wird im unteren Teil des Interfaces ein **Editor für die Eingabe und Gestaltung eigener Postings** (f) aufgerufen. Bei der Eingabe kann zwischen verschiedenen Bildschirmtastaturen (Schriftzeichen, Emojis, Sticker, GIFs, Inhalte der Zwischenablage) gewechselt werden, daneben gibt es Funktionen für die Spezifikation des Eingabemodus und zur Konfiguration der Tastaturen. Die Funktionalität des Editors ist um die zweidimensionale Abbildung einer Tastatur herum organisiert, wobei die Auswahlleiste über der Tastatur den Wechsel zu anderen Tastaturen und Bearbeitungsoptionen ermöglicht, die beim Aufruf die zuvor angezeigte Tastatur ersetzen. Die ersetzende Anzeige bildet damit eine dreidimensionale Struktur nach – vergleichbar den Karteikarten-artigen Navigationsdesigns mancher Websites –, bei der die alternativen Tastaturen gleichsam hinter der ge-

2.4 · Ein pragmatischer Beschreibungsrahmen

> **Zur Vertiefung**
>
> **Sprachnachrichten**
> Auch die sog. ‚Sprachnachrichten' haben Posting-Status. Sie werden für die Präsentation im Verlaufsprotokoll als multimodal-flächige Objekte – und damit als eine Textform – dargestellt, die interaktive Funktionen bereitstellen, um die damit verknüpfte Aufzeichnung gesprochener Sprache abzuspielen und mit einem Blick zu erfassen, wer sie aufgenommen hat, welche Dauer sie hat und wann sie versendet wurde (Abb. 2.9). Sie werden daher in der Forschungsliteratur als **Audio-Postings** bezeichnet (vgl. König/Hector 2017: 11). Zu den Besonderheiten der Interaktion mit Sprachnachrichten sei auf die Arbeiten von Katharina König verwiesen, die dieses besondere Posting-Format und die Praktiken seines Gebrauchs in der textformenbasierten Interaktion intensiv korpusgestützt erforscht hat (vgl. König/Hector 2017, 2019; König 2021a, 2021b, 2024; König/Duan 2023).

genwärtig angezeigten Tastatur liegen und sich die Tastaturen wie Karteikarten austauschen lassen.

6. Die **Bildschirmtastaturen** (g) wiederum sind in ihrer grundlegenden Anordnung und Gestaltung an gängigen Computertastaturen orientiert. Für jedes Schriftzeichen steht eine eigene Taste zur Verfügung, wobei aufgrund der Begrenztheit des Displays viele Tasten mehrfach belegt sind; eine kurze Berührung führt zur Eingabe des auf der Taste angezeigten Zeichens, eine längere Berührung zur Einblendung einer über die Tastatur gelegten Auswahl weiterer Zeichen, die alternativ ausgewählt werden können. Bei der Emoji-Tastatur werden durch längere Berührung verschiedene Varianten des auf der Taste angezeigten Emojis auswählbar, mit denen Gesichts-Emojis z. B. nach Haut- oder Haarfarbe variiert werden. Auch hier simuliert das Design des Editor-Interfaces eine dreidimensionale Struktur des Eingabewerkzeugs, indem die Auswahl alternativer Schrift- bzw. Emojizeichen mit der grafischen Andeutung eines Schlagschattens ausgestattet wird, den die Fläche mit den zusätzlichen Zeichen auf die Tastatur wirft (Abb. 2.10).

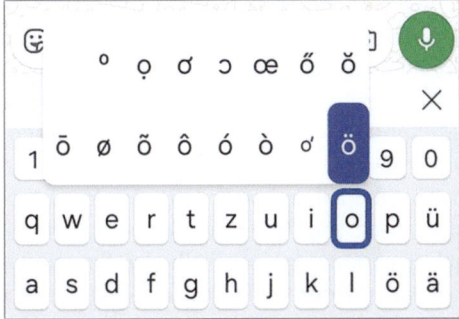 

Abb. 2.10 Simulation von Dreidimensionalität: Alternative Zeichen, die mit einer Taste ausgewählt werden können, erscheinen auf Flächen, die einen Schlagschatten auf die Tastaturdarstellung werfen

Im Unterschied zu physischen Tastaturen ist die Tastatur für die Schrifteingabe zudem selbst auf mehrere Teiltastaturen verteilt, von denen jeweils nur eine angezeigt werden kann; während die beim Aufruf des Editors standardmäßig angezeigte Teiltastatur lediglich die alphabetschriftlichen und Zahlzeichen umfasst, muss die Ansicht für den Zugriff auf Interpunktions- und Sonderzeichen auf andere Teiltastaturen umgeschaltet werden. Auch die Emoji-Tastatur ist über mehrere Teiltastaturen verteilt, in denen das Inventar an Emoji-Zeichen lose nach Themen geordnet zur Verfügung steht; innerhalb dieser Teiltastaturen ist aufgrund der Vielfalt an Zeichen der überwiegende Teil der Emojis erst durch Scrollen zugänglich.

Die Eingabe von Postings besteht aufgrund der Struktur der Bildschirmtastaturen nicht nur aus dem bloßen Tippen der richtigen Tasten, sondern umfasst häufiges Umschalten und Scrollen. Diese Tatsache gilt es im Hinterkopf zu behalten, wenn es in späteren Kapiteln dieses Buches (s. ▶ Abschn. 3.2.1.4 und 3.2.2.2) darum gehen wird, eine funktionale Perspektive auf den Beitrag von Emojis zur Organisation internetbasierter Kommunikation einzunehmen: Wenn wir in Kommunikation für den Gebrauch eines Zeichens besonderen Aufwand betreiben müssen, dann ist aus pragmatischer Sicht davon auszugehen, dass dieses Zeichen im gegebenen Kontext für den/die Schreibende:n einen bedeutsamen Beitrag zur Realisierung seiner Handlungs- und Ausdrucksabsichten leistet.

7. Die **Mikroebene der Produktion von Postings** (h) ist von den im Verlaufsprotokoll angezeigten, verschickten und vom System für die Präsentation formatierten Postings (e) zu unterscheiden. Die Mikroebene der Produktion ist den übrigen Kommunikationsbeteiligten nicht zugänglich. Während verschickte Postings Produktcharakter haben, hat die Mikroebene der Produktion den Charakter eines fluiden Arbeits-Interims, solange der eingegebene Content nicht verschickt wurde. Entsprechend hat das, was während der Komposition eines Postings in den Editor eingegeben wird, Prozesscharakter: Es kann, solange die Produktion noch nicht beendet wurde, jederzeit erweitert, modifiziert oder auch gelöscht werden. In ▶ Abschn. 2.4.2 haben wir darauf hingewiesen, dass die Produktion von Postings der Produktion von Texten gleicht, insofern auch beim Verfassen von Texten der Entwurf für den/die Schreibende:n beliebig änderbar ist und im Falle des Schreibens mit digitalen Werkzeugen im schlussendlichen Produkt keine Spuren von Revisionsschleifen und Umarbeitungen verbleiben, die während des Schreibprozesses ausgeführt wurden. In ▶ Abschn. 3.2.2.3 werden wir darauf zurückkommen und eine Praktik vorstellen, bei der Schreibende auf Ebene der Produktion von Postings ihre eingegebenen Entwürfe revidieren, um ihre Handlungsplanung am aktuellen Stand der Interaktion auszurichten.

Auf der Mikroebene der Produktion wird Sprache während der Eingabe inkrementell in der Fläche entfaltet – der Schreibrichtung von links nach rechts und von oben nach unten folgend. Wird während der Eingabe anhand einer URL ein YouTube-Video referenziert, so wird dazu automatisch ein Vorschaubild einschließlich Metadaten (Titel und Kurzinformation) generiert, das oberhalb der Schreibfläche angezeigt wird. Der/die Schreibende kann dadurch die Zugänglichkeit dieser vom System hinzugefügten Informationen in der unmittelbaren Anschauung der Adressat:innen voraussetzen und im weiteren Formulierungsprozess entsprechend

2.4 · Ein pragmatischer Beschreibungsrahmen

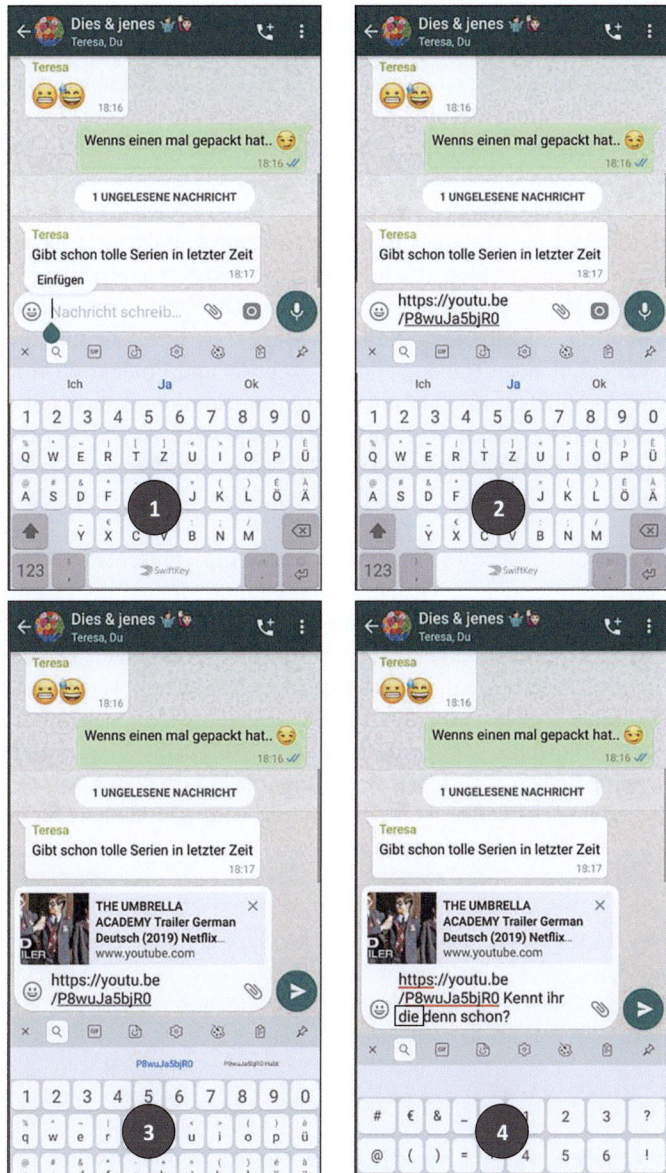

Abb. 2.11 Screenshots aus dem Produktionsprozess eines Postings, in das vom Schreibenden eine URL-Referenz auf ein YouTube-Video integriert wird (per Copy&Paste)

ökonomisch darauf verweisen – im Beispiel in ◘ Abb. 2.11, das die Produktion des Postings aus ◘ Abb. 2.3 zeigt, anhand der Deixis *die*, mit der auf den automatisch in die Vorschau integrierten Titel des referenzierten Trailers zu Netflix-Serie „The Umbrella Company" verwiesen wird (vgl. Beißwenger 2020: 308–311).

In der Zusammenschau unserer Betrachtung zu den Ebenen (a) bis (h) erweist sich das Interface, mit dem die Kommunizierenden in der Anwendung WhatsApp umgehen, um Kommunikation zu organisieren, als ein gestaffelter Komplex von Textformen unterschiedlicher Funktionalität und Struktur. Flächigkeit (mit den Parametern Ausdehnung, Gliederung, Hervorhebung, Kontrast) wird dabei systemseitig aufgaben- und funktionsspezifisch unterschiedlich als Bedeutungs- und Informationsträger konzipiert; über interaktive Elemente können weitere Flächen mit weiteren Funktionen ausgewählt werden, wodurch der tippende und wischende Umgang mit den am Display präsentierten Gestalten einen bedeutsamen Teil der multimodalen Nutzererfahrung in Bezug auf den Kommunikationsprozess darstellt. Textformenbasierte Kommunikation mit dem Smartphone ist somit beileibe kein körperloser Prozess; vielmehr sind die tippenden, wischenden und scrollenden Hände bei der Rezeption und Produktion von Postings in kontinuierlichem leiblichen Kontakt mit den für die Kommunikation mit dem Gegenüber zu bedienenden Interfaces (vgl. unsere Überlegungen zur *Interface-to-interface-Kommunikation* in Weiterführung der Ideen von Andreas Jucker und Christa Dürscheid in ▶ Abschn. 2.4.2).

Visuelle Salienz als pragmatisches Potenzial Die flächige Präsentation und Strukturierung von Information steuert die visuelle Wahrnehmung der auf der Fläche dargebotenen Informationsobjekte. Was wir auf einer Sehfläche wie wahrnehmen, ist abhängig davon, was im Gesamt des Dargebotenen besonders heraussticht. Das kann auf alle Ebenen der multimodalen Gestaltung des Interfaces angewandt werden, ist unter linguistischer Perspektive aber insbesondere für die Gestaltungsoptionen auf der Ebene der Mikrostruktur von Postings (e) von Interesse: Die Möglichkeit der Kombination von Zeichen unterschiedlichen Typs in der Äußerung macht visuellen Kontrast zu einer bedeutsamen Gestaltungsressource. Was hervorsticht, wird vom Gegenüber unmittelbarer wahrgenommen als das, was nicht hervorsticht.

> **Definition**
>
> Das Konzept der **visuellen Salienz** entstammt der Psychologie der Gestaltwahrnehmung und beschreibt die Tatsache, dass bestimmte Elemente eines visuellen Bedeutungsträgers aufgrund von Merkmalen, die sie gegenüber anderen Elementen herausheben, in stärkerer Weise Aufmerksamkeit auf sich ziehen als andere. Salienz haben Strukturelemente dabei nicht per se, sondern immer in Abhängigkeit vom jeweiligen Hintergrund.

Um nachzuvollziehen, wie sich visuelle Salienz in der Kommunikation per WhatsApp bemerkbar macht, machen wir ein kleines Experiment:

> **❓ Aufgabe**
>
> In den beiden nachfolgenden Postings, die zwei Chat-Verläufen im MoCoDa2-Korpus entnommen sind, sind die Schriftzeichen unkenntlich gemacht. Trotzdem werden Sie vermutlich unmittelbare Assoziationen dazu haben, worum es in den Postings geht. Notieren Sie Ihre Assoziationen und überlegen Sie, wie diese Assoziationen zustande kommen, obwohl Sie die Postings nicht lesen können.

2.4 · Ein pragmatischer Beschreibungsrahmen

Datenbeispiel 2-4 (MoCoDa2: 0GwYa|16)

Elena

[unleserlicher Text] 🤢 [unleserlicher Text]

Datenbeispiel 2-5 (MoCoDa2: 0uY0d|60)

John

[unleserlicher Text] 😂 [unleserlicher Text] 😂 [unleserlicher Text] 😄

Blättern Sie bitte erst dann zur nächsten Seite weiter, wenn Sie die Aufgabe bearbeitet haben.

Wichtig für das Konzept der Salienz ist nicht die semiotische Form des als salient wahrgenommenen Elements als vielmehr deren Verhältnis zu den anderen semiotischen Formen, die in ihrem visuellen Kontext vorhanden sind. Bildzeichen wie die Emojis stechen dann hervor, wenn ihr multimodaler Kontext weitestgehend nicht aus Emojis besteht – in den beiden Datenbeispielen in der Aufgabe aus Schriftzeichen. In Kontexten, in denen der Kontext vor allem aus anderen Emojis besteht, würde die einzelne Emoji-Form somit nicht hervorstechen (◻ Abb. 2.12) – man würde, um ein bekanntes Sprichwort abzuwandeln, den einzelnen Baum vor lauter Wald nicht sehen.

❓ Aufgabe

Prüfen Sie an den Originalversionen der beiden Postings, die Ihnen oben bereits begegnet sind, ob Ihre Assoziationen aus der vorigen Aufgabe zutreffen.

◻ **Abb. 2.12** Die visuelle Salienz eines Elements (in diesem Fall des Emojis 👍) ist abhängig vom visuellen Kontext

Element 👍 hebt sich nicht vom Hintergrund ab:

Element 👍 hebt sich vom Hintergrund ab:

Lorem ipsum dolor sit amet, consectetuer adipis
tincidunt ut laoreet dolore 👍 magna aliquam e
quis nostrud exerci tation ullamcorper suscipit l
consequat. Duis autem vel eum iriure dolor in h
consequat, vel illum dolore eu feugiat nulla facil

Datenbeispiel 2-4 (MoCoDa2: 0GwYa|16)

Elena

Leute mir gehts heute nicht so gut 🤢 kann leider doch nicht kommen

Datenbeispiel 2-5 (MoCoDa2: OuY0d|60)

John

Der ist dann glaube in dem Büro von diesem Loft eingeschlafen 😂 und war davor aufm Fischmarkt. Richtiger Kiez Boy 😅
Er kommt glaube am 30. nach Frankfurt und bringt uns das Zeug dann mit 😁

Dadurch, dass visuelle Salienz primär an den Zeichenkontext und nicht an die Zeichenform gebunden ist, ergibt sich für die Zeichenverwender:innen die Möglichkeit, Zeichenformen nach individueller Präferenz als saliente Gestaltungsmittel zu verwenden. Die Möglichkeit der Salientsetzung von Einheiten eröffnet damit das **pragmatische Potenzial**, Salienz als Mittel der Handlungsgestaltung einzusetzen. In den ▶ Abschn. 3.2.1.4 und 3.2.2.2 werden wir am Beispiel der Emojis zeigen, wie dieses Potenzial für die Bearbeitung zweier fundamentaler Aufgaben in der Kommunikation, die Verständnissicherung und die Beziehungsarbeit, eingesetzt wird.

Nicht nur Emojis werden als saliente Ausdrucksmittel eingesetzt. Auch bewusste graphostilistische Abweichungen von den Normen der Standardorthographie können als Salientsetzung bestimmter Segmente schriftlicher Formen gedeutet werden, denen sich pragmatische Funktion zuordnen lässt.

> ▶ **Pragmatische Funktionen graphostilistischer Mittel**
>
> In den Datenbeispielen 2-6 und 2-7 wird auf der Ebene der Wortschreibung die **Iteration von Vokal- und Konsonantengraphemen** eingesetzt, um die Wortform mit einem Merkmal auszustatten, das vor dem Hintergrund der schriftsprachlichen Normen zwangsläufig hervorsticht: (1) Keine Wortform des Deutschen enthält mehr als drei Realisierungen desselben Graphems hintereinander, (2) das Wort wird dadurch gegenüber den übrigen Wortformen im Posting verlängert, beansprucht also eine größere Ausdehnung in der Fläche und sticht damit auch als Ganzes hervor. Im Datenbeispiel 2-8 wird das Merkmal unseres Schriftsystems, bei der Wort- und Satzschreibung bestimmte Schriftzeichen mit Großbuchstaben (Majuskeln) zu realisieren, auf eine komplette Wortform übertragen (**Vollgroßschreibung**). Da außer in bestimmten Kurzwortschreibungen (*LKW*, *SPD*, *HIV*, . . .) im Deutschen nur Wortanfänge (bei Nomen bzw. den Köpfen von Nominalphrasen, am Satzanfang) großgeschrieben werden, sticht auch diese Schreibung unmittelbar ins Auge. Im Datenbeispiel 2-9 sind die **Auslassungspunkte**, die ein reguläres Interpunktionszeichen im Schriftsystem darstellen, mehrfach realisiert. Dadurch wird zwischen den sprachlichen Einheiten links und rechts des Auslassungszeichens ein größerer Raum erzeugt als das in der geschriebenen Standardsprache üblich ist – der Gebrauch der Auslassungspunkte wird zum salienten Merkmal des Postings, und es darf angenommen werden, dass sich damit eine besondere pragmatische Funktion verbindet. Wir werden Fälle wie die hier besprochenen in ▶ Abschn. 3.2.1.3 ausführlich behandeln.

2.4 · Ein pragmatischer Beschreibungsrahmen

Datenbeispiele

2-6 Die is schon ganz cool, aber auch iwie meeeega die trantüte...Und ich musste die ersten zwei dates erfragen und auf ein drittes mal fragen hab ich iwie keinen Bock :D **[MoCoDa2 JAva1#35]**

2-7 Sooooooooorrrryyyyy, hatte bis grad Unterricht und konnt nicht aufs Handy gucken **[MoCoDa2 9Rh9s#4]**

2-8 Mathe mündlich? MATHE MÜNDLICH! BRUTAL! das war bei uns schriftlich und schon schlimm genug! **[Webchat, Beißwenger 2000: 105]**

2-9 Hey Jungs heute abend fällt aus bin krank...... Müssen wir später nachholen sry ☹ **[MoCoDa2 4I1Cp#211]** ◄

Sprachliche Besonderheiten internetbasierter Kommunikation

Inhaltsverzeichnis

3.1 Interaktionsorientiertes Schreiben und schriftsprachlicher Wandel – 61

3.2 Merkmale interaktionsorientierter Schriftlichkeit – 65

© Der/die Autor(en), exklusiv lizenziert an Springer-Verlag GmbH, DE, ein Teil von Springer Nature 2025
M. Beißwenger et al., *Korpusgestützte Analyse internetbasierter Kommunikation*,
https://doi.org/10.1007/978-3-476-05977-2_3

In den folgenden Abschnitten geben wir einen Überblick über sprachliche Besonderheiten, die in der linguistischen Forschungsliteratur als Charakteristika der Sprachverwendung in der internetbasierten Kommunikation beschrieben werden und deren Erklärung und Einordnung eine zentrale Aufgabe der empirischen linguistischen Forschung zum Thema ausmacht. Was dabei als Besonderes betrachtet wird, sind Auffälligkeiten sprachlicher Formen, die sich zeigen, wenn man die Sprachverwendung in der internetbasierten Kommunikation zu den Normen der geschriebenen Standardsprache, also der historisch gewachsenen schriftsprachlichen Tradition, in Beziehung setzt, die ihren Ausdruck in schriftsprachlichen Angemessenheitserwartungen findet, die gesellschaftlich mit der Form geschriebener Texte assoziiert werden.

Was als Besonderes wahrgenommen wird, ist somit eng an ein spezifisches Erkenntnisinteresse geknüpft (vgl. den H-E-Kopf von Wittgenstein, s. ◘ Abb. 2.1); innerhalb der internetbasierten Kommunikation werden die unter diesem Zugriff identifizierten Phänomene von vielen Menschen nicht als auffällig, sondern vielmehr als in dieser Form der Kommunikation ‚normal' und erwartbar betrachtet werden, da sie sich in Kontexten des Kommunizierens in Chats und Foren, per WhatsApp, Instagram & Co. in den zurückliegenden drei Jahrzehnten als schriftsprachliche Gebrauchsformen etabliert haben, die sich unter den Zwecksetzungen, die Kommunizierende mit ihrem schriftlichen, interaktionalen Austausch verbinden, als zweckmäßig erwiesen haben und im alltäglichen Umgang mit digitalen Kommunikationsanwendungen den Normalfall bei der Verwendung der Schrift als Trägerin von Kommunikaten darstellt.

Der Beschreibung sprachlicher Besonderheiten ist vorauszuschicken, dass die Beschreibung dieser Merkmale nicht dazu verleiten darf anzunehmen, dass es eine „Sprache der internetbasierten Kommunikation" im Sinne einer einheitlichen Sprachvarietät (‚**Netzsprache**', ‚**Internetsprache**', ‚**Chatsprache**') gäbe. Genau genommen kann keines der sprachlichen Phänomene, die bei der Kommunikation per WhatsApp, Signal oder Instagram, in Webchats oder in der Foren-Kommunikation – bisweilen sogar deutlich gehäuft – auftreten, als ein Merkmal gelten, das immer und ausschließlich in der internetbasierten Kommunikation auftritt. Nicht einmal Emojis und Hashtags, die als semiotische und sprachliche Phänomene erst in der und durch die internetbasierte Kommunikation aufgekommen sind, können als Einheiten gelten, die heutzutage exklusiv nur in Formen internetbasierter Kommunikation auftreten. Denn tatsächlich begegnen diese Zeichentypen mittlerweile auch in diversen schriftsprachlichen Produkten außerhalb des Netzes, zum Beispiel auf Aushängen, Flyern und Wahlplakaten, in Werbeanzeigen, in der Zettelkommunikation oder im kreativen Stapeln von Getränkekisten in einem Supermarkt. Die ◘ Abb. 3.1 zeigt drei Beispiele; eine explorative Analyse zu Emoji- und Emoticon-Verwendungen außerhalb des Netzes unter pragmatischer und semiotischer Perspektive liegt mit Frick/Pappert (2026) vor.

Was in der Literatur zumeist gemeint ist, wenn von typischen Merkmalen ‚**digitaler Alltagsschriftlichkeit**' die Rede ist, ist, dass sprachliche Phänomene und nichtsprachliche Zeichen, die wir aus anderen Kontexten des Sprachgebrauchs kennen, in Kontexten internetbasierter Kommunikation in charakteristischen Kombinationen auftreten, die außerhalb der internetbasierten Kommunikation in vergleichbarer Kombination nur selten anzutreffen ist. Es macht daher durchaus Sinn, Besonderheiten der Sprachver-

Kapitel 3 · Sprachliche Besonderheiten internetbasierter Kommunikation

Abb. 3.1 Drei Beispiele für Emojis im nicht-digitalen Alltag: **a** am Toilettenhäuschen einer Tankstelle, **b** auf einem Aushang im öffentlichen Nahverkehr, **c** in der Getränkeabteilung eines Supermarkts

wendung in der internetbasierten Kommunikation zusammenzustellen und linguistisch zu beschreiben.

Im öffentlichen, sprachkritischen Diskurs führt das häufig zu der Annahme, dass der Sprachgebrauch in der internetbasierten Kommunikation als eine ‚**Netzsprache**' zu beschreiben sei, also als eine Sprachvarietät, die sich in der Netzkommunikation herausgebildet habe und für diese charakteristisch sei. Mit Crystal (2001) wurde diese Position auch von einem Linguisten vertreten, der dafür den Ausdruck ‚**netspeak**' prägte. Diese Position wurde in der linguistischen Literatur kontrovers diskutiert und

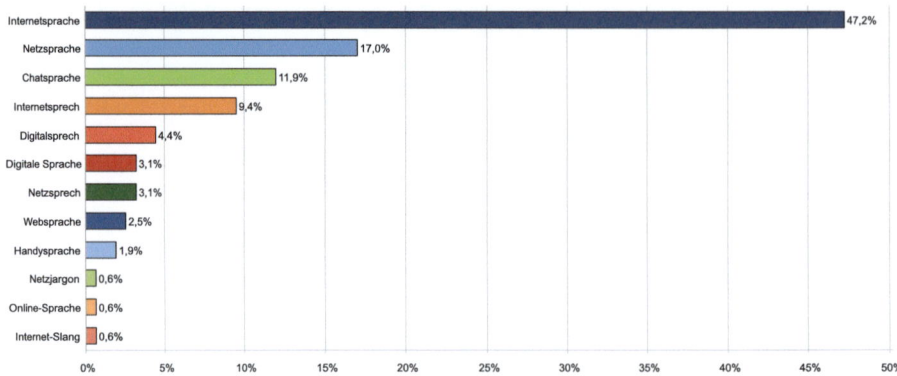

D Abb. 3.2 Konzeptualisierungen internetbasierter Kommunikation in deutschen Pressetexten 2013–2022. (Abbildung aus Spitzmüller 2024: 488)

wurde von den im Forschungsfeld aktiven Linguist:innen mit großer Mehrheit zurückgewiesen (vgl. prominent Dürscheid 2004).

Im Unterschied zum öffentlichen Diskurs zielt die linguistische Forschung zur Sprache in der internetbasierten Kommunikation darauf, durch Analyse des Sprachgebrauchs und seiner Kontexte digitale Kommunikationsumgebungen als Variationsräume zu erfassen, „in denen funktional motivierte sprachlich-semiotische Innovationen sowie sozial und situativ variable Gebrauchsmuster sichtbar werden" (Androutsopoulos/Vogel 2024: 3). Diesem Zugang liegt eine gegenüber Alltagsauffassungen von Sprache differenzierte Sicht auf **Sprache als dynamischem Funktionszusammenhang** zugrunde, der von den Sprachverwender:innen jeweils kontextspezifisch adaptiert und in der sozialen Praxis immer wieder neu verhandelt wird.

Das bedeutet nicht, dass Konzeptualisierungen des Sprachgebrauchs in der internetbasierten Kommunikation, wie sie im öffentlichen Diskurs anzutreffen sind, von Linguist:innen einfach ignoriert werden sollten. Jürgen Spitzmüller (Spitzmüller 2024) hat in einer explorativen Studie 181 Artikel analysiert, die im Zeitraum 2013–2022 in der deutschsprachigen Presse erschienen sind und darin (in absteigender Häufigkeit) einerseits die häufigsten Bezeichnungen für die vermeintliche ‚Internetsprache' nachgewiesen (vgl. D Abb. 3.2) und andererseits die Merkmale ermittelt, die in den untersuchten Texten besonders häufig als typisch für die ‚Internetsprache' aufgegriffen werden. Diese fokussieren in hohem Maße die wahrgenommenen Abweichungen der Sprache in der internetbasierten Kommunikation von den Normen der geschriebenen Standardsprache – zum Beispiel die Verwendung von Akronymen, Emoticons und Emojis, ‚verkürzten' Sprachformen, Hashtags oder die Informalität der Sprachverwendung (ebd.: 488–489). Spitzmüller plädiert dafür, die in den Pressetexten dokumentierten Wahrnehmungen salienter Merkmale des Sprachgebrauchs im Netz insofern ernst zu nehmen, als sie als Reflexe einer **sozialen Registrierung** gelesen werden können (Zugehörigkeit zur sozialen Gruppe der digital Kommunizierenden) und dadurch die Wirklichkeit digitaler Kommunikation mitprägen.

3.1 Interaktionsorientiertes Schreiben und schriftsprachlicher Wandel

In der linguistischen Literatur finden sich diverse Beschreibungen der sprachlichen und semiotischen Charakteristika internetbasierter Kommunikation. Wir wählen im Folgenden einen Zugang, der diese Charakteristika in die Traditionen des gesellschaftlichen Umgangs mit Schriftlichkeit einordnet und der einerseits den durch die internetbasierte Kommunikation angestoßenen **Sprachwandel im Bereich der Schriftlichkeit** und andererseits die spezifischen Affordanzen internetbasierter Kommunikationsanwendungen als Erklärungsgrundlage für charakteristische Praktiken des Formulierens und der Gestaltung von Postings zugrunde legt (vgl. Storrer 2013, 2018a, Dürscheid/Frick 2016).

Mit dem Konzept der **textformenbasierten Interaktion** (s. ▶ Abschn. 2.4.2) verfügen wir über einen Beschreibungsrahmen, der die Spezifik internetbasierter Kommunikation vonseiten der Affordanzen profiliert, die auf die Organisation und Gestaltung der Kommunikation wirken, und der die internetbasierte Kommunikation in eine historische Entwicklungslinie vermittelter Kommunikation einordnet. Um typische Merkmale digitaler Alltagsschriftlichkeit zu beschreiben, benötigen wir daneben einen Erklärungsrahmen, der bei den sprachlichen Besonderheiten ansetzt, die sich in Verläufen internetbasierter Kommunikation feststellen lassen, und deren Zustandekommen in die schriftsprachliche Tradition einordnet.

Einen solchen Erklärungsrahmen stellt das Konzept des **interaktionsorientierten Schreibens** bereit, das von Angelika Storrer (Storrer 2013; 2018a) in die linguistische Diskussion eingeführt wurde und anhand dessen sich viele der in der oben referierten Untersuchung von Spitzmüller als salient wahrgenommene Abweichungen von der geschriebenen Standardsprache in einen sprach- und varietätengeschichtlichen Erklärungszusammenhang einordnen lassen. Dadurch eignet sich das Konzept auch dafür, zwischen der linguistischen Perspektive auf die sprachlichen Besonderheiten internetbasierter Kommunikation und dem öffentlichen sprachkritischen Diskurs zur „Sprache des Internets" zu vermitteln.

Storrer schlägt zur Erklärung der sprachlichen Besonderheiten internetbasierter Kommunikation eine Differenzierung **zweier Schreibhaltungen** vor, die den Bereich des schriftlichen Sprachgebrauchs in zwei Funktionsbereiche gliedern: einerseits das Schreiben von Texten und andererseits das Schreiben von Beiträgen für Kontexte sequenziell organisierter, interaktionaler Kommunikation:

- Das **textorientierte Schreiben** zielt auf die Formulierung einer schriftsprachlichen Äußerung, die auf die Erfordernisse solcher Kommunikationssituationen zugeschnitten ist, in denen das Schreibprodukt **unabhängig vom aktuellen situativen Kontext** gelesen und verstanden werden können soll. Dafür ist es sinnvoll, die schriftliche Äußerung sprachlich so explizit zu gestalten, dass sie losgelöst von der/dem Schreibenden und von den Umständen der Produktionssituation verstehbar ist. Produkte des textorientierten Schreibens im Internet sind zum Beispiel Artikel in Online-Zeitungen, Texte auf den Homepages von Firmen und Institutionen, Einträge in Weblogs, online veröffentlichte Fachartikel oder Artikel in der Online-Enzyklopädie *Wikipedia*.

– Das **interaktionsorientierte Schreiben** zielt auf die Formulierung schriftsprachlicher Äußerungen, die als Beiträge zur **Weiterentwicklung eines interaktionalen Kommunikationsgeschehens** konzipiert sind. Charakteristisch für Interaktionen ist es, dass die Beteiligten abwechselnd die Rollen von Produzierenden und Rezipierenden einnehmen, wobei vorangegangene Beiträge den Kontext für die Folgebeiträge der anderen Beteiligten bilden. Produkte des interaktionsorientierten Schreibens im Internet sind zum Beispiel Postings in der Chat- und Messenger-Kommunikation oder in Online-Foren sowie interaktional konzipierte Postings in den Diskussions- und Kommentarthreads von Social-Media-Plattformen.

Die Anforderung an die sprachliche Gestaltung von Produkten des textorientierten Schreibens, losgelöst von der/dem Schreibenden und von den Umständen der Produktionssituation verstehbar zu sein, gilt für Produkte des interaktionsorientierten Schreibens typischerweise gerade *nicht*. Stattdessen richtet sich das interaktionsorientierte Schreiben primär an die Beteiligten der laufenden Interaktion, die über entsprechendes Kontextwissen verfügen und Verstehensprobleme bei Bedarf im weiteren Interaktionsverlauf untereinander klären können. (Ein ausführliches, videografiertes Interview mit Angelika Storrer zu den Konzepten **text-** und **interaktionsorientiertes Schreiben** ist als Teil des OER-Kurses „Sprache in der internetbasierten Kommunikation" online unter ▶ https://av.tib.eu/media/64187 zu finden.)

Storrer (2018a) argumentiert dafür, dass sowohl die text- als auch die interaktionsorientierte Schreibhaltung in der digitalen Kommunikation relevant werden können, dass die Produkte aber nicht mit denselben Maßstäben und normativen Erwartungen bewertet werden sollten. Am **Beispiel der Wikipedia** zeigt sie, wie sich beide Haltungen ergänzen: Die Textorientierung ist maßgeblich für die Arbeit an den enzyklopädischen Artikeln. Die Interaktionsorientierung ist hingegen funktional für die Diskussionsbereiche, in denen sich Beteiligte über Änderungen und Verbesserungen der Artikel austauschen. Dabei kann eine rasche Reaktion auf einen Beitrag wichtiger werden als die geschliffene Formulierung in normgerechter Orthographie. Abweichungen von den Normen der textorientierten Schriftsprache können beim interaktionsorientierten Schreiben deshalb durchaus funktional sein.

In der linguistischen Forschung zur internetbasierten Kommunikation besteht Konsens, dass die Affordanzen internetbasierter Kommunikationsanwendungen zu einem Wandel im Bereich des **gesellschaftlichen Umgangs mit Schriftlichkeit** geführt haben. Mit dem Aufkommen internetbasierter Kommunikationsanwendungen in den 1980er-Jahren wurden die technologisch-infrastrukturellen Voraussetzungen dafür geschaffen, per geschriebener Sprache sequenziell organisiert über räumliche Distanz, aber mit nur geringem zeitlichen Versatz zu kommunizieren. Dass sich diese neuartige Form der Kommunikation bis um die Jahrtausendwende zu einem Massenphänomen entwickelte, zeigt, dass die Affordanzen dieser Anwendungen einen Nerv vieler Menschen trafen: Trotz der gegenüber der gesprochenen Sprache umständlicheren Realisierung interaktional intendierter Kommunikation mittels Schrift und Tastatur und trotz der Tatsache, dass in den neuen Kommunikationsformen unmittelbar leibgebundene Signale (Stimme, Mimik, Gestik) nicht als Zeichenträger zur Verfügung stehen, erfreuten sich Chats und Foren, nach der Jahrtausendwende dann auch die ersten sozialen Netzwerke rapide zunehmender Beliebtheit als Plattformen für die Organisation interpersonaler Kommunikation. Um mit den charakteristischen Affordanzen der Kommunikationsanwendungen umzugehen, entwickelten sich Praktiken für die kommunikative Organisation von Verständnis und Verstehen, die es den Nutzer:innen erlauben, die mit den Affordanzen verbundenen Restriktionen (Reduzierung der Multimodalität mündlicher Verständigung auf schriftlich enkodierte Nachrichten) zu kontrollieren und zugleich die mit der Schrift und dem Posting-Format zur Verfügung stehenden Formate und Gestaltungsressourcen für die Bearbeitung von Aufgaben der Interaktionskonstitution zu nutzen.

Im Zuge dieser Praktiken bildeten sich bereits in den Chat-Räumen, Foren und Netzwerken des frühen Internets **schriftsprachliche Gebrauchsnormen** heraus, die auf den Zweck zugeschnitten waren, mit den Mitteln der Schriftlichkeit sequenziell strukturierte Kommunikation zu organisieren. Dabei wurden zum einen sprachliche Formen aus dem Bereich der gesprochenen Alltagssprache bzw. der ‚konzeptionellen Mündlichkeit' (vgl. Koch/Oesterreicher 1985; 1994) in den schriftlichen Sprachgebrauch übernommen, zum anderen wurden Mittel der textorientierten Schriftlichkeit für die Aufgaben der Interaktion angepasst und es entstanden neue, genuin internetspezifische Zeichenformen, mit denen das Fehlen unmittelbar leibgebundener Kommunikationssignale auf kreative Weise kompensiert werden konnte. Insgesamt verändern die folgenden **Entwicklungen und Prozesse** den Umgang mit Sprache und Schrift in der internetbasierten Kommunikation:

1. eine grundlegende **Erweiterung des Funktionsspektrums geschriebener Sprache**, die nicht mehr nur als Realisierungsform für Texte, sondern heutzutage ganz selbstverständlich und in großem Stil auch als Realisierungsform für interaktional konzipierte Kommunikation genutzt wird; damit einhergehend:
2. eine Übernahme von wortbezogenen und syntaktischen Formulierungsmustern **interaktionaler Sprache** aus der gesprochenen in die geschriebene Sprache (alltagssprachliches sowie sequenzbezogenes Formulieren), womit zwangsläufig eine Transformation der Form- und Struktureigenschaften gesprochener Sprache in Form- und Struktureigenschaften geschriebener Sprache einhergeht,
3. eine **Pragmatisierung schriftsprachlicher Mittel**, die historisch auf die Verstehenssicherung in der Distanzkommunikation mit Texten spezialisiert sind, für die Anforderungen schriftlich organisierter Interaktionen (z. B. ‚Umfunktionierung' von Auslassungspunkten, Großschreibung, Graphemreduplikation und Nutzung von Ausrufe- und Fragezeichen als graphostilistische Mittel der Emphasemarkierung),
4. die **gesellschaftliche Aneignung des Posting-Formats** als einer dritten Äußerungsform neben Textäußerungen und den Sprecher-Turns in mündlichen Gesprächen, die den Kommunikationsprozess in dreierlei Weise prägt:
    a) auf der **Ebene der Äußerungsproduktion** als Schreibfläche, die mit Mitteln der multimodalen Text- und Hypertextorganisation (Schriftformate, Absatzgliederung, Hyperlinks, Bild, Audio, Video) gestaltet werden kann,

b) auf der **Ebene der Rezeption** als multimodale Sehfläche, die eine kommunikative Äußerung präsentiert, die nicht, wie in Gesprächen, prozessual Zeichen für Zeichen zur Wahrnehmung gelangt, sondern Produktcharakter besitzt und persistent vorgehalten wird,
c) auf der **Organisationsebene** von Kommunikation als zeitlich konsekutiv strukturierte Abfolge aus Produktion, Übermittlung und Rezeption, unter deren Bedingungen sequenzielle Kohärenz anders organisiert werden muss als in mündlichen Gesprächen, die unter den Bedingungen echter Synchronizität und simultaner wechselseitiger Wahrnehmung stattfinden.
5. die **Entstehung innovativer Zeichentypen und sprachlicher Formen**, die in der internetbasierten Kommunikation aufgekommen sind, inzwischen aber – wie die oben abgebildeten Beispiele belegen – auch außerhalb der digitalen Kommunikation Verwendung finden (Emoticons, Emojis, @-Adressierungen, Hashtags, Likes).

Das Konzept des digitalen interaktionsorientierten Schreibens beschreibt die aus diesen Prozessen resultierenden sprachlichen und semiotischen Auffälligkeiten als Ausdruck einer **Schreibhaltung**, die sich im Zuge des sprachlichen Wandels, der im Kern eine Ausdehnung des Funktionsbereichs von Schriftlichkeit in den Bereich der interaktionalen Organisationsform darstellt, neben der textorientierten Schreibhaltung herausgebildet und etabliert hat. Das Konzept ‚Haltung' meint in diesem Zusammenhang eine Versprachlichungseinstellung, die online Kommunizierende einnehmen, wenn sie in Chats, Foren und sozialen Netzwerken interaktional intendierte Äußerungen formulieren. Diese Haltung drückt sich in einer Reihe sprachlicher Merkmale aus, die aber im Einzelfall und bezogen auf die situativen Bedingungen einer konkreten Kommunikationssituation unterschiedlich stark ausgeprägt sein können. Es macht einen Unterschied, ob eine Nachricht für einen persönlich bekannten oder für unbekannte Adressat:innen verfasst ist. Auch der Anlass und das Thema der Kommunikation sowie die Art der Beziehung zwischen Schreiber:in und Adressat:innen haben – wie in jeder Form zwischenmenschlicher Kommunikation – einen Einfluss darauf, wie ausgeprägt sich die Interaktionsorientierung in der sprachlichen Gestaltung von Postings niederschlägt. Während eine WhatsApp-Nachricht, die für die beste Freundin bestimmt ist, sehr spontan verfasst sein und ausgeprägte Merkmale der Alltagssprache aufweisen kann, kann in einer per WhatsApp-Anfrage an eine Mitarbeiterin der Personalabteilung eines Unternehmens, bei dem man sich bewerben möchte, eine ausgeprägte Orientierung an der Alltagssprache hingegen als auffällig und von der Adressatin als Verstoß gegen Normen der situativen Angemessenheit empfunden werden, weswegen der/die Schreiber:in diese eher versucht zu vermeiden. Und selbst Kategorien wie ‚Chat mit der besten Freundin' und ‚Anfrage an Mitarbeiterin der Personalabteilung' stellen Pauschalisierungen dar, solange sie nicht auf eine bestimmte Kommunikationssituation und auf die darin agierenden Menschen bezogen werden; letztlich entscheidet sich die Art und Weise, wie sich die interaktionsorientierte Schreibhaltung sprachlich ausdrückt, im konkreten Einzelfall und in Abhängigkeit von den konkreten situativen Faktoren und deren Einschätzung durch die Beteiligten.

3.2 Merkmale interaktionsorientierter Schriftlichkeit

Wenn wir in den folgenden Abschnitten ausgewählte Merkmale des interaktionsorientierten Schreibens beschreiben, so ist damit grundsätzlich das *digitale* interaktionsorientierte Schreiben gemeint. Formen des interaktionsorientierten Schreibens gab es, allerdings beschränkt auf spezielle Kontexte, auch schon vor dem Internet (Zettelkommunikation unter der Schulbank). Im Kontext der Analyse internetbasierter Kommunikation ist es wichtig, die Einbettung in die Kommunikationskultur der Digitalität als wichtigen Teil der Bedingungen zu betrachten, unter denen interaktionsorientiertes Schreiben in der internetbasierten Kommunikation stattfindet.

Da das Konzept des interaktionsorientierten Schreibens, so wie es von Angelika Storrer eingeführt wurde, das Digitale immer mitdenkt, werden wir aus Zwecken der terminologischen Vereinfachung das Attribut *digital* nicht immer mitnennen, wenn wir vom interaktionalen Schreiben sprechen – es ist aber grundsätzlich mitzudenken. Schreiben in der internetbasierten Kommunikation meint nämlich die Produktion von und den Umgang mit Textformen, die als Träger und Bedingungsfaktor für die Organisation sequenzieller Kommunikation verwendet werden. Interaktionsorientiertes Schreiben ist in diesem Sinne **interaktionsorientiertes Schreiben *unter den Bedingungen textformenbasierter Interaktion*** beziehungsweise **Posting-basiertes interaktionsorientiertes Schreiben**. Da solche Termini sperrig sind, verzichten wir in den weiteren Abschnitten auf sie. Wenn wir aber im Weiteren von interaktionsorientiertem Schreiben sprechen, so ist der Begriff in diesem Sinne zu verstehen.

Merkmale des interaktionsorientierten Schreibens lassen sich unter verschiedenen Perspektiven beschreiben. Man kann bei den **sprachlichen und semiotischen Formen** ansetzen, die unter einer Sprachwandel-Perspektive und vor dem Hintergrund der Normen der geschriebenen Standardsprache als erklärungsbedürftig erscheinen. Man kann aber auch von den **Affordanzen** ausgehen, die durch die verwendeten Kommunikationsanwendungen eröffnet werden, und davon ausgehend die Sprachlichkeit von Postings als Resultate des kommunikativen Handelns unter den Bedingungen der Kultur der Digitalität beschreiben. Ein dritter Zugang setzt genau umgekehrt bei den **sprachlichen und kommunikativen Praktiken** an, die durch Zwecke und Aufgaben der Kommunikation charakterisiert sind, und stellt die Frage, wie grundlegende Aufgaben der kommunikativen Organisation von Verständnis und Verstehen unter den Bedingungen der Digitalität bearbeitet werden. Alle drei Perspektiven liefern informative Beschreibungen für die linguistische Analyse des durch die internetbasierte Kommunikation ausgelösten Sprachwandels im Bereich der Schriftlichkeit, wenngleich die Phänomene, die als zu Beschreibendes in den Blick genommen werden, jeweils unterschiedlich konzipiert werden – auch hier sei auf den ‚H-E-Kopf' zurückverwiesen, den wir in ▶ Abschn. 2.3 als Bild verwendet haben, um zu zeigen, dass es häufig nicht eine ‚richtige' wissenschaftliche Erklärung für untersuchte Phänomene gibt, sondern dass die Art und Weise, wie wissenschaftliche Beschreibungen die von ihnen betrachteten Gegenstände konzipieren, in Abhängigkeit vom jeweiligen Erkenntnisinteresse unterschiedlich ausfallen und zu unterschiedlichen Einsichten führen kann.

Wir werden in den folgenden Abschnitten für jeweils ausgewählte Merkmale interaktionsorientierter Schriftlichkeit die drei angesprochenen Perspektiven vorstellen und diese zueinander in Beziehung setzen:
1. die Perspektive der **Analyse sprachlicher und semiotischer Phänomene**, die sich im Inhalt von Postings in internetbasierter Kommunikation identifizieren lassen und die sich als Abweichungen von den sprachlichen Normerwartungen an Produkte des textorientierten Schreibens und der geschriebenen Standardsprache erklären lassen (s. ▶ Abschn. 3.2.1);
2. die Perspektive der **Prägung sprachlicher Tätigkeit durch die Affordanzen internetbasierter Kommunikationsanwendungen**, die sich als Effekte aus dem Zusammenwirken von Computertechnologie mit den Strukturierungs- und Gestaltungsmitteln des Internets und der Nutzung digitaler Endgeräte (PC, Smartphone, Tablet) ergeben (s. ▶ Abschn. 3.2.2);
3. die Perspektive der **sprachlichen und kommunikativen Praktiken**, die die Verfahren zur Lösung des ‚Problems der Kommunikation' unter den Bedingungen internetbasierter Kommunikation in den Blick nimmt. Bei dieser Perspektive steht die Frage im Vordergrund, wie die Schreiber:innen die Affordanzen internetbasierter Kommunikationsanwendungen als Ressourcen des Handelns nutzen, um grundlegende Aufgaben der Kommunikation zu bearbeiten (s. ▶ Abschn. 3.2.2).

Die Zusammenschau aller drei Perspektiven ermöglicht einen Blick auf den Gegenstand, der Aspekte der Sprache und der Semiotik, der Technologie und des (interaktionalen) Handelns integriert. Je Forschungsinteresse ist es aber völlig legitim, im Rahmen eigener Untersuchungen auch nur eine der drei Perspektiven einzunehmen.

3.2.1 Merkmale interaktionsorientierter Schriftlichkeit: Phänomene

3.2.1.1 Schnellschreibphänomene

Die Nutzung geschriebener Sprache für die Realisierung sequenziell organisierter Kommunikation erfordert eine tastaturschriftliche Realisierung von Sprache. Da Interaktionsäußerungen für das kommunikative Wechselspiel im zeitlichen Nahbereich konzipiert sind, werden sie häufig spontan und mit nur wenig Planungszeit produziert. Im Gegensatz zur gesprochenen Realisierung von Äußerungen ist die Realisierung von Sprache in Schrift zeitaufwändiger. Zudem impliziert das Posting-Format (s. ▶ Abschn. 2.4.2) einen zeitlichen Versatz zwischen der Produktion und Übermittlung von Äußerungen und deren Zustellung an die Kommunikationspartner:innen, während in mündlichen Gesprächen die Äußerung vom Gegenüber bereits simultan zu ihrer Hervorbringung wahrgenommen und verarbeitet wird.

Da beim interaktionsorientierten Schreiben der Beitrag der sprachlichen Äußerung zur Weiterentwicklung des Kommunikationsgeschehens im Vordergrund steht, lassen sich in Daten internetbasierter Kommunikation verschiedene Phänomene identifizieren, die dem schnellen Schreiben geschuldet sind:
- Tippfehler
- eine liberale Auslegung der Normen der deutschen Rechtschreibung

3.2 · Merkmale interaktionsorientierter Schriftlichkeit

— die Verwendung von Kurzformen, die sich in der internetbasierten Kommunikation als ökonomische Formen etabliert und sich im wiederholten Gebrauch zu vollgültigen Wortschatzeinheiten entwickelt haben

Tippfehler Insbesondere in informellen Kontexten lässt sich häufig ein entspannter Umgang mit Tippfehlern beobachten. Diese werden, selbst wenn sie vor dem Versenden eines Postings von der/dem Schreibenden bemerkt werden, häufig in Kauf genommen, solange sie nicht sinnentstellend sind. Im Zweifelsfall wird einfach ein Korrektur-Posting hinterhergeschickt. Die aus Tippfehlern resultierenden sprachsystematischen Irregularitäten sind daher in der Regel nicht als Kompetenzfehler, sondern als Performanzphänomene zu werten, d. h. ein durch offensichtliche Tippfehler kontaminiertes Posting lässt nicht notwendigerweise Rückschlüsse auf die Kompetenz der Schreiberin bzw. des Schreibers zu, in normnahen Kontexten schriftlicher Sprachverwendung orthographisch korrekt zu schreiben.

Tippfehler entstehen durch die performanzbedingte Auslassung, Vertauschung oder versehentliche Realisierung von Tastaturzeichen beim Tippen. In Beispiel 3-1 ist das Leerzeichen zur Markierung einer Wortgrenze ausgelassen. In Beispiel 3-2 steht das Leerzeichen an der falschen Stelle; offenbar wurden beim Eintippen die Buchstabentaste [r] und die Leertaste in der verkehrten Reihenfolge angetippt.

Datenbeispiele

3-1 nu is tombefreit [anstelle von: Tom befreit] **[DCK 2221006#568]**

3-2 *wünk* und wehe ihr verleumdet mich *grml* *brummel* imme rnoch nicht fassen kann [anstelle von: immer noch] **[DCK 2221003#863]**

Die Beispiele 3-3 bis 3-6 zeigen weitere Fälle von Tippfehlern: In 3-3 wurde bei der Eingabe der Wortform *auchg* eine Taste zu viel angeschlagen. In 3-4 wurde eine Taste übergangen. In 3-5 und -6 wurden die ersten beiden Tasten für das Eintippen der anvisierten Wortformen *diese* und *beste* beim Tippen vertauscht (Buchstabendreher).

Datenbeispiele

3-3 31,5 werd ich auchg noch schaffen **[BS-WhatsApp]**

3-4 Bin ja garnicht böe **[BS-WhatsApp]**

3-5 da sollten wir wohl schleunigst den mantel des schweigens über idese aufgabe breiten **[DCK 1104004a#368]**

3-6 dat ebste findeste eigentlich wenn du gar nich suchst **[DCK 2221008#3568]**

Liberale Auslegung der Normen der deutschen Rechtschreibung Die Normen der deutschen Rechtschreibung sind grundsätzlich auch in der internetbasierten Kommunikation wirksam. Aussagen wie „in Chats gelten keine Rechtschreibregeln", die sich bisweilen in journalistischen Texten zur „Netzsprache" finden oder im öffentlichen sprachkritischen Diskurs geäußert werden, sind sachlich nicht zutreffend, denn ohne eine grundsätzliche Orientierung an den Konventionen des Schriftsystems wäre keine sinnvolle, schriftliche Verständigung möglich. Allerdings werden bestimmte Bereiche der orthographischen Normen der geschriebenen Standardsprache, die auf die Verständnissicherung beim textorientierten Schreiben gerichtet sind, beim Schreiben von Postings bisweilen liberal ausgelegt und führen, wenn man die Normen der geschriebenen Standardsprache zugrunde legt, zu normabweichenden Schreibungen. Auch hier muss man mit einer undifferenzierten Klassifikation auffälliger Schreibungen vorsichtig sein: Der Verzicht auf die Großschreibung von Nomen im Satzinneren (Belege 3-7, 3-9) oder am Satzanfang (Belege 3-8, 3-9), auf das Setzen von Kommas oder Satzschlusspunkten (Beleg 3-10) kann auch einfach performanzbedingt und dem schnellen Schreiben geschuldet sein und muss nicht zwangsläufig bedeuten, dass der oder die Schreibende nicht in der Lage ist, die betreffenden Rechtschreibregeln beim Verfassen eines redigierten Textes regelkonform anzuwenden (wenngleich Rechtschreibfehler in bestimmten Kontexten internetbasierter Kommunikation von Dritten bewusst im Rahmen von ‚shaming practices' aufgegriffen werden, vgl. dazu Frick/Meletis 2024). In Korpora gibt es daneben aber auch viele Belege, in denen die Rechtschreibregeln konsequent eingehalten sind; ein Beispiel ist der Beleg 3-11. Das zeigt, dass die Einhaltung oder liberale Auslegung formalsprachlicher Normen letztlich auf individuellen situativen Präferenzen und Angemessenheitserwartungen der einzelnen Schreiber:innen beruht und nicht einheitlich in allen Postings und Chats identisch ausgeprägt ist.

Datenbeispiele

3-7 ich habe mich heute bei Wikipedia angemeldet (nach Inspiration durch meinen Berufsschullehrer *zwinker*) und hoffe auf einen Ausbau des Portals **[WhatsApp-DO]**

3-8 Dinge, die körperlich nicht passieren könnenn oder kommunikation, die eigentlich widersinnig wird, wir sofort akzeptiert und lediglich als philosophischer bruch empfunden. **[DCK 1103002#44]**

3-9 immer wieder schön beim arbeiten gestört zu werden werden so kleinigkeiten wie ein externer link. entweder machst du die seite oder lässt mich einfach mal alles hier fertig machen und dann kannse von mir aus mal mal drüber guggn. **[BS-WhatsApp]**

3-10 Ich weiß hab ich auch schon verbessert Nur noch kein Foto gemacht **[MoCoDa2 AxhCd|22]**

3-11 Hallo! Freut mich zu hören. Ich habe mich doch lieber erst einmal an das Referat gesetzt. Habe das aber etwas anders gestaltet. Ich denke, ich kann dir das bis morgen schicken. **[MoCoDa2 Aqkwk|21]**

Die in den voranstehenden Belegen 3-1 bis 3-10 dokumentierten schriftsprachlichen Irregularitäten sind dann auffällig, wenn man sie unter der Perspektive der geschriebenen Standardsprache betrachtet. Trotzdem ist die Rechtschreibung in der internetbasierten Kommunikation nicht beliebig. Tatsächlich ist in den Belegen die überwiegende Mehrzahl der enthaltenen Wortformen korrekt geschrieben, was zeigt, dass die Beachtung der Regeln der Rechtschreibung auch in der internetbasierten Kommunikation grundsätzlich in Kraft gesetzt ist. Liberal gehandhabt werden lediglich solche Ausschnitte der Norm, die im gegebenen Kontext von den Schreibenden als vernachlässigbar empfunden werden, ohne dass die Verständlichkeit der schriftlichen Äußerungen dadurch in Mitleidenschaft gezogen würde. Es ist also schlicht falsch, in Bezug auf das interaktionsorientierte Schreiben von einer Außerkraftsetzung der Orientierung an formalsprachlichen Normen zu sprechen.

Sie können sich davon selbst ein Bild machen, indem Sie für einen beliebigen Chatverlauf im MoCoDa2-Korpus die Anzahl der enthaltenen Wortformen zählen und anschließend ermitteln, wie viele dieser Wortformen korrekt und welche falsch im Sinne des amtlichen Regelwerks der deutschen Rechtschreibung geschrieben sind. Wenn Sie in einem weiteren Schritt die festgestellten Fehlschreibungen klassifizieren, werden Sie feststellen, dass sich die Abweichung von der Rechtschreibnorm auf nur ganz bestimmte Bereiche bezieht. Dadurch erhalten Sie ein differenziertes Bild davon, welche Abweichungen von der Norm sich Schreibende in dem betrachteten Chat ‚leisten' und welche von ihnen als so grundlegend für die schriftliche Verständigung aufgefasst werden, dass ihre Nichteinhaltung für die Schreibenden überhaupt nicht in Frage kommt.

Wortschatzerweiterung durch zweckmäßige Kurzformen Schnellschreibphänomene sind Performanzphänomene, d. h. der Beschleunigung der schriftlichen Sprachproduktion geschuldet, zugunsten derer die Beachtung der Normen schriftsprachlicher Korrektheit in Teilen außer Kraft gesetzt wird. Das betrifft neben der Tolerierung von Tippfehlern und der liberalen Auslegung von Teilen der Rechtschreibnormen auch die Wortbildung und hier die Bildung zweckmäßiger Kurzformen.

In einzelnen Fällen haben sich die dabei – typischerweise zunächst von einzelnen Schreiber:innen okkasionell – gebildeten Formen als zweckmäßige ökonomische Einheiten in der digitalen Kommunikation eingespielt: Sie haben einen Prozess der Lexikalisierung durchlaufen, sodass die nachwachsende Generation der Online-Nutzer:innen sie im Gebrauch als reguläre Wortschatzeinheiten kennenlernt, ohne dass ihnen der historisch zugrundeliegende Prozess der Wortkürzung noch geläufig ist. Letzteres zeigt sich z. B. daran, dass junge Internetnutzer:innen Wörter wie *lol* oder *afk* verwenden, aber nicht notwendigerweise erklären können, aus welchen Formen (*laughing out loud*, *away from keyboard*) diese ursprünglich einmal gebildet wurden, oder wissen, dass es sich dabei ursprünglich um eine Abkürzung handelt. Die gekürzte Form hat im Gebrauch einen Prozess der Idiomatisierung durchlaufen, sodass sie schließlich losgelöst von der Ausgangsform als eigenständige lexikalische Einheit ‚funktioniert'. Das muss nicht notwendigerweise bedeuten, dass jede:r, der/die online kommuniziert, diese Formen verwendet oder kennt. Kennen Sie die Akronyme *lol*, *kp* und *ka* in den Belegen 3-12 bis 3-16 und, wenn ja, kennen Sie die Ausgangsformen, aus denen sie ursprünglich gebildet wurden?

Datenbeispiele

3-12 Aber ich musste nur ca. dreimal nein sagen, dann hat er mich in Ruhe gelassen lol [**MoCoDa2 HHBud|170**]

3-13 Isabelle Morgenstern: Geil was gibt es besseres als ein Bügel Marathon

Isabelle Morgenstern: Ja 😘

Nora: Nicht viel lol [**MoCoDa2 f4Juh|15–17**]

3-14 Ich hab kp warum wir hier sind [**MoCoDa2 WoYcK|46**]

3-15 Also ich habe vorher noch Kaffee und Kuchen bei den Großeltern, also würde ich wirklich erst fahren wollen, kp 17 uhr oder was passt... 😛 [**MoCoDa2 T3WZI|20**]

3-16 Mein akku stirbt so schnell gerade ka.warum 🤷‍♀️ [**MoCoDa2 w2C20|72**]

Bei der Wortkürzung handelt es sich übrigens um einen regulären sprachlichen Prozess der Wortbildung, der nicht netzspezifisch und auch außerhalb der digitalen Kommunikation wirksam ist. Wussten Sie beispielsweise, dass das Wort *Radar* eine Abkürzung ist, und wenn ja, kennen Sie die Ausgangsform? Und könnten Sie ohne zu googeln die Ausgangsformen zu den eigenständig lexikalisierten Kurzwörtern *ÖPNV*, *Covid*, *Stasi*, *FDP* und *UKW* nennen?

Schnelligkeit um jeden Preis? Das Auftreten von Schnellschreibphänomenen kann zu der Annahme verleiten, bei der Äußerungsproduktion in der internetbasierten Kommunikation ginge es den Schreiber:innen vor allem um Schnelligkeit, während die sprachliche Form eine eher nachgeordnete Rolle spiele. Diese Annahme ist zu pauschal, da sie ausblendet, dass die sprachliche Form von kommunikativen Äußerungen nicht beliebig variierbar ist, wenn es darum geht, Verstehen zu ermöglichen. Dass die Beachtung der Normen der geschriebenen Standardsprache in der internetbasierten Kommunikation zu Teilen liberaler gehandhabt wird als in kommunikativen Kontexten, in denen eine Orientierung an der Standardsprache erwartet wird, macht bestimmte Abweichungen von der standardschriftlichen Norm als Performanzphänomene erklärbar; genannt haben wir in diesem Zusammenhang unter anderem die Beachtung der Regeln der Interpunktion oder der Großschreibung am Satzanfang und im Satzinnern. Auch auf ein Korrekturlesen der schriftlichen Äußerung vor der Übermittlung an die Adressat:innen wird häufig verzichtet. Betrachtet man die sprachliche Form kommunikativer Äußerung unter einer pragmatischen Perspektive als die Eigenschaft eines sprachlichen Ausdrucks, unter den gegebenen situativen Bedingungen ein möglichst störungsfreies Verstehen der damit kommunizierten Handlungen zu ermöglichen, dann sind Abweichungen von den schriftsprachlichen Normen nur in engen Grenzen plausibel – nämlich nur, solange die Verständlichkeit der Äußerung für die Adressat:innen damit nicht gefährdet wird.

Im Datenbeispiel 3-13 findet sich mit *Bügel Marathon* ein Ausdruck, der als Abfolge zweier Nomen im gegebenen syntaktischen Kontext nicht sinnvoll interpretierbar ist, sehr wohl aber als Kompositum *Bügelmarathon*, dessen Glieder entgegen der Norm in Getrenntschreibung erscheinen. Eine Interpretation des Zustandekommens dieser Fehlschreibung als Performanzphänomen wäre die folgende: Die Schreiberin Isabelle

3.2 · Merkmale interaktionsorientierter Schriftlichkeit

Morgenstern nutzt für die Eingabe ihrer Postings den Eingabemodus *Swype*. Aus ihren Erfahrungen mit diesem Eingabemodus weiß sie, dass die Swype-Software, wenn sie aus den Wischgesten Wörter ableitet, häufig keine Komposita erkennt (was damit zu tun hat, dass die Lexikonkomponente von Swype für seltener gebrauchte und nicht eigenständig lexikalisierte Komposita keine Einträge enthält). Sie hat ihr Eingabeverhalten daher darauf angepasst, die Konstituenten von Komposita getrennt einzugeben, ohne das Resultat der automatischen Worterkennung – in diesem Fall das unverbundene Nacheinander der Nomen *Bügel* und *Marathon* – zu korrigieren, weil das zusätzliche Zeit in Anspruch nähme. Sie geht davon aus, dass für ihre Adressat:innen im Äußerungskontext dennoch ersichtlich ist, dass mit der Abfolge *Bügel Marathon* das Kompositum *Bügelmarathon* gemeint ist, und ‚leistet' sich daher diese Irregularität.

> **Definition**
>
> „**Swype** ermöglicht es, durch das Bewegen des Fingers oder eines Eingabestifts quer über die Tastatur Texte einzugeben. Dabei fährt der Finger von Buchstabe zu Buchstabe, ohne zwischen den Buchstaben angehoben werden zu müssen. Es werden eine Fehlerkorrektur und ein Sprachmodul verwendet, um das Wort zu bestimmen. Swype beinhaltet auch ein Worterkennungssystem und wurde sowohl für QWERTY- als auch QWERTZ-Touchscreen-Tastaturen entwickelt." (Definition der Wikipedia)

Swypen ist ein gutes Beispiel für die enge Verschränkung des Ineinandergreifens von menschlicher und automatisierter sprachlicher Tätigkeit, die sich bei der Formulierung von Postings kontinuierlich wechselseitig beeinflussen: Die Swype-Software interpretiert die Eingaben der Nutzerin und transformiert sie in eine sprachliche Form, während – um bei unserer Deutung der Kompositaschreibung im Datenbeispiel 3-13 zu bleiben – die Nutzerin ihr Eingabeverhalten ihrer Erfahrung mit der Funktionsweise der Software anpasst. Unter dieser Perspektive kann die sprachliche Form von Postings als ein **Produkt hybriden Schreibens** gelten.

In anderen Fällen, die sich anhand von Korpora belegen lassen, kennzeichnen Chatter:innen hingegen Fehlschreibungen in eigenen Postings durch Korrektur-Postings nachträglich als fehlerhaft und liefern Korrekturen dazu nach. Beispiele für offensichtlich nicht von den Schreibenden intendierte Wortformen in Postings, die auf die Mitwirkung der Autokorrektur oder der Software Swype zurückzuführen sind, finden sich in den Belegen 3-17 und 3-18. Dass die Formen *verstecken* und *Henri* nicht den Formulierungsabsichten der beiden Schreiberinnen entsprechen, wird daraus ersichtlich, dass diese ihrem Posting jeweils ein Folgeposting hinterherschicken, mit dem sie die eigentlich beabsichtigte Wortform nachreichen – eine Praktik, die in der Forschungsliteratur als ein Pendant zum Verfahren der **Selbstreparatur** aus mündlichen Gesprächen im Bereich der interaktionsorientierten Alltagsschriftlichkeit diskutiert wird (vgl. dazu ausführlich auf empirischer Grundlage Mostovaia 2018, 2021) – allerdings mit dem Unterschied, dass diese aufgrund der besonderen Zeitlichkeitsbedingungen internetbasierter Kommunikation nicht im Akt der Äußerungsproduktion selbst ausgeführt werden, sondern in Form eines nächsten Schritts, nachdem die nicht intendierte Wortform von der/dem Schreiber:in beim Lesen des eigenen Postings am Bildschirm entdeckt wurde.

Datenbeispiele

3-17 Julia: Die Tasse steht im Spind seit dem die andauernd versifft auf dem Hof stand. Bringe keine Tassen mit damit andere die Sachen verstecken lassen. Kann ja nicht zu viel verlangt sein, dass man die Tassen säubert, die man nutzt. 😉

Julia: *verdrecken **[MoCoDa 2 zffjM|42-43]**

3-18 Mona: Dauert wohl bei ihm immer so lange. Die haben wojl alle nen Henri.

Mona: *termin **[MoCoDa2 1Pzep|24-25]**

Die nachträgliche Korrektur verschickter Postings ist ein starkes Indiz dafür, dass den Schreiber:innen die sprachliche Form nicht egal ist: Erscheint ihnen die Form durch eine während der Produktion unbemerkt gebliebene Irregularität als zu stark entstellt, um für die Adressat:innen zweifelsfrei interpretierbar zu sein, wird ein Korrektur-Posting nachgereicht, das keinen Beitrag zur sequenziellen Weiterentwicklung des Interaktionsgeschehens leistet, sondern die Form eines vorangegangenen Postings – häufig versehen mit einem Korrekturmarker wie z. B. dem Asterisken (*) – als reparaturbedürftig ausweist, um den Adressat:innen des Vorgänger-Postings in der Rezeption die Konstruktion der eigentlich intendierten Form zu ermöglichen.

Schnelligkeit und weitestmögliche Ökonomie sind also keine uneingeschränkt gültigen Maximen beim Formulieren von Postings. Sehen die Schreibenden durch Schnellschreibphänomene die Verständlichkeit ihrer Äußerungen gefährdet, nehmen sie im Einzelfall auch Mehraufwand in Kauf, um daraus resultierende, potenzielle Gefährdungen der Verständlichkeit wieder einzufangen. Dies gilt sowohl, wie an den obigen Beispielen verdeutlicht, auf der Ebene der sprachlichen Form von Postings wie auch auf der Ebene der individuellen Handlungsplanung der Beteiligten, wie wir anhand empirischer Befunde zur Produktion von Chat-Beiträgen an späterer Stelle noch zeigen werden (s. ▶ Abschn. 3.2.2.3).

3.2.1.2 Geschriebene Alltagssprache

Interaktionsorientiertes Schreiben zeichnet sich durch eine Orientierung an der Alltagssprache anstelle der geschriebenen Standardsprache aus.

> **Definition**
>
> Als **Alltagssprache** (auch: **Umgangssprache**) bezeichnet man diejenige sprachliche Varietät, die in der „alltäglichen Lebenspraxis gesprochen und zur unproblematischen Verständigung bei geteiltem Hintergrundwissen jederzeit verwendet werden kann. Sie wird von Kindern als erste oder weitere Sprache durch spezifische Lehr-Lerndiskurse, durch Input/Rezeption und Resonanz des eigenen Sprechens erworben und institutionell ausgebaut. Alltagssprache ist charakteristisch für den Umgang mit vertrauten Personen" (Hoffmann 2016: 1). Die Alltagssprache kann regionalsprachliche oder dialektale Elemente enthalten, unterscheidet sich vom Dialekt aber dadurch, dass sie überregional gebraucht und verstanden werden kann.

3.2 · Merkmale interaktionsorientierter Schriftlichkeit

> Im Gegensatz zur **Standardsprache** hat die Alltagssprache keinen amtlichen Status; sie ist nicht kodifiziert und wird auch nicht an Schulen gelehrt (vgl. Ammon 2005: 32). Während standardsprachlich konzipierte Äußerungen hinsichtlich ihrer Passung zu kodifizierten Normen sprachlicher Richtigkeit beurteilt werden können und die Einhaltung dieser Normen in bestimmten Bereichen des sprachlichen Handelns – insbesondere beim Verfassen redigierter Texte – häufig erwartet wird, sind die Normen der Alltagssprache eher auf die funktionale Angemessenheit der Äußerung im situativen Kontext gerichtet.

Die Alltagssprache stellt die erste Ausprägung von Sprache dar, der wir als Menschen individualbiographisch begegnen, und zwar in Situationen mündlichen Sprachgebrauchs, auch wenn wir sie – in der internetbasierten Kommunikation – in späteren Lebensabschnitten auch schriftlich verwenden. Sie ist biographisch eng an die Verwendung in sequenziell strukturierter, interaktionaler und informeller Kommunikation geknüpft; daraus erklärt sich, dass die Alltagssprache als Verkehrssprache in die schriftliche, internetbasierte Kommunikation ‚mitgenommen' wird. Das ist deshalb erwähnenswert, weil schriftliche Äußerungen traditionell (vor und außerhalb der internetbasierten Kommunikation) stark mit der Verwendung der geschriebenen Standardsprache assoziiert werden. Dass in der internetbasierten Kommunikation trotzdem eine deutliche Tendenz zum alltagssprachlichen Formulieren nachweisbar ist, zeigt, dass diese Form der Kommunikation trotz ihrer Schriftlichkeit von den Nutzer:innen mit Informalität und interaktionaler sowie sozialer Nähe verbunden wird. Die alltagssprachliche Konzeption von Postings kann daher als ein deutlicher Hinweis auf den in ▶ Abschn. 3.1 beschriebenen Sprachwandel im Bereich der Schriftlichkeit gelten, der darin besteht, dass mit dem Aufkommen internetbasierter Kommunikationsanwendungen die geschriebene Sprache im großen Stil auch für sequenziell konzipierte Interaktion im zeitlichen und sozialen Nähebereich verwendet wird.

Datenbeispiele

3-19 und dann kam weihnachten und ich hatte iwann soo n schlechtes gewissen und hab garnichts mehr eingetragen.. und seitdem hab ich noom nicht mehr geöffnet. **[BS-WhatsApp]**

3-20 immer wenn ich was an meinem scheitel ändere, denk ich "das probier ich jetzt mal." dann fühlt sich das voll komisch an und nach n paar stunden änder ich das wieder...^^ **[BS-WhatsApp]**

3-21 Ich befürchte ich werde es aber am wochenende nicht zur Party schaffen :/ schade :(hatte gehofft dass es doch noch klappt. aber wenns nicht geht dann gehts nicht Ja das ding ist halt dass im moment die kohle knapp ist und [[ORT]] ja auch kein katzensprung ist.. tut mir leid :/ **[BS-WhatsApp]**

3-22 ja aber man muss das kind in sich immer bewahren
weil einfach mal kacke machen oder albern sein muss auch sein **[DCK 1101001a#714/730]**

3-23 (1) hier mein plan

(2) :Dx

(3) wir gehen da für n stündchen oder 2 hin, schnorren glühwein und plätzchen, versuchen uns mit den mädels zu sozialisieren und hauen dann zu unseren männern ab :D

(4) jetzt müssen wir uns nurnoch ausdenken wie wir das verkaufen ^^

(5) ääh wir müssen gehen weiil ääh .. wweiil die katze brennt. [BS-WhatsApp]

3-24 die haben doch noch gar net zugesagt, oder? [DCK 2221006#180]

3-25 teuer.geht nich selber machen mit mietwagen? [DCK 2221006#210]

3-26 Estel, nee, nur mit Dir. Sonst nüscht. [DCK 2221000#84]

3-27 tja, aber jetzt bin ich ja wieder im pott [DCK 1101000a#22]

3-28 häää, ein vertreter?? [DCK 2221000#850]

3-29 A: schwerer lkw-unfall auf der a4
B: uiiiiiii [DCK 1101004a#20–21]

Die alltagssprachliche Konzeption von Postings lässt sich auf verschiedenen sprachlichen Beschreibungsebenen nachweisen – für die Postings in den Datenbeispielen 3-19 bis 3-29 zum Beispiel an den folgenden Merkmalen:

− auf der **Ebene des Wortschatzes (Lexik)**
  – im Gebrauch von **Abtönungs- und Intensitätspartikeln**, mit denen die Schreibenden Einstellungen zum Gesagten zum Ausdruck bringen (Abtönung: *das ding ist halt, dass ..., dass [[ORT]] ja auch kein Katzensprung ist, jetzt bin ich ja wieder im pott*, Belege 3-121 3-27) oder die der Intensivierung dienen (*soo n schlechtes gewissen, voll komisch*, Belege 3-19, 3-20) – beides Merkmale, die eine persönliche bzw. emotionale Involviertheit der Schreibenden in das Thema der Kommunikation erkennen lassen, die für alltagssprachliche Kontexte typisch ist (Belege 3-19 und 3-20);
  – im Gebrauch von **Gliederungspartikeln**, die in gesprochener Sprache der Übernahme oder Aufrechterhaltung des Rederechts dienen (äußerungseinleitendes *tja* in Beleg 3-27), und von **Interjektionen**, mit denen in Gesprächen Emotionen und Einstellungen zu Sachverhalten markiert werden (*hää*, Beleg 3-28; *uiiiiiii*, Beleg 3-29);
  – im Gebrauch **alltags- und regionalsprachlicher Formvarianten** – zum Beispiel *net, nich* oder *nüscht* anstelle von standardsprachlich *nicht* (Belege 3-24 bis 3-26), *pott* anstelle von *Ruhrgebiet* (Beleg 3-27);
− auf der **Ebene der Wortformen (Morphologie)** im **Verzicht auf die graphematische Wiedergabe unbetonter Vokale (Schwa-Laut) am Wortende** (*hab* anstelle von *habe*, *denk* anstelle von *denke*, *probier* anstelle von *probiere*, *änder* anstelle von *ändere*), in der für die gesprochene Alltagssprache charakteristischen **Verkürzung des unbetonten Artikels *ein* zu *n*** (*n schlechtes gewissen, nach n paar stunden, für n stündchen*, Belege 3-19, 3-20, 3-23) und in der Verwendung von **alltagssprachlichen Verschmelzungsformen**, bei denen unbetonte Funktionswörter

in ihrer (phonetischen) Form reduziert werden und sich an ein vorangehendes Wort ‚anlehnen' (*wenn<u>s</u>*, *geht<u>s</u>*, Beleg 3-21);
- auf der **Ebene der Syntax** in einer Tendenz zu **reihendem Satzbau (Parataxe)**, bei der jeder neue Gedanke in einem neuen, eigenständigen Satz ausgedrückt wird (Beleg 3-19: mehrere nebengeordnete Sätze, die mit der Konjunktion *und* verknüpft sind), und zur **sukzessiven Expansion von Äußerungen über mehrere Postings**, die darauf zurückgeführt werden kann, dass die Äußerung mit geringer Planungszeit formuliert bzw. während des Formulierens weiter geplant wird (Beleg 3-23: fünf Postings, die in rascher Folge nacheinander verschickt wurden und insgesamt eine längere Äußerung bilden). Auch der Gebrauch von *weil* **mit Verbzweitstellung** in Beleg 3-22 ist ein Phänomen, das typischerweise in alltagssprachlichen Kontexten auftritt, in der geschriebenen Standardsprache hingegen als unangemessen gilt (für eine korpusvergleichende Untersuchung dieses Phänomens in gesprochener Sprache und in Chats vgl. Steinsiek 2021).

Ein interessanter Fall des Bezugs auf Elemente der gesprochenen Alltagssprache findet sich in Beleg 3-23, der fünf aufeinander folgende Postings wiedergibt, die von derselben Schreiberin in kurzer Folge nacheinander verschickt wurden. Die Schreiberin und ihre Freundin sind von einer beiden nur flüchtig bekannten Kommilitonin zu einem Mädelsabend eingeladen worden, an dem sie eigentlich nicht teilnehmen möchten, den sie, um nicht unhöflich zu sein, aber auch nicht einfach absagen wollen. Die Schreiberin heckt einen Plan aus, der es erlaubt, sich geschickt aus der Affäre zu ziehen. Der Plan beinhaltet, sich mit einer guten Ausrede nach zwei Stunden von der Veranstaltung zu verabschieden. Mit dem Posting (e) beschreibt sie eine fiktive Szene, in der sie bei der Veranstaltung eine mögliche Ausrede vorbringt (*ääh wir müssen gehen weiil ääh .. wweiil die katze brennt*). Die Äußerung enthält zwei Verwendungen der **Interjektion** *ääh*, die in der gesprochenen Sprache typischerweise die Funktion hat, Planungspausen beim Sprechen zu überbrücken. Da aufgrund der Zeitlichkeitsbedingungen internetbasierter Kommunikation (s. ▶ Abschn. 2.4.2) Postings als Ganze produziert werden, bevor sie verschickt und rezipiert werden können, wäre die sprachliche Kennzeichnung von Planungspausen zu Zwecken der Sicherung des Rederechts nicht erforderlich – während des Schreibens des Postings kann man schließlich nicht von anderen unterbrochen werden. Stattdessen symbolisiert die Interjektion *ääh* hier die Suche nach einer Ausrede. Der Bezug auf Merkmale der gesprochenen Sprache erfolgt in diesem Beispiel sehr bewusst, zumal die präsentierte, fiktive Äußerung eine mögliche Äußerung in gesprochener Sprache vorwegnimmt. Der Rückgriff auf die Interjektion hat somit die Funktion eines **Stilmittels**, mit der ein gesprochensprachliches Element nachgebildet wird (**fingierte Mündlichkeit**).

Sequenzbezogenes Formulieren Alltagssprache ist typischerweise eine Sprache der Interaktion. Die Ausformulierung der sprachlichen Äußerungen orientiert sich am sequenziellen Kontext, d. h. daran, was an der Position der Äußerung in der sich entwickelnden Interaktionssequenz erforderlich ist, um einen relevanten und interpretierbaren nächsten Gesprächsbeitrag zu realisieren. Den unmittelbaren Kontext bildet dabei die jeweils vorausgehende Äußerung mit den sich daraus ergebenden Möglichkeiten bzw. Erwartungen in Bezug auf kohärente nächste Folgeäußerungen.

Charakteristisch für das sequenzbezogene Formulieren sind **Struktur-Ellipsen**, mit denen Satzteile, die bei Kenntnis des sequenziellen Kontexts, insbesondere der unmittelbar vorausgehenden Äußerung, nicht notwendigerweise erneut versprachlicht werden. An der sprachlichen Oberfläche führt das zu ‚unvollständigen' Sätzen; diese Unvollständigkeit ist aber gerade ein Charakteristikum des Sprechens in Interaktion und ökonomisch bedingt. Imo/Lanwer (2019) sprechen von **Antwortellipsen**. Das Beispiel 3-30 zeigt einen Ausschnitt aus einem Gesprächstranskript, in dem als Antwort auf eine Ergänzungsfrage anstelle einer vollständigen Satzstruktur lediglich das mit der Frage erfragte Element (WIR;) versprachlicht wird. Für den Verstehensaufbau der Beteiligten funktioniert das problemlos: Mit der Antwort wird genau dasjenige Element geliefert, das der Kontext erforderlich macht.

Datenbeispiel 3-30 Antwortellipse in einem mündlichen Gespräch (Imo/Lanwer 2019: 183)

```
5 K: wer is da ZUständig für den villenberg;
6    für diesen ROHRbruch da.
7 M: WIR;
8 K: SIE.
9 M: ja.
```

Ellipsen dieser und verwandter Art lassen sich auch in der internetbasierten Kommunikation häufig nachweisen. Beispiel 3-31 zeigt einen Ausschnitt aus einem Chat, in dem in den Postings 14, 15, 17 und 18 Satzteile ausgelassen sind, die durch den Kontext des jeweiligen Bezugspostings erschließbar sind. Daneben findet sich in den Postings 9, 16 und 20 eine ebenfalls aus mündlichen Gesprächen geläufige Form der Ellipse, bei der Student7 das Subjekt des Satzes elidiert, mit dem er sich auf sich selbst als Agens bezieht (*Hab* anstelle von *Ich hab*, **Person-Ellipse**).

Datenbeispiel 3–31 | [DCK 1101005a#9–20, gekürzt]

9	**Student7**:	Hab noch nicht alle Texte durchgesehen, ist doch ganz schön viel.
11	**Student7**:	Aber in der BIB hab ich nix gefunden!
14	**Student10**:	gar keinen seminarordner?
15	**Student10**:	in der bereichsbib?
16	**Student7**:	Hab in der Bereichsbibliothek nachgesehen
17	**Student10**:	kein ordner?
18	**Student7**:	War nicht da.
19	**Student10**:	mmh
20	**Student7**:	Hab auch nachgefragt, die hatte nichts von Herrn Dozent1

Für das sequenzbezogene Formulieren sind weiterhin Formen des **anaphorischen und anadeiktischen Rückbezugs** auf Elemente von Vorgängeräußerungen charakteristisch – in mündlichen Gesprächen wie auch in der internetbasierten Kommunikation.

3.2 · Merkmale interaktionsorientierter Schriftlichkeit

In Beispiel 3-32 verweist Heike in Posting 13 deiktisch (_Das_ würde ich so nicht akzeptieren) auf den von Bernd in Posting 9 beschriebenen Sachverhalt und knüpft auf diese Weise thematisch an die Vorgängeräußerung an. In Beispiel 3-33 verweist marc30 mit _die_ haben doch gar net zugesagt auf die im Posting von Thor … erwähnten beiden Chatterinnen zora und lantonie und greift diese damit als Thema seiner eigenen Äußerung auf.

Datenbeispiel 3-32 | [MoCoDa2 WyEaW|9–13]

9	**Bernd**:	Heiko hat einfach wieder irgendwas du dem foliensatz gelöscht.
10	**Bernd**:	Aus
11	**Bernd**:	Und ich mache mir die Mühe. 🤢
12	**Heike**:	…
13	**Heike**:	_Das_ würde ich so nicht akzeptieren. Wenn das deine Folien sind, füge sie wieder ein!

Datenbeispiel 3-33 | [DCK 2221006#171–180, gekürzt]

171	**Erdbeere$**:	kommst du zum ct?
175	**Thor...**:	wenn zora und lantonie absagen ja *g*
180	**marc30**:	_die_ haben doch noch gar net zugesagt, oder?

> **❓ Arbeitsaufgabe**
> Identifizieren Sie in eigenen Messenger-Chats Phänomene geschriebener Alltagssprache und ordnen Sie diese in die in diesem Abschnitt vorgestellten Kategorien ein.

3.2.1.3 Graphostilistische Besonderheiten

Die **Großschreibung ganzer Wörter oder Syntagmen** (Belege 3-34 bis 3-38, 3-44) sowie Fälle der **Iteration (Mehrfachrealisierung) von Vokalgraphemen** (Belege 3-39 bis 3-43) oder **Satzschlusszeichen** (Belege 3-44 bis 3-48) sind graphematische Phänomene, mit denen Schreiber:innen emotionale Involviertheit in die verhandelten Themen ausdrücken oder einzelne Satzteile oder Äußerungen mit den Mitteln der Schrift besonders hervorheben (Emphase). Die Markierung von Emphase durch Großschreibungen kann als graphematische ‚Lösung' für das Fehlen prosodischer Mittel zur Markierung von Wortakzenten und der Informationsstruktur von Äußerungen beschrieben werden: Was in der gesprochenen Sprache durch Variation der Sprechlautstärke, der Tonhöhe und des Akzents für die Hörer:innen hervorgehoben wird, wird durch den Wechsel zur Großschreibung für das Auge als salienter Äußerungsteil hervorgehoben. Auch die Mehrfachrealisierung von Vokalgraphemen oder Satzschlusszeichen erzeugt visuelle Salienz und springt dem/der Leser:in sozusagen direkt ins Auge, was durch die Abweichung von der standardschriftlich erwartbaren graphematischen Realisierungsform des Wortes oder Satzzeichens zusätzlich unterstützt wird. Dürscheid (2016) spricht diesbezüglich aus einer schriftlinguistischen Perspektive von „graphematischer Mikrovariation" und beschreibt Fälle wie die nachfolgenden als Ausdruck **expressiven Schreibens** (ebd.: 502).

Datenbeispiele

3-34 Mehr Arbeitsplätze müssen her, die Konjunktur muß angekurbelt werden. Rot/Grün setzt die FALSCHEN Signale, trifft die FALSCHEN Entscheidungen .....armes Deutschland .. zahlen müssen leider jetzt auch die, die Rot/Grün nicht gewählt haben.. :-(((**[DCK 1303006#51]**

3-35 latinumsprüfung ist NICHT egal... aber ich nehme mal an, du meintest das auch nicht... **[DCK 2221008#3324]**

3-36 Hab übrigens mitm Hersteller Kontakt aufgenommen, die wollen das Logo erst dann hochladen, wenn der Löschantrag NICHT durchgegangen ist **[BS-WhatsApp]**

3-37 (A:) Einfach die Tabelle aus einer alten Version in die Zwischenablage kopieren, in die letzte Version einfügen, speichern, fertig :-)

(B:) :-) DAS habe ich ja die ganze Zeit versucht! *heul* Und ich habe es an zwei Computern mit drei verschiedenen Browsern probiert: Nullanzeige :-(**[BS-WhatsApp]**

3-38 mathe mündlich? MATHE MÜNDLICH! BRUTAL! das war bei uns schriftlich und schon schlimm genug! **[Webchat, Beißwenger** 2000**: 105]**

3-39 ein seeeehr heikles Thema auf jeden Fall, wer da einen fairen und treffenden Absatz zustande bringt, bekommt von mir einen Orden;-) **[DCK 2221008#3324]**

3-40 halloooooo, vorschlaege bitteeeee **[DCK 2221001#163]**

3-41 Tiggi ist ja soooooo erwachsen ;-) **[DCK 2221003#901]**

3-42 leider nicht, nö *schaaaaade **[DCK 2223001#94]**

3-43 FRagt mal den Koch in Hessen nach dem Spendenkonto*looooooool* **[DCK 2103002#482]**

3-44 Wir wollen die Welt verbessern... OHNE Drogen!!!!! **[BS-WhatsApp]**

3-45 Jeder muss zugeben: dass kanns doch nicht sein!!! **[BS-WhatsApp]**

3-46 Was???? Stimmt gar nicht **[BS-WhatsApp]**

3-47 Naaaa meine liebe, wie gehts dir???? Nächste Woche isses bei euch so weit, oder ? Wie laufen die Vorbereitungen? **[BS-WhatsApp]**

3-48 Ehrlich???? Geil alter! 😂 😅 und wie war? 😂 **[MoCoDa2 RVKam|26]**

Vollgroßschreibungen und Graphemiterationen der in den Beispielen dokumentierten Art sind durch die orthographischen Normen der geschriebenen Standardsprache nicht legitimiert. Die dafür eingesetzten Ressourcen sind im Schriftsystem des Deutschen aber durchaus angelegt:

– Unser Schriftsystem verfügt sowohl über **Kleinbuchstaben** (Minuskeln) als auch **Großbuchstaben** (Majuskeln). Standardmäßig werden bei der Wort- und Satzschreibung Kleinbuchstaben verwendet, der Wechsel zu Großbuchstaben erfolgt nur in festgelegten Fällen, indem für den Leseprozess bedeutsame Struktureinheiten – zum Beispiel Satzanfänge oder die Köpfe von Nominalphrasen – besonders

markiert werden. Die Großschreibung hat somit bereits in der Standardorthographie die Funktion, bestimmte Einheiten des Geschriebenen besonders hervorzuheben: Wo die Kleinschreibung der Standardfall ist, sticht die Großschreibung besonders hervor (visuelle Salienz). Diese Eigenschaft unseres Schriftsystems wird in der internetbasierten Kommunikation auf die Hervorhebung ganzer Wörter oder Syntagmen übertragen.
- Unser Schriftsystem verfügt auf der Ebene der Wortschreibung über ein Verfahren, mit dem Vokalphoneme der gesprochenen Sprache in bestimmten Fällen durch eine zweimalige Realisierung des entsprechenden Vokalgraphems realisiert werden. Beispiele sind Wörter wie *Boot*, *Meer*, *Aal*, *Seele*, *Moos*, *leer* und *doof*. Darüber, wie die **Vokalverdopplung** in diesen Fällen zu erklären ist – ob die der Kennzeichnung vokalischer Länge oder der Verlängerung der Schreibsilbe dient –, gibt es in der schriftlinguistischen Diskussion verschiedene Positionen, die hier nicht weiter zu interessieren brauchen. Fakt ist, dass die Iteration von Graphemen Teil unseres standardschriftsprachlichen Inventars ist. In der internetbasierten Kommunikation wird diese auf andere Bereiche übertragen, in denen es nicht um die Markierung von Vokalen, sondern von Funktionen geht, die in der gesprochenen Sprache prosodisch realisiert werden (Emphase, emotionale Involviertheit).

Unter der in ▶ Abschn. 3.1 skizzierten Sprachwandelperspektive haben wir es somit in beiden Fallgruppen mit einer Erweiterung der Funktionspotenziale schriftsystematischer Mittel zu tun, um Anforderungen der Interaktionskonstitution in geschriebener Sprache zu bearbeiten. Die Forschungsliteratur kennt für solche Fälle der Funktionserweiterung sprachlicher Mittel das Konzept der **Pragmatisierung**.

> **Definition**
>
> Unter **Pragmatisierung** (auch: **Pragmatikalisierung**) versteht man einen Prozess, in dessen Rahmen eine sprachliche Einheit zusätzliche pragmatische Funktionen gewinnt (Günthner/Mutz 2004; vgl. Androutsopoulos 2020: 81).

Einen interessanten Fall der Pragmatisierung von Interpunktionszeichen in der internetbasieren Kommunikation bildet neben der Mehrfachrealisierung von Satzschlusszeichen der Gebrauch von **Auslassungspunkten**. Während Auslassungspunkte im amtlichen Regelwerk der deutschen Rechtschreibung als Zeichen zur Markierung der Auslassung von Textteilen festgelegt sind, werden sie in der internetbasierten Kommunikation für Auslassungen ganz anderer Art verwendet. Sie dienen der Markierung von Nichtgesagtem (aber Mitgemeintem), das vom Gegenüber anhand seines Wissens zur Sache im Geiste ergänzt werden soll (Beleg 3-49), als Strukturierungszeichen (in Beleg 3-50 in der Funktion von Aufzählungspunkten in einer Auflistung von Eigenschaften) oder zur grafischen Nachbildung einer Sprechpause vor einer Pointe (in Beleg 3-51 in Kombination mit einer Posting-Grenze, nach welcher A ihren Beitrag fortführt).

Solche Verwendungen finden sich allerdings nicht nur in der internetbasierten Kommunikation, sondern außerhalb des Internets auch in literarischen Texten, in Comics und Graphic Novels (unter anderem als Teil der Figurenrede) – dort allerdings nicht als Elemente des interaktionsorientierten Schreibens, sondern als Stilmittel im Rahmen des textorientierten Schreibens. Unternehmen Sie einmal den Versuch, in literarischen Texten nach solchen Verwendungen zu recherchieren. In Ihrem Bücherregal werden Sie bestimmt rasch fündig!

Datenbeispiele

3-49 **A**: Wieso hat die keine zeit?

B: Ist doch immer in ihren verein ... **[MoCoDa2 qC8Pk|18]**

3-50 Ich fange mal an : Daniel ist ein super Chef,

.... weil er absolut flexible Arbeitszeiten ermöglicht

... Er immer ein offenes Ohr hat

... Er absolut familienfreundlich ist und es ermöglicht, auch mit kleinem Baby zu arbeiten

... Er uns ermutigt und fördert **[MoCoDa2 taeCy|69]**

3-51 **A**: Ach Quatsch stört mich nie :)

A: ... bei anderen :D in meiner wg treibt mich das zur Weißglut aber das ist ein anderes Thema 😜 **[MoCoDa2 OgoME|22]**

Zum Weiterlesen: Einen systematischen Überblick zur graphematischen Mikrovariation (nicht nur) in der internetbasierten Kommunikation bietet Dürscheid (2016), zu graphostilistische Besonderheiten in der internetbasierten Kommunikation Busch (2024). Untersuchungen zur Pragmatisierung von Auslassungspunkten in der internetbasierten Kommunikation finden sich bei Androutsopoulos (2020), der Facebook-Postings griechischer Schüler:innen analysiert, und in der Studie von Busch (2021) an einem Korpus interaktionsorientierter Alltagsschriftlichkeit deutscher Schüler:innen. Beißwenger/Steinsiek (2023) entwickeln anhand der Untersuchung einer Korpusstichprobe aus dem MoCoDa2-Korpus eine pragmatische Typologie der Funktionen von Auslassungspunkten in WhatsApp-Chats, die auch die Grundlage für die sprachvergleichende Fallstudie in ▶ Abschn. 5.4 zu Auslassungspunkten in der deutschen und chinesischen Messaging-Kommunikation bildet.

❓ Arbeitsaufgabe

Identifizieren Sie in Ihren eigenen Messenger-Chats, in Kommentaren auf Instagram oder unter YouTube-Videos Fälle der Vollgroßschreibung und der Graphemiteration. Inwiefern lassen sich die gefundenen Fälle als Ausdruck expressiven Schreibens werten? Welche Ausdrucksabsichten verfolgt der/die Schreibende im Einzelfall?

3.2.1.4 Emoticons und Emojis

Emoticons und Emojis sind **Bildzeichen**. Während die übrigen, bislang vorgestellten Merkmale interaktionsorientierter Alltagsschriftlichkeit auch außerhalb des Internets begegnen (wenn nicht in geschriebener, dann in gesprochener Form), handelt es sich bei den Emoticons um Erweiterungen des Inventars kommunikativer Mittel, die die Netz-

3.2 · Merkmale interaktionsorientierter Schriftlichkeit

kommunikation genuin selbst hervorgebracht hat und die im Verlauf der 1990er-Jahre so extensiv in digitalen Kommunikationsumgebungen genutzt wurde, dass die Entwickler:innen von Kommunikationsanwendungen darauf zunächst mit der Bereitstellung von GIFs, mit denen Emoticons in Form kleiner Bilddateien dargestellt werden konnten, und schließlich mit der Bereitstellung des Unicode-basierten Emoji-Zeichensatzes, der farbige Bildzeichen direkt über eine Emoji-Tastatur auswählbar macht, reagierten.

Die Emojis sind ein gutes Beispiel dafür, wie die sozio-kommunikative Praxis (hier: das Aufkommen und der Gebrauch von Emoticons in den Communities des frühen Internets) in technologischen Weiterentwicklungen aufgegriffen wurde und zur Bereitstellung neuer, zur Unterstützung der aus der Praxis ableitbaren Bedarfe konzipierter Ressourcen geführt hat. Bewusst haben wir in ▶ Abschn. 2.4.1.2 (◘ Abb. 2.2) die Beziehung zwischen Technologie und sozio-kommunikativer Praxis als zweiseitig gerichtetes Verhältnis dargestellt: Nicht nur die Technologie beeinflusst (über Affordanzen) das, was Menschen mit ihr tun; umgekehrt sind technologische Entwicklungen auch immer eine Reaktion auf Bedarfe der sozialen Welt.

Emoticons und Emojis haben gemeinsam, dass es sich bei ihnen um **nichtsprachliche Zeichen** mit **ikonischem** Fundament handelt, die als Glyphen **segmental** in schriftliche Nachrichten eingebunden werden können und sich bei der Komposition von Postings frei mit Schrift- bzw. sprachlichen Zeichen kombinieren lassen. Beide Arten von Bildzeichen werden, wie sich an Korpora nachweisen lässt, gebraucht, um wichtige Anforderungen der Interaktionskonstitution zu bearbeiten.

Emoticons Die **Entstehung der Emoticons** lässt sich genau rekonstruieren: Am 19. September 1982 schlug der Informatiker Scott E. Fahlman in einer Usenet-Diskussion vor, unernst gemeinte, schriftliche Nachrichten, die über das Internet ausgetauscht werden, dadurch zu kennzeichnen, dass ihnen die Zeichenfolge :-) beigefügt wird, die sich um 90° gedreht als Abbild eines lachenden Gesichts deuten lässt; ernst gemeinten Nachrichten sollte hingegen die Zeichenfolge :-(beigefügt werden. Mit seinem Vorschlag wollte er das in der Internet-Community diskutierte Problem lösen, dass sich unernst gemeinte sprachliche Äußerungen in Ermangelung körpergebundener Mittel (Tonfall, Mimik, Gestik) nicht ähnlich komfortabel wie in Gesprächen als unernst kennzeichnen lassen, was Missverständnisse in der Kommunikation begünstigt.

Der Vorschlag von Scott Fahlman wurde rasch von einer Vielzahl der Online-Communities des frühen Internets aufgegriffen; die von ihm vorgeschlagenen Zeichenkombinationen sowie eine Vielzahl weiterer, nach gleichem ‚Bauplan' erzeugter Typen fanden als Emoticons Eingang in das Zeicheninventar der internetbasierten Kombination. Sie sind bis heute – über 40 Jahre später – gebräuchlich und zu einem selbstverständlichen Bestandteil der digitalen Alltagsschriftlichkeit geworden. Fahlmans Posting vom 19. September 1982 ist als Beleg für die damit angestoßene Zeicheninnovation online archiviert und nachfolgend wiedergegeben.

>> 19-Sep-82 11:44 Scott E Fahlman :-)
>>   From: Scott E Fahlman <Fahlman at Cmu-20c>
>>   I propose that the following character sequence for joke markers:
>>   :-)

> Read it sideways. Actually, it is probably more economical to mark
> things that are NOT jokes, given current trends. For this, use
> :-(

Für Emoticons haben sich im Lauf der Jahre verschiedene Stilvarianten herausgebildet. Neben den sog. **westlichen Emoticons**, die auf den Vorschlag von Fahlman zurückgehen, gibt es weitere Stile – zum Beispiel die **japanischen Emoticons**, bei denen die Gesichtspartie nicht um 90° gedreht, sondern frontal abgebildet wird:

```
(^_^)   Freude
(*_*)   Schwärmen (funkelnde Augen)
(-.-)   Langeweile, Frustration
(o_O)   Skepsis
```

Emojis Während Emoticons anhand der Tastatur aus Schriftzeichen komponiert werden, handelt es sich bei deren Weiterentwicklung, den Emojis, die sich ab etwa 2010 in der internetbasierten Kommunikation verbreiten, um Bildzeichen, die am Bildschirm in Form von grafischen Icons dargestellt werden und die nicht mehr mit den Mitteln der Schriftzeichentastatur individuell verändert oder kreativ variiert werden können. Stattdessen werden sie als ganzheitliche Elemente auf einer am Bildschirm eingeblendeten Emoji-Tastatur ausgewählt und lassen sich dabei ausschließlich anhand weniger vorgegebener, nicht individuell variierbarer Modifikatoren (z. B. Hautfarbe oder Haarfarbe bei Emoji-Formen, die Gesichter oder Personen abbilden) konfigurieren. Der Funktionsbeitrag von Emojis ist mit den bereits in der frühen Forschung für Emoticons nachgewiesenen Leistungen vergleichbar, umfasst gegenüber den Emoticons aber eine weit größere Vielfalt an Zeichenformen.

Als Mittel des interaktionsorientierten Schreibens übernehmen Emojis vielfältige Aufgaben bei der Organisation von Verständnis und Verstehen in der internetbasierten Kommunikation. Das bedeutet nicht, dass Emojis die Sprache überflüssig machen. Vielmehr unterstützen sie die geschriebene Sprache dabei, grundlegende Aufgaben der Interaktionskonstitution unter den besonderen situativen Bedingungen der textformenbasierten Interaktion zu bearbeiten.

In der Sequenz in Datenbeispiel 3-52 wählt Tina Fuchs für die Replik auf Katharina Zimmers Antwort auf ihre zuvor gestellte Entscheidungsfrage ein Regenbogen-Emoji anstelle eines sprachlichen Ausdrucks. Das Emoji realisiert damit alleine eine Position in der Interaktionssequenz. Im sequenziellen Kontext der vorangegangenen Frage und der darauf erfolgten Antwort kann es als Ausdruck von Freude gelesen werden. Voraussetzung für die Aktivierung dieser Lesart ist, dass die Adressatin in der Lage ist, ihr Hintergrundwissen zu den Assoziationen zu aktivieren, die üblicherweise mit Regenbögen verknüpft werden (Regenbögen zeigen an, dass nach oder trotz Regen die Sonne wieder scheint). Tina Fuchs nutzt das Regenbogen-Emoji als Symbol für ein positives, begrüßenswertes Ereignis; die Adressatin kann es darüber hinaus indexikalisch als Hinweis auf Tina Fuchs' Gefühlswelt im Zusammenhang mit dem Thema des aktuellen Interaktionsausschnitts und somit als ein Empathiezeichen deuten.

Datenbeispiel 3-52 | MoCoDa2 XyT2E|19–21

19 Tina Fuchs: Hey Katharina, Bist du wieder gesund?

20 Katharina Zimmer: Hallo 😊 Ja, langsam geht es wieder, danke 😄

21 Tina Fuchs: 🌈

Das Beispiel macht anschaulich, dass Emojis ihre **konkrete Bedeutung im sprachlichen Kontext** gewinnen. Das gilt nicht nur für den Regenbogen, sondern auch für die beiden stilisierten Abbildungen positiv konnotierter Gesichtsausdrücke, die Katharina Zimmer in ihrem Posting gebraucht. Das erste kann als Ausdruck von Innerlichkeit gelesen werden: Es visualisiert für Tina Fuchs, dass Katharina ihre Begrüßung *Hallo* mit positiven Emotionen verknüpft wissen möchte. Das zweite Gesichts-Emoji dient ebenfalls dem Ausdruck von Innerlichkeit: Katharina Zimmer macht damit nichtsprachlich deutlich, dass sie sich entweder über die Tatsache freut, dass es ihr wieder besser geht, oder als positive Emotion zu der Tatsache, dass Tina Fuchs sich nach ihrem Befinden erkundigt hat. Auch diese Lesarten ergeben sich in Wechselwirkung mit dem sprachlichen Kontext und nicht als kontextunabhängige Bedeutung, die der Emoji-Form als solcher zugeordnet werden kann.

In ▶ Abschn. 3.2.2 werden wir anhand von Datenbeispielen zeigen, wie sich der Gebrauch von Emojis als Ausdruck von Praktiken der Verstehenssicherung und der Beziehungsarbeit beschreiben lässt.

Zum Weiterlesen: Zu Emoticons und insbesondere zu Emojis gibt es deutschsprachig und international eine breit dokumentierte Forschungslage. Einen Forschungsüberblick mit zahlreichen Literaturverweisen bietet der Handbuchartikel von Beißwenger/Pappert (2024).

❓ Arbeitsaufgaben

1) Bitten Sie mehrere Personen (zum Beispiel in einer WhatsApp- oder Signal-Gruppe), den folgenden Satz in eine Folge von Emojis zu ‚übersetzen':
   Unser französischer Austauschschüler hat sich letztes Jahr im Winter ganz plötzlich in meine beste Freundin verliebt.

2) Bitten Sie mehrere Personen, die folgende Abfolge von Emojis in einen Satz des Deutschen zu ‚übersetzen':

Vergleichen Sie die Ergebnisse ihrer Versuchspersonen und diskutieren Sie anhand Ihrer Beobachtungen, ob man mit Emojis Sätze bilden kann. Nutzen Sie dazu Ihr Wissen zur Wort- und Satzgrammatik des Deutschen.

3.2.1.5 Inflektive und Inflektivkonstruktionen

Ein in sprachstruktureller Hinsicht höchst interessantes Relikt aus der Frühzeit der internetbasierten Kommunikation sind die Inflektive bzw. Inflektivkonstruktionen. Im ‚Web 1.0' bis um die Jahrtausendwende und auch schon im frühen Internet – d. h. vor der Einführung des World Wide Web Anfang der 1990er-Jahre – waren diese in Webchats und Online-Foren sowie in deren Vorläuferformen, den Internet Relay Chats (IRC) und Usenet-Gruppen, insbesondere in informellen Plauderkontexten, weit verbreitet. Im Dortmunder Chat-Korpus, das Verlaufsprotokolle aus Chats der Jahre 1998–2006 enthält (s. ▶ Abschn. 4.3.2.1), sind dazu zahlreiche Verwendungen belegt.

> **Definition**
>
> Der Terminus **Inflektiv** beschreibt einen sprachlichen Ausdruck, der aus einem Verbstamm (*grins-*, *freu-*, *lach-*) gebildet ist und ohne das Anfügen einer Flexionsendung als Wortform verwendet wird.

Die Form ist nicht funktionsgleich, sondern lediglich homonym mit der Imperativ-Singular-Form (***freu*** *dich!*) und mit reduzierten Formen der 1. Person Singular (*ich freu(e) mich*), da ihre Verwendung im Äußerungskontext eine Deutung als Imperative bzw. als Formen der 1. Person ausschließt. In den Beispielen 3-53 bis 3-55 sind die Ausdrücke *freu*, *mitfreu*, *richtigfreu* und *superfreu*, die von den Verfasser:innen der Postings teilweise anhand von Asterisken (Sternchenzeichen) markiert sind, als Ausdrücke interpretierbar, mit denen eine Beschreibung innerer Zustände (hier: Emotionen) gegeben wird. Typischerweise sind Inflektive nicht in die Satzstruktur integriert; die Markierung durch Asterisken kennzeichnet, unabhängig von der Position in der schriftlichen Äußerung, die Herausgehobenheit aus der syntaktischen Struktur. In Ermangelung einer Flexionsendung haben Inflektive auch gar nicht das Potenzial, das syntaktische Prädikat eines Satzes zu bilden. Stattdessen werden sie als selbständige, nicht satzförmig ausgebaute Einheiten der Interaktion verwendet.

Datenbeispiel 3-53 | BS-Webchat

Honigdrache: *freu* schönes Lied *ggg*
rw|onair: ja und so lang
TheRiddler: *mitfreu*
TheRiddler: 7 Minuten-Version?!?
Rw|onair: jaaaaa
TheRiddler: *richtigfreu*

Datenbeispiel 3-54 | BS-Webchat

engelchen: bist du demnächste wieder häufiger hier?
Trainerin: hoffentlich
engelchen: freu
trainerin: mitfreu

3.2 · Merkmale interaktionsorientierter Schriftlichkeit

Datenbeispiel 3-55 | BS-Webchat
florentine: hallo nin *superfreu
ninja1: hallo flo auch superfreu

Aufgrund ihres fehlenden syntagmatischen Potenzials, als Prädikatsausdruck zu fungieren, werden mit Inflektiven keine Sätze gebildet. Allerdings finden sich zahlreiche Belege, dass Inflektive sprachliche Ausdrücke inkorporieren, die in einem Satz mit demselben Verb in finiter (prädikatsfähiger) Form als Satzglieder auftreten könnten. Die inkorporierten Ausdrücke werden in aller Regel mit dem Inflektiv zusammengeschrieben und bilden zusammen mit dem Inflektiv **Inflektivkonstruktionen**.

In frühen Arbeiten zur Sprache in Chats und auch im Dortmunder Chat-Korpus sind Chat-Verläufe dokumentiert, die belegen, dass die damals von den Nutzer:innen als neuartig empfundenen Möglichkeiten, mit mehr oder weniger unbekannten anderen nahezu in Echtzeit schriftlich zu kommunizieren, die Chatter:innen dazu angeregt haben, die körperlosen ‚Räume' der Chats über deklarative Akte spielerisch auszugestalten und die Eigenschaften dieser Räume und der in ihnen vorgestellten Aktivitäten interaktional zu verhandeln. Die Beispiele 3-56 und 3-57 zeigen zwei Sequenzen, in denen Inflektive und Inflektivkonstruktionen als sprachkreative Mittel eingesetzt werden, mit denen die Chatter:innen sich und anderen spielerisch Aktivitäten zuschreiben und offenbar großen Spaß daran haben, sich im interaktionalen Wechselspiel gegenseitig an Kreativität zu überbieten.

Datenbeispiel 3-56 | Beißwenger (2000: 106–107)
Huhu,Nelli: *neliwiedervondentotenerweck*
nelli: *lebnichtmehr*
Huhu,Nelli: NEIN!!!!!!
Chatfeever: *wiederbeatme*
Meerschweinchen: *lebendigknuddel*@nelli
Huhu,Nelli: *allewiederbelebungsmöglichkeitenausprobier*
Huhu,Nelli: *mitknuddel*
nelli: *erstrechtkratzab*
Huhu,Nelli: IST HIER EIN ARZT?????
Chatfeever: *mundzumundbeatme*
Huhu,Nelli: MEDIZINER VOR!!!!!
Nelli: ihhhhhh *wachauf*
Huhu,Nelli: uuups…
Huhu,Nelli: *wachküss*

Datenbeispiel 3-57 | Beißwenger (2000: 115–116)

greaser:	oh mann die mucke ist so geil…
greaser:	ich geh kaputt
greaser:	*shake*
laberkopp:	ich geh mit
greaser:	*twist*
greaser:	*spring*
greaser:	*schrei*
greaser:	*hüpf*
laberkopp:	lach
greaser:	*tanz*
greaser:	*surf*
laberkopp:	*dreh*
laberkopp:	*schleuder*
greaser:	*amraddreh*
greaser:	*lach*
laberkopp:	*ueberschlag*
greaser:	*saltomach*
greaser:	*vierfach*
greaser:	*ausdemstand*
laberkopp:	lach
laberkopp:	*stepp*
greaser:	was ne geile unterhaltung
greaser:	*lachmichschief*
laberkopp:	ja ich liebe es mal auf hohem intelektuellen niveau zu kommunizieren*g*
ineli26:	*saltomitanlaufundrueckwaertsausderdrehungheraushandstand*

Zum Weiterlesen: Eine grundlegende Analyse von Inflektiven und Inflektivkonstruktionen einschließlich der Diskussion möglicher historischer Vorläufer (*knusper knusper Knäuschen*) bietet Schlobinski (2001). Henn-Memmesheimer/Eggers (2010) untersuchen anhand von Korpusdaten aus den Jahren 2002–2009 die Bildung und Auflösung von Konventionen zur Bildung und zum Gebrauch von Inflektiven und Inflektivkonstruktionen in Chats. Eine Analyse spielerisch gerahmter Chat-Episoden aus Chat-Umgebungen des ‚Web 1.0' und der darin genutzten sprachlichen Mittel findet sich in Beißwenger/Storrer (2012).

3.2 · Merkmale interaktionsorientierter Schriftlichkeit

> **? Arbeitsaufgabe**
> Recherchieren Sie im Dortmunder Chat-Korpus (s. ▶ Abschn. 4.3.2.1) nach Datenbeispielen des Typs ‚AsteriskExpression'. Darunter werden Ausdrücke verstanden, die in den Chat-Mitschnitten, die die Datenbasis des Korpus bilden, von den Schreiber:innen mit Asterisken (*) ein- und abgeleitet sind. Stellen Sie eine Liste mit 20 Postings zusammen, die Asterisk-Ausdrücke enthalten, die als einfache Inflektive im oben beschriebenen Sinne gelten können, und untersuchen Sie deren Funktion (Werden damit innere Zustände/Emotionen ausgedrückt, Körpergesten beschrieben, …?). Welche der Ausdrücke könnten durch Emojis ersetzt werden, die im Kontext des Postings gleiche oder ähnliche Funktionen übernehmen? Überlegen Sie anhand Ihres Ergebnisses, inwiefern der Gebrauch von Inflektiven in der Chat-Kommunikation um die Jahrtausendwende und der Gebrauch von Emojis in heutigen Messenger-Chats funktional vergleichbar ist.

3.2.2 Merkmale interaktionsorientierter Schriftlichkeit: Praktiken

In ▶ Abschn. 2.4.1.2 haben wir das Konzept der Praktiken eingeführt, das beschreibt, wie Kommunizierende die Anforderungen an gelingende Kommunikation mit den in der Kommunikationssituation zur Verfügung stehenden Mitteln bearbeiten.

Grundlegend für das Konzept der Praktiken ist deren **Gerichtetheit auf die Zwecke des kommunikativen Handelns**, d. h. darauf, die Intentionen und Wünsche zu verwirklichen, die wir in konkreten Kommunikationszusammenhängen in Bezug auf uns selbst und unser(e) Gegenüber im Sinn haben. Die Sprache stellt dafür ebenso eine Ressource dar wie weitere semiotische Zeichensysteme – in der Face-to-face-Interaktion zum Beispiel Mimik, Gestik, Stimme und weitere Mittel unserer Körperlichkeit, in der textformenbasieren Kommunikation die Möglichkeiten der multimodalen und hypermedialen Textgestaltung.

In der internetbasierten Kommunikation haben wir als **Ressourcen** zunächst die Sprache und die Mittel des Schriftsystems zur Verfügung, in Kommunikationsformen, die die Versendung von Sprachnachrichten (Audio-Postings) erlauben, darüber hinaus die Möglichkeit der Aufzeichnung gesprochensprachlicher Äußerungen. Weitere Ressourcen ergeben sich aus den jeweiligen **Affordanzen** der Kommunikationsanwendung (s. ▶ Abschn. 2.4.1.2), die wir zum Zwecke der Kommunikation einsetzen. Im Fall von WhatsApp und einer Reihe vergleichbarer Anwendungen sind diese unter anderem die Möglichkeit der Einbindung von Hyperlinks, von Bild- und Videodateien in unsere Postings sowie das Inventar an Emoji-Grafiken, GIFs und Stickern, das uns die durch die Anwendung bereitgestellte digitale Kommunikationsumgebung anbietet und die wir im Falle der GIFs und Sticker auch um individuelle Sammlungen erweitern können. Auch die Möglichkeiten der Textformatierung – in WhatsApp-Nachrichten durch die Verwendung bestimmter, mit der Tastatur erzeugter Formatierungsanweisungen, mit denen das gesamte Posting oder Teile davon in Fett- oder Kursivschrift dargestellt werden können – sowie die Möglichkeit, zurückliegende Postings im Verlaufsprotokoll durch Markieren und Wahl der Funktion ‚Antworten' vom System automatisch mit einem neu verfassten Posting zu vernetzen, stellen Ressourcen dar. Gleiches gilt für das durch die Kommunikationsanwendung vordefinierte, nicht frei wählbare, Format für die Realisierung von Kommunikationsbeiträgen – das Posting, das zunächst als Ganzes produziert werden muss, bevor es, ebenfalls als Ganzes, übermittelt wird (s. ▶ Abschn. 2.4.2), und auch für die Größe des Formularfelds zur Texteingabe sowie dessen Begrenzung auf eine maximale Zeichenzahl (z. B. auf X/Twitter): Auch diese Spezifikationen können als Ressourcen betrachtet werden, mit denen Handlungsmöglichkeiten einerseits bereitgestellt, andererseits in ihren Möglichkeiten aber auch in charakteristischer Weise beschränkt werden.

Daneben nutzen wir auch Ressourcen, die nicht spezifisch durch die genutzte Kommunikationsanwendung – wir bleiben beim Beispiel WhatsApp – bereitgestellt werden, sondern die durch das verwendete Betriebssystem oder individuelle Einstellungen der Nutzerin/des Nutzers festgelegt sind: die Bildschirmtastatur und deren Spracheinstellung, die eventuelle Mitwirkung von Autokorrektur- und Wort-/Emoji-Vorschlags-Funktionen am Formulierungsprozess sowie bei der Eingabe per Touchscreen die Entscheidung der/des Schreibenden für einen bestimmten Eingabemodus (Tippen, ‚Swypen', Spracheingabe).

Die Gesamtheit dieser (und weiterer, in jedem Fall endlicher) Mittel und technischen Funktionen konstituiert das Spektrum an Affordanzen und Ressourcen, aus dem wir für die Konstitution und Organisation von Kommunikation und für die Realisierung unserer kommunikativen Ziele und Wünsche schöpfen können (was nicht bedeutet, dass wir auch alle davon jederzeit nutzen; Emojis, Sticker und GIFs werden von manchen Menschen überhaupt nicht, von anderen Menschen jederzeit und von vielen Menschen je nach Anlass, Adressat:innen und Thema der Kommunikation mal intensiver, mal zurückhaltend und in bestimmten Kontexten auch überhaupt nicht verwendet).

Die Ressourcen selbst sind dabei allerdings noch nicht passgenau auf die Zwecke unseres Handelns zugeschnitten. Partnergerichtetes, kommunikatives Handeln entsteht erst, wenn sie in einer konkreten Kommunikationssituation von Individuen eingesetzt werden, um Kommunikation stattfinden zu lassen, wobei jedes der beteiligten Individuen grundsätzlich in unterschiedlicher Weise von diesen Mitteln Gebrauch machen kann.

Die in ▶ Abschn. 3.2.1 beschriebenen Phänomene lassen sich unter dieser Perspektive als Resultate von Praktiken beschreiben. Eine 1:1-Zuordnung zwischen Phänomenen und Praktiken ist dabei nicht immer möglich, da ein- und dasselbe Phänomen an der sprachlichen und semiotischen Oberfläche von Postings je nach Kontext durchaus Ausdruck unterschiedlicher Praktiken sein kann.

Anhand qualitativer linguistischer Analysen der sequenziellen und situativen Kontexte, in denen sprachliche Phänomene wie die in ▶ Abschn. 3.2.1 in konkreten Gebrauchszusammenhängen auftreten, lässt sich das Auftreten dieser Phänomene theoriegeleitet als Resultat von Praktiken rekonstruieren. Die sprachlichen Phänomene werden damit als Effekte der Lösung von Aufgaben der Interaktionskonstitution durch die Interaktionsbeteiligten beschreibbar. ‚Theoriegeleitet' bedeutet in diesem Zusammenhang, dass die pragmatische Perspektive auf Sprachverwendung als eines grundsätzlich zweckgerichteten Handelns Beschreibungen ermöglicht, in denen bestimmten Merkmalen, die an der Oberfläche von Postings empirisch greifbar sind, Beschreibungen der Zwecke zugeordnet werden, durch die deren Zustandekommen als Ausdruck der

3.2 · Merkmale interaktionsorientierter Schriftlichkeit

Handlungsorientierung in Kommunikation motivierbar wird und die sich unter einer pragmatischen Perspektive plausibel aus den Daten begründen lassen.

Eine Modellierung der in ▶ Abschn. 3.2.1 beschriebenen Phänomene als Resultat von Praktiken könnte beispielsweise so aussehen:

- Schnellschreibphänomene ergeben sich unter den Affordanzen der Tastaturschriftlichkeit als zweckmäßige Lösungen für die Anforderung, unter den Bedingungen der sequenziell organisierten Wechselrede mit häufig zeitnaher Reaktion des Gegenübers schnell und spontan sprachlich zu agieren und zu reagieren. Die Spontaneität wird durch den für die internetbasierte Kommunikation charakteristischen zeitlichen Versatz zwischen Produktion und Rezeption und auch durch die Tatsache behindert, dass die Produktion geschriebener Sprache zeitaufwändiger ist als die Produktion gesprochensprachlicher Äußerungen in Gesprächen. Entsprechend können die Inkaufnahme von Tippfehlern sowie der Verzicht auf die konsequente Beachtung bestimmter Ausschnitte der Normen standardschriftlicher Richtigkeit (z. B. die Interpunktion, satzinterne Großschreibung) als Praktiken beschrieben werden, bei denen die Orientierung an den Normen der geschriebenen Standardsprache zugunsten einer raschen Ausführung der mit einem Posting intendierten Handlung(en) niedriger priorisiert wird.
- Geschriebene Alltagssprache: Mit der Ausrichtung des sprachlichen Formulierens an den lexikalischen, morphologischen und syntaktischen Versprachlichungseinstellungen der Alltagssprache zeigt der/die Schreiber:in, dass er/sie die situativen Bedingungen, unter denen die Kommunikation stattfindet, als ähnlich informell auffasst wie die Begegnung in nicht digital vermittelten Alltagskontexten. Geschriebene Alltagssprache ist somit Ausdruck der Situationsorientierung. Ob das Gegenüber die mit dem Grad der alltagssprachlichen Orientierung indizierte Informalitätskonzeption teilt, wird kommunikationsbegleitend ausgehandelt: Das Gegenüber muss nicht notwendigerweise in gleicher Weise alltagssprachlich agieren, was wiederum von den anderen Beteiligten registriert wird und zu einer Anpassung der Versprachlichungseinstellung führen kann – ähnlich wie auch in mündlichen, alltagssprachlichen Kontexten ein Abgleich der Auffassungen der Beteiligten über die Angemessenheit der sprachlichen Gestaltung ihrer Äußerungen interaktionsbegleitend verhandelt wird. Wichtig ist, Praktiken nicht zu stark zu rationalisieren: Gerade die Situationsorientierung darf nicht als stets bewusst von den Beteiligten gewählte und im Verlauf angepasste Verhaltenseinstellung überinterpretiert werden; vielmehr ist für fundamentale Formen der Gegenüberorientierung, die in jedweder Form zwischenmenschlicher Kommunikation eine Rolle spielen, eine **Routinisierung** anzunehmen, die in vorgängiger Kommunikationspraxis individuell erworben und rekurrent validiert wurde, sodass die Wahl der Versprachlichungseinstellung und deren Anpassung im Verlauf im Standardfall als Verhaltensroutinen und nur im Ausnahmefall als bewusste Prozesse ablaufen.
- Graphostilistische Markierung von Emotion und Emphase: Die Pragmatisierung der Großschreibung und der Iteration von Graphemen zu Zwecken der Markierung von Schreibereinstellungen kann als Praktik der **Kontextualisierung** beschrieben werden, bei der es den Schreibenden darum geht, dem Gegenüber anhand graphostilistischer Kennzeichnungen einen Interpretationsrahmen für ihre schriftsprachlichen Äußerungen zur Verfügung zu stellen. Dabei greifen sie auf Verfahren

> **Zur Vertiefung**
>
> **Routinisierung von Praktiken**
> Ein wichtiges Merkmal von Praktiken ist ihre Validierung und Tradierung im Gebrauch als bewährte Lösungen für wiederkehrende Anforderungen in der Kommunikation. Deppermann et al. (2016) beschreiben das unter Rückgriff auf die soziologische und linguistische Forschungsliteratur in ihrem Überblicksbeitrag zum Praktikenkonzept wie folgt:
> „Praktiken ermöglichen situiertes Handeln, indem sie bewährte Routinen für situierte Handlungsaufgaben bereitstellen (Berger/Luckmann 1966; Giddens 1984). Praktiken sind soziale Strukturen, d. h. nicht kreative, individuelle Lösungen, sondern sozial konsentierte Routinen, die sedimentiert sind (Hanks 1996, Kap. 10). Rekurrenz und Habitualisierung von Wortgebrauch und kommunikativen Optionen [...] stehen am Ausgangspunkt der Genese von Praktiken. Praktiken emergieren erst im Prozess der Institutionalisierung, die, über bloße Rekurrenz hinausgehend, reziproke Erwartungshaltungen sozialer Akteure beinhaltet (Berger/Luckmann 1966). Routinen des Sprechens bilden Traditionen aus, die ihrerseits normative Geltung gewinnen. Damit einher geht die Projizierbarkeit von Praktiken als Anschlusshandlungen, die sich als Lösungen für rekurrente Probleme des Handelns und Interagierens kommunikationsgeschichtlich bewährt und eingespielt haben. Sie tragen somit den Index vergangener gelungener Verständigung und Handlungskoordination (Feilke 1996)." (Deppermann et al. 2016: 8)

zurück, die in unserem Schriftsystem bereits vorhanden sind (Distinktion zwischen Klein- und Großbuchstaben, Verdopplung von Vokalgraphemen in bestimmten Fällen der Wort- bzw. Silbenschreibung) und adaptieren diese als Kontextualisierungshinweise, um in Ermangelung der prosodischen Mittel gesprochener Sprache eine besondere Involviertheit oder Affiziertheit des Sprechers in bzw. durch das aktuelle Thema auszudrücken oder ganze Handlungen (z. B. Ausrufe, Fragen) emphatisch zu verstärken.

> **Definition**
>
> Das soziolinguistische Konzept der **Kontextualisierung** beschreibt, auf welche Weise Interagierende ihrem Gegenüber Hinweise zur Interpretation ihrer Äußerungen bereitstellen (**Kontextualisierungshinweise**). Florian Busch (2024) liefert die folgende, prägnante Definition: „Durch Kontextualisierung spannen Interaktionsbeteiligte kulturell verankerte Deutungsrahmen auf, die zum einen interaktionsorganisatorische Aspekte betreffen können (beispielsweise hinsichtlich der Organisation von Recht), zum anderen aber auch die soziale Beziehung der Beteiligten, deren Haltung zum Besprochenen, den gegenwärtigen Aktivitätstyp sowie den Modus der laufenden Interaktion (etwa formell, ernst, belustigt etc.) signalisieren (vgl. Auer 1986). Kontextualisierungshinweise werden von Beteiligten dabei als indexikalische Zeichen interpretiert, indem von der Äußerung einer Form auf spezifische Kontextqualitäten geschlossen wird." (Busch 2024: 142)

3.2 · Merkmale interaktionsorientierter Schriftlichkeit

– Emoticons und Emojis: Auch die Funktion von Emoticons und Emojis lässt sich anhand des Konzepts der Kontextualisierung beschreiben. Bereits die Erfindung des Emoticons durch Scott Fahlman im Jahre 1982 (s. ▶ Abschn. 3.2.1.4) ist durch das in Communities des frühen Internets beklagte Fehlen schriftsprachlicher Mittel zur Markierung humorvoll gedachter Äußerungen motiviert. Emoticons und ihre multimodale Weiterentwicklung, die Emojis, werden von den Schreiber:innen eingesetzt, um auf unterschiedlichen Ebenen interpretationsrelevante Kontexte zu schriftlichen Äußerungen bereitzustellen: In der Funktion von **Lesbarmachern** indizieren sie Schreibereinstellungen und favorisieren bestimmte Lesarten, in der Funktion von **Sichtbarmachern** dienen sie der Beziehungsarbeit, indem sie zum Beispiel Wertschätzung für das Gegenüber zum Ausdruck bringen oder sozial riskante Äußerungen (sog. *Face-threatening acts*) abfedern (vgl. die Arbeiten von Beißwenger/Pappert 2018, 2020a, 2020b, 2022 zu Praktiken des Handelns mit Emojis).

– Inflektive und Inflektivkonstruktionen können im Sinne des Praktikenkonzepts als okkasionell gebildete, kreative sprachliche Formen analysiert werden, mit denen die Chatter:innen des frühen Internet einerseits Kontextualisierungshinweise geben, die auf leibliche, nichtsprachliche Formen der Kontextualisierung in mündlichen Gesprächen verweisen (*lach, lächel, schmunzel, grübel, stirnrunzel*) oder mit denen die Abwesenheit von Leiblichkeit in ‚getippten Gesprächen' im virtuellen Raum auf spielerische Weise thematisiert wird (*knuddel, knutsch, reißausnehm, michwegschmeißvorlachen*). Einzelne der dabei gebildeten Formen – z. B. *lach, lol* – lassen sich als Ausdruck sedimentierter, tradierter Praktiken der Emotionsmarkierung auch noch im Inventar einzelner Schreibender in der heutigen internetbasierten Kommunikation nachweisen.

Mit der Betonung der Routinisierung als Prozess der Verfestigung von Praktiken im Gebrauch ist das Konzept der Praktiken gut an die **Sprachwandel-Perspektive** anbindbar, die für in ▶ Abschn. 3.1 für die Analyse der sprachlichen Besonderheiten internetbasierter Kommunikation zugrunde gelegt wurde. Für eine praktikenbasierte Analyse internetbasierter Kommunikation, die bei semiotischen und sprachlichen Formen ansetzt, sollen dabei im Folgenden insbesondere **mikrostrukturell-interaktionsanalytische Praktiken** (vgl. Deppermann et al. 2016: 13) im Fokus der Betrachtung stehen. ‚Mikrostrukturell' bezieht sich auf die Struktur von sprachlichen Äußerungen bzw. der Sprachlichkeit von Handlungen, die als Beiträge zur Weiterentwicklung eines grundsätzlich sequenziell intendierten Kommunikationsgeschehens von den Beteiligten realisiert werden. ‚Interaktionsanalytisch' (bzw. bei Deppermann et al. 2016 ‚konversationsanalytisch') bezieht sich auf die sequenzielle Organisationsform, die mit Blick auf die internetbasierte Kommunikation unter Berücksichtigung der in ▶ Abschn. 2.4.2 beschriebenen Spezifik der Vermittlung über Textformen und der gegenüber Gesprächen besonderen Zeitlichkeitsbedingungen als *sequenziell intendiert* zu reinterpretieren ist, da die Organisation sich nicht auf das System des Sprecherwechsels stützen kann, bei dem ein Rederecht zur Laufzeit der Interaktion zwischen den Beteiligten ausgehandelt wird.

Im Folgenden werden wir an drei Beispielen genauer beschreiben, wie die Anwendung des Praktikenkonzepts für die Analyse interaktionsorientierter Alltagsschriftlichkeit fruchtbar gemacht werden kann.

3.2.2.1 Referenzieren und Zitieren

Das Verweisen auf Bezugstexte und Ressourcen sowie die Wiedergabe von Bezugstexten im eigenen Text hat beim Handeln mit Texten eine lange Tradition. Nicht nur, aber insbesondere in wissenschaftlichen Textsorten gehört es zu den Gütekriterien, die an die Darstellung von wissenschaftlichen Positionen und Forschungsergebnissen gestellt werden, dass diese in den Forschungskontext eingeordnet und in Bezug zu relevanten anderen Forschungsarbeiten gesetzt werden, die zum Thema eines Fachartikels oder einer Monographie existieren. Das geschieht einerseits über Verweise und Quellenangaben, anhand der/die Leser:in in die Lage versetzt wird, den Bezugstext zu identifizieren und ihn in einer Bibliothek ausfindig zu machen; das geschieht andererseits in Form von Zitaten, mit denen Teile eines Bezugstextes im Wortlaut in den eigenen Text integriert werden, um unmittelbar auf deren Formulierung Bezug nehmen und sich argumentativ mit ihm auseinandersetzen zu können. In beiden Fällen wird der eigene Text mit anderen relevanten Texten vernetzt und in den in diesen Bezugstexten dokumentierten Stand der Forschung eingeordnet.

Unter den Bedingungen der Kultur der Digitalität – insbesondere der einfachen **Reproduzierbarkeit digital gespeicherter Daten** und der **Verknüpfung digitaler Ressourcen anhand von Hyperlinks** – gewinnt das Referenzieren eine neue Qualität: Nicht mehr nur werden über digitale Verweise Ressourcen, auf die sich ein:e Schreiber:in in einer eigenen schriftlichen Äußerung bezieht, identifizierbar, sondern diese Ressource kann von der/den Leser:innen per Mausklick unmittelbar abgerufen werden. Auf diese Weise werden Traditionen des Referenzierens und der Herstellung intertextueller Bezüge durch die Indienstnahme hypertextueller Strukturierungs- und Gestaltungsmittel zur Vernetzung von Kommunikaten unter den Bedingungen der Digitalität nutzbar. Die Möglichkeit der ‚Verdrahtung' von Kommunikaten per Hyperlink bringt dabei im Zusammenspiel mit der automatisierten und algorithmengesteuerten Verarbeitung von Content neue Praktiken des Umgangs mit Referenzierungen hervor, die kein direktes Pendant in der analogen Welt mehr haben.

Wir greifen für eine erste Illustration des Zusammenspiels von Referenzierungen und automatischer Verarbeitung auf das Beispiel aus ▶ Abschn. 2.4.3 zurück, an dem wir die Einbettung eines per URL-Verweis referenzierten YouTube-Videos in die Darstellung von WhatsApp-Postings veranschaulicht haben. Wir geben das Posting, dessen Produktionsprozess wir in der ◘ Abb. 2.8 abgebildet haben, in ◘ Abb. 3.3 noch einmal in seiner im Verlaufsprotokoll angezeigten Form wieder.

◘ **Abb. 3.3** WhatsApp-Posting mit Hyperlink und eingebetteter Anzeige des Players zum Abspielen des per URL referenzierten YouTube-Videos

Der Schreibende hat bei der Produktion seines Postings per Copy&Paste eine URL in den schriftsprachlichen Inhalt seines Postings übernommen, die auf ein YouTube-Video verweist. Nach der Verschickung des Postings hat die Anwendung zwei automatisierte Formatierungsschritte ausgeführt:
1. Die URL wurde in einen Hyperlink umgewandelt, mit dem sich per Mausklick das YouTube-Video unter der angegebenen Adresse aufrufen lässt.
2. In die Darstellung des Postings wurde ein von WhatsApp bereitgestellter Player für das Abspielen von Videodateien eingebettet, der – zusammen mit beschreibenden Metadaten (Angabe des Titels, der Art des Videos und des Videoportals), die WhatsApp aus den über die URL zugänglichen Metadaten zum YouTube-Video extrahiert – oberhalb des vom Schreibenden eingegebenen Inhalts erscheint und der ein Vorschaubild der mit dem URL-Verweis referenzierten Videodatei mit einem darüber gelegten Abspielsymbol (Pfeilzeichen) anzeigt, über dessen Aktivierung sich die Videodatei direkt in WhatsApp in einem Popup-Fenster abspielen lässt. Die referenzierte Datei wird somit von der Anwendung als Ganze verfügbar gemacht.

Praktiken des Referenzierens von Texten und multimodalem Content in WhatsApp greifen somit einerseits auf technologische Standards für die eindeutige Identifikation von Ressourcen im Internet (URL) und andererseits auf Formatierungsroutinen der Kommunikationsanwendung als Ressourcen zu, um mit diesen Mitteln eine Integration von externem Content in die eigene Äußerung zu erzielen. Das zeigt sich auch in der Formulierung des Posting-Inhalts: Die Zeichenfolge der URL lässt keinen Rückschluss auf den damit verknüpften Inhalt zu; dennoch kann es sich der Schreiber erlauben, auf diesen Inhalt sprachlich mit anadeiktischem *die* Bezug zu nehmen (*Kennt ihr die denn schon?*), da er weiß, dass die URL in der Präsentation des Postings mit einem Hyperlink hinterlegt und zudem das Verweisziel (das Video) als direkt abspielbares Element inklusive beschreibenden Metadaten angezeigt werden wird. Die Praktik des Verknüpfens der eigenen Äußerung mit im Netz zugänglichen, äußerungsexternen Inhalten basiert also nicht nur auf dem Vorhandensein der automatisierten Formatierungsroutinen in der Anwendung WhatsApp, sondern ganz wesentlich auch auf dem Wissen des Schreibenden dazu, wann und wie diese Routinen aktiviert werden.

Die Formatierungsroutinen selbst sind technische Features der Anwendung; erst durch das Wissen des Schreibenden um ihr Vorhandensein und ihre Operationsweise sowie ihrer Wahrnehmung als zweckmäßig nutzbares Gestaltungsmittel werden sie zu einer **Affordanz** (s. ▶ Abschn. 2.4.1) und können als **Ressource** im Rahmen einer Praktik genutzt werden – in diesem Fall, um sprachlich ökonomisch (Deixis anstelle einer Charakterisierung) auf extern abgelegte Inhalte Bezug zu nehmen, die über die Einbettung der Anschauung der Adressatinnen unmittelbar zugänglich werden. Zugleich wird in der Form, in der digitale Kommunikate ihren Adressat:innen zugänglich werden, die Unterscheidung von selbst produziertem und extern eingebundenem Content – im Sinne des Konzepts der **Referenzialität** von Felix Stalder (s. ▶ Abschn. 2.2), nach der die einfache Möglichkeit zur Nutzung bestehenden kulturellen Materials (hier: eine Videodatei) für die eigene Produktion ein konstitutives Merkmal digitalkultureller Prozesse ist.

Die automatische Transformation bestimmter Textelemente in Hyperlinks führt auch im Falle von **@-Adressierungen** und **Hashtags** zur Entstehung neuer Formen der Vernetzung, der sich in Social-Media-Plattformen wie X (Twitter), Instagram oder Facebook die Schreiber:innen als Ressourcen im Rahmen von Praktiken der **Kontaktherstellung** und der **Erhöhung der Reichweite** für eigene Postings bedienen.

Adressierungen und Hashtags haben Vorläufer in der nicht-digitalen Welt: Mit personalisierten Anreden (*Sarah, wie geht es dir?*) identifizieren wir die Adressat:innen von Äußerungen in mündlichen Gesprächen, Systeme der Verschlagwortung von Texten sind beispielsweise aus Bibliothekskatalogen geläufig, um quer zur systematischen Erfassung von Büchern themengeleitete Recherchen zu ermöglichen. In Social-Media-Plattformen erhalten Adressierungen (*@Sarah*) und Hashtags (*#bestdayofmylife*) aufgrund ihrer Verarbeitung und Transformation durch automatisierte Prozesse allerdings zusätzliche Funktionspotenziale, sodass sie von den Schreiber:innen auch für andere Zwecke eingesetzt werden.

Hashtags Die Ausstattung von Postings mit Hashtags – im Beispiel in der ◘ Abb. 3.4 anhand der Elemente *#7vswild*, *#outdoor* und *#schweden*, die in der Darstellung des Postings abgesetzt vom übrigen Inhalt angezeigt werden – dient bestenfalls sekundär der thematischen Verschlagwortung: Postings auf Instagram, wie im Beispiel, sind in aller Regel kurz und können inhaltlich beim Querlesen sehr gut auch ohne die Beigabe von Schlagwörtern erschlossen werden. Zentral für den Einsatz von Hashtags ist die Transformation dieser Elemente in Hyperlinks, mit denen automatisch erzeugte Listen zu sämtlichen Postings in der Plattform aufgerufen werden können, die das betreffende Hashtag enthalten. Dies ermöglicht den Nutzer:innen der Plattform einerseits Hashtagbasierte Recherchen nach für sie interessantem Content (= **Retrieval-Funktion von Hashtags**), andererseits werden die Hashtags von den Schreibenden als Ressource genutzt, um für ihre Postings eine Sichtbarkeit und Reichweite zu generieren, die nicht nur auf die eigenen Follower beschränkt ist, wodurch sich im Idealfall die Aufrufzahlen und die Anzahl der Likes für das Posting sowie neue Follower:innen für den eigenen Kanal generieren lassen (= **Kontaktfunktion von Hashtags**) – ‚Währungen', die im Instagram- und X-Universum nicht nur die Reputation als ‚angesagte:r' Nutzerin erhöhen, sondern sich bei reichweitenstarken Kanälen auch ganz konkret in Werbe- und Sponsoring-Einnahmen niederschlagen. Im Beispiel des Outdoor- und Survival-Influencers *f2theabfio* (Fabio Schäfer) wird das Posting anhand der Hashtags in den aktuellen Listen zu drei Hashtags platziert.

Adressierungen Wird ein:e Nutzer:in der Plattform im Posting anderer Schreiber:innen mit @ adressiert, wird das betreffende Posting in den Feed auf seiner/ihrer individualisierten Startseite eingespielt und der/die Nutzer:in – je nach individueller Konfiguration der App – zudem mit einer Popup-Benachrichtigung über die namentliche Erwähnung in diesem Posting informiert. Die @-Adressierung leistet damit viel mehr als lediglich die Ansprache einer Person; sie dient, wie die Hashtags, der Erhöhung der eigenen Sichtbarkeit und Reichweite, da sich anhand von Adressierungen auch Personen kontaktieren lassen, zu denen noch keine Vernetzung besteht (z. B. Prominente). Je nach Konfiguration der eigenen Profilseite werden Postings, in denen ein/e Nutzer:in auf diese Weise adressiert ist, zudem (etwa auf Facebook) auf dessen Profilseite angezeigt.

3.2 · Merkmale interaktionsorientierter Schriftlichkeit

Abb. 3.4 Bild-Text-Posting mit Hashtags im Instagram-Kanal von Fabio Schäfer

Sicherung sequenzieller Kohärenz durch Vernetzung von Postings Aufgrund der besonderen Zeitlichkeitsbedingungen internetbasierter Kommunikation (s. ▶ Abschn. 2.4.2, ◘ Abb. 2.6) lässt sich beim Schreiben von Postings – insbesondere dann, wenn die anderen Interaktionsbeteiligten zeitnah reagieren oder zeitgleich auf die Interaktion orientiert sind – nicht exakt anvisieren, an welcher Stelle des am Display angezeigten und sukzessive fortgeschriebenen Verlaufs das eigene Posting tatsächlich erscheint, nachdem es produziert und übermittelt wurde. Im Zeitraum zwischen dem Beginn der Produktion und der Übermittlung des fertigen Produkts können neue Beiträge anderer Beteiligter verschickt worden sein. Das hat Auswirkungen auf die Rekonstruktion der sequenziellen Zuordnungen in der Rezeption: Wird ein Posting als Reaktion auf ein Vorgänger-Posting geplant, bei dem es sich zum Zeitpunkt der Planung um das zuletzt im Verlauf angezeigte Posting handelt, und geht der/die Schreibende bei der Formulierung seines/ihres neuen Postings davon aus, dass das zuletzt im Verlauf angezeigte Posting den Kontext liefert, um das eigene Posting als Reaktion darauf zu interpretieren, so ist die Verständlichkeit des Postings davon abhängig, dass dieses nach Abschluss der Produktionstätigkeit auch tatsächlich an der anvisierten Stelle erscheint.

In den Chats des ‚Web 1.0' hat sich als eine Konvention zur Kennzeichnung der sequenziellen Zuordnung von Postings die Adressierung mit dem @-Zeichen in Verbindung mit dem Namen desjenigen Teilnehmers, auf dessen Posting man sich beziehen möchte, etabliert. Datenbeispiel 3-58 zeigt einen Ausschnitt aus einem Gruppen-Beratungschat zu Studienthemen aus dem Jahr 2004, in dem mehrere Studienberater:innen (erkennbar am Zusatz *B_* vor dem Teilnehmernamen) gleichzeitig die Anliegen mehrerer Studierender parallel bearbeiten; dadurch wird es für die Teilnehmer:innen mühsam, im Verlaufsprotokoll diejenigen Beiträge zu identifizieren, die für sie gerade relevant sind. Anhand der Adressierungen wird für das jeweilige Gegenüber kenntlich gemacht, dass neue Postings an ihn/sie gerichtet sind und zu der mit ihm/ihr aktuell verhandelten thematischen Sequenz gehört. Bei den Adressierungsausdrücken handelt es sich in diesem Fall um reine Zeichenfolgen, die nicht mit Hyperlinks hinterlegt sind.

▶ **Datenbeispiel 3-58 | DCK 1202010#43–63 (gekürzt)**

	43	thilo	Ich habe nach dem 8. März online einen Antrag auf Bonussemester gestellt; gegen den Gebührenbescheid habe ich dann begründeten Widerspruch eingelegt. Allerdings habe ich von der Uni noch nichts bekommen, was eine Aufhebung des Gebührenbescheides andeuten würde. Gibt es das in dieser Woche nicht, und was passiert, wenn ich erstmal nicht zahle?
	44	thilo	in dieser woche _noch_, wollte ich sagen...
	45	joergP	hallo, worauf soll ich mich ... *[+ 18 weitere Token]*
	46	system	Benutzer Zori betritt den Raum Lounge.
	47	Knutschkuh	ja aber ich habe zuvor 2semester ... *[+ 30 weitere Token]*
	48	ECUE-Somme	habe staatsexamen gemacht und ... *[+ 26 weitere Token]*
	49	Kirchenmau	Der Härtefallantrag bei ... *[+ 7 weitere Token]*
	50	meier	Hallo Zori! Haben Sie eine Frage?
	51	B_Fischer	@thilo, sie bekommen auf den Widerspruch einen Aufhebungsbescheid, allerdings noch nicht in dieser Woche, das dauert noch etwas. Wenn Ihr Konto Sie als gebührenfrei ausweist, müssen Sie nicht zahlen.
	52	ausland	Hallo ich halte mich gerade ... *[+ 42 weitere Token]*
	53	Zori	hallo,ja
	54	B-Juhre	@joergP Hallo joergP Ihr Einkommen ermitteln Sie ... *[+ 14 weitere Token]*
	55	alfalfa	wann kann ein Bonussemester ... *[+ 8 weitere Token]*
	56	B_Kardell	@ecue_somme: das kann normalerweise nicht sein
	57	B_Bruene	@AnnaMa Die Einrichtung eines neuen ... *[+ 33 weitere Token]*
	58	ECUE-Somme	ist aber in zwei fällen so gewesen
	59	B_Kardell	@ausland: ja das sollten Sei tun, dann erhalten Sie einen Aufhebungsbescheid
	60	system	Benutzer Holger betritt den Raum Lounge.
	61	ECUE-Somme	oder hat es damit etwas ... *[+ 9 weitere Token]*
	62	joergP	kann ich den zeitraum selber wählen? ... *[+ 15 weitere Token]*
	63	thilo	@b_fischer: danke für die auskunft. Ich hätte noch eine andere Frage (auch wenn sie mich persönlich nicht betrifft...). Werden vor einer durch die Uni vorgenommenen Exmatrikulation von Menschen, welche die Gebühr nicht bezahlen, noch Mahnungen verschickt?

◀

Adressierungen wie die im Datenbeispiel dokumentierten fordern den Adressat:innen letztlich dennoch einiges an Zuordnungsarbeit ab: Sie müssen das, gerade bei Gruppenchats in rascher Folge veränderliche, Verlaufsprotokoll nach den Bezugspostings durchforsten, um die von den Schreiber:innen angezeigten sequenziellen Bezüge herzustellen. Neuere Messenger-Diensten haben zur Unterstützung der Rekonstruktion von Bezügen auf frühere Postings im Verlaufsprotokoll eine Funktion für das **Referenzieren per Hyperlink** (z. B. die ‚Antworten'-Funktion in WhatsApp und Signal) eingeführt, die die Adressat:innen von Postings davon entbindet, das Bezugsposting selbst im Verlauf identifizieren zu müssen; stattdessen wird ein Teil des Bezugspostings direkt oberhalb des damit verknüpften Folgepostings – im Stile eines Zitats –

3.2 · Merkmale interaktionsorientierter Schriftlichkeit

Abb. 3.5 Nutzung der ‚Antworten'-Funktion in WhatsApp beim Formulieren eines Postings

angezeigt und kann das komplette Bezugsposting per Mausklick im Verlauf aufgerufen werden.

In dem Screenshot in **Abb. 3.5**, der die Produktion eines Antwort-Postings zu einem Vorgängerposting von Sarah Steinsiek zeigt, beantwortet der Schreiber die von Sarah formulierte Frage, ohne diese inhaltlich noch einmal aufzugreifen, mit *Ja* und verweist zudem mittels der Anapher *so eine* auf die in Sarahs Frage erwähnte mobile Herdplatte. Für die Leser:innen des Postings wird es kein Problem darstellen, die durch *Ja* und *so eine* konstituierten Bezüge zu verstehen, da Sarahs Bezugsbeitrag direkt als Teil des Folgebeitrags angezeigt wird. Stünde die ‚Antworten'-Funktion in WhatsApp hingegen nicht zur Verfügung, müsste der Schreiber, wenn Sarahs Frage-Posting nicht unmittelbar vor der Antwort steht, einen höheren Formulierungsaufwand betreiben, um kenntlich zu machen, dass er sich auf ihre im Protokoll weiter oben platzierte Frage bezieht; sein Antwort-Posting müsste dann beispielsweise lauten „Zu deiner Frage wegen der Herdplatte: Ja, wir hatten so eine mal angeschafft [...]".

Praktiken des Zitierens in Foren Die Möglichkeit, eigene Postings über eine Reply-Funktion mit im Verlauf zurückliegenden Beiträgen zu verknüpfen, war bereits fester Funktionsbestandteil von Online-Foren um die Jahrtausendwende. In Foren, in denen Diskussionsbeiträge in sogenannten **Threads** organisiert sind und Beiträge nicht selten sehr umfangreich sein können, stellte sich die Kennzeichnung von Bezügen auf die Vorkommunikation schon früh als Problem, für das die Reply-Funktion von Foren-Software eine zweckmäßige Lösung bereitstellte – ein Beispiel für die Rückwirkung

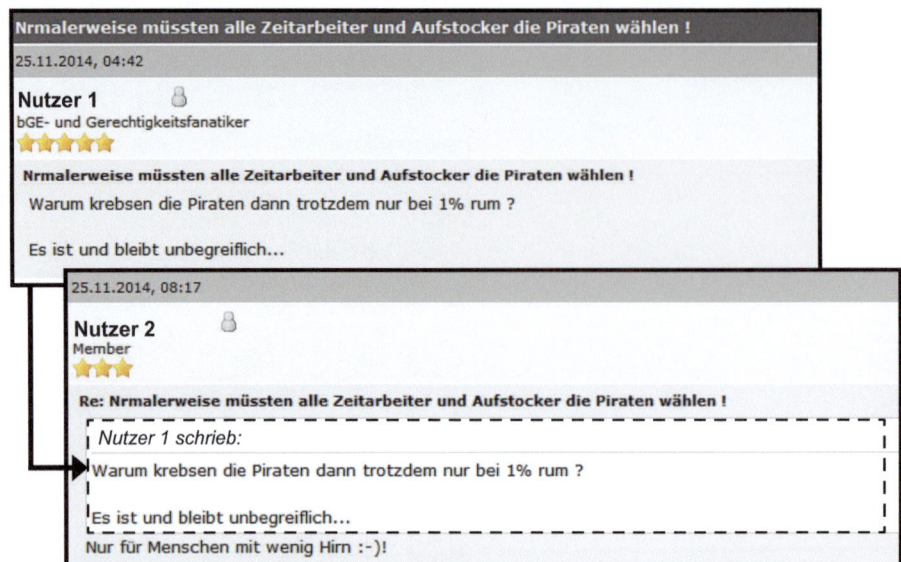

◘ Abb. 3.6 Sequenzielle Vernetzung durch Zitieren: einfache Form

der kommunikativen Bedürfnisse der Nutzer:innen auf die Weiterentwicklung der verwendeten Software (s. ▶ Abschn. 2.4.1.2). In vielen Foren gibt es dabei neben einer Antworten-Funktion eine Zitieren-Funktion:

- Mit der **Antworten-Funktion** wird der Editor zum Verfassen eines eigenen Beitrags aufgerufen, für den in der Betreffzeile der Betreff des Bezugsbeitrags voreingetragen und mit dem Kürzel *Re*: (für *Reply*) versehen ist. Wird der Beitrag als Posting abgeschickt, wird das Posting im Thread zum Bezugsposting an letzter Stelle angehängt; anhand der Kennzeichnung als Reply wird den anderen Nutzer:innen angezeigt, dass das Posting als Reaktion auf den Bezugsbeitrag zu verstehen ist.
- Mit der **Zitieren-Funktion** wird der neu zu komponierende Beitrag nicht nur, wie bei der Antworten-Funktion, als Reply auf den Bezugsbeitrag gekennzeichnet, sondern wird der Bezugsbeitrag von der Software zudem als Zitat in den Editor voreingetragen. In der Regel ist der Text des zitierten Beitrags bei der Formulierung des eigenen Postings frei bearbeitbar, was Möglichkeiten für den kreativen Umgang mit den zitieren Postings anderer Schreiber:innen eröffnet. Das Beispiel in ◘ Abb. 3.6, das einem Forum der Piratenpartei entnommen ist, veranschaulicht die Einbettung eines automatisch erzeugten Zitats in einen Folgebeitrag: Der zitierte Text ist als eingerücktes, hell hinterlegtes, flächiges Element im Posting hervorgehoben; zudem wurde von der Forensoftware ein einleitender Textbaustein hinzugefügt, der den Autor des Bezugsbeitrags nennt und den zitierten Text als Zitat ausweist („Nutzer 1 schrieb:") (vgl. Beißwenger 2016).

Dass man die Äußerung eines Kommunikationspartners komplett wiederholt, nur um sich darauf zu beziehen, wäre in mündlichen Gesprächen nicht nur ungewöhnlich – es verstieße in den meisten Fällen auch gegen die Grice'sche Maxime der Quantität

3.2 · Merkmale interaktionsorientierter Schriftlichkeit

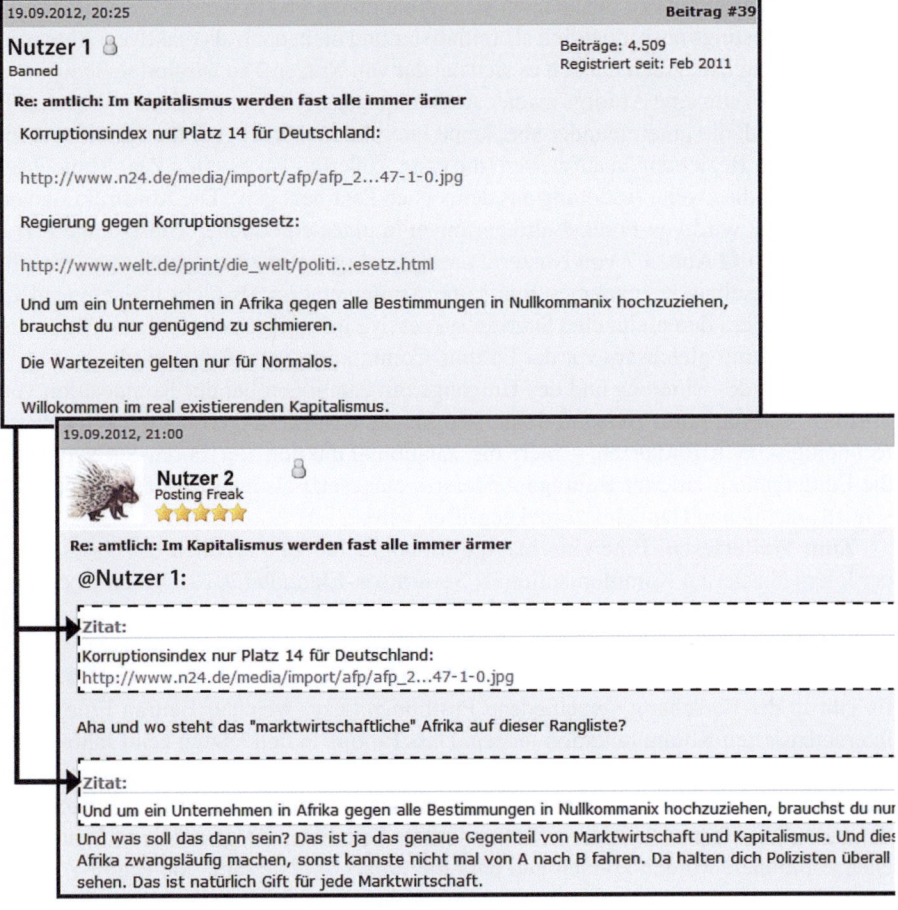

Abb. 3.7 Sequenzielle Vernetzung durch Zitieren: komplexe Form

(vgl. Severinson Eklundh 2010). In der internetbasierten Kommunikation hingegen ist die Wiederholung von Bezugsbeiträgen eine ökonomische Praktik, um den Leser:innen des eigenen Diskussionsbeitrags eine möglichst exakte Hilfestellung zu dessen Kontextualisierung zu liefern. Diese müssen dann nicht selbst im Thread herumscrollen, um sich den für die sequenzielle Zuordnung erforderlichen Kontext zu erarbeiten, sondern bekommen diesen bei der Rezeption des darauf bezogenen Folgebeitrags direkt vor Augen geführt.

Es gibt einfache und komplexe Formen des Zitierens. Eine einfache Form, in der der komplette Bezugsbeitrag unverändert zitiert ist, zeigt ◘ Abb. 3.6. Komplexe Formen sind solche, in denen der Wortlaut des Bezugsbeitrags verändert wird. Einer solchen Bearbeitung können schreiberseitig unterschiedliche Intentionen zugrunde liegen. Im Beispiel in ◘ Abb. 3.7 wird der Bezugsbeitrag in mehrere Einzelaussagen zerlegt, um zu diesen im eigenen Beitrag nacheinander Stellung zu nehmen. Dadurch wird im eigenen Posting eine sequenziell organisierte Interaktion mit dem/der Verfasser:in des

Beuzgspostings simuliert, die so nicht stattgefunden hat und in der der/die Verfasser:in des Bezugspostings ausschließlich als initiative:r und nicht auch als reaktive:r Akteur:in in Erscheinung tritt. Auch handelt es sich bei der von Nutzer 2 konstruierten Sequenz in der ◘ Abb. 3.7 um eine Abfolge zweier Äußerungspaare, die nur paarintern sequenziell verknüpft sind, die untereinander aber keine interaktional erzeugten thematischen oder sequenziellen Beziehungen aufweisen (die erste Äußerung im zweiten Paar ist nicht sequenziell auf die zweite Äußerung aus dem ersten Paar bezogen). Die Konstruktion von Sequenzialität wird von Foren-Beiträger:innen in unterschiedlicher Weise eingesetzt – im Beispiel in ◘ Abb. 3.7 von Nutzer 2 dazu, die Argumentation von Nutzer 1 Schritt für Schritt auseinanderzunehmen und seine Argumentation als nicht überzeugend zu entlarven, indem deren einzelne Schritte sukzessive infrage gestellt und das Argument als Ganzes damit gleichsam vor der Forums-Community ‚vorgeführt' wird.

Praktiken des Zitierens und des Umgangs mit Zitationen bei der Komposition von Postings sind ein gutes Beispiel dafür, wie für die Realisierung von Zwecken sowohl technologische Affordanzen – hier: die Zitations-Funktion der Foren-Software und die Editierbarkeit zitierter Beiträge Anderer – eingesetzt als auch auf Traditionen des schriftsprachlichen Handelns zurückgegriffen wird.

Zum Weiterlesen: Eine einschlägige Monographie zu Praktiken des Zitierens in der internetbasierten Kommunikation ist Severinson-Eklundh (2010). Einen Überblick zu Praktiken des Referenzierens und Zitierens gibt Beißwenger (2016).

3.2.2.2 Verstehenssicherung und Beziehungsgestaltung mit Emojis

Es gibt in der Forschung verschiedene Positionen dazu, welchen Beitrag Emojis zur internetbasierten Kommunikation leisten. Dass Emojis in den letzten zehn Jahren eine verstärkte Aufmerksamkeit der linguistischen Forschung erfahren haben, liegt daran, dass mit den Emojis – im Sinne einer technologisch bereitgestellten Möglichkeit und der daraus ableitbaren Affordanz für das digitale Schreiben – segmental mit Schriftzeichen kombiniert werden können und dass die Praxis der Nutzung von Emoji-Zeichen zeigt, dass sehr viele Nutzer:innen in ihren Postings von dieser Möglichkeit Gebrauch machen. Erstmals in der Geschichte der Schriftlichkeit werden somit in großem Stil Bildzeichen mit Schriftzeichen zu multimodalen **Schrift-Bild-Einheiten** kombiniert, die als Bedeutungsträger und Handlungsmittel in der Kommunikation fungieren.

Für Linguist:innen ist das eine spannende Entwicklung, weil sie dazu einlädt, die Art und Weise, wie wir Schrift-Bild-Beziehungen für den Ausdruck von kommunikativem Sinn und Bedeutung nutzen, zu reflektieren. Haben Emojis das Potenzial, Sprache zu ersetzen, möglicherweise sogar eine einzelsprachenübergreifende Universalsprache auszubilden (vgl. Ge/Herring 2018)? Sind Emojis Wörtern vergleichbar und lassen sich durch die Kombination von Emojis – ähnlich wie mit Sätzen – eigenständig Propositionen und Illokutionen ausdrücken? In den Aufgabenstellungen am Ende von ▶ Abschn. 3.2.1.4 haben Sie über solche Fragen schon nachgedacht. Dabei haben Sie vermutlich festgestellt, dass sich Emojis zwar ganz ohne die Kombination mit sprachlichen Einheiten zu Bildzeichenfolgen kombinieren lassen, dass die Bedeutungen, die unterschiedliche Personen ein- und derselben Emoji-Folge interpretativ zuweisen, aber erheblich variieren können. Analoges gilt für die ‚Übersetzung' von natürlichsprachlichen Sätzen in Emoji-Folgen: Auch hier werden Ihre Versuchspersonen sehr kreativ recht unterschiedliche Ergebnisse produziert haben.

Wir möchten die Diskussion, ob Emojis als sprachliche Einheiten neuen Typs zu betrachten sind, die sich künftig zu einer eigenständigen Sprache weiterentwickeln könnten, an dieser Stelle nicht vertiefen. Sie ist unseres Erachtens mit Blick auf den Emoji-Gebrauch, so wie er sich in Verläufen internetbasierter Kommunikation und in Korpora wie z. B. dem MoCoDa2-Korpus nachweisen lässt, auch nicht drängend. Ein Blick in den Gebrauch zeigt nämlich, dass Emojis und Folgen von Emojis in Chat- bzw. Messaging-Verläufen oder in Kommentar-Threads unter YouTube-Videos oder Instagram-Posts nur in klar umgrenzbaren Fällen eigenständig als Mittel des Handelns eingesetzt werden – nämlich genau dann, wenn der sprachliche bzw. multimodale Kontext die möglichen Lesarten der Emoji-Zeichen soweit disambiguiert, dass der bzw. die Schreiber:in mit hinreichender Sicherheit davon ausgehen kann, dass die damit vollzogene Handlung und ausgedrückte Bedeutung mit hoher Wahrscheinlichkeit auch verstanden werden kann. In den allermeisten Fällen treten Emojis im Kontext sprachlicher Zeichen auf und leisten ihren Funktionsbeitrag zur laufenden Interaktion im Rahmen dessen, was durch den sprachlichen und sequenziellen Kontext als Möglichkeitsraum für ihre Interpretation präfiguriert ist. Sie ersetzen Sprache nicht, sondern sie unterstützen die sprachliche Herstellung von kommunikativem Verständnis und Verstehen auf vielfältige Weise. Sie sind damit keine ‚Konkurrenz' für die Sprache, sondern ein innovatives Mittel der Kultur der Digitalität, um Kommunikation multimodal zu unterstützen.

Das lässt sich am einfachsten an einem längeren Beispiel veranschaulichen, an dessen Analyse gezeigt werden soll, wie sich die Unterstützungsleistungen, die Emojis für das kommunikative Handeln erbringen, im Gebrauch verdeutlichen. An dem Ausschnitt aus einem WhatsApp-Verlauf in Datenbeispiel 3-59 werden wir entwickeln, dass die Funktion und Bedeutung von Emoji-Zeichen sinnvoll nur in Bezug auf den interaktiven Aushandlungsprozess zu bestimmen sind, in dessen Rahmen sie von Schreibenden verwendet werden, um Aufgaben der Interaktionskonstitution zu bearbeiten. Entscheidend für die Interpretation konkreter Emoji-Verwendungen ist somit die Platzierung des Postings, in das sie eingebettet sind, im Verlaufsprotokoll, das – zusammen mit den sprachlichen Anteilen des einbettenden Postings – den sequenziellen Kontext und den Äußerungskontext bildet, vor dessen Hintergrund das Emoji als Mittel zur Unterstützung des sprachlichen Handelns bestimmt werden kann, das im Einzelfall unterschiedliche Funktionen übernehmen kann.

In der Sequenz im Datenbeispiel, das dem MoCoDa2-Korpus entnommen ist, geht es darum, dass die Brüder Magnus und Leonard gemeinsam mit ihren Partnerinnen (Anna ist die Freundin von Magnus, Magdalena die Frau von Leonard) darüber diskutieren, wann die Eltern von Magnus und Leonard Hochzeitstag haben, um diesen rechtzeitig gratulieren zu können (vgl. auch die Analyse des Beispiels in Beißwenger/Pappert 2019: 74–90).

▶ **Datenbeispiel 3-59 | MoCoDa2 enmmx|1-9**

Magnus
Haben Mama und Papa heute Hochzeitstag? 🤔
#1 12:14

Leonard
Gute Frage 😂
#2 12:16

Leonard
Oma hat heute Geburtstag, das weiß ich 😅
#3 12:16

Magnus
Das weiß ich auch Magdalena du weißt das doch 😬
#4 12:16

Anna
Sybille hat nämlich ein verdächtiges Profilbild 🤔
#5 12:17

Leonard
Mhhh 😅
#6 12:17

Magnus
Mysteriös :D
#7 12:17

Leonard
Aber ich meine die hätten heute 😅
#8 12:17

Anna
Wäre halt doof, wenn wir nicht gratulieren würden 😅
#9 12:18

Analyse des Beispiels

— In Posting #1 setzt Magnus den Hochzeitstag relevant bzw. initiiert das den Chat konstituierende Thema (Termin des Hochzeitstags der Eltern). Zugleich signalisiert er durch die Form der Frage seine Unwissenheit bezüglich des Themas und macht deutlich, dass er bezüglich des Themas Klärungsbedarf hat. Das Grübel-Emoji 🤔 unterstützt die im Format einer Ergänzungsfrage ausgedrückte Wissensunsicherheit. Es leistet damit keinen eigenen Bedeutungs- bzw. Handlungsbeitrag, sondern fungiert als Illustration und visueller Verstärker für das sprachlich Geäußerte, indem es die typisierte Abbildung einer mit Nachdenklichkeit assoziierten Gesichts- und Handgeste präsentiert.

— Auf Magnus' Frage reagiert Leonard in den **Postings #2 und #3** mit zwei Folgehandlungen, die nicht das von Magnus Gewünschte (eine Antwort auf seine Frage) liefern und damit als dispräferierte nächste Handlungsschritte in der Sequenz gelten können.

3.2 · Merkmale interaktionsorientierter Schriftlichkeit

Leonards Äußerungen sind für die Aufklärung von Magnus' Wissensunsicherheit nicht hilfreich, was Leonard durchaus bewusst zu sein scheint, denn er versieht seine Äußerung „Gute Frage" mit der Abbildung eines tränenlachenden Gesichts (😂). Diese Interpretation des Emojis kommt dadurch zustande, dass sich die Bedeutungsassoziationen, die das Emoji zulässt (‚sich über köstlich amüsieren/totlachen'), mit der Bedeutung der sprachlichen Äußerungsanteile nicht unmittelbar zu einer konsistenten Interpretation zusammenbringen lassen: Dass Leonard sich darüber belustigt, dass er Magnus bei der Klärung seines Anliegens nicht weiterhelfen kann, wäre bestenfalls unhöflich. Bezieht man allerdings die Information mit ein, dass Leonard der Bruder von Magnus ist, so kann das tränenlachende Emoji als Ausdruck einer Höflichkeitsstrategie und der Beziehungsarbeit gedeutet werden: Leonard könnte damit ausdrücken, dass er sich der Peinlichkeit der Tatsache bewusst ist, dass er den Hochzeitstag seiner Eltern ebenfalls nicht kennt, und diese Peinlichkeit durch die Markierung einer scherzhaften Interaktionsmodalität gleichsam entschärfen möchte. Im Kontext der zuvor von Magnus eingeräumten Wissensunsicherheit kann das Emoji zugleich als Kommentar dazu gelesen werden, dass *beide* Brüder nicht wissen, ob der Hochzeitstag heute ist, womit auch Magnus angetragen wird, die möglicherweise auch für ihn unangenehme Tatsache des Nichtbescheidwissens scherzhaft zu nehmen – beide Brüder sitzen sprichwörtlich im selben Boot, und die Tatsache, dass Leonard mit seiner Äußerung „Gute Frage" einräumt, ebenfalls nicht Bescheid zu wissen, soll nicht nur ihn, sondern zugleich auch seinen Bruder von der Peinlichkeit des Nichtbescheidwissens entlasten.

— Folgt man dieser Lesart, lässt sich auch Leonards, propositional betrachtet thematisch deplatzierte, Äußerung in **Posting #3** („Oma hat heute Geburtstag, das weiß ich") als kooperativer Handlungsschritt deuten, die er ebenfalls und in gleicher Position mit dem tränenlachenden Emoji 😂 versieht und damit Kontinuität für die von ihm angebotene scherzhafte Interaktionsmodalität markiert. Die Äußerung ist damit nur vordergründig thematisch belanglos; sie dient in erster Linie der Entlastung der beiden Brüder, für die das Nichtbescheidwissen – aus Leonards Sicht – gleichermaßen peinlich ist.

— Das daran anschließende **Posting #4** von Magnus liefert gutes Beispiel dafür, dass für die Analyse von Emojis eine interaktional-sequenzielle Perspektive unabdingbar ist: Was jemand – in unserem Fall Leonard in seinen Postings #2 und #3 – mit einem Emoji intendiert, kann vom Gegenüber erkannt, muss von diesem aber noch lange nicht aufgegriffen werden. Magnus steigt nämlich nicht auf die von Leonard offerierte scherzhafte Interaktionsmodalität ein, da ihm vordringlich an der Klärung seiner Eingangsfrage gelegen ist. Entsprechend quittiert er Leonards Aussage, er wisse immerhin, wann Omas Geburtstag sei, mit einem knappen „Das weiß ich auch" und adressiert unmittelbar anschließend Leonards Frau Magdalena mit „Magdalena du weißt das doch", wobei sich das zweite anadeiktische *das* nicht auf den Geburtstag der Oma, sondern auf das Thema seiner Eingangsfrage – den Hochzeitstag der Eltern – bezieht. Seiner zweiten sprachlichen Äußerung „Magdalena du weißt das doch" fügt er das Emoji 😬 an, das eine Gesichtsgeste abbildet, die im Kontext der aktuellen Interaktion als Ausdruck peinlicher Berührtheit gelesen und als Mittel höflichen Handelns gedeutet werden kann, mit dem im Sinne des *Face-work*-Ansatzes (Brown/Levinson 1987) zweierlei Arten potenzieller Gesichtsbedrohungen abgefedert werden: (1) Magnus schützt damit einerseits sein eigenes Gesicht (*face*), indem er signalisiert, dass ihm seine Unwissenheit Unwohlsein bereitet. Zugleich (2) mindert er die Bedrohung von Magdalenas Gesicht, die er mit seiner Äuße-

rung zu einer Reaktion auffordert und damit in eine Situation bringt, in der sie sich die Blöße geben könnte, hinsichtlich des Termins ebenfalls unwissend zu sein.
- In **Posting #5** schaltet sich Magnus' Freundin Anna in die Diskussion ein und bezeichnet das aktuelle Profilbild von Sybille, der Mutter von Magnus und Leonard, als „verdächtig". Das beigegebene Emoji 🤔 visualisiert ihr Verdächtigfinden.
- Mit **Posting #6** tut Leonard erneut etwas Dispräferiertes, insofern sein „Mhhh", das sich vermutlich auf das Posting #4 bezieht, erneut keinen Beitrag zur Klärung leistet. Er kennzeichnet seine Äußerung nach dem gleichen Muster wie in den Postings #2 und #3 als nicht ernstzunehmenden Beitrag zur Bearbeitung des Themas: Er kann nach wie vor nichts zur Aufklärung der Terminfrage beitragen und kennzeichnet das für die anderen durch die erneute Verwendung des tränenlachenden Emojis 😅.
- Das von Magnus in **Posting #7** verwendete Emoticon :D wiederum, das ikonisch ein grinsendes oder lachendes Gesicht abbildet, lässt sich als positive Reaktion darauf lesen, dass Anna das verdächtige Profilbild von Sybille entdeckt hat (das möglicherweise ein Foto zeigt, das auf den Hochzeitstag schließen lässt).
- In **Posting #8** fügt Leonard seiner Aussage „Aber ich meine die hätten heute" ein lachendes Emoji mit einer Träne im Auge (😅) hinzu. Seine Aussage kann als thematisch relevant gelten, da er nun erstmals selbst eine Vermutung zum Termin des Hochzeitstages äußert; trotzdem markiert er auch diesen Beitrag als unernst, was damit zusammenhängen könnte, dass er das Zutreffen seiner Vermutung durch den Diskursmarker „ich mein" als ungesichert kennzeichnet, sodass der Anlass seiner Belustigung (keiner weiß den Hochzeitstag) nach wie vor gegeben ist.
- Anna greift in **Posting #9** das von Leonard im Interaktionsausschnitt mehrfach gebrauchte, tränenlachende Emoji 😅 auf und fügt es ihrer sprachlichen Äußerung „Wäre halt doof, wenn wir nicht gratulieren würden" bei. Auch hier lässt sich dem Emoji eine Leistung im Bereich des *face work* zuweisen: Den Eltern von Magnus und Leonard nicht zum Hochzeitstag zu gratulieren, wäre für alle am Chat Beteiligten den Eltern gegenüber peinlich; alle Beteiligten sitzen sozusagen im selben Boot und haben zur Vermeidung dieser Peinlichkeit ein gemeinsames Interesse daran, den Termin zu ermitteln. Dadurch, dass Anna das von Leonard mehrfach verwendete Emoji und die damit etablierte scherzhafte Interaktionsmodalität aufgreift, bietet sie an, die für die gesamte Gruppe drohende Peinlichkeit mit Galgenhumor zu nehmen; das Emoji dient damit der Abfederung des drohenden Gesichtsverlusts gegenüber den Eltern, indem es im Zusammenspiel mit der Persondeixis „wir" diesen Gesichtsverlust als geteilten Schaden aller kennzeichnet. ◄

Die gemeinsame Terminermittlung im analysierten Interaktionsausschnitt geht noch weiter und umfasst weitere interessante Beispiele von Emoji-Verwendungen; der weitere Verlauf lässt sich in der MoCoDa2 nachlesen. Es sollte in der Analyse deutlich geworden sein, dass sich die Leistung von Emojis nur in Zusammenschau mit dem **sprachlichen und sequenziellen Kontext der Interaktion** interpretativ beschreiben lässt. Auch der **soziale Kontext** – in unserem Fall die Beziehungen zwischen den Beteiligten sowie der Beteiligten zu den im Chat erwähnten weiteren Personen (den Eltern von Magnus und Leonard) –, der sich anhand der in der MoCoDa2 zum Interaktionsausschnitt vorhandenen soziologischen Metadaten rekonstruieren lässt, ist für die Analyse bedeutsam.

Dass es bei einer pragmatischen Analyse von Emojis im Gebrauch, wie sie an der Analyse vorgeführt wurde, im Einzelfall **mehrere Möglichkeiten der Deutung** geben kann, ist im Charakter der Emojis als Bildzeichen begründet: Mit ihnen werden häufig keine Propositionen ausgedrückt, sondern Deutungs- bzw. Kontextualisierungsangebote für sprachlich Geäußertes unterbreitet. Der bzw. die Schreiber:in gibt dem Gegenüber Hinweise zur Interpretation seiner bzw. ihrer sprachlichen Äußerung. Wie das Gegenüber diese Hinweise in seine bzw. ihre Interpretation der Äußerung einbezieht und ob er bzw. sie zu erkennen gibt, wie er die Äußerung verstanden hat, zeigt sich, wenn überhaupt, in seinen bzw. ihren Folgeäußerungen.

Die Analyse zeigt: **Emojis ersetzen nicht Sprache, sondern unterstützen die Aushandlung von kommunikativem Sinn, Verständnis und Verstehen unter den Bedingungen und mit den Mitteln textformenbasierter Interaktion**, in der die non- und paraverbalen Zeichen der gesprochenen Alltagssprache – stimmliche Mittel, Blickkontakt, Körpergesten – nicht zur Verfügung stehen. Sie fungieren aber nicht als bloßer Ersatz für nichtsprachliche Mittel, für Mimik, Gestik oder Intonation, sondern haben aufgrund ihrer ikonischen Bezüge auf typisierte Gesichtsgesten, Objekte und Symbole als Zeichen eigener Qualität zu gelten, die Deutungsrahmen eröffnen, dabei als nichtsprachliche Zeichen aber eine charakteristische Vagheit behalten. Letztlich entscheidet das Gegenüber, wie es die durch Emojis präsentierten Deutungsangebote in die Sinnzuschreibung zu Partneräußerungen einbezieht. Schreibendenseitig muss bedacht werden, dass es sich bei Emojis stets um bewusst gesetzte Zeichen handelt, für deren Einbindung in das eigene Posting sogar mehr Aufwand betrieben werden muss als für die Realisierung eines Schriftzeichens: Die Emoji-Tastatur muss aufgerufen und das gewünschte Emoji muss auf dieser Tastatur aufgefunden und ausgewählt werden. Unter Ökonomieaspekten muss für die Schreibenden der pragmatische Nutzen der Einbindung von Emojis in die eigenen Äußerungen den dafür erforderlichen Mehraufwand überwiegen, was nahelegt, dass Schreiber:innen die Emojis verwenden, diesen unweigerlich wichtige Leistungen beimessen (s. ▶ Abschn. 2.4.3).

Die in unserer Beispielanalyse beschriebenen Beiträge der einzelnen Emojis zur Interaktion lassen sich auf zwei Grundfunktionen zurückführen, mit denen zwei fundamentale Aufgaben der Kommunikation bearbeitet werden: die **Verstehenssicherung** und die **Beziehungsgestaltung**. Die beiden Funktionen lassen sich auf dem Wege qualitativer Korpusanalysen – zum Beispiel anhand der MoCoDa2 – in eine Reihe von Praktiken ausdifferenzieren (vgl. Beißwenger/Pappert 2019, 2020a, 2020b), bei denen die Emojis als Ressourcen des Handelns für unterschiedliche Zwecke der Verstehenssicherung und der Beziehungsgestaltung eingesetzt werden. Ein Beispiel für eine Praktik im Bereich der Verstehenssicherung ist die **Markierung von Schreibereinstellungen zum sprachlich beschriebenen Sachverhalt**, bei der die Form des Emojis der Aktivierung der Adressat:innen dient, die Äußerung als relevanten Beitrag in den aktuellen Interaktionsverlauf einzuordnen. Ein Beispiel für diese Praktik ist das Grübel-Emoji 🤔 in Posting #5, durch das Annas Hinweis „Sybille hat nämlich ein verdächtiges Profilbild" als unterstützende Erläuterung zur Motivation von Magnus' Frage nach dem Hochzeitstag seiner Eltern deutbar wird (zur Erinnerung: Anna ist Magnus' Freundin, ganz offensichtlich haben sich Magnus und Anna zuvor bereits außerhalb des WhatsApp-Chats über die Frage besprochen). Sie greift mit dem Emoji das von Magnus in seiner Eingangsfrage verwendete Emoji auf und signalisiert auch ihrerseits Wissensunsicherheit bezüglich des Termins. Zugleich kennzeichnet sie damit, dass sie ihr Posting als mit dem Posting von Magnus thematisch zusammengehörig verstanden wissen möchte. Das Emoji macht somit nicht nur ihre Wissensunsicherheit deutlich, sondern dient darüber hinaus im sequenziellen Kontext der **visuellen Sicherung thematischer Kontinuität**.

In den Bereich der Beziehungsgestaltung fallen diejenigen Emojis, die sich als Ressourcen im Rahmen von Praktiken des *face work* interpretieren lassen und die der Abmilderung von potenziellen Gesichtsbedrohungen dienen. Das trifft auf die Emojis 😬 in Posting #4, 😅 in Posting #8 und 😅 in Posting #9 zu.

> **Aufgabe zur Vertiefung und Weiterführung**
> Beißwenger/Pappert (2022) haben an Peer-Feedback-Postings von Studierenden in einer digitalen Lernumgebung den Beitrag von Emojis zu Praktiken des *face work* untersucht und festgestellt, dass Emojis auf unterschiedliche Weise dafür eingesetzt werden, potenzielle Bedrohungen des eigenen Gesichts und des Gesichts der Adressat:innen, die sich bei der Formulierung von Kritik und Ratschlägen nicht vermeiden lassen, abzumildern. Machen Sie sich mit dem methodischen Vorgehen und mit den Ergebnissen der Untersuchung vertraut und recherchieren Sie anschließend im MoCoDa2-Korpus Belege für gesichtsbedrohende Äußerungen in digitalen Alltagsinteraktionen von Studierenden, die Emojis enthalten. Lassen sich die von Beißwenger/Pappert für den untersuchten Lehr-Lern-Kontext nachgewiesenen Praktiken des *face work* mit Emojis auch in WhatsApp-Chats nachweisen? Erstellen Sie eine Kollektion mit Belegen!
>
> Für die Bearbeitung dieser Aufgabe ist es sinnvoll, sich vertieft mit dem Face-work-Ansatz nach Brown/Levinson (1987) auseinanderzusetzen. Wesentliche Eckpunkte des Ansatzes sind einleitend zur Untersuchung von Beißwenger/Pappert zusammenfassend referiert. Um den Ansatz im Detail nachzuvollziehen, ist die Arbeit mit der Monographie von Brown/Levinson aber sehr zu empfehlen.

3.2.2.3 Kontextsensitives Revidieren

Unter mikrostrukturell-interaktionsanalytischer Perspektive ist es wichtig, **Praktiken von sprachlichen Handlungen abzugrenzen**. Praktiken sind „kontextbezogene Einsatzroutinen von beobachtbaren, formbezogen beschreibbaren Ressourcen" und „darauf angelegt, bestimmte, verständliche Handlungen zu vollziehen", somit also „Konstituenten von Handlungen, die oft durch mehrere kombinierte Praktiken konstituiert werden" (Deppermann et al. 2016: 13). Während bei der Analyse mündlicher Gespräche die Formbezogenheit der Beschreibung von Routinen und Ressourcen bei dem ansetzt, was in der Interaktion für alle Beteiligten wahrnehmbar geäußert wird oder situativ zugänglich ist, lassen sich in der internetbasierten Kommunikation aufgrund der charakteristischen materialen und zeitlichen Affordanzen von Textformen auch Praktiken identifizieren, die nur auf der **Ebene individueller Formulierungsprozesse**, nicht aber im Verlaufsprotokoll manifest werden. Textformenbasierte Interaktion in dem in ▶ Abschn. 2.4.2 eingeführten Sinne ist maßgeblich geprägt durch Schreibprozesse, die sich als private, der Übermittlung vorgelagerte Aktivitäten der Einsichtnahme durch das Gegenüber entziehen, für die sich aber aufgrund der besonderen Zeitlichkeitsbedingungen Routinen der Sicherung sequenzieller Kohärenzplanung nachweisen lassen, die als Beitrag zur Interaktionsorganisation gelten können. Um diese Routinen empirisch zugänglich zu machen, reicht das Inventar interaktionsanalytischer Analysekategorien nicht aus; hier muss auf Kategorien aus der Schreibprozessforschung zurückgegriffen werden, die für die Modellierung der Genese von Text(form)en und von Formulierungsprozessen bei der Textproduktion entwickelt wurden. Mit der Praktik des ‚**kontextsensitiven Revidierens**' wollen wir eine solche Praktik im Folgenden etwas genauer vorstellen. Dabei folgen wir den Untersuchungen von Beißwenger (2007, 2010, 2016), der diese Praktik in einem Laborexperiment ausführlich empirisch untersucht hat. Den Untersuchungsgegenstand bildeten ‚klassische' Chats, bei denen die Beteiligten zeitgleich in der Chat-Anwendung angemeldet sein müssen, um schriftlich zu kommunizieren.

Die Praktik des kontextsensitiven Revidierens bearbeitet die pragmatische Aufgabe der sequenziellen Organisation in Chat- und Messaging-Interaktionen (= das ‚Wozu', d. h., die Funktionsseite der Praktik i. S. v. Deppermann 2007: 32–43). Als Ressource nutzt sie die mit der Materialität schriftlicher Verbalisierung und der zeitlichen Entkopplung von Produktion und Übermittlung gegebene Möglichkeit der diskreten Überarbeitung schriftlicher Entwürfe (= das ‚Wie', d. h. die Formseite der Praktik; vgl. ebd.). Für die sequenzielle Organisation stellen sich mit Blick auf die charakteristischen zeitlichkeitsbezogenen Affordanzen der Chat- und Messaging-Kommunikation (s. ▶ Abschn. 2.4.2) andere Herausforderungen als in mündlichen Gesprächen: Insbesondere dann, wenn alle Interaktionsbeteiligten zeitgleich auf die Weiterentwicklung der im Verlaufsprotokoll dokumentierten Sequenz orientiert sind, lässt sich die Platzierung des eigenen Postings im Verlauf zwar anvisieren, aber nicht mit Sicherheit vorhersehen. Dies liegt daran, dass im Unterschied zu mündlichen Gesprächen aufgrund der Asynchronizität von Produktion, Übermittlung und Rezeption

— eine Aushandlung des Sprecherwechsels zur Laufzeit der Interaktion nicht möglich ist,
— die Beteiligten jederzeit und ohne dafür zunächst ein exklusives Rederecht einzuwerben mit der Produktion eines eigenen Beitrags starten können und
— der Prozess der Produktion der Einsichtnahme durch die anderen Beteiligten entzogen ist (s. ▶ Abschn. 2.4.2, ◘ Abb. 2.6).

Die der Praktik unterliegende Strategie besteht darin, während der Produktion eines eigenen Beitrags nicht vollständig auf das Lesen des Verlaufsprotokolls am Bildschirm zu verzichten, sondern begleitend zur Produktion hin und wieder den aktuellen Stand des Protokolls zu kontrollieren. Die dafür erforderlichen Kontrollblicke markieren keinen Wechsel in die Rezipientenrolle, sondern dienen dazu sicherzustellen, dass sich mit dem, was produziert wird, sequenziell kohärent an den aktuellen Stand des Verlaufsprotokolls anschließen lässt. Stellt der/die Chatter:in fest, dass am Bildschirm neue Beiträge eingetroffen sind und dass sich dadurch die Kontextbedingungen so weit verändert haben, dass der gegenwärtig produzierte Beitragsentwurf nicht mehr problemlos anschließbar ist, so wird der Entwurf durch Ausführung von **Aktivitäten des Revidierens** des eingegebenen Entwurfs (Löschen, Hinzufügen, Ersetzen) entweder angepasst oder gar vollständig gelöscht und durch einen alternativen Entwurf ersetzt, der besser zu den neuen Kontextbedingungen passt (◘ Abb. 3.8).

Um die Praktik des kontextsensitiven Revidierens empirischer Analyse zugänglich zu machen, benötigt man Einblicke in die **Prozessualität der Beitragsproduktion** der

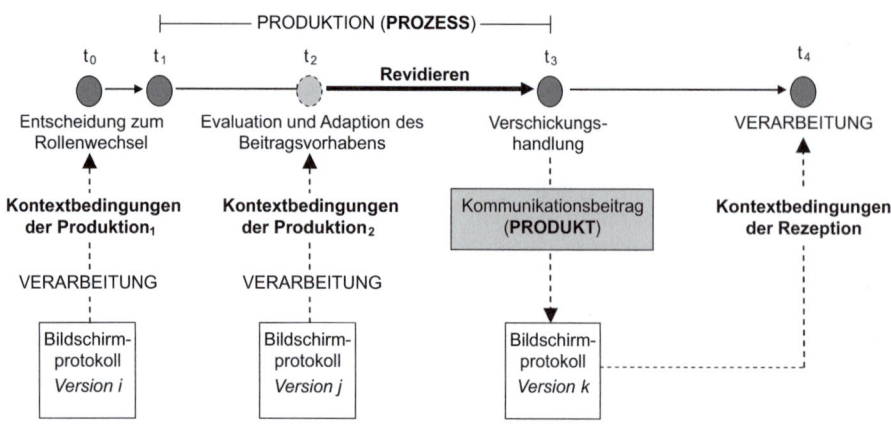

Abb. 3.8 Realisierung von Kommunikationsbeiträgen im Posting-Format: Produktionsprozess mit Strategietyp ‚Kontextsensitives Revidieren'

Beteiligten. Solche Einblicke lassen sich unter Nutzung von Erhebungsverfahren aus der Usability-Forschung gewinnen, die die Aufzeichnung von Texteingabe- und -bearbeitungsaktivitäten sowie des Blickrichtungsverhaltens der Chatter ermöglichen. Für die empirischen Untersuchungen in Beißwenger (2007, 2010) wurden Verfahren des Screen-Capturing und der Videobeobachtung genutzt, um diese Datentypen für Analysezwecke zu dokumentieren. Ein Ausschnitt aus den dabei erhobenen Daten ist in
Abb. 3.9 in Form eines Transkripts wiedergegeben.

Der Transkriptausschnitt zeigt einen Fall des kontextsensitiven Revidierens, der durch die Wahrnehmung eines neuen Beitrags im Bildschirmprotokoll ausgelöst wird. Das Transkript stellt für einen Chatter (mage) die verschiedenen erhobenen Datentypen entlang einer Zeitachse dar, die in der Mitte des tabellarischen Formats zu sehen ist und die fortlaufende, sekundengenaue Realzeitpunktangaben enthält. In der linken Transkriptspalte ist die chronologische Entwicklung des Verlaufsprotokolls dokumentiert: Wird ein neues Posting im Verlauf hinzugefügt, so wird dieses Posting als Eintrag zum betreffenden Zeitpunkt dargestellt. In der Tabellenspalte rechts der Zeitlinie sind die Texteingabe- und -bearbeitungsaktivitäten des Chatters dargestellt. Die Spalte ganz rechts verzeichnet das Blickrichtungsziel des Chatters; unterschieden sind als relevante Ziele das Texteingabefeld am Bildschirm, die Tastatur und das Protokoll.

Die Transkriptfläche zeigt einen Ausschnitt aus einem Beratungschat zum Thema ‚Online-Auktionen bei eBay', an dem eine Expertin (bsommer) und drei Ratsuchende teilnehmen. Zu Beginn des Ausschnitts (zum Zeitpunkt 13:17:34) hat mage einen Beitrag übermittelt, mit dem er nach der Aussagekraft von Bewertungen fragt, die ein Verkäufer auf der Plattform eBay von bisherigen Käufern erhalten hat. 24 s danach beginnt mage mit der Produktion eines weiteren Beitrags, mit dem er vermutlich beabsichtigt, durch Schilderung eines konkret erlebten Falls die Motivation zu seiner zuvor realisierten Frage zu erläutern („Ich hatte mal einen Fall, wo ich"). Um 13:18:03 unterbricht er seine Formulierungsaktivität, nachdem er auf das Verlaufsprotokoll geblickt hat, wo inzwischen ein neuer Beitrag der Expertin eingetroffen ist. Dieser neue Beitrag ist durch das Element @*mage* explizit an ihn adressiert und beantwortet seine zuvor

3.2 · Merkmale interaktionsorientierter Schriftlichkeit

Protokollverlauf	ZEIT	Produktionsaktivitäten *mage*	Blick
mage: kann man sich an diesen berwertungen überhaupt orientieren? Ist eine bewertung von 95 % schon ein grund, abzuraten?	13:17:34		
	[...]		
	13:17:58		TASTATUR
bsommer: @mage: Das kommt darauf an, wie viele Bewertungen der eBayer insgesamt schon hat.	13:18:01	Ich hatte mal einen Fall, wo ich	
	13:18:02		
	13:18:03		PROTOKOLL
	13:18:04		
	13:18:05	~~Ich hatte mal einen Fall, wo ich~~	TASTATUR
	13:18:09		
	13:18:10	sie mei	EINGABEFELD
	13:18:11		
	13:18:12	~~sie mei~~	
	13:18:13	Das heißt, je mehr gute Bewetungen da sind, umso weniger Gewicht haben	TASTATUR
	13:18:22		
	13:18:23		
	13:18:24		PROTOKOLL
	13:18:25		EINGABEFELD
	13:18:26		
	13:18:27		TASTATUR
	13:18:30	schlechte ausreißer?	
mage: Das heißt, je mehr gute Bewetungen da sind, umso weniger Gewicht haben schlechte ausreißer?	13:18:31	**VERSCHICKEN**	EINGABEFELD

◘ **Abb. 3.9** Kontextsensitives Revidieren

gestellte Frage. Damit haben sich die Kontextbedingungen für mages aktuell verfolgtes Beitragsvorhaben verändert: Eine nähere Erläuterung der Motivation für seine Frage ist nun nicht mehr erforderlich, da die Frage somit beantwortet wurde. Er löscht daraufhin den bislang eingegebenen Entwurf (13:18:05, im Transkript mit Durchstreichung markiert) und beginnt fünf Sekunden später mit der Versprachlichung eines neuen Beitragsvorhabens, das sich auf den neuen Stand des Bildschirmprotokolls bezieht und an diesen – mit anadeiktischem *das* – sequenziell anschließt. Nach 12 s (13:18:22) unterbricht mage seine Formulierungsaktivität, um erneut das Bildschirmprotokoll zu überprüfen (13:18:24). Dort hat sich seit der letzten Überprüfung (13:18:03) nichts mehr geändert, sodass die Kontextbedingungen, die zu Beginn der Versprachlichung des aktuellen Beitragsvorhabens galten, immer noch gültig sind. Mage führt seinen Beitragsentwurf daher zu Ende und schickt ihn anschließend zum Zeitpunkt 13:18:31 ab.

In den von Beißwenger (2007) erhobenen und analysierten Daten – 11,5 h an dokumentierten Kommunikationsteilnahmeaktivitäten von insgesamt 17 Chattern – sind Fälle wie der hier besprochene keine Seltenheit. Von sämtlichen dokumentierten Beitragsproduktionsprozessen im Korpus wurden 19 % anstatt mit einer Verschickung mit einer vollständigen Löschung des eingegebenen Entwurfs beendet. Etwa jedes fünfte

Beitragsvorhaben wurde somit aufgegeben. In 72 % dieser Fälle ging der Löschung des aktuellen Entwurfs eine zuvor erfolgte Kenntnisnahme neuer Beiträge am Bildschirm voraus.

Schnelligkeit der Produktion vs. Sequenzielle Kohärenz Dieser Befund zeigt, dass es beim Chatten nicht einzig und allein um Schnelligkeit geht. Die in der Untersuchung von Beißwenger analysierten Chats wurden in einem Setting durchgeführt, in dem die Beteiligten zeitgleich online sind, was den typischen Rahmenbedingungen von ‚klassischen' Webchats um die Jahrtausendwende entspricht. Anders als in heute gängigen Chat-Messenger-Anwendungen wie WhatsApp, Signal & Co. Waren in diesen Chats die ausgetauschten Postings nur für Nutzer:innen lesbar, die zum Zeitpunkt ihrer Verschickung beim Chat-Dienst eingeloggt waren; das Verlaufsprotokoll wurde nicht über die individuelle Chat-Teilnahme hinaus gespeichert. In Messenger-Chats sind die Verlaufsprotokolle demgegenüber dauerhaft persistent, ein Ein- und Ausloggen gibt es bestenfalls noch auf technischer Ebene und geschieht automatisch, wenn die App aufgerufen wird; Postings werden grundsätzlich im Verlaufsprotokoll vorgehalten, ganz gleich, ob der/die Nutzer:in die App gerade aktiv nutzt oder nicht. Dadurch haben sich die Rahmenbedingungen des Chattens erheblich verändert: Jede:r Nutzer:in kann selbst entscheiden, wie zeitnah er/sie auf erhaltene Postings reagieren möchte und muss die eigenen Lese- und Schreibaktivitäten nicht mehr an den Online-Zeiten der Kommunikationspartner:innen ausrichten.

Umso interessanter sind die Befunde zum Produktionsverhalten in ‚klassischen' Chats mit der Notwendigkeit für die Beteiligten, gleichzeitig online und auf die Beteiligung am Interaktionsgeschehen orientiert zu sein: Unter dem Druck der Synchronizität – im Sinne einer gleichzeitigen lesenden und/oder schreibenden Beteiligung am Geschehen – wäre anzunehmen, dass die Schnelligkeit der Reaktion eine bedeutsame Maxime darstellt, die darauf gerichtet ist, einen in Produktion befindlichen Beitrag möglichst rasch zu produzieren und zu posten. Die Befunde aus der Untersuchung der Schreibprozesse in Verbindung mit dem Blickverhalten der Beteiligten legt indes nahe, dass die kohärente, sequenzielle Anschließbarkeit eines neuen, eigenen Postings an den aktuellen Stand des Interaktionsverlaufs für die Beteiligten häufig wichtiger ist als Schnelligkeit: Die Tatsache, dass sie gegebenenfalls bereit sind, ihre eingegebenen, noch nicht verschickten Beiträge ganz oder teilweise wieder zu löschen, ihre Produktion neu- oder umzuplanen und anstelle des gelöschten Entwurfs einen alternativen Beitrag zu verfassen, zeigt, dass die Verständlichkeit und die kohärente Anschließbarkeit des eigenen Handelns an den aktuellen Stand in vielen Fällen als wichtiger erachtet wird als die bloße Schnelligkeit der Reaktion. In ▶ Abschn. 3.2.1.1 haben wir das bereits im Zusammenhang mit Schnellschreibphänomenen diskutiert, und das gilt gleichermaßen für die individuelle Handlungsplanung und die sequenzielle Einpassung eigener Beiträge in den Stand der Interaktion.

Interassante, neue Befunde zur Rolle der Zeitlichkeit bei der Organisation von Messenger-Interaktionen verspricht das vom Schweizerischen Nationalfonds geförderte Forschungsprojekt „Texting in Time: Kommunikative Praktiken der Smartphone-Interaktion im Prozess" (TEXTiT), das derzeit von Florian Busch an der Universität Bern geleitet wird (vgl. Busch 2025).

3.2 · Merkmale interaktionsorientierter Schriftlichkeit

❓ Aufgabe zur Vertiefung und Weiterführung
Unter ▶ http://www.michael-beisswenger.de/sprachhandlungskoordination/ finden Sie Transkripte von vier Chat-Teilnahme-Ereignissen aus der Untersuchung von Beißwenger (2007), die, wie in dem Transkriptausschnitt in der ◘ Abb. 3.9, jeweils für ene:n Chatter:in die aufgezeichneten, produktions- und rezeptionsbezogenen Aktivitäten – Eingabe- und Überarbeitungsaktivitäten, Blickrichtungsverhalten – im zeitlichen Verlauf dokumentieren. Untersuchungen Sie anhand eines oder mehrerer dieser Transkripte Unterschiede zwischen Chats und mündlichen Gesprächen unter der Fragestellung, ob sich beim Chatten der Wechsel zwischen der Schreiber- und der Leserrolle ähnlich darstellt wie der Wechsel zwischen der Sprecher- und Hörerrolle in mündlichen Gesprächen. Reflektieren Sie Ihre Beobachtungen unter Bezug auf die Textformenbasiertheit der Kommunikation und die daraus resultierenden Affordanzen der Chat-Situation.

3.2.2.4 Ausblick zur praktikenzentrierten Analyse internetbasierter Kommunikation

Das Konzept der Praktiken ist in der pragmatisch ausgerichteten Linguistik deshalb so produktiv, weil es die Realisierung von Zwecken des Handelns in der Kommunikation an die Indienstnahme von Ressourcen bindet, mit denen Intentionen, Bedürfnisse und Bedeutung ausgedrückt und kommunikative Äußerungen zeichenhaft gestaltet werden. Als Ressource fungiert dabei nicht nur das Reservoir der Sprache – der Wortschatz, die Grammatik und die Möglichkeiten sprachlicher Variation –, sondern grundsätzlich jede Modalität der Zeichenproduktion einschließlich der für die Zeichenproduktion benötigten Werkzeuge und Verfahren. Dies schließt auch die von den Kommunizierenden wahrgenommenen Affordanzen ihrer Kommunikationsumgebungen ein. Da das, was als Ressource wahrgenommen und zu kommunikativen Zwecken eingesetzt wird, in Abhängigkeit von den materialen Bedingungen der Kommunikationssituation variiert, ist es nicht verwunderlich, dass das Konzept der Praktiken gerade bei der Analyse sprachlichen und multimodalen Handelns unter den Bedingungen digitaler Vermittlung fruchtbare Beschreibungen liefern kann. Dabei können sowohl die Unterschiede digital vermittelter Kommunikation zu vorgängigen Formen des sprachlichen, partnerbezogenen Handelns – zu mündlichen Gesprächen und zum Handeln mit Texten – herausgearbeitet werden, sondern auch die Spezifika des Handelns in unterschiedlichen digitalen Kommunikationsumgebungen, die sich in der Art der in ihnen zur Verfügung stehenden Werkzeuge, Zeicheninventare und technologisch vorgegebenen Organisationsprinzipien sowie der daraus ableitbaren Affordanzen unterscheiden.

Wir haben in den ▶ Abschn. 3.2.2.1–3.2.2.3 an verschiedenen Beispielen die Anwendung des Konzepts der Praktiken auf die Beschreibung des sprachlichen Handelns unter den Bedingungen internetbasierter Kommunikation beleuchtet. Die betrachteten und unter der Perspektive der Praktiken interpretierten Phänomene waren dabei auf unterschiedlichen Ebenen der Konstitution von Kommunikation angesiedelt:

— Praktiken des **Referenzierens und Zitierens** (s. ▶ Abschn. 3.2.2.1) bearbeiten Anforderungen des Handelns auf der **Organisationsebene von Interaktion**, in der es um die Koordination und Vernetzung der einzelnen Kommunikationsbeiträge zu einer sinnhaft interpretierbaren Sequenz von Äußerungen geht, bei der mit nachfolgenden Äußerungen kooperativ und kohärent an Vorgängeräußerungen angeknüpft wird und Handlungserwartungen bzw. -verpflichtungen aus eigenen und fremden Vorgängeräußerungen bedient werden. Praktiken des Referenzierens und des Zitierens lassen sich vor dem Hintergrund der interaktionalen Perspektive auf internetbasierte Kommunikation als Praktiken der Organisation „**interaktionaler Kohärenz**" (Herring 1999) beschreiben, die aufgrund der **Textformenbasierung internetbasierter Kommunikation** (s. ▶ Abschn. 2.4.2) die Beteiligten vor spezifische Herausforderungen stellt.

— Praktiken des **kontextsensitiven Revidierens** (s. ▶ Abschn. 3.2.2.3) beschreiben die Bearbeitung von Problemen der interaktionalen Kohärenz auf der **Mikroebene der schriftsprachlichen Produktion**, auf der die Struktur und Gestaltung einzelner Äußerungen (hier: Postings) betrachtet wird, um sie als Untersuchungsgegenstand zugänglich zu machen, wird eine Prozessperspektive auf die Produktion von Postings benötigt, die in Verlaufsprotokollen nicht mitdokumentiert ist, was spezifische Forschungsdesigns erforderlich macht (z. B. Erhebung von Daten zur Beitragsproduktion mittels Screen Recording und Eye Tracking).

— Die Beschreibung von Praktiken der **Verstehenssicherung und Beziehungsgestaltung mit Emojis** (s. ▶ Abschn. 3.2.2.2) ist ebenfalls auf die **Mikroebene der Kommunikation** gerichtet, setzt aber bei den Produkten des interaktionsorientierten Schreibens (den Postings) an und untersucht den Beitrag der Emojis zur Handlungsgestaltung im Kontext der sprachlichen Anteile der Postings sowie im Kontext der im Verlauf vorangegangenen und nachfolgenden Postings.

Der Fokus bei der Beschreibung dieser drei Praktikenbereiche lag auf der exemplarischen **Klärung von Merkmalen des interaktionsorientierten Schreibens**, in deren Rahmen semiotische und sprachliche Merkmale als Ausdruck der Bearbeitung von Anforderungen der interaktionalen Kohärenz, der Verstehenssicherung und des Beziehungsmanagements auf der Ebene der Produkte (▶ Abschn. 3.2.2.1, 3.2.2.2) und Prozesse (▶ Abschn. 3.2.2.3) betrachtet wurden.

Darüber hinaus findet das Praktikenkonzept bei der linguistischen Erforschung internetbasierter Kommunikation für eine Vielzahl von Untersuchungen zu weiteren Phänomenen Anwendung. Unter anderem umfasst das von Jannis Androutsopoulos und Friedemann Vogel herausgegebene „Handbuch Sprache und digitale Kommunikation" (Androutsopoulos/Vogel 2024) eine Reihe von Beiträgen, die Überblicke zum aktuellen Forschungsstand bieten. Einige Beispiele für Praktikenkomplexe, zu denen aktuelle Untersuchungen vorliegen, seien als Anregung zur weiterführenden Lektüre kurz skizziert:

— **Praktiken des Modalitätswechsels** zwischen geschriebenen und gesprochenen Postings in Messaging-Sequenzen, für die sich unterschiedliche Zwecksetzungen im Bereich der (multimodalen) Organisation textformenbasierter Interaktion nachweisen lassen (,koordiniertes Nacheinander', ,koordiniertes Miteinander', ,koordiniertes Nebeneinander') und die u. a. durch individuelle Präferenzen, situative Faktoren oder die Art der kommunikativen Aktivität bedingt sein können (König 2024);

— **Praktiken des Beziehungs- und Beteiligungsmanagements in digitalen *communities of practice***, mit denen Aufgaben im Bereich des höflichen Handelns, des Umgangs mit unhöflichem Handeln, der Aushandlung von Gruppenzugehörigkeit

und Status innerhalb einer Gruppe, der Kommentierung und Aushandlung sprachlicher und sozialer Normen bearbeitet werden und bei denen sich die Schreiber:innen unter den Affordanzen unterschiedlicher digitaler Kommunikationsformen und Online-Plattformen unterschiedlicher Ressourcen bedienen (Bös 2024);
- **Praktiken verbaler Gewalt und ihrer Bearbeitung** unter den charakteristischen Affordanzen sowie Öffentlichkeits- und Sichtbarkeitsbedingungen von Social-Media-Plattformen (Marx/Meier-Vieracker 2024);
- **Praktiken der Selbstbenennung**, mit denen die Nutzer:innen von Online-Communities (digitale) Identitäten konstruieren und sich zu den anderen Nutzer:innen positionieren (Lotze/Kersten 2024);
- **Praktiken des gemeinsamen und reziproken Lachens in Gruppenchats**, bei denen Lachpartikeln wie *haha*, *HAHAHAHAHA*, *OMG HAHAHAHA*, *LMAOOO* oder *lololol* nicht nur der Markierung von Humor dienen, sondern zudem soziale Funktionen in Bezug auf die Gruppenkonstellation übernehmen (Frick 2024);
- **Praktiken des kreativen ‚Remixens' kulturellen Materials in digitalen Kommunikaten** wie z. B. Text-Bild-Kommunikaten (Memes) auf Twitter, Video-Text-Ton-Kommunikaten in Kurzvideo-Postings auf YouTube und TikTok oder promptbasiert generierten Bildern (Dang-Anh 2024);
- **Praktiken der sozialen Konstruktion und Aushandlung von Wissen** in digitalen Diskursgemeinschaften wie der Wikipedia-Community, bei denen das Ideal einer uneingeschränkten Teilhabe (im Sinne einer digitalen Allmende bzw. der *commons*) mit Zielen der Einhegung von Diskursen widerstreiten und kontinuierlich verhandelt werden (Gredel 2024);
- **Wissenschaftspraktiken im digitalen Raum**, in denen die Potenziale von internetbasierter Kommunikation und Hypertext für die Gewinnung und das Teilen von Informationen, für Zwecke des Publizierens, der Selbstpräsentation, des Netzwerkens und der Kooperation im Kontext der Produktion und Dissemination von Forschungsergebnissen eingesetzt werden (Meiler 2024);
- **Praktiken der strategischen politischen Kommunikation**, die sich die Affordanzen internetbasierter Kommunikationstechnologien und digitalkulturelle Verfahren zunutze machen, um bestimmte Zielgruppen zu erreichen und in digitalen Diskursen die Akzeptanz für bestimmte Interessen und Positionen sicherzustellen (Vogel/Deus 2024);
- **Praktiken der Positionierung und des Stancetaking in digitalen Diskursen**, mit denen Haltungen zu Themen, Positionen, Personen(gruppen) und Diskursen eingenommen bzw. zugewiesen und sprachlich indiziert werden (Spieß 2024);
- **Praktiken des Umgangs mit Sprachassistenzsystemen** wie Alexa und Siri, die sich anhand von Audioaufzeichnungen der Interaktion mit diesen Systemen gesprächsanalytisch rekonstruieren lassen (Hector/Hrncal 2024).

In ▶ Kap. 5 werden wir fünf **Fallstudien** beschreiben, in deren Fragestellungen und Vorgehen bei der Beschreibung von Korpusdaten Sie die in den ▶ Abschn. 3.2.1 und 3.2.2 aufgezeigten Perspektiven wiedererkennen werden. Beide Perspektiven sind für die sprachzentrierte Analyse internetbasierter Kommunikation gleichermaßen bedeutsam: die Perspektive auf **Phänomene**, die semiotisch manifeste Einheiten von

Postings herausgreift und hinsichtlich ihrer Formen und Funktionen untersucht, und die Perspektive auf **Praktiken**, die Aufgaben der Kommunikationskonstitution identifiziert und danach fragt, mit welchen Mitteln diese unter gegebenen situationalen Bedingungen und Affordanzen von den Kommunikationsbeteiligten bearbeitet werden.

Methodische Grundlagen

Inhaltsverzeichnis

4.1 Sprachgebrauchsdaten, wissenschaftliche Aussagen und kommunikative Wirklichkeit – 116

4.2 Korpuslinguistische Basiskonzepte – 118

4.3 Zugängliche Korpora im Porträt – 137

4.4 Erhebung, Aufbereitung und Auswertung eigener Korpora – 161

© Der/die Autor(en), exklusiv lizenziert an Springer-Verlag GmbH, DE, ein Teil von Springer Nature 2025
M. Beißwenger et al., *Korpusgestützte Analyse internetbasierter Kommunikation*,
https://doi.org/10.1007/978-3-476-05977-2_4

Dieses Kapitel vermittelt die methodischen Grundlagen, die Sie für die eigenständige Analyse von Korpusdaten und für den Umgang mit Korpora benötigen. Für jede Art des forschenden Umgangs mit Sprachgebrauchsdaten ist es zunächst wichtig, ein Bewusstsein für die besondere Beziehung zwischen Daten und dem Wirklichkeitsausschnitt zu entwickeln, den diese repräsentieren und über den wir durch Untersuchung der Daten eine wissenschaftliche Aussage treffen möchten.

Das Verhältnis zwischen Daten und kommunikativer Wirklichkeit betrachten wir in ▶ Abschn. 4.1. Anschließend stellen wir Ihnen ausgewählte Konzepte aus dem Bereich der Korpuslinguistik vor, die Sie für die eigenständige und planvolle Arbeit mit Korpora benötigen (▶ Abschn. 4.2) und porträtieren eine Auswahl von Korpora, die im Internet zur Verfügung stehen und die Sie für eigene Untersuchungen nutzen können (▶ Abschn. 4.3). In ▶ Abschn. 4.4 zeigen wir Schritt für Schritt, wie Sie eigene Korpora zur Sprache in der internetbasierten Kommunikation erheben und für die Zwecke Ihrer Untersuchung aufbereiten und auswerten können, welche Werkzeuge dafür benötigt werden und was es bei der Erhebung eigener Korpora zu beachten gilt.

Die Konzepte, Korpora und Werkzeuge, die Sie in diesem Kapitel kennenlernen, bilden die Grundlage für die Fallstudien in ▶ Kap. 5.

4.1 Sprachgebrauchsdaten, wissenschaftliche Aussagen und kommunikative Wirklichkeit

Sprachgebrauchsdaten Unter Sprachgebrauchsdaten verstehen wir im Folgenden gespeicherte **Ausschnitte aus natürlicher Kommunikation** – Texte, Gespräche sowie digitale Kommunikationsverläufe –, die in echten Situationen soziokommunikativer Praxis hervorgebracht (Gespräche, internetbasierte Kommunikation) bzw. für diese produziert wurden (Texte) und somit authentisches sprachliches Handeln repräsentieren. Nicht-authentische, beispielsweise zu Lehrzwecken konstruierte, Sprachbeispiele, die keine Äußerungen in echter soziokommunikativer Praxis darstellen, stellen einen weiteren Typ von Sprachdaten dar; diesen werden wir in diesem Buch nicht berücksichtigen. Wenn wir im Folgenden der Einfachheit halber von ‚Sprachdaten' reden, sind damit immer Sprach*gebrauchs*daten gemeint, die in Korpora gespeichert sind.

Für eigene Analysen ist es wichtig, zwischen sprachlichen Äußerungen und den diese einbettenden Kommunikationsereignissen als **Ausschnitten sozialer Wirklichkeit** und den Sprachdaten zu unterscheiden, durch die solche Ausschnitte der Analyse zugänglich gemacht werden. Sprachdaten können die Kommunikationsereignisse, die sie repräsentieren, in mehr oder weniger reichhaltiger Form dokumentieren und beschreiben, sie können soziale Ereignisse aber nie vollständig und schon gar nicht 1:1 abbilden. Sie dokumentieren nur das, was von den Beteiligten in Form von Verhaltensäußerungen hervorgebracht wurde und was sich aufzeichnen lässt. Im Falle von Sprachdaten aus Kontexten schriftlicher, internetbasierter Kommunikation sind das die von den Beteiligten verfassten Postings in derjenigen Abfolge, wie sie im Verlaufsprotokoll (des Chats, des Forums, der Social-Media-Plattform) dargestellt wurden, in der für die jeweilige Umgebung charakteristischen (typischerweise multimodalen) Gestaltung. Im Falle von Sprachdaten zu mündlichen Gesprächen können darüber hinaus anhand einer Audioaufzeichnung auch stimmliche Merkmale, im Falle einer Videoaufzeichnung auch nichtsprachliche Körpergesten und die Positionierung der Beteiligten zueinander erfasst werden – zumindest diejenigen Teile davon, die anhand der gewählten Kameraperspektive erfasst werden können.

Analyse von Sprachdaten Bei der Analyse von Sprachdaten geht es uns in aller Regel nicht nur darum festzustellen, welche Wörter und Laute bzw. Buchstaben die Beteiligten realisiert haben, sondern wir sind an **Musterhaftigkeit** interessiert, z. B. daran, *wie* bestimmte Wörter lautlich oder schriftlich realisiert werden, welche Satzstrukturen sich in den Äußerungen feststellen lassen, oder ob es wiederkehrende Muster bei der Emojiverwendung gibt. Unter pragmatischer Perspektive bleiben wir dabei häufig nicht bei der bloßen Deskription dessen stehen, was wir an den Daten beobachten können, sondern leiten daraus Erklärungen ab, indem wir vor dem Hintergrund unseres Wissens zu den situativen und technologischen Bedingungen des Kommunikationsereignisses anhand unserer Beschreibungen Hypothesen dazu formulieren, wie sich das Auftreten beobachteter Muster funktional erklären lässt.

Bei der Formulierung von **Hypothesen**, die wir aus unserer Untersuchung der Daten gewinnen, überschreiten wir die Grenze von der linguistischen Beschreibung zur Interpretation. Denn eine Hypothese ist eine Behauptung darüber, wie sich empirisch, also an Daten, gewonnene Beobachtungen erklären lassen. Eine Hypothese ist kein Beweis, dass es sich so verhält, sondern eine Aussage darüber, wie es sich nach Stand der Auseinandersetzung mit den empirischen Daten verhalten *könnte*.

Der **interpretative Teil der Auswertung von Daten** beginnt genau da, wo wir nicht mehr nur Aussagen darüber treffen, was sich aus den Daten unmittelbar ableiten lässt. Da wir nicht in die Köpfe der Kommunikationsbeteiligten blicken und ermitteln können, welche Ziele, Wünsche und Ausdrucksabsichten (oder welche Verhaltensroutinen) sie im Moment des Kommunikationsereignisses zur Hervorbringung bestimmter Muster bewogen haben, rekonstruieren wir, insbesondere bei qualitativen Analysen, die funktionale Dimension des in Gebrauchsdaten dokumentierten sprachlichen Handelns aus dem beobachtbaren Teil sozialer Wirklichkeit.

Grenzen der Analyse Das bedeutet: Das, was man anhand von Sprachgebrauchsdaten durch Untersuchung herausfinden kann, hat Grenzen. Dieser Grenzen sollte man sich bei der Analyse von Daten stets bewusst sein. Es ist aus methodischer Sicht völlig in Ordnung, an einem bestimmten Punkt der eigenen Modellbildung zu in den Daten vorgefundenen Mustern zu entscheiden, dass sich bestimmte Aussagen gut aus der Untersuchung der Daten begründen lassen, dass es aber andere Aussagen gibt, die sich nicht mehr plausibel aus dem Material ableiten lassen und die somit als spekulativ zu gelten haben. So interessant einzelne Mutmaßungen über die Motive der Kommunikationsbeteiligten auch sein mögen: Sobald man in den **Bereich des Spekulativen** kommt, verlässt man die wissenschaftliche Methode, für die essenziell ist, dass getroffene Aussagen bzw. Hypothesen für Dritte nachvollziehbar sein müssen – im Falle datengestützter Untersuchungen: sich mit guten Argumenten anhand von Merkmalen begründen lassen, die sich aus den Daten ableiten lassen.

Falls Sie sich wundern, dass wir in einem Einführungsbuch, das die datengestützte Untersuchung internetbasierter Kommunikation zum Thema hat, einen Abschnitt unterbringen, in dem wir die Begrenztheit datengestützter Untersuchungen betonen, dann hat das damit zu tun, dass *jede* wissenschaftliche Methode Grenzen hat. Es ist uns wichtig, Ihnen bewusst zu machen, dass das auch für die Analyse von Daten gilt – und zwar nicht nur im Bereich der Linguistik, sondern grundsätzlich in jeder empirisch mit Daten arbeitenden Disziplin (also auch z. B. der Physik). Ist man sich der Grenzen bewusst, lassen sich die vielfältigen Potenziale datengestützter Forschung effizienter nutzen. Um diese Potenziale und wie sie sich nutzen lassen geht es in den folgenden Kapiteln.

4.2 Korpuslinguistische Basiskonzepte

4.2.1 Was ist ein Korpus?

Als Datengrundlage für die linguistische Forschung spielen sog. **Korpora** eine wichtige Rolle.

> **Definition**
>
> Ein **Korpus** ist eine Sammlung authentischer Sprachdaten (mündlich, schriftlich, multimodal), die für die Zwecke der linguistischen Analyse von Sprache zusammengestellt wurde, die typischerweise digitalisiert vorliegt und mithilfe von Computertechnologie recherchierbar ist (vgl. Lemnitzer/Zinsmeister 2015: 13; Beißwenger/Lüngen 2022).

Grundsätzlich kann nach dieser Definition jede Sammlung von Sprachdaten, die für linguistische Analysezwecke zusammengestellt oder genutzt wird, als ein Korpus gelten – vom Zettelkasten, in dem aus einer Zeitschrift ausgeschnittene Belege für bestimmte sprachliche Phänomene zusammengestellt sind, über eine Sammlung von Textbelegen in einer oder mehreren Word-Dateien oder Sammlungen von Screenshots mit Social-Media-Postings bis hin zu einer in einer Datenbank verwalteten Textsammlung von mehreren Millionen Textwörtern, die mit computerlinguistischen Methoden für avancierte linguistische Recherchen aufbereitet wurden und über eine Online-Benutzerschnittstelle per Web-Browser durchsucht werden können. Und tatsächlich sind die Beispiele für Korpora, die in der linguistischen Forschungsliteratur begegnen, sehr vielfältig. Zwar wird heutzutage nur noch in Ausnahmefällen mit Zettelkästen oder Belegsammlungen auf Papier gearbeitet, ansonsten gibt es aber eine große Bandbreite von Formen und Formaten, in denen Korpora von ihren Ersteller:innen vorgehalten und genutzt werden.

Je nachdem, für welche Nutzungskontexte und mit welchem Entwicklungsbudget ein Korpus erstellt wurde, kann dabei auch die Nachnutzbarkeit eines Korpus für Dritte erheblich variieren. Korpora von überschaubarem Umfang, die von ihren Ersteller:innen nur für die Zwecke einer einzelnen, kleinen Untersuchung zusammengestellt wurden, sind häufig einfacher strukturiert und in ihrer Organisation für Dritte weniger nachvollziehbar, als das bei Korpora der Fall ist, die (auch) mit dem Ziel aufgebaut werden, für Dritte nachnutzbar zu sein und die von ihren Ersteller:innen als Forschungsressource für Dritte zur Verfügung gestellt werden.

In diesem Buch haben wir uns bewusst dafür entschieden, einen weit gefassten Begriff von Korpora zu verwenden, um der Tatsache Rechnung zu tragen, dass – gerade

4.2 · Korpuslinguistische Basiskonzepte

> **Zur Vertiefung**
>
> **Open Data / Open Science**
>
> Im Zusammenhang mit den Ideen von *Open Data* und *Open Science*, d. h. der freien Verfügbarkeit von Forschungsdaten und der Nachvollziehbarkeit datengestützter Forschung, ist die **Nachnutzbarkeit von Forschungsdaten** ein zentrales Konzept. Daten gelten als nachnutzbar, wenn sie nicht nur für diejenigen, die sie zusammengestellt haben, sondern auch für Dritte zugänglich, verwendbar, auswertbar und in ihrer Struktur verständlich sind.
>
> Das *Virtual Language Observatory* des europäischen Infrastrukturprojekts *CLARIN* (Common Language Resources and Technology Infrastructure, ▶ https://www.clarin.eu/) verzeichnet eine Vielzahl von digitalen Sprachressourcen, die online zur freien oder akademischen Nutzung zur Verfügung stehen: ▶ https://vlo.clarin.eu/

im Bereich der empirischen Erforschung internetbasierter Kommunikation – wissenschaftliche Erkenntnisse zu linguistischen Fragestellungen typischerweise aus der Auswertung von Sammlungen authentischer Sprachdaten gewonnen werden. Wie Sie in den weiteren Abschnitten bemerken werden, handelt es sich bei den Korpora, die wir genauer in den Blick nehmen, um solche Datensammlungen, die nicht nur Zusammenstellungen von mehr oder weniger unstrukturierten ‚Rohdaten' (z. B. Sammlungen von Word-Dateien) oder Screenshots darstellen, sondern bei deren Erstellung die Sprachdaten mit Spezialsoftware für linguistische Recherchezwecke aufbereitet wurden. Die Möglichkeiten der linguistischen Auswertung solcher Korpora übersteigen die Möglichkeiten der Auswertung von Word-Dateien oder Sammlungen von Screenshots erheblich.

> **Definition**
>
> **Korpuslinguistische Untersuchungen** im engeren Sinne sind solche, bei denen strukturierte, um Metadaten und linguistische Annotationen angereicherte und mit avancierten Recherche- und Analysewerkzeugen auswertbare Korpora zum Einsatz kommen.

Arten von Korpora Um die vielfältige Welt der Korpora für Sie überblickbar zu machen, möchten wir zunächst zwei Unterscheidungen einführen, anhand derer sich die unterschiedlichen Arten von Korpora, die Ihnen in der Forschungsliteratur begegnen, klassifizieren lassen (vgl. Beißwenger/Lüngen 2022). Hinsichtlich des Grads der Strukturierung und Aufbereitung unterscheiden wir **Korpora im weiteren Sinne** und **Korpora im engeren Sinne**. Hinsichtlich der Zugänglichkeit für Dritte unterscheiden wir zwischen **zugänglichen Korpora** und **nicht zugänglichen Korpora**, woraus sich das Klassifikationsschema für Korpora in ◨ Abb. 4.1 ergibt.

- **Korpora im engeren Sinne** sind so aufbereitet, dass ihre Nutzer:innen sie mit Korpusabfrage- und -analysewerkzeugen durchsuchen und analysieren können, d. h., es können bei der Suche **Metadaten** und **Annotationen** einbezogen werden (s. ▶ Abschn. 4.2.3.3), mit deren Hilfe sich Teilkorpora bilden und Suchen über Daten mit spezifischen Merkmalen durchführen lassen.

	Grad der Aufbereitung	
	nicht oder gering aufbereitet	aufbereitet
Zugänglichkeit — nicht zugänglich	Nicht zugängliche Korpora im weiteren Sinne	Nicht zugängliche Korpora im engeren Sinne
Zugänglichkeit — zugänglich	Zugängliche Korpora im weiteren Sinne	Zugängliche Korpora im engeren Sinne

Abb. 4.1 Arten von Korpora nach Zugänglichkeit und Grad der Aufbereitung für linguistische Recherche- und Analysezwecke

- **Korpora im weiteren Sinne** sind hingegen Sammlungen von Sprachdaten, die nicht oder nur in begrenztem Maße für linguistische Recherchezwecke aufbereitet wurden. Solche Daten sind für die Linguistik ebenfalls wertvoll, die Möglichkeiten der computergestützten Abfrage und Analyse sind aber gegenüber Korpora im engeren Sinne begrenzt.
- **Zugängliche Korpora** werden von den Korpusentwickler:innen als Forschungsressourcen zur Verfügung gestellt und können entweder direkt online genutzt oder heruntergeladen werden. Forschung, die auf Grundlage solcher Korpora durchgeführt wird, ist nachprüfbar, weil die Daten offen zugänglich sind. Eine Vernetzung der Forschungsergebnisse mit den verwendeten Ressourcen wird möglich. Dadurch, dass unterschiedliche Forschungsfragen auf denselben Korpora durchgeführt werden, wird es möglich, Ergebnisse zu unterschiedlichen Forschungsfragen über den Bezug auf dieselben Daten zueinander in Beziehung zu setzen und sie zu vergleichen. Dadurch können neue Forschungsfragen entstehen.
- **Nicht zugängliche Korpora** werden von den Ersteller:innen zur Eigenforschung aufgebaut. Eine Veröffentlichung bzw. freie Bereitstellung wurde nicht durchgeführt oder ist z. B. aus technischen und/oder rechtlichen Gründen nicht möglich, sodass der Zugang zu diesen Korpora nicht oder ggf. nur über direkten Kontakt mit den Entwickler:innen möglich ist.

Der Fokus dieses Buches liegt auf zugänglichen und nicht zugänglichen Korpora im engeren Sinne: Für empirische Untersuchungen zur Sprache in der internetbasierten Kommunikation sind besonders solche Korpora interessant, die frei zugänglich sind und die sich direkt online abfragen und analysieren lassen. Zugängliche Korpora im engeren Sinne liefern dabei grundsätzlich eine reichhaltigere Datengrundlage und avanciertere Recherche- und Analysemöglichkeiten als zugängliche Korpora im weiteren Sinne. Gerade im Bereich der internetbasierten Kommunikation ist es aber oftmals so, dass noch keine zugänglichen Korpora existieren, anhand derer die Kommunikation

4.2 · Korpuslinguistische Basiskonzepte

> **Zur Vertiefung**
>
> **Korpuslinguistik, Computerlinguistik und Sprachtechnologie**
>
> Das linguistische Forschungsfeld, das sich mit der Erhebung, Dokumentation, Aufbereitung, Bereitstellung und Analyse von Korpora beschäftigt, ist die **Korpuslinguistik** (vgl. Lemnitzer/Zinsmeister 2015: 14/15). Neben dem Aufbau von Korpora beschäftigt sie sich auch mit der Entwicklung von Werkzeugen, mit deren Hilfe Korpora durchsucht und für die linguistische Forschung genutzt werden können (vgl. Storrer 2011: 216). Damit arbeitet die Korpuslinguistik im Schnittbereich von Linguistik und Computerlinguistik; in Bezug auf Fragestellungen aus dem Bereich der Sprachtechnologie ergibt sich ein enger Bezug zur Informatik.
>
> Die **Computerlinguistik** ist die Wissenschaft, die sich theoretisch und anwendungsbezogen mit der Verarbeitung von Sprache durch Computertechnologie beschäftigt und die als Disziplin im Schnittbereich von Linguistik und Informatik angesiedelt ist.
>
> **Sprachtechnologie** ist ein Anwendungsbereich der Informatik, Linguistik und Computerlinguistik, der sich mit der Entwicklung von Ressourcen und Software-Anwendungen für die automatische Sprachanalyse befasst (vgl. Lobin 2010).

auf einer bestimmten Social-Media-Plattform oder ein bestimmtes Phänomen dokumentiert ist. In solchen Fällen kommt man nicht umhin, selbst Korpusdaten zu erheben und ein Korpus aufzubauen. Dass man zu diesem Zweck Kommunikationsverläufe in Word- oder Excel-Dateien speichern oder Sammlungen von Screenshots anlegen kann, versteht sich von selbst. Auf solche selbst erstellten Korpora im weiteren Sinne werden wir in diesem Buch nicht weiter eingehen, da die dafür benötigten Kompetenzen nicht Gegenstand dieser Einführung zu sein brauchen. Stattdessen werden wir in ▶ Abschn. 4.4 zeigen, wie man mit spezialisierten Werkzeugen selbst Korpora aufbauen und aufbereiten kann, die sich anschließend mit avancierten Auswertungsmethoden analysieren lassen (selbst erstellte Korpora im engeren Sinne) und die prinzipiell (und sofern das lizenzrechtlich möglich ist) anschließend auch in zugängliche Korpora überführt werden könnten. Diese beiden Korpustypen haben wir in der ◘ Abb. 4.1 farbig markiert. Sie bilden den eigentlichen Gegenstand dieses Kapitels.

Referenzkorpora Eine besondere Rolle für empirische linguistische Untersuchungen spielen sog. Referenzkorpora. Dabei handelt es sich um **zugängliche Korpora im engeren Sinne**, die in aller Regel speziell dafür aufgebaut werden, um sie der Scientific Community als Grundlage für sprachbezogene Forschungen bereitzustellen. Sie werden also nicht (nur) mit Blick auf die Anforderungen in einem speziellen Forschungsprojekt aufgebaut, sondern von vornherein im Hinblick darauf, für möglichst viele und unterschiedliche Forschungsvorhaben zum gleichen Gegenstand (zum Beispiel der geschriebenen deutschen Sprache des 20. Jahrhunderts, der Sprache in WhatsApp-Chats, der gesprochenen deutschen Sprache) hilfreich zu sein.

4.2.2 Wofür sind Korpora nützlich?

Korpora werden in vielen linguistischen Disziplinen genutzt, beispielsweise in der Lexikologie und Lexikographie, der (Fremdsprachen-)Didaktik und der maschinellen Sprachgebrauchsanalyse (vgl. Lemnitzer/Zinsmeister 2015: 15; Kap. 1.1; vgl. auch Kap. 8).

Korpora sind nützliche Ressourcen, um ...

- das **Vorkommen und die Häufigkeit** von sprachlichen Ausdrücken zu untersuchen,
- die **Form und die Bedeutung** von sprachlichen Ausdrücken und grammatischen Mitteln sowie deren Gebrauch in unterschiedlichen Textsorten und Kontexten, auch vergleichend, zu analysieren,
- den **Wandel** von Textsorten sowie sprachlichen und kommunikativen Praktiken unter sich verändernden gesellschaftlichen und technologischen Bedingungen empirisch zu beschreiben,
- die **Spezifik der Sprachverwendung** in unterschiedlichen Domänen und Ausprägungen des sprachlichen Handelns zu erforschen (z. B.: geschriebene vs. gesprochene Sprache; Alltagssprache vs. Sprache in Institutionen; Sprachverwendung in unterschiedlichen sozialen Gruppen; Texte vs. Gespräche; Gespräche vs. Chats),
- sprachliche Phänomene in verschiedenen **Sprachstufen** (z. B. historische Sprachstufen des Deutschen vs. die deutsche Gegenwartssprache) und in verschiedenen Sprachen zu vergleichen.

4.2.3 Was ist beim Umgang mit Korpusdaten für Analysezwecke zu beachten?

Beim Umgang mit Korpusdaten für linguistische Analysen ist es wichtig, einige Basiskonzepte der Korpuslinguistik zu kennen und diese bei der Auswahl und Nutzung des Korpus für eigene Untersuchungen zu reflektieren:

- **Gegenstand des Korpus**: Welche Formen des Sprachgebrauchs bzw. welche sprachlichen Phänomene oder Sprachvarietäten einer Sprache (z. B. des Deutschen) bilden den Gegenstand des Korpus, d. h. denjenigen Sprachausschnitt, zu dessen Dokumentation das Korpus aufgebaut wurde?
- **Zusammensetzung und Umfang des Korpus**: Nach welchen Kriterien und in welchem Umfang wurden Sprachdaten in das Korpus aufgenommen, um den Gegenstand empirisch zu dokumentieren?
- **Datentypen im Korpus:** Wie sind die Korpusdaten beschrieben? Welche *Metadaten* (z. B. zu den Schreiber:innen/Sprecher:innen, zu den situativen Rahmenbedingungen der sprachlichen Äußerungen) sind als zusätzliche Informationen enthalten? Sind die Korpusdaten mit *Annotationen* versehen, die die Einbeziehung grammatischer und lexikalischer Informationen in die Auswertung der Daten erlauben?
- **Recherche- und Analysefunktionen:** Welche digitalen Werkzeuge und Funktionen stehen an der Benutzerschnittstelle des Korpus (= bei Online-Korpora auf der Internetseite, über die das Korpus recherchiert werden kann) zur Verfügung, um

die Korpusdaten (einschließlich Metadaten und Annotationen) zu durchsuchen, zu filtern und zu analysieren?
- **Treffer, Belege und Pseudotreffer:** Wie relevant sind die Ergebnisse (Treffer), die die Suche im Korpus zu einer Suchabfrage liefert, für meine Forschungsfrage? Was ist beim Umgang mit Trefferlisten zu beachten und welchen Status haben sie für den weiteren Forschungsprozess?

4.2.3.1 Gegenstand und Zusammensetzung des Korpus

Kein Korpus bildet die gesamte deutsche Sprache in allen ihren Ausprägungen und Verwendungsweisen ab. Bei der Auswahl und Nutzung von Korpora ist daher zu beachten, dass ein Korpus immer nur einen bestimmten Ausschnitt aus der Vielzahl aller (auch historischer) Ausprägungsformen und Verwendungsweisen der betreffenden Sprache abbildet. Dieser **Gegenstand** wird von den Ersteller:innen des Korpus zu Beginn der Korpuserstellung festgelegt und kann mehr oder weniger stark eingegrenzt sein (z. B. „die geschriebene deutsche Sprache des 20. Jahrhunderts" vs. „die deutsche Zeitungssprache 1980–2020" vs. „die Sprache des deutschen Feuilletons 1980–2020").

Stichprobe und Grundgesamtheit Dieser Gegenstand wird im Korpus dann in Form einer Stichprobe beschrieben: Nur in Ausnahmefällen (z. B. im Falle eines Korpus mit sämtlichen Werken eines bestimmten Autors oder eines Korpus mit der Gesamtheit der schriftlichen Überlieferungen einer historischen Sprachstufe) ist die Gesamtheit des Sprachgebrauchs zum Korpusgegenstand für die Aufnahme in ein Korpus zugänglich. In den allermeisten Fällen ist die Gesamtheit des Sprachgebrauchs zum Gegenstand (statistisch würde man hier von der Grundgesamtheit sprechen) nicht bekannt bzw. ermittelbar (z. B. „die geschriebene deutsche Sprache des 20. Jahrhunderts", „Sprechstundengespräche im Hochschulkontext") oder zwar grundsätzlich ermittelbar, aber praktisch – z. B. aufgrund urheberrechtlicher Aspekte – nicht verwendbar (z. B. „die deutsche Zeitungssprache 1980–2020"). Das hat zur Folge, dass der Gegenstand des Korpus nicht in seiner Gesamtheit, sondern anhand der von den Korpusersteller:innen getroffenen Auswahl von Daten, der Stichprobe, dokumentiert ist.

> **Definition**
>
> Unter einer **Stichprobe** versteht man in der Statistik einen Ausschnitt aus der Menge aller infrage kommenden Vorkommen eines untersuchten Phänomens. Es gibt unterschiedliche Verfahren, um aus einer **Grundgesamtheit** (= der Menge aller infrage kommenden Fälle) Stichproben zu erheben. Typischerweise muss die Grundgesamtheit bekannt sein, um eine Stichprobe als repräsentativen oder nicht repräsentativen Ausschnitt aus der Grundgesamtheit zu bewerten.

Ein Beispiel für die Arbeit mit repräsentativen Stichproben sind Wahlumfragen. Untersuchungen zur Sprache stehen grundsätzlich vor der Herausforderung, dass die Grundgesamtheit (= die Menge aller sprachlichen Äußerungen) in der Regel nicht bekannt ist. Korpora gehen auf unterschiedliche Weise mit diesem Problem um, wenn sie die

Stichprobe aus dem Sprachgebrauch festlegen, aus der die Korpusdaten gewonnen werden.

Kriterien der Zusammenstellung des Korpus Da die Grundgesamtheit des Sprachgebrauchs zum Gegenstand in den allermeisten Fällen nicht ermittelbar ist, was dem Charakter des Gegenstands (Sprache und ihr Gebrauch) geschuldet ist, sind die Stichproben, die in einem Korpus erfasst sind, in aller Regel **nicht repräsentativ** (vgl. Lemnitzer/Zinsmeister 2015: Kapitel 3.3 zur Repräsentativität von Korpora). Deshalb ist es für eigene Untersuchungen wichtig zu wissen, nach welchen Kriterien das Korpus zusammengestellt wurde:

- Wurde das Korpus **opportunistisch** – d. h. ohne den Anspruch auf Ausgewogenheit – zusammengestellt (d. h. wurden alle Daten, die zum Zeitpunkt der Korpuserstellung zugänglich und greifbar waren und mit den zur Verfügung stehenden Kapazitäten erhoben werden konnten, in das Korpus aufgenommen)?
- Wurden bei der Erhebung und Zusammenstellung der Korpusdaten systematisch **verschiedene Aspekte des Gegenstands** berücksichtigt? Beispiel: Bei der Zusammenstellung des **DWDS-Kernkorpus** wurden einerseits verschiedene Textsortenbereiche des Gegenwartsdeutschen berücksichtigt und andererseits der Korpusbestand gleichmäßig über verschiedene Dekaden des Korpusgegenstands (= die deutsche Sprache des 20. Jahrhunderts) verteilt. Durch diese Art der Zusammenstellung soll die sprachliche Varianz, die einerseits zwischen verschiedenen Textsorten- bzw. Handlungsbereichen und andererseits zwischen dem Sprachgebrauch in unterschiedlichen Zeiten besteht, im Korpus ausgeglichen werden. Die Metadaten zur Textsorte und zur zeitlichen Verortung der Daten ermöglicht zugleich die differenzierte Analyse der Sprachverwendung in verschiedenen Textsortenbereichen (synchron und diachron) und zu verschiedenen Zeiten (diachron). Man spricht in einem solchen Fall von einem **ausgewogenen Korpus** (engl. *balanced corpus*), konkret in Bezug auf das DWDS-Kernkorpus von einem nach Textsortenbereichen und Dekaden ausgewogenen Korpus. Die für das DWDS-Kernkorpus angelegten Kriterien stellen nur eine Möglichkeit dar, bei der Zusammenstellung eines Korpus Ausgewogenheit herzustellen. Es sind auch andere Kriterien denkbar.

Für die Interpretation der auf Basis der Korpusdaten zu einer Forschungsfrage gewonnenen Ergebnisse und für die Frage ihrer Generalisierbarkeit ist die Kenntnis des bei der Zusammenstellung gewählten Vorgehens von nicht unerheblicher Bedeutung.

4.2.3.2 Welche Typen von Daten sind in Korpora enthalten?

Die in einem Korpus zusammengestellten und gespeicherten Sprachdaten, also beispielsweise Texte, Gesprächsaufzeichnungen oder Postings aus Kontexten internetbasierter Kommunikation, bezeichnet man als **Primärdaten** (vgl. Lemnitzer/Zinsmeister 2015: Kapitel 3.2; Storrer 2011: 218–219). Handelt es sich um **Korpora im engeren Sinne**, sind die Primärdaten um zusätzliche Informationen (**Sekundärdaten**) angereichert, die die Möglichkeiten zur Analyse der Daten erweitern.

4.2 · Korpuslinguistische Basiskonzepte

Wichtige Zusatzinformationen liefern **Metadaten** und **Annotationen**, aus denen sich über die reine Volltextsuche im Korpus hinaus differenzierte Möglichkeiten zur Filterung und Abfrage der Daten ergeben.

Metadaten (Daten über Daten) Metadaten liefern Informationen, die für die Analyse und Interpretation der Primärdaten wichtig sind: Sie können zum Beispiel Auskunft zum Entstehungszeitpunkt oder -kontext der Primärdaten geben und Informationen zu den an ihrer Produktion beteiligten Personen liefern – im Falle von Gesprächs- oder Chatdaten beispielsweise zum Alter, zum Geschlecht und zum sprachlichen Repertoire der Kommunikationsbeteiligten, zu deren Beziehung sowie zum Anlass und zum situativen Kontext der Kommunikation, im Falle von Textdaten beispielsweise zum/zur Autor:in, zur Textsorte, zur Entstehungszeit und zu den Entstehungsumständen sowie bei publizierten Texten zur Veröffentlichung (vgl. Schmidt 2022, Lemnitzer/Zinsmeister 2015: Kapitel 3.2; Storrer 2011: 218–219).

Neben ihrer Bedeutung für die Analyse von Korpusbelegen spielen Metadaten auch für die Eingrenzung von Rechercheergebnissen, für die Zusammenstellung von Stichproben aus Korpora und für die Bildung von Teilkorpora eine Rolle. ◘ Abb. 4.2 zeigt Metadaten, die den Forschungs- und Lehrkorpus Gesprochenes Deutsch (FOLK) enthaltenen Gesprächsaufzeichnungen und -transkripten als Metadaten beigegeben sind. ◘ Abb. 4.3 zeigt einen Ausschnitt der in FOLK erfassten Metadaten zu Gesprächsbeteiligten, ◘ Abb. 4.4 die Ausgabe eines Teils dieser Metadaten zu einer Suchabfrage nach dem Ausdruck *oh mein gott*. ◘ Abb. 4.5 zeigt das Ergebnis einer statistischen Auswertung der Verteilung der Vorkommen von *oh mein gott* in den Korpusdokumenten auf das Geschlecht der Sprecher:innen, die durch Analyse der Metadaten über die Recherche- und Analyseschnittstelle von FOLK erzeugt wurde.

	Unterrichtsstunde in der Berufsschule	WG-Gespräch	Podiumsdiskussion
Interaktionsdomäne	Institutionell	Privat	Öffentlich
Lebensbereich	Bildung	Privat (nicht spezifiziert)	Politik
Aktivität	Unterricht	nicht aktivitätsgeleitet	Podiumsdiskussion
Sprecherkonstellation	Mehr-Personen-Interaktion	Drei-Personen-Interaktion	Mehr-Personen-Interaktion
Publikum	nein	nein	ja (verbal nicht beteiligt)
Vertrautheit	bekannt	vertraut	bekannt ; unbekannt

◘ **Abb. 4.2** Beispiele für Metadaten zu Gesprächsaufzeichnungen in einem Korpus gesprochener Sprache. (Aus Schmidt 2022: 252)

Geschlecht	Weiblich	Weiblich	Weiblich
Geburtsjahr	1987	1986	1987
Bildungsabschluss	Realschulabschluss	Hochschulabschluss	Abitur
Sprachlich prägende Region	Rheinfränkische Sprachregion	Schwäbische Sprachregion	Rheinfränkische Sprachregion

◘ **Abb. 4.3** Beispiele für Metadaten zu Sprecher:innen in einem Korpus gesprochener Sprache. (Aus Schmidt 2022: 253)

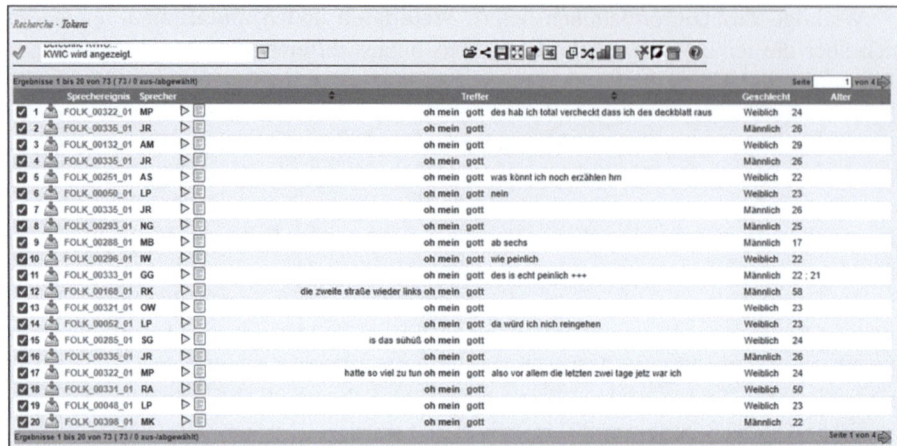

☐ **Abb. 4.4** Suche nach Treffern für den Ausdruck *oh mein gott* in einem Korpus gesprochener Sprache. (Aus Schmidt 2022: 256)

☐ **Abb. 4.5** Klassifikation der Korpusabfrage aus ☐ Abb. 4.4 bezogen auf das Geschlecht der Sprecher:innen (aus Schmidt 2022: 257). Da Informationen zum Geschlecht als Metadaten zu den Sprecher:innen im Korpus erfasst sind (vgl. ☐ Abb. 4.3), lässt sich über die Recherche- und -analyseschnittstelle des Korpus automatisch ermitteln, dass 48 der insgesamt 73 Treffer für *oh mein gott* im Korpus von Frauen geäußert wurden.

Annotationen Annotationen beschreiben die im Korpus enthaltenen sprachlichen Einheiten (Wortformen, Sätze, Textabsätze) hinsichtlich bestimmter **linguistischer und struktureller Merkmale**, deren Verknüpfung mit den Primärdaten die Voraussetzung dafür bildet, differenziert nach linguistischen Phänomenen in den Daten zu suchen (vgl. Lemnitzer/Beißwenger 2022).

> **Definition**
>
> Der Begriff **Annotation** kann dabei sowohl die Information bezeichnen, die einem Segment der Primärdaten im Korpus zugeordnet ist und dieses als Vertreter einer bestimmten Klasse von Einheiten (z. B. einer bestimmten Wortart, Flexionskategorie oder syntaktischen Struktureinheit) kennzeichnet, als auch den Prozess der Anreicherung der Primärdaten mit diesen Informationen, der als Teil der Aufbereitung der Primärdaten von den Korpusentwickler:innen durchgeführt wird (vgl. Lemnitzer/Beißwenger 2022).

4.2 · Korpuslinguistische Basiskonzepte

Annotationen können, je nach Korpus, linguistische Informationen auf unterschiedlichen Ebenen liefern, zum Beispiel (vgl. Lemnitzer/Zinsmeister 2015: 61):

- **Morphosyntaktische Annotationen** (z. B. Wortarten-/Part-of-Speech (POS)-Annotation): Hierbei werden den einzelnen Wortformen Informationen zur Wortart und zur syntaktischen Funktion hinzugefügt, beispielsweise *ADJA* für attributive bzw. *ADJD* für adverbiale oder prädikative Adjektive und *NN* für Gattungsnamen/Appellativa, sodass z. B. Homographen wie *modern* (als Adjektiv vs. Verb) bei der Korpusrecherche disambiguiert werden können (vgl. auch Storrer 2011: 219).
- **Lemmatisierung**: Zuordnung jeder Wortform zu einer Grundform – also *Hauses* zu *Haus*, *machtest* zu *machen*, *größte* zu *groß* usw. –, wodurch bei der Korpusrecherche lemmabasierte Abfragen möglich werden („Suche Belege für beliebige flektierte Formen des Verbs *laufen*").
- **Morphologische Annotationen**: Flektierte Wortformen werden hinsichtlich ihrer Konjugations- bzw. Deklinationsform beschrieben – zum Beispiel: *Hauses* ‚Genitiv Singular', *fliegst* ‚2. Person Singular Präsens Indikativ Aktiv'. Dadurch eröffnet sich die Möglichkeit, bei der linguistischen Korpusrecherche gezielt nach bestimmten Flexionsformen zu suchen.
- **Syntaktische Annotationen**: z. B. topologische Felder in Sätzen oder satzwertigen Einheiten (Satzklammer, Vorfeld, Mittelfeld, Nachfeld) und syntaktische Konstituenten (Phrasen).
- **Semantische Annotationen**: z. B. die jeweilige Lesart, in der polyseme (z. B. *Bank*, *Rechte*) oder homonyme Wörter bzw. Wortformen (*Kiefer*; *einige* als Verbform oder Pronomen) in einem gegebenen Kontext verwendet sind.
- **Pragmatische Annotationen:** z. B. Typen sprachlicher Handlungen, Illokutionsindikatoren, Ausdrücke sprachlicher Höflichkeit u. a.
- **Annotation der orthographischen Standardform**: z. B. Rückführung einer Wortform auf eine (häufig orthographische) „Normalform", die für die Auffindung bei der Korpusrecherche benötigt wird; zum Beispiel Annotation der (regionalen oder dialektalen) Wortform *dat* als Formvariante der standardsprachlichen Wortform *das*. Korpora mit solcherart normalisierten Daten ermöglichen es, nicht nach jeder denkbaren Formvariante eines Wortes suchen zu müssen, sondern über die Abfrage seiner normalisierten Form sämtliche im Korpus enthaltenen Varianten „auf einen Klick" zu erfassen.

Die in den Korpusdaten vorhandenen Annotationen sind für Sie als Nutzer:innen des Korpus in aller Regel unsichtbar. Sie wurden zumeist automatisch oder halbautomatisch anhand von sprachtechnologischer Software erzeugt (vgl. Lemnitzer/Beißwenger 2022) und sind auf der Datenebene des Korpus erfasst und dort den einzelnen Datensegmenten zugeordnet. Das kann man sich wie eine Tabelle vorstellen – im Falle von morphosyntaktischen und morphologischen Annotationen zum Beispiel wie in ◘ Tab. 4.1.

Abfrage sprachlicher Muster Mittels Korpusrecherche- und Analysefunktionen können die auf diese Weise zugeordneten Annotationen als Merkmale der Primärdaten bei der Korpusrecherche mitabgefragt werden, wodurch die linguistische Recherche nicht auf die Abfrage konkreter sprachlicher Formen beschränkt ist, sondern gezielt nach

Tab. 4.1 Annotationen zu Wortformen in einem Korpus in tabellarischer Darstellung

Primärdaten	Annotationen		
Wortform (Token)	Angabe zur Wortart und syntaktischen Funktion (POS)	Angaben zur Morphologie	Angabe der Grundform
Die	Bestimmter Artikel	3. Person Plural Nominativ	d-
in	Präposition	–	in
den	Bestimmter Artikel	3. Person Plural Dativ	d-
Korpusdaten	Nomen	3. Person Plural Dativ	Korpusdatum
vorhandenen	Attributiv verwendetes Adjektiv	3. Person Plural Nominativ	vorhanden
Annotationen	Nomen	3. Person Plural Nominativ	Annotation
sind	Kopulaverb	3. Person Plural Präsens Indikativ Aktiv	sein
für	Präposition	–	für
…			

sprachlichen Mustern gesucht werden kann. Nutzer:innen, die sich beispielsweise für komplexe Präpositionalphrasen im Deutschen interessieren, könnten in einem Korpus, das Annotationen wie in der obigen Tabelle enthält und dessen Recherchesystem eine Suche über Annotationen ermöglicht, eine Abfrage der Art formulieren:

» Suche nach Datensegmenten, die die folgende Struktur aufweisen: „bestimmter Artikel gefolgt von Präposition gefolgt von bestimmtem Artikel gefolgt von Nomen gefolgt von attributiv verwendetem Adjektiv gefolgt von Nomen".

Zu dieser Suchabfrage würde der Ausdruck *Die in den Korpusdaten vorhandenen Annotationen* aus der Tabelle als Treffer ausgegeben – und darüber hinaus noch viele weitere Treffer, die ebenfalls mit dem in der Abfrage beschriebenen Suchmuster „matchen", etwa:

— *die für die anstehende Prüfung gelernten Inhalte*
— *der im vergangenen Sommer entdeckten Möglichkeiten*
— *der von verflossenen Geliebten erhaltenen Briefe*
— *des auf namhafte Wissenschaftlerinnen zurückgehenden Forschungsbefunds*

Um Korpusrecherchen dieser Art durchzuführen, bedarf es einer Kenntnis der Möglichkeiten von Korpusrecherche- und -analysesystemen und der in diesen Systemen implementierten Möglichkeiten zur Formulierung von Abfragen. Dazu geben wir Ihnen im folgenden Abschnitt einen ersten Überblick.

4.2.3.3 Recherche- und Analysefunktionen

Digitale, frei zugängliche Korpora sind in aller Regel über ein sogenanntes **Korpusrecherchesystem** zugänglich, anhand dessen der Datenbestand des Korpus erkundet und systematisch recherchiert werden kann. Im Falle von online angebotenen Korpora ist das Recherchesystem über eine WWW-Schnittstelle (eine Webseite) benutzbar, über die der Datenbestand abgefragt werden kann und auf der Ergebnisse zu Abfragen für die Benutzer:innen ausgegeben werden. Dabei können spezialisierte Recherchefunktionen genutzt werden, die u. a. auch die Einbeziehung von im Korpus enthaltenen Metadaten und Annotationen erlauben. Einige Korpusrecherchesysteme bieten zudem Analysefunktionen an, mittels derer sich Analysen oder Visualisierungen zu Rechercheergebnissen durchführen lassen. Ein Beispiel sind die Wortverlaufsdiagramme, die sich für das Kernkorpus im Online-Portal „Die deutsche Sprache von 1600 bis heute" (DWDS) generieren lassen (vgl. ◘ Abb. 4.6).

Im Gegensatz zu Korpusrecherchesystemen und den mit ihnen recherchierbaren Sprachkorpora eignen sich digitalisierte Textsammlungen und Suchmaschinen im Internet, die für die sprachdatengestützte Recherche nach Informationen, nicht aber für die merkmalgeleitete Recherche nach sprachlichen Phänomenen konzipiert sind, nicht als Ressourcen für die Untersuchung von Fragestellungen zu sprachlichen Formen und Strukturen (vgl. Storrer 2011: 217).

◘ **Abb. 4.6** Verlaufskurve: Häufigkeit der Vorkommen von Wörtern auf *-food* im Zeitverlauf 1970–2020 (= Anzahl der Vorkommen im Korpus bezogen auf 1 Mio. Textwörter (Tokens)). (Abb. aus Beißwenger et al. 2025: 13)

Beispiel DWDS Die ◨ Abb. 4.7 zeigt die Recherche- und Analyseschnittstelle für die Korpora im DWDS-Portal, die wir Ihnen in ▶ Abschn. 4.3 noch ausführlich vorstellen werden. Die Abbildung zeigt eine Recherche im Zeitungskorpus „Der Tagesspiegel (ab 1996)", bei der anhand der Abfrage *food* Wortformen gesucht werden, die auf die Zeichenfolge *-food* enden. Das Asteriskzeichen ist dabei ein Platzhalter für beliebige Zeichenfolgen. Unterhalb des Eingabefelds für den Suchausdruck gibt es ein Dropdownmenü zur Auswahl des Korpus, eine Möglichkeit zur Eingrenzung des Suchzeitraums (die auf den Zeitraum 1996–2004 eingestellt ist) sowie drei Optionen für die Darstellung der Suchergebnisse. In der Abbildung ist die Darstellungsart **KWIC** gewählt (,keyword in context'), bei der die Treffer zur Suchabfrage mit einem Ausschnitt ihres linken und rechten Kontexts angezeigt werden. Der Kontext, also die sprachliche Umgebung eines gesuchten Phänomens, liefert häufig wichtige Informationen, um den Treffer in seiner Struktur und Funktion zu interpretieren. Gerade bei der qualitativen Analyse, die auf ein Verstehen von Sprachdaten in ihrem jeweiligen Verwendungszusammenhang gerichtet ist, spielt der Kontext in der Regel eine zentrale Rolle.

Durch Anklicken eines Treffers kann der Kontext erweitert werden. Die Sortierung der Trefferliste in ◨ Abb. 4.7 ist auf ,absteigend' eingestellt, sodass neuere Belege vor älteren Belegen stehen. Anhand der Option „Treffer pro Seite" lässt sich festlegen, wie viele Treffer auf einer Bildschirmseite angezeigt werden.

◨ **Abb. 4.7** Recherche nach den Ergebnissen der Abfrage *food* im DWDS-Zeitungskorpus *Der Tagesspiegel*. (Abb. aus Beißwenger et al. 2025: 16)

Recherchefunktionen Die Recherchefunktionen von Korpora sind in der Regel in Online-Hilfen, Tutorials oder downloadbaren Manuals beschreiben. Es lohnt sich, sich vor der Benutzung eines Korpus über die Recherchemöglichkeiten und die Konventionen für die Formulierung von Suchabfragen zu informieren, da einem ansonsten Funktionen und Kniffe, die für die Gewinnung geeigneter Korpustreffer für die eigene Untersuchung hilfreich sind, entgehen können. So bieten viele Korpora nicht nur die Möglichkeit einer Suche nach bestimmten Wörtern und Wortformen an, sondern – unter Einbeziehung von **Annotationen** in die Formulierung von Abfragen – auch nach Wortkombinationen mit bestimmten grammatischen Eigenschaften (Syntagmen) und nach besonderen Elementen in den Daten (z. B., sofern im Korpus annotiert, nach Zitaten in Fachtexten oder Forenbeiträgen, nach Anredeformen in Briefen, nach Fehlschreibungen oder Interpunktionszeichen in Lernertexten, nach Emojis in Chat-Verläufen).

Metadaten können darüber hinaus zur Einschränkung der Suche auf Daten, die bestimmte äußere Merkmale aufweisen (z. B. Texte einer bestimmten Textsorte, zu einem bestimmten Entstehungszeitraum oder mit einer bestimmten Länge), oder zur Filterung von Rechercheergebnissen verwendet werden (z. B. in einem Gesprächskorpus: „Zeige nur Treffer an, die privaten Alltagsgesprächen entstammen").

Darüber hinaus lassen sich häufig mithilfe sog. **Regulärer Ausdrücke** (auch: Regular Expressions, kurz RegEx) bestimmte Suchmuster definieren, um komplexe Abfragen formulieren zu können. Reguläre Ausdrücke erlauben es, in Korpusabfragen nicht nur nach konkreten sprachlichen Ausdrücken zu suchen, sondern darüber hinaus Suchmuster für Gruppen und Abfolgen von Zeichenketten zu beschreiben, in denen auch Platzhalter erlaubt und Aussagen zur Wiederholung bestimmter Elemente möglich sind (vgl. Lemnitzer/Diewald 2022: 383).

Beispiele für die Suche mit regulären Ausdrücken:
- Ein **?** hinter einem anderen Zeichen bedingt, dass das Zeichen vor dem **?** 0-mal (gar nicht) oder höchstens genau 1-mal vorkommt.
- Ein **+** hinter einem anderen Zeichen bedingt, dass das Zeichen vor dem **+** mindestens 1-mal bis beiebig oft vorkommt.
- Ein ***** hinter einem anderen Zeichen bedingt, dass das Zeichen vor dem ***** 0-mal (gar nicht) bis beliebig oft vorkommt.
- Ein **.** steht für ein beliebiges Zeichen.

Weiterführende Informationen zu Suchwerkzeugen und Abfragesprachen bieten Lemnitzer/Zinsmeister (2015: Kapitel 5.1.2) sowie Lemnitzer/Diewald (2022).

Bei der Korpusrecherche ist weiterhin zu beachten, ob die Korpusdaten manuell oder automatisch annotiert wurden: Das automatische Annotieren durch eine Software, das sogenannte **Tagging** (Vergeben von Tags), kann, insbesondere im Falle von Sprachdaten, deren Form in charakteristischer Weise von den Normen der geschriebenen Standardsprache abweicht (gesprochene Sprache, internetbasierte Kommunikation, Lernertexte), ungenau sein, weil Tagger in der Regel auf sprachlichen Produkten trainiert sind, die dem schriftsprachlichen Standard entsprechen (vgl. Lemnitzer/Beißwenger 2022). Das muss bei der Weiterarbeit mit den aus dem Korpus abgefragten Treffern berücksichtigt werden, da als Resultat ungenauer Annotationen u. U. mit einer hohen Zahl an Pseudotreffern (*false positives*) und in der Trefferliste nicht erfasster Belege im Korpus (*false negatives*) zu rechnen ist (vgl. ▶ Abschn. 4.2.3.4).

Auch die **Größe des sprachlichen Kontexts**, der mit jedem zu einer Suchabfrage gefundenen Treffer ausgegeben wird, lässt sich in vielen Korpora typischerweise variieren. Zum Beispiel lässt sich festlegen, wie viele Wörter oder Sätze vor/nach dem Treffer mitausgegeben werden sollen. Im **Forschungs- und Lehrkorpus Gesprochenes Deutsch (FOLK)**, das transkribierte Gesprächsdaten enthält, ist die Standard-

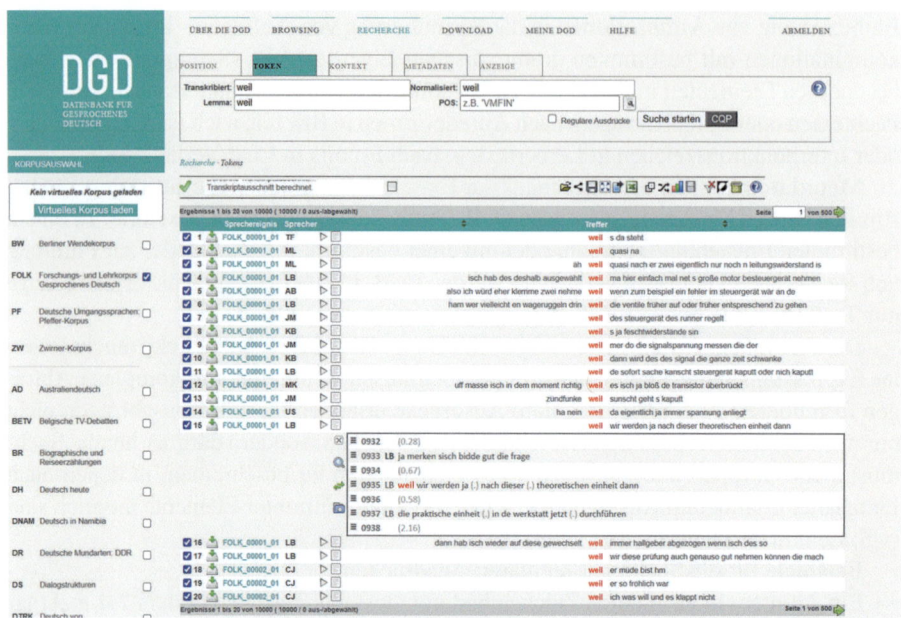

◼ **Abb. 4.8** Trefferliste (KWIC-Darstellung) mit ausgewählter Detailanzeige für Treffer Nr. 15 in der Datenbank Gesprochenes Deutsch (DGD)

◼ **Abb. 4.9** Darstellung eines Treffers mit der Kontextgröße „eine vorangehende und zwei nachfolgende Postings" im MoCoDa2-Korpus

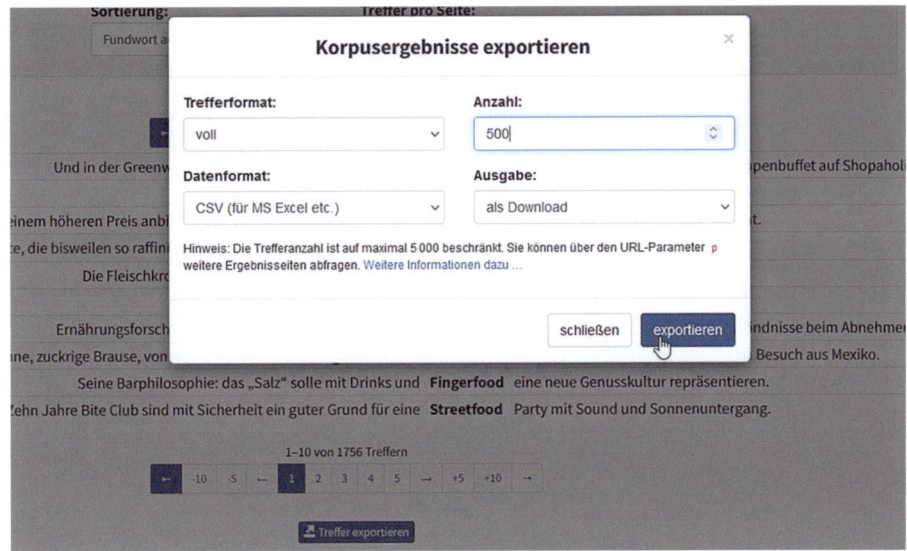

◘ **Abb. 4.10** Export von Rechercheergebnissen im DWDS-System

Kontextgröße eine Transkriptzeile; beim Anklicken einer Zeile lässt sich der dazu präsentierte Kontext erweitern, wie der Screenshot in ◘ Abb. 4.8 illustriert.

In einem Korpus internetbasierter Kommunikation wie der **Mobile Communication Database (MoCoDa2)** ist die Standard-Kontextgröße ein Chat-Beitrag (ein sog. **Posting**). Bei der Formulierung der Suchabfrage lässt sich diese Größe erweitern – im Screenshot in der ◘ Abb. 4.9 beispielsweise auf einen vorangehenden und zwei nachfolgende Chatbeiträge; der Beitrag mit dem Treffer („weil") wird dabei weiß, die Kontextbeiträge werden in blauer Farbe hinterlegt.

Viele Korpora bieten zudem die Möglichkeit, Rechercheergebnisse zu exportieren, d. h. als lokale Kopie auf dem eigenen Rechner zu speichern. Die ◘ Abb. 4.10 zeigt die entsprechende Option im DWDS-System, bei der sich u. a. das Dateiformat, die Anzahl der zu speichernden Treffer und das Trefferformat (z. B. vollständig, KWIC) einstellen lassen.

4.2.3.4 Treffer, Belege und Pseudotreffer

Die Ergebnisliste, die ein Korpusrecherchesystem zu einer Suchabfrage präsentiert, enthält **Treffer (*matches*)**. Ein Treffer ist ein Datum (hier: Singular von ‚Daten'), das das Recherchesystem hinsichtlich seiner Strukturmerkmale für passend zu dem in der Abfrage formulierten Suchausdruck bzw. -muster befindet.

Nicht bei jedem Treffer handelt es sich zwangsläufig um ein Datum, das für die Benutzerin oder den Benutzer im Hinblick auf deren/dessen Forschungsfrage auch tatsächlich relevant ist. In der **Trefferliste**, die ein Korpusrecherchesystem automatisch erstellt, können auch Ergebnisse angezeigt werden, die zwar der Abfrage entsprechen, aber trotzdem nicht das gesuchte Element enthalten. Das klingt zunächst abstrakt und soll deshalb an einigen Beispielen erläutert werden:

▶ **Ein Beispiel:** *orange* **in attributiver Verwendung**

Anna interessiert sich für die Verwendung des Adjektivs *orange* in attributiver Verwendung. Ihr Onkel hat behauptet, *orange* könne man nicht zur näheren Charakterisierung vor ein Nomen stellen, da *orange* nicht deklinierbar sei; Konstruktionen wie „die *orange* Hose" oder „das *orange* Auto" wären daher grammatisch nicht akzeptabel. Anna meint, solchen Verwendungen aber durchaus schon begegnet zu sein, und zwar nicht nur in der gesprochenen Alltagssprache, sondern auch in Texten der geschriebenen Standardsprache. Anna beschließt, verschiedene Korpora mit Texten deutscher Zeitungssprache zu konsultieren, um anhand von Texten, die von professionellen Schreiber:innen verfasst wurden (Journalist:innen), ihre Intuition empirisch zu überprüfen. Sie formuliert über die Rechercheschnittstelle des Korpus eine Suchabfrage, die die in den Korpusdaten enthaltenen Vorkommen der Wortform „orange" mit einem nachfolgenden Nomen ermitteln soll. Nach Nomen kann sie im Korpus suchen, weil in ihm jeder Wortform in den Primärdaten eine Annotation zu deren Wortartenzugehörigkeit beigegeben ist. Zusätzlich sucht sie im Korpus nicht nur nach Vorkommen der Grundform „orange", sondern auch nach Vorkommen denkbarer deklinierter Formen des Adjektivs („oranges", „oranger", „orangem" und „orangen" bzw. „orangene", „orangenes", „orangener", „orangenem" und „orangenen") mit nachfolgendem Nomen, um die Annahme des Onkels zu prüfen, dass das Adjektiv *orange* nicht deklinierbar sei. Anna findet diverse Belege für das gesuchte Phänomen, und zwar sowohl für die Grundform „orange" in attributiver Verwendung als auch für das Vorkommen deklinierter Formen:

1. Suchmannschaften haben zwei große **orange** Gegenstände im Meer vor Ägypten entdeckt. (Die Zeit, 19.05.2016)
2. Männliche Goldschildfliegen haben rote Augen, einen golden schimmernden Rücken und **orange** Flügel. (Die Zeit, 04.12.2013)
3. Sie trug einen orangefarbenen Badeanzug, darüber eine knappe schwarze Jacke, **orange** Schnürschuhe und eine schwarze Schirmmütze. (Die Zeit, 16.06.2011)
4. Statt in langer Robe posierte die britische Kostümbildnerin mit **orangenem** Kurzhaarschnitt und einem in türkis schimmernden Hosenanzug für die Fotografen. (Die Zeit, 29.02.2016)
5. Darunter trägt die Wunderschöne ein gewagt geschlitztes, **orangenes** Seidenkleid. (Berliner Zeitung, 29.04.2000)

Bei genauerer Durchsicht ihrer Trefferlisten findet sie allerdings auch Treffer wie die folgenden:

6. „wir aßen sardinen **orangen** brot mit fingern und messer / im auto … die fahrt war das exakte schalten von einem gang / in den anderen dein auf die schulter gefallener / kopf ú jetzt im bad errate ich an den geräuschen / welche stelle des körpers du gerade berührst …" hotel continental, kairouan, 28.12.1992. (Die Zeit, 10.06.1999, Nr. 24)
7. Ich habe mit geschlossenen Augen aus einer Schüssel folgende Kombination gezogen: zwei weiße, ein **orange** farbenes, ein grünes und ein rotes. (Der Tagesspiegel, 12.01.2003)
8. Vom Weg bis hin zur Bepflanzung ist der „Lange Garten" ganz in roten und **orange** farbenen Tönen gestaltet. (Der Tagesspiegel, 18.04.2001)

4.2 · Korpuslinguistische Basiskonzepte

Diese Treffer sind für die Fragestellung von Anna nicht relevant, weil es sich bei den darin enthaltenen Vorkommen der Wortformen „orangen" bzw. „orange" nicht um attributive Verwendungen des Adjektivs *orange* handelt: Treffer (6) ist Teil eines Zitats aus einem in der Zeitung besprochenen Gedichts, die Treffer (7) und (8) kommen aufgrund offensichtlicher Fehlschreibungen in den Zeitungstexten zustande; „orange farbenes" und „orange farbenen" müssten zusammengeschrieben werden, weil es sich um adjektivische Komposita handelt. Auch Journalist:innen sind – wie so gut wie jede:r Verwender:in des Deutschen – vor Rechtschreibfehlern nicht gefeit.

Die Treffer (6), (7) und (8) sind entsprechend für Annas Fragestellung nicht von Interesse; sie stellen keine **Belege** für das sie interessierende Phänomen dar, sondern sog. **Pseudotreffer**. Um die Trefferliste in eine Liste zu überführen, die ausschließlich Belege für das gesuchte Phänomen enthält, müssen mögliche Pseudotreffer aussortiert oder muss die Suche verfeinert werden, um auch sog. *false negatives* zu erfassen. Insbesondere für Untersuchungen, bei denen vorgesehen ist, die anhand des Korpus gewonnenen Befunde auch zu quantifizieren, ist das Aussondern von Pseudotreffern bedeutsam; aber auch für qualitative Analysen sind solche Treffer in den Ergebnissen störend, insbesondere dann, wenn die Treffer in der Ergebnisdarstellung der Korpusuntersuchung (z. B. im Rahmen einer wissenschaftlichen Hausarbeit im Linguistik-Studium) dokumentiert werden sollen.

Erst die bereinigte Liste kann also als **Belegliste** gelten, die Anna ihrem Onkel präsentieren kann, um ihm zu beweisen, dass das Adjektiv *orange* auch in Texten der geschriebenen Standardsprache bisweilen attributiv vor ein Nomen gestellt wird. Über die generelle Akzeptabilität der Konstruktion „*orange* in attributiver Verwendung vor einem Nomen" in Texten der geschriebenen Standardsprache ist damit freilich noch nichts gesagt; eher handelt es sich bei den nachweisbaren attributiven Verwendungen um Indizien dafür, dass die attributive, ggf. auch deklinierte Verwendung des Adjektivs *orange* in bestimmten Kontexten aus Sicht der Schreibenden als adäquates sprachliches Mittel empfunden wird. Um zu prüfen, wie häufig und in wie breiter Streuung über Textsorten des Deutschen dieses Phänomen auftritt, müsste Anna eine umfangreichere, auch quantitative und textsortenvergleichende Untersuchung in Korpora anstellen, die auch mögliche Veränderungen der Vorkommenshäufigkeit über Jahre und Jahrzehnte berücksichtigt. Für eine empirisch informierte Diskussion mit ihrem Onkel über das, was sprachlich intuitiv als „richtig" erscheint, und das, was in der Sprachwirklichkeit möglich ist, mögen aber die Belege, die sich im Zuge der einfachen Korpusrecherche von Anna haben auffinden lassen, fürs Erste ausreichend sein.

Die von Anna angestellte Untersuchung können Sie übrigens selbst nachstellen, indem Sie in den Textkorpora des DWDS-Portals nacheinander die Suchausdrücke

- @orange $p=NN
- @oranges $p=NN
- @orangen $p=NN
- …

eingeben und verschiedene der im Portal enthaltenen Zeitungskorpora als zu durchsuchende Ressourcen auswählen. Die Abfragesprache für Suchen ist im Portal erläutert; die oben wiedergegebenen Suchausdrücke besagen: „Suche nach Vorkommen der exakten Wortform ‚orange'/‚oranges'/‚orangen', auf die unmittelbar eine beliebige Wortform mit der Wortartenzugehörigkeit NOMEN folgt." ◄

Aus dem Beispiel sollte deutlich geworden sein, dass es bei der Arbeit mit den Ergebnissen von Korpusrecherchen wichtig ist, zwischen den folgenden Konzepten zu unterscheiden (vgl. auch Storrer 2011: 218):
- **Treffer** (*matches*) zu einer Suchabfrage entsprechen dem gesuchten Muster und werden daher als Ergebnis auf die Abfrage ausgegeben.
- **Belege** (*true positives*) erfüllen nicht nur formal die Anforderungen der formulierten Suchabfrage, sondern stellen zudem echte Vorkommen des mit der Abfrage gesuchten sprachlichen Elements dar. Im Gegensatz zu Treffern sind Belege für die Untersuchung des Elements relevant. Ob es sich bei einem Treffer um einen Beleg handelt oder nicht, lässt sich häufig nur anhand einer intellektuellen Analyse der Treffer in der Trefferliste entscheiden. In jedem Fall sollte man der Trefferliste, die man als Resultat zu einer Abfrage ausgegeben bekommt, nicht unbesehen den Status einer Belegliste zusprechen.
- **Pseudotreffer** (*false positives*) entsprechen im Gegensatz zu Belegen zwar dem in der Abfrage beschriebenen Muster, sind jedoch keine Belege, sondern strukturgleiche Zeichenfolgen mit anderer Bedeutung oder Funktion als das gesuchte Element. Wortformen oder Syntagmen im Korpus, die gleichlautend (homograph) mit dem gesuchten Element sind, können ein Grund für das Auftreten von Pseudotreffern in Trefferlisten sein. Interessieren Sie sich beispielsweise für die Wortstellung in *weil*-Sätzen und recherchieren anhand einer Volltextsuche nach dem Token *weil/Weil*, können in Ihrer Trefferliste auch Treffer vorkommen, die nicht für Ihre Fragestellung relevant sind, wie etwa *Weil* als Teil des Städtenamens *Weil am Rhein*.
- **Nicht erfasste Belege** (*false negatives*) sind solche Belege für das gesuchte Element, die anhand der gewählten Abfrage nicht gefunden werden konnten. Dies kann verschiedene Ursachen haben. Beispielsweise kann die Annotation der Korpusdaten in einigen Fällen fehlerhaft sein oder aber die Form des gesuchten Elements weicht – etwa aufgrund von Tippfehlern oder variationsbedingt – von der in der Abfrage spezifizierten Form ab und wird deshalb nicht gefunden. Im Falle dialektaler Ausdrücke kann das Nichtvorhandensein von Annotationen zur Normalform (s. o.) im Korpus der Grund für den Ausschluss bestimmter Belege aus dem Rechercheergebnis sein. Es ist deshalb bei der Formulierung von Suchabfragen wichtig zu wissen, welche Annotationen im Korpus enthalten sind und in die Abfrage einbezogen werden können.

False positives **und** *false negatives* Pseudotreffer (*false positives*) in Trefferlisten können auf unterschiedliche Weise zustande kommen: beispielsweise durch Fehlklassifikationen bei der automatischen Verarbeitung der Daten bzw. in den im Korpus enthaltenen Annotationen, aufgrund von Mehrdeutigkeiten (z. B. Wörter mit gleicher Form, aber unterschiedlichen Bedeutungen: Kiefer i. S. v. ‚eine Baumart' vs. ‚ein Knochen am unteren Teil des Schädels'; HM in Chats oder Wikipedia-Diskussionen als zu Hervorhebungszwecken großgeschriebene Interjektion, als Abkürzung für den Namen eines Bekleidungsgeschäfts oder für das Musikgenre Heavy Metal) oder aufgrund von normabweichenden Schreibungen.

Eine Belegliste, von der angenommen werden kann, dass sie einen hohen Anteil der im Korpus potenziell auffindbaren Belege für ein gesuchtes Phänomen erfasst, erhält man also erst, wenn man die Trefferliste von Pseudotreffern bereinigt und die Suchabfrage ggf. so verfeinert hat, dass auch solche Belege ausgeliefert werden, die in der vorigen Version der Abfrage als *false negatives* nicht erfasst wurden. Im Korpus verbleiben somit nur noch sog. **True negatives**, d. h. solche Daten, die keine Belege für das gesuchte Phänomen darstellen und somit im Abfrageergebnis zur Suchanfrage auch nicht ausgeliefert werden.

Vor einer Korpusrecherche sollte man sich mit den Abfragemöglichkeiten eines Korpus gut vertraut machen, sich über abfragebare Annotationen informieren und vor diesem Hintergrund eventuelle Schreibvarianten identifizieren, die in die Formulierung der Suchabfrage einbezogen werden sollten.

4.3 Zugängliche Korpora im Porträt

4.3.1 Aktuelle Korpora internetbasierter Kommunikation

4.3.1.1 MoCoDa2

Die Plattform Mobile Communication Database (MoCoDa2) zur Archivierung und Recherche deutschsprachiger WhatsApp-Kommunikation wurde 2016/17 an der Universität Duisburg-Essen konzipiert (Beißwenger/Imo/Fladrich/Ziegler 2019; Beißwenger/Fladrich/Imo/Ziegler 2020) und wird seitdem von einem Projektteam an den Universitäten Duisburg-Essen, Hamburg und Münster kontinuierlich weiterentwickelt.

Zugänglichkeit Die MoCoDa2 kann nach einer kostenlosen Registrierung online (unter ▶ https://db.mocoda2.de) für Forschungszwecke genutzt werden und der Datenbestand, der mit reichhaltigen Metadaten aufbereitet ist, lässt sich mithilfe verschiedener Abfrage- und -analysewerkzeuge durchsuchen.

Korpusdaten und -größe Die Primärdaten der MoCoDa2 bilden anonymisierte Ausschnitte aus privaten WhatsApp-Verläufen in Form schriftlicher sowie Audio-Postings, die als Wortlautverschriftungen repräsentiert werden. Für ein Teilkorpus, das auch die originalen Audiodateien enthält, wurden diese zudem nach GAT2 transkribiert. Alle personenbezogenen Daten sind durch Pseudonyme ersetzt; Bilder, Videos, Links und andere Dateien werden aus Gründen des Persönlichkeitsschutzes und des Urheberrechts nicht in ihrer ursprünglichen Form dargestellt, sondern durch Platzhaltersymbole und textuelle Beschreibungen ersetzt.

Die Datenbank enthält (Stand: 07.11.2025) 320.124 Tokens in 39.351 Postings aus 1.044 Chats. Die MoCoDa2 ist als spendenbasiertes Korpus konzipiert, d. h. der Datenbestand wächst kontinuierlich und ist so auch für mikrodiachrone Untersuchungen, beispielsweise zu sprachlicher Variation in internetbasierter Kommunikation, geeignet. Für die Datenspende stehen zwei Möglichkeiten zur Verfügung: (1) die Spende über WhatsApp-Web im Browser und (2) die Spende mittels Exportfunktion direkt aus WhatsApp auf dem Smartphone.

Recherche- und Abfragemöglichkeiten Die ◻ Abb. 4.11 zeigt die Recherchemaske der MoCoDa2. Die Metadaten, die bei der Spende abgefragt werden, beispielsweise zum Alter, zu den Erst- und Alltagssprachen und den Beziehungsrelationen der Beteiligten sowie zum Thema und zum Kontext des Dialogs, können bei der Recherche einbezogen werden. Der Datenbestand kann mithilfe verschiedener Operatoren, die Wortgrenzen automatisch ergänzen (z. B. „Token beginnt mit" vs. „Token endet mit"), nach be-

□ **Abb. 4.11** Recherchemaske der MoCoDa2

stimmten Tokens durchsucht werden: Im abgebildeten Beispiel wird nach „genau" der Zeichenkette „weil" gesucht.

Darüber hinaus können auch reguläre Ausdrücke verwendet werden, um bestimmte Zeichenfolgen zu recherchieren. Die Operatoren „sowohl – als auch" und „entweder – oder" dienen weiterhin dazu, Suchergebnisse zu filtern. Beispielsweise kann nach Chats gesucht werden, die durch ihre Spender:innen aufgrund einer subjektiven Einschätzung zum Thema der Interaktion einer bestimmten Kategorie (z. B. „Verabredung", „Uni-Chat", „Planung/Organisation", s. Abbildung zur Recherchemaske) hinzugefügt wurden. Die Einstellung „entweder – oder" führt dazu, dass das Suchergebnis Chats enthält, die mindestens einer der ausgewählten (ggf. noch weiteren) Kategorien hinzugefügt wurden, während eine Suchabfrage mit „sowohl – als auch" nur solche Treffer anzeigt, die in mindestens allen ausgewählten (ggf. noch in weiteren) Kategorien enthalten sind. In der Beispielabfrage ist zudem die Abfrage auf Chats beschränkt, die von mindestens drei Teilnehmer:innen geführt wurden, die mindestens einer der angeklickten Altersgruppen angehören.

4.3 · Zugängliche Korpora im Porträt

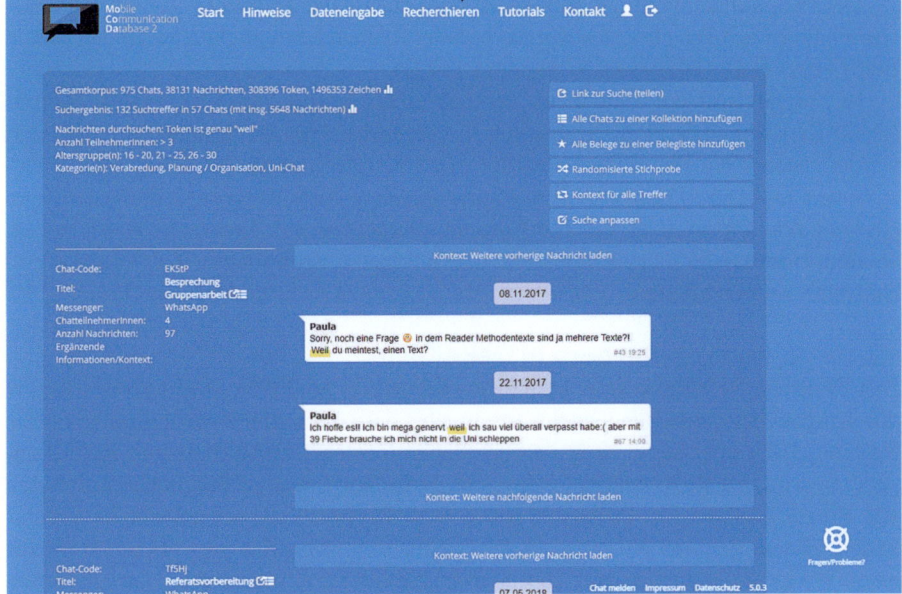

Abb. 4.12 Ergebnis einer Korpusabfrage nach dem Token „weil" in der MoCoDa2

Die MoCoDa2 stellt verschiedene Möglichkeiten bereit, Suchergebnisse weiter zu filtern und zu verarbeiten (s. Abb. 4.12 zum Ergebnis einer Suchabfrage nach dem Token „weil"). Trefferlisten werden in einer KWIC-Ansicht ausgegeben; der Kontextausschnitt lässt sich für alle Treffer in der Ergebnisliste oder für jeden Treffer einzeln erweitern. Die Treffer zu einer Suchabfrage nach bestimmten Tokens werden in der Trefferliste gelb hervorgehoben. Zum Gesamtbestand sowie zum Suchergebnis lassen sich Statistiken generieren, etwa zur Verteilung der Altersgruppen und Alltagssprachen, und es können Zufallsstichproben beliebiger Größe gezogen werden. Darüber hinaus können individuelle Kollektionen und Beleglisten erstellt werden. Bei Kollektionen handelt es sich um Listen, in denen ganze Chats gesammelt werden können, beispielsweise Chats, in denen Studierende gemeinsam Referate planen, während Beleglisten einzelne Chatbeiträge hinzugefügt werden können, sodass man zum Beispiel Listen zu sprachlichen Ausdrücken, Emojis, oder auch bestimmten Medientypen, etwa Sprachnachrichten, erstellen kann.

Die MoCoDa2 stellt verschiedene Möglichkeiten zur Kooperation zur Verfügung: Kollektionen und Beleglisten lassen sich entweder über eine Leseansicht mit anderen registrierten Nutzer:innen teilen, die diese dann ansehen, aber nicht bearbeiten können, oder man kann ihnen andere Nutzer:innen zur kooperativen Bearbeitung hinzufügen. Zudem lassen sie sich für die weitere Verarbeitung offline als Tabelle herunterladen. Auch Chat-Ausschnitte können in verschiedenen Formaten exportiert werden, beispielsweise als json-, xml-, txt-Datei oder in einer PDF-Druckansicht.

Unter dem Reiter „Tutorials" auf der Homepage der MoCoDa2 stehen mehrere Video-Tutorials zur Verfügung, in denen die grundlegenden Funktionen, die verschiedenen Recherchemöglichkeiten, Optionen für kooperatives Arbeiten in und mit der MoCoDa2 und die Dateneingabe erklärt werden.

Der Funktionsumfang der MoCoDa2 wird sukzessive erweitert. Ausführliche Beschreibungen des Projekts, des Korpus und der Recherchemöglichkeiten finden sich in Beißwenger et al. (2019) und König et al. (2023).

In Zukunft soll die Datenbank der MoCoDa2 in das Deutsche Referenzkorpus (DEREKO) des IDS (Leibniz-Institut für deutsche Sprache Mannheim) integriert werden, sodass die Daten aus dem MoCoDa2-Korpus mithilfe der Korpusrecherchesysteme COSMAS II und KorAP mit Sprachdaten anderer Korpora in DEREKO, zum Beispiel Textkorpora oder anderen Korpora internetbasierter Kommunikation, wie etwa dem Dortmunder Chat-Korpus und den Wikipedia-Korpora des IDS, vergleichend analysiert werden können.

4.3.1.2 Wikipedia-Korpora in DeReKo

Das Deutsche Referenzkorpus DEREKO (Kupietz et al. 2023) ist ein großes Archiv von Korpora der deutschen Gegenwartssprache, das vom Leibniz-Institut für Deutsche Sprache (IDS) über seine Korpusrechercheplattformen COSMAS II und KorAP angeboten wird. DEREKO enthält zahlreiche Einzelkorpora aller möglichen Textsorten wie Presse, Belletristik, Fachtexte sowie auch Korpora internetbasierter Kommunikation. Hierzu gehören Korpora aus Wikipedia-*Snapshots*, d. h. des gesamten Inhalts eines Wikipedia-Namensraums zu einem bestimmten Zeitpunkt. Als **Namensräume** (engl. *Namespaces*) werden die verschiedenen Typen von Webseiten in der Wikipedia (wie z. B. Artikelseiten, Diskussionsseiten oder Hilfeseiten) bezeichnet. DEREKO enthält Korpora mit Artikelseiten und Diskussionsseiten (engl. *talk pages*); bei Letzteren handelt es sich um eine Form der internetbasierten Kommunikation im Sinne dieses Buches, insofern auf Diskussionsseiten die Nutzer:innen der Wikipedia den aktuellen Stand der Artikel diskutieren und sich – vor allem, wenn es sich dabei um Wikipedia-Autor:innen handelt – über die Weiterentwicklung des Artikels verständigen und ihre Schreibaktivitäten koordinieren. Die Diskussionsseiten in der Wikipedia bilden somit naturgemäß eine interessante Datengrundlage für die Untersuchung von Sprache in der internetbasierten Kommunikation (vgl. z. B. Gredel 2018, Storrer/Herzberg 2022 sowie die Fallstudie in ▶ Abschn. 5.5). Neben Artikeldiskussionen, den *talk pages*, umfassen die Wikipedia-Korpora in DEREKO zudem Nutzerdiskussionen (engl. *user talk pages*) und Redundanzdiskussionen (Diskussionen über den Abbau von Redundanz zwischen Artikeln).

Die Wikimedia Foundation gibt regelmäßig *dumps* fast aller Sprachversionen der Wikipedia heraus, die sämtliche Wiki-Seiten im Format *Wikitext* (auch als *Wikicode* bezeichnet) enthalten. Diese wurden anhand texttechnologischer Verarbeitungswerkzeuge (*IDS-Wikitext-Konverter*, basierend auf der Parser-Software *Sweble* (Dohrn/Riehle 2011)) in das XML-Annotationsformat *I5* konvertiert, das die Grundlage für alle DEREKO-Korpus bildet (vgl. Margaretha & Lüngen 2014).

Korpusdaten und -größe Wikipedia-Korpora wurden vom IDS zu verschiedenen Zeiten erhoben, in der Regel alle zwei Jahre, zuletzt 2019. Neue Korpora aus aktuellen Snapshots der deutschen Wikipedia 2024 sind in Vorbereitung. Naturgemäß liegt der Schwerpunkt des Deutschen Referenzkorpus auf der deutschsprachigen Wikipedia, aber auch für weitere europäische Sprachen wurden Wikipedia-Korpora aufgebaut (Snapshots 2015), die z. B. für kontrastive Untersuchungen interessante Ressourcen

4.3 · Zugängliche Korpora im Porträt

◘ Tab. 4.2 Umfang von Wikipedia-Korpora von 2017 in DEREKO

	wpd17 (Artikel)	wdd17 (Artikeldiskussionen)	wud17 (Nutzerdiskussionen)	wrd17 (Redundanzdiskussionen)
Texte	2.065.926	744.857	603.374	240
Posts	-/-	7.107.696	5.895.545	52.393
Tokens	873.182.923	349.075.823	309.390.966	1.775.975

darstellen können. Bei der Konvertierung der Wikipedia-Snapshots wurden viele der reichhaltigen Metadaten übernommen, die in der Wikipedia bereits vorhanden sind und die als Metadaten in linguistischen Untersuchungen interessant sein können. Beispiele sind die Verknüpfungen zwischen Diskussionsseiten und den Artikelseiten, auf die sich die Diskussionen beziehen, oder die Nutzersignaturen und Zeitstempel, mit denen Postings auf Diskussionsseiten gekennzeichnet sind. ◘ Tab. 4.2 zeigt den Umfang der Wikipedia-Korpora von 2017 (Artikel, Artikeldiskussionen, Nutzerdiskussionen und Redundanzdiskussionen mit den Korpussiglen wpd17, wdd17, wud17, wrd17). 2015 wurden außerdem von den Wikipedias einiger europäischer Sprachen (Englisch, Französisch, Polnisch, Italienisch, Norwegisch, Ungarisch, Kroatisch, Italienisch, Spanisch) Korpora erstellt (jeweils Artikel, Artikeldiskussionen und Nutzerdiskussionen).

Zugänglichkeit Die Wikipedia-Korpora in DEREKO sind zugängliche Korpora im engeren Sinne. Sie können einerseits nach einer Registrierung für die Korpusdienste des IDS über die beiden Korpusrecherchesysteme COSMAS II und KorAP (in Zweiterem derzeit nur die deutschsprachigen Wikipedia-Korpora) online analysiert und abgefragt werden. In COSMAS II befinden sich die Wikipedia-Korpora in den drei Archiven *WP* (deutschsprachige), WPE (englischsprachige) und *WP_FS* (weitere fremdsprachige Wikipedia-Korpora). Zu Beginn einer COSMAS II-Sitzung muss ein Korpusarchiv ausgewählt werden. In dem jeweiligen Archiv wird dann ein Wikipedia-Korpus zu einem spezifischen Jahrgang und einem spezifischen Namensraum gewählt, wie z. B. wdd17 (= Artikeldiskussionen 2017). Wenn man auf das Lupensymbol oben rechts klickt (vgl. ◘ Abb. 4.13), erhält man einige deskriptiv-statistische Informationen über das gewählte Korpus.

In KorAP wird das entsprechende Korpus über die Einbindung von Metadaten in die Abfrage ausgewählt. Im Metadatenfeld „..." muss das Attribut corpusSigle gewählt und die entsprechende Sigle angegeben werden z. B. WUD17 für Nutzerdiskussionen Deutsch 2027 oder WDD17 für Artikeldiskussionen Deutsch 2017 (◘ Abb. 4.14). Es können auch mehrere Siglen durch „or" verbunden angegeben werden, um kombiniert mehrere Korpora zu durchsuchen (sog. **virtuelle Korpusbildung**). (Hinweis: Die Korpussiglen werden im DEREKO-Archiv und in COSMAS II in Kleinbuchstaben angegeben, in KorAP hingegen in Großbuchstaben.)

Außerdem können alle Wikipedia-Korpora aufgrund der CC-BY-SA-Lizenz, mit der alle Texte in der Wikipedia versehen sind, auch als I5-kodierte Dateien aus dem IDS-Repositorium heruntergeladen werden. Um diese sehr großen Dateien (z. B. wdd17 mit 6,7 G) selbst zu verwenden, sind allerdings Kenntnisse in der Verarbei-

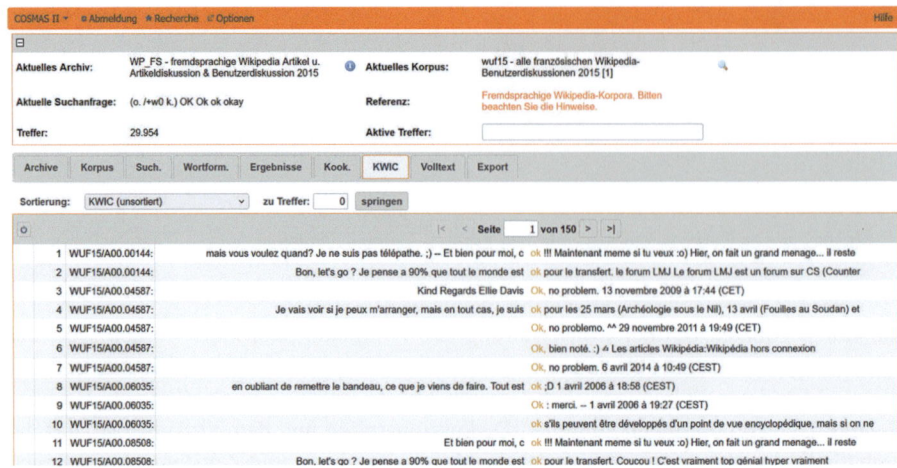

◨ Abb. 4.13 Korpusabfrage zu verschiedenen Schreibweisen von OK in französischen Nutzerdiskussionen (Korpus WUF15)

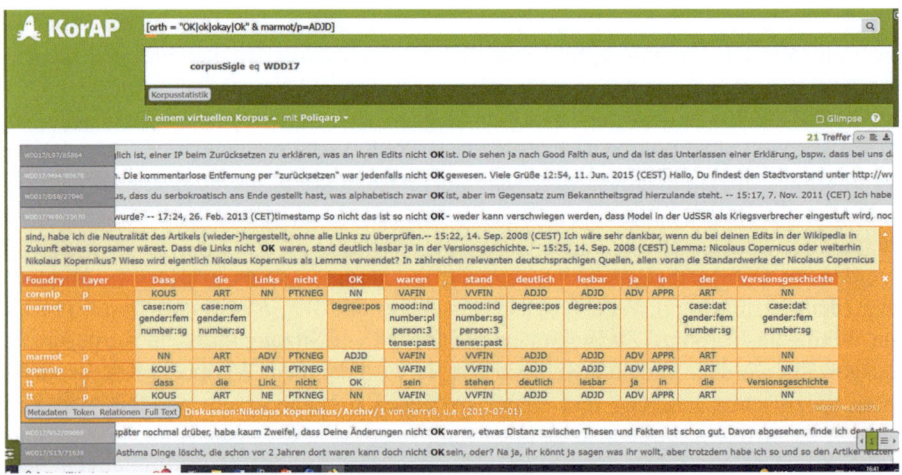

◨ Abb. 4.14 KorAP: Korpusrecherche nach *ok* in verschiedenen Schreibweisen in prädikativer Verwendung im Korpus WDD17 und Ergebnisansicht mit Anzeige der Token-bezogenen Annotationsschichten

tung großer Textdatenmengen und in der Installation und Nutzung von Korpusanalyse-Werkzeugen erforderlich.

Recherche- und Abfragemöglichkeiten Abfragen in COSMAS II müssen in der COSMAS II-Suchabfragesprache formuliert werden. Als Ergebnis zu einer Korpusabfrage werden Trefferlisten im KWIC-Format angezeigt. Die KWIC-Ansicht kann zur sogenannten „Volltext"-Ansicht expandiert werden, in der der angezeigte Kontext etwas größer und die Quellenangabe ausführlicher ist. COSMAS II bietet auch eine Kookkurrenzanalyse an. Trefferlisten mit Referenzangaben zu den Treffern (auch eine Zufallsauswahl davon) sind in den Formaten RTF oder TEXT exportierbar.

Bei der Korpusabfrage ist zu beachten, dass die Tokenisierungen der englischen und weiteren fremdsprachigen Wikipedia-Korpora mit Tokenisierungs-Software für das Deutsche durchgeführt wurde, was bisweilen zu Token-Zuschnitten führt, die für die einzelnen Sprachen strukturell ungünstig sind (z. B. wird ein Bindestrich nicht als Token-Begrenzer behandelt, wodurch z. B. die frz. Form *a-t-il* im Korpus nicht separiert, sondern als ein Token erscheint). ◘ Abb. 4.13 zeigt die KWIC-Darstellung der Ergebnistreffer auf eine Abfrage zu verschiedenen Schreibweisen von *ok* in den französischen Nutzerdiskussionen 2015 (Korpussigle wuf15).

Das neuere Korpusrecherchesystem KorAP bietet im Vergleich zu COSMAS II erweiterte Abfragemöglichkeiten und Funktionalitäten. So kann zwischen mehreren Abfragesprachen (u. a. Poliqarp, COSMAS II) gewählt werden. Annotationen (z. B. POS) und Metadaten können in Abfragen einbezogen werden (Letztere im Metadaten-Assistenten, mit dem auch das Korpus ausgewählt wird). ◘ Abb. 4.14 zeigt eine Abfrage der Vorkommen von *ok* in der Funktion eines prädikativen Adjektivs. Jede KWIC-Zeile der Ergebnisansicht kann durch Anklicken zu verschiedenen Ansichten expandiert werden, u. a. zu einer Darstellung der Token-bezogenen Annotationsschichten in Partiturform.

KorAP bietet auch Client-Bibliotheken für die Programmiersprachen R und Python für einen Zugriff auf API-Ebene an (Kupietz/Diewald/Margaretha 2020). Dieser erleichtert die Replikation komplexer oder mehrteiliger Korpusabfragen und entsprechender Visualisierungen.

In einem Video, das als *Open Educational Resource* online verfügbar ist (▶ https://av.tib.eu/media/63825), stellt Harald Lüngen die wesentlichen Aspekte der Wikipedia-Korpora in DEREKO kurz vor.

4.3.1.3 DWDS-Blog-Korpora

Im Korpusportal des DWDS („Der deutsche Wortschatz von 1600 bis heute") werden umfangreiche Textkorpora des Deutschen angeboten, darunter drei Korpora mit Blog-Daten: das Korpus *Blogs* (ein allgemeines Blog-Korpus mit Blog-Beiträgen und Kommentaren zu zahlreichen Themen) sowie die beiden thematisch definierten Korpora *Mode und Beauty-Blogs* und *IT-Blogs*.

Korpusdaten und -größe Das Blog-Korpus enthält Blog-Beiträge und -Kommentare aus Blogs, die auf wordpress.com betrieben oder die mit der Wordpress-Software auf anderen Servern veröffentlicht wurden. Die Daten bilden die Jahre 1995–2014 ab und haben einen Umfang von insgesamt 107 Mio. Tokens. Sie stammen aus 917 Quellen; die meisten im Korpus enthaltenen Blogseiten sind aus den Blogs apfeltech.net, bitblokes.de und lumma.de.

Das Korpus *Mode- und Beauty-Blogs* enthält laut Beschreibung nicht nur Blogs, sondern auch Fachmagazine zu den Themenbereichen Mode und Beauty aus insgesamt 491 Quellen, wobei die meisten Belege von gala.de, textilwirtschaft.de und jolie.de stammen. Die Daten bilden die Jahre 1997–2020 ab und haben (Stand Juli 2024) einen Umfang von 310 Mio. Tokens.

Das *IT-Blogs*-Korpus enthält Artikel und Blogeinträge zur Informationstechnik und zu weiteren IT-relevanten Themenfeldern ab dem Jahr 2000 in einem Umfang von 2,6 Mrd. Tokens (Stand Juli 2024). Die Daten sind 913 verschiedenen Quellen entnommen, die am häufigsten vertretenen sind pocketpc.ch, computerbase.de und winfuture.de.

Zugänglichkeit Die drei Korpora können im Korpusportal des DWDS (▶ https://www.dwds.de/r) unter „Webkorpora" jeweils für die Recherche ausgewählt werden. Das *Blog-Korpus* enthält Daten von Blogs, deren Betreiber ihre Texte mit einer Lizenz versehen haben, die eine Nachnutzung in einem anderen Kontext, in der Regel unter Nennung des Urhebers, ausdrücklich erlauben (Creative Commons CC-BY-SA, vgl. Barbaresi/Würzner 2014). Aus diesem Grund kann das Korpus ohne vorherige Anmeldung genutzt werden. Die beiden anderen Blog-Korpora *Mode und Beauty* und *IT* sind nur nach vorheriger Registrierung und Anmeldung im Portal für wissenschaftliche Zwecke nutzbar.

Recherche- und Abfragemöglichkeiten Die Korpustexte sind tokenisiert, lemmatisiert und mit Wortarten-Annotationen versehen. Diese Informationen wie auch Metadaten können in der DWDS-Korpusschnittstelle in Abfragen mit der DWDS-Suchabfragesprache verwendet werden. Abfragen führen zu einer Trefferliste in KWIC-Darstellung mit verschiedenen (expandierbaren) Metadaten zu jedem Treffer und einer Zitationshilfe (◘ Abb. 4.15). Darüber hinaus finden sich Links zur Original-Webseite in ihrem heutigen Zustand (sofern sie noch existiert), zu Treffermengen und Belegstellen derselben Abfrage in anderen Korpora der DWDS-Korpussammlung, sowie zu dem zugehörigen Eintrag im DWDS-Wörterbuch (sofern existent). Treffermengen lassen sich in verschiedenen Ansichten und Formaten (z. B. CSV, JSON) exportieren.

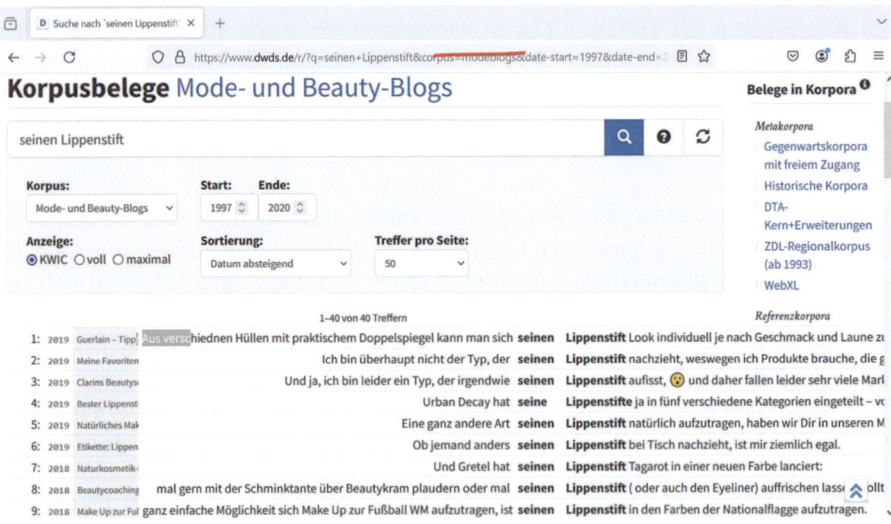

◘ **Abb. 4.15** Abfrage der Lemmafolge *seinen* + *Lippenstift* im DWDS-Mode- und Beauty-Blog

In einem Video, das als *Open Educational Resource* online verfügbar ist (▶ https://av.tib.eu/media/63742), stellt Adrien Barbaresi die wesentlichen Aspekte der Blog-Korpora im DWDS kurz vor.

Eine Übersicht über die Syntax der Abfragesprache findet sich im DWDS-Portal unter ▶ https://www.dwds.de/d/korpussuche#cheatsheet. In einem 9-teiligen digitalen Tutorial führt Lothar Lemnitzer in die kundige Nutzung der DWDS-Suchfunktionen ein: ▶ https://www.dwds.de/b/category/tutorials/.

4.3.1.4 Das Nottinghamer Korpus deutscher YouTube-Sprache (NottDeuYTSch)

Das Nottinghamer Korpus deutscher YouTube-Sprache (NottDeuYTSch) wurde 2023 von Louis Cotgrove aufgebaut mit dem Ziel, die Sprache von Jugendlichen in YouTube-Kommentaren im Zeitraum 2008 bis 2018 repräsentativ zu erfassen. Zu diesem Zweck wurden Kommentar-Postings zu Videos aus 112 einschlägigen YouTube-Kanälen erhoben, die sich explizit an Jugendliche wendeten. Bei der Auswahl der Korpus-Stichprobe fanden nur solche Videos Berücksichtigung, deren Kommentare zusammengenommen mindestens 1000 Wörter umfassten. Die Videos selbst sind nicht Teil des Korpus, stellen aber den Bezugspunkt für die Kommentare auf der entsprechenden YouTube-Seite dar.

Korpusdaten und -größe ◼ Tab. 4.3 zeigt die deskriptiv-statistischen Eckdaten des NottDeuYTSch Korpus (vgl. Cotgrove 2023).

Zugänglichkeit Das NottDeuYTSch-Korpus wird auf dem LINDAT/CLARIAH-CZ-Server (▶ http://hdl.handle.net/11372/LRT-4806) in verschiedenen Fomaten zum Download angeboten, z. B. in TSV, CWB-Format, TreeTagger-Format, JSON oder als

◼ **Tab. 4.3** Überblick über das NottDeuYTSch-Korpus

Maß	Wert
Anzahl Tokens (mit Emojis und Emoticons)	33.760.494
Anzahl Tokens (ohne Emojis und Emoticons)	32.549.462
Anzahl Types	567.086
Type/Token-Relation (TTR)	0,017
Anzahl der Kommentare	3.149.457
Anzahl der Videos	296
Anzahl der gesampelten Kanäle	63
Durchschnittliche Anzahl Tokens pro Kommentar	10,72
Median der Tokens pro Kommentar	5
Durchschnittliche Anzahl Videos pro Kanal	1.914

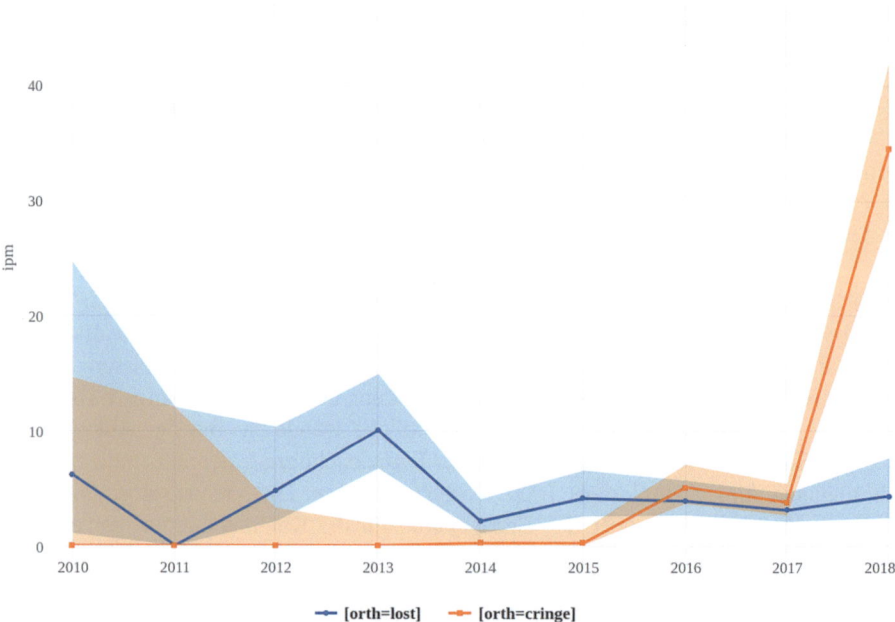

◘ **Abb. 4.16** Zeitverläufe der Jugendwörter 2020 (*lost*) und 2021 (*cringe*) im NottDeuYTSch-Korpus

R-Objekt. Es kann somit direkt in Programmierumgebungen oder in lokal installierten Korpustools wie Corpus Workbench oder SketchEngine verwendet werden. Darüber hinaus ist es wie die Wikipedia-Korpora in das Deutsche Referenzkorpus DEREKO integriert und steht im Korpusrecherchesystem KorAP des Leibniz-Instituts für Deutsche Sprache (IDS) zur Verfügung. Aus rechtlichen Gründen ist es allerdings nur vor Ort am IDS recherchierbar, z. B. an einem Rechner-Arbeitsplatz in der IDS-Bibliothek. In KorAP wird das NottDeuYTSch-Korpus im Metadatenassistenten anhand der Korpussigle NDY ausgewählt (vgl. ◘ Abb. 4.18).

Recherche- und Abfragemöglichkeiten In KorAP kann zwischen mehreren Abfragesprachen (z. B. Poliqarp oder COSMAS II) gewählt werden. Annotationen und Metadaten können in Abfragen einbezogen werden (Letztere im Metadaten-Assistenten, mit dem auch das Korpus ausgewählt wird). An dieser Stelle soll näher auf die Recherchemöglichkeit mit dem RKorAPClient eingegangen werden. Dieser bietet eine Funktionsbibliothek in der Programmiersprache R für den Zugriff über eine API auf die Daten in KorAP (Kupietz/Diewald/Margaretha 2020). Gegenüber den Abfragemöglichkeiten über die KorAP-GUI (Graphical User Interace) bietet der RKorAPClient eine Umgebung zur Formulierung für komplexere Abfragen, Auswertungen, Weiterverarbeitungen und Visualisierungen. ◘ Abb. 4.16 zeigt die Zeitverläufe der Jugendwörter 2020 (*lost*) und 2021 (*cringe*) im NottDeuYTSch-Korpus. Während *lost* im Zeitraum 2010–2018 noch keine besonderen Ausschläge aufweist, nimmt die Häufigkeit von *cringe* ab 2017 erkennbar zu.

4.3 · Zugängliche Korpora im Porträt

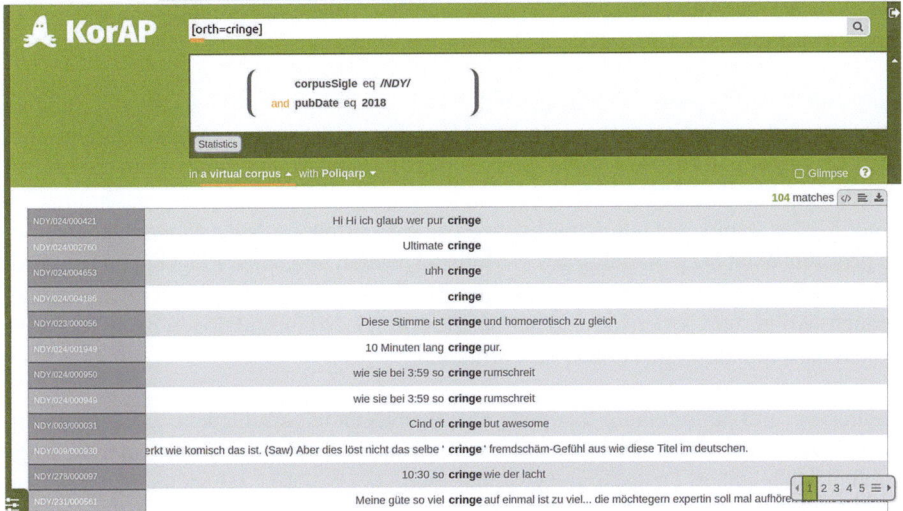

Abb. 4.17 KWICs zu *cringe* im Jahr 2018 im NottDeuYTSch-Korpus

Die Grafik in Abb. 4.16 wurde durch folgenden Code mit dem RKorAPClient generiert:

```
anfragen <- c("[orth=lost]", "[orth=cringe]")
vcs <- paste("corpusSigle = /NDY/ & pubDate in ",
c(2010:2018))
new("KorAPConnection", verbose=T) %>%
  frequencyQuery(anfragen, vcs, as.alternatives = FALSE) %>%
  hc_freq_by_year_ci(as.alternatives = FALSE)
```

Wenn man in einer auf diese Art generierten Grafik auf einen Datenpunkt klickt (z. B. den Verlauf von *cringe* bei 2018 in Abb. 4.16), öffnet sich im Browser ein Fenster mit der entsprechenden Abfrage und der zugehörigen KWIC-Ergebnisansicht zu diesem Datenpunkt in der KorAP-GUI (Abb. 4.17). Man kann sich also direkt ein Bild machen, welche Art von Vorkommen zu dem Anstieg führen (und ggf. auch Pseudotreffer identifizieren).

4.3.1.5 What's up, Switzerland?

Das Korpus „What's up, Switzerland?" (Ueberwasser/Stark 2017; ▶ https://whatsup.linguistik.uzh.ch) enthält multilinguale WhatsApp-Nachrichten aus der Schweiz und wurde 2016–2018/2020 unter der Leitung von Elisabeth Stark von einem Projektteam an den Universitäten Zürich, Bern, Neuchâtel und Leipzig als Nachfolger des Korpusprojekts sms4science.ch (2011–2014; ▶ https://sms.linguistik.uzh.ch; s. ▶ Abschn. 4.3.2.2) aufgebaut.

Zugänglichkeit Das Korpus, das mit Metadaten angereichert sowie auf verschiedenen Ebenen annotiert wurde, kann online (unter ▶ https://catchphrase.linguistik.uzh.ch/)

ohne vorherige Anmeldung für wissenschaftliche und nicht-kommerzielle Zwecke genutzt werden.

Korpusdaten und -größe Die insgesamt 5.155.476 Tokens in 617 Chats mit 763.644 Postings in den vier Nationalsprachen und Varietäten der Schweiz (Schweizerdeutscher Dialekt, nicht-dialektales Deutsch, Französisch, Italienisch und romanische Varietäten) wurden im Sommer 2014 im Rahmen einer einmaligen Datenerhebung gesammelt: In einer Medienkampagne wurden schweizerische Smartphone-Nutzer:innen gebeten, ihre privaten WhatsApp-Verläufe per E-Mail zu spenden und einen Fragebogen zu soziodemografischen Metadaten zum Alter, Geschlecht, Ausbildungsstand, Beruf, Sprachgebrauch, Wohn- und Arbeitsort und zur Nutzung von Lexikonfunktionen beim Verfassen von WhatsApp-Beiträgen online auszufüllen.

Recherche- und Abfragemöglichkeiten Das Korpus ist in verschiedene Teilkorpora untergliedert, z. B. „WUS_DEU", das Chats enthält, in denen der Großteil der Beiträge in nicht-dialektalem Deutsch verfasst sind, und „WUS_DEU_DEMOG", in welchem zudem die soziodemografischen Metadaten von allen Chatbeteiligten vorliegen. Sowohl der Gesamtbestand „WUS" und die Teilkorpora des Korpus „What's up, Switzerland?" als auch der Gesamtbestand des Korpus „Swiss SMS" können über ▶ https://catchphrase.linguistik.uzh.ch/ durchsucht werden. Im Korpus sind zum einen ganze Chats und zum anderen einzelne Chatbeiträge zu ihrer Hauptsprache und anderen darin vorkommenden Sprachen annotiert. Zudem wurden die Daten tokenisiert und in einigen Teilkorpora auf POS-Ebene annotiert. Das Korpus kann mit der Einstellung „Text" nach Tokens (Ausdrücke oder Mehrwortausdrücke, aber nicht Lemmata) oder mithilfe der Abfragesprachen DQD oder CQP durchsucht werden (s. ▶ https://lcp.linguistik.uzh.ch/manual/querying.html).

Als Ergebnis einer Suchabfrage erhält man eine Liste mit Chatpostings, in denen der Suchtreffer gelb hervorgehoben wird. Die ◘ Abb. 4.18 zeigt eine Trefferliste für eine Abfrage zu dem CQP-Suchausdruck [word="weil"|word="Weil"].

Die Metadaten zu einem Chat und den Chatbeteiligten lassen sich über das **i**-Symbol anzeigen. Suchergebnisse lassen sich einzeln manuell kopieren oder nach dem Login (z. B. über Shibboleth) als xml-Dateien exportieren.

Ausführliche Beschreibungen zur Aufbereitung und zum Funktionsumfang des Korpus finden sich in Ueberwasser/Stark (2017) sowie auf der Projekthomepage. In einem Video, das als *Open Educational Resource* online verfügbar ist (▶ https://av.tib.eu/media/65148), stellen Elisabeth Stark und Simone Ueberwasser die wesentlichen Aspekte des Korpus kurz und anschaulich vor und geben einen ersten Eindruck, für welche Forschungsfragen das Korpus besonders interessant ist.

4.3.1.6 DiDi-Korpus

Das DiDi-Korpus (Frey/Glaznieks/Stemle 2016) mit Daten zur multilingualen Facebook-Kommunikation in Südtirol wurde im Rahmen des Projekts „Digital Natives – Digital Immigrants" an der Europäischen Akademie (EURAC) in Bozen aufgebaut. Die Korpusdaten (ca. 600.000 Tokens in 11.102 Profileinträgen, 6.507 Kommentaren

4.3 · Zugängliche Korpora im Porträt

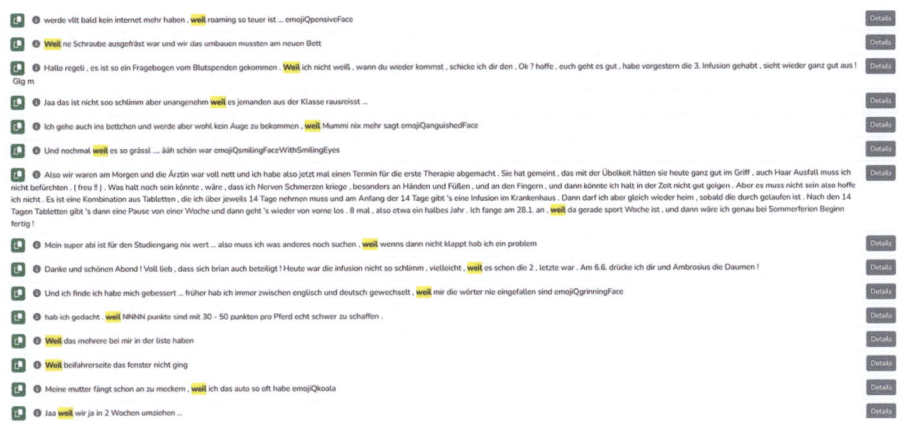

Abb. 4.18 Ergebnis einer Korpusabfrage des Ausdrucks [word="weil"|word="Weil"] im Korpus What's up, Switzerland? (Teilkorpus WUS_DEU)

und 22.218 privaten Nachrichten) entstammen dem Jahr 2013 und wurden erhoben, um den Sprachgebrauch von Social-Media-Nutzer:innen aus der mehrsprachigen Autonomen Provinz Bozen untersuchen zu können.

Zugänglichkeit Über eine ANNIS-Suchoberfläche (▶ https://commul.eurac.edu/annis/didi) können ohne vorherige Registrierung 373.989 Tokens aus den Profileinträgen und Kommentaren durchsucht werden. Aus Gründen des Persönlichkeitsschutzes kann auf den Bestand der privaten Nachrichten nur nach vorheriger Kontaktaufnahme mit dem Projektteam und dem Unterzeichnen einer Vertraulichkeitsvereinbarung sowie ausschließlich für Forschungszwecke zugegriffen werden (▶ https://www.eurac.edu/de/institutes-centers/institut-fuer-angewandte-sprachforschung/projects/didi). Glaznieks und Frey (2020) weisen zudem darauf hin, dass nur die deutschsprachigen Korpusdaten öffentlich zugänglich sind.

Korpusdaten Die okkasionell zusammengestellte Stichprobe wurde mithilfe einer Facebook-Applikation (▶ https://gitlab.inf.unibz.it/commul/didi/fb-app) erhoben, die es registrierten Facebook-Nutzer:innen ermöglichte, dem Projektteam Zugang zu ihren Facebook-Texten zu verschaffen. Die App wurde über Facebook geteilt und beworben, um Proband:innen für die Datenerhebung gewinnen zu können. Zur Nutzung bzw. wissenschaftlichen Auswertung ihrer Daten wurde die Zustimmung der Proband:innen eingeholt und ihre soziodemografischen Metadaten mithilfe von Fragebögen erfasst.

Metadaten und Annotationen Im Korpus vertretene Sprachen (d. h. als Erstsprachen in den Metadaten angegebene und in den Posts verwendete Sprachen) sind zum Großteil Deutsch und Italienisch, aber auch Englisch – zum Teil kommt auch Sprachmaterial aus mehreren Sprachen innerhalb einzelner Postings vor, wodurch sich das Korpus auch für Untersuchungen zu Code-Switching-Phänomenen eignet.

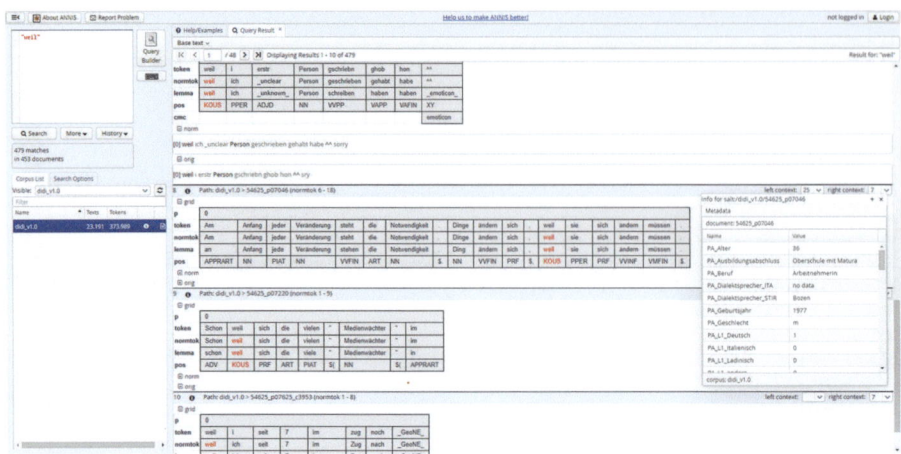

Abb. 4.19 Ergebnis einer Korpusabfrage zum Token „weil" im DiDi-Korpus

Die Primärdaten wurden auf verschiedenen Ebenen annotiert. Die Daten wurden anonymisiert, indem sensible Referenzen durch informative Kategorienlabels ersetzt wurden, wie zum Beispiel PersNE für Personennamen. Darüber hinaus wurden deutschsprachige Daten lemmatisiert und mit Part-of-speech-Informationen annotiert sowie für die internetbasierte Kommunikation typische und dialektale Schreibvarianten in deutschsprachigen Postings normalisiert, indem orthographische Standardformen hinzugefügt wurden. Weitere Annotationen kennzeichnen die in einem Post hauptsächlich verwendete Sprache, in deutschsprachigen Posts zudem Sprachvarietäten wie etwa Hochdeutsch oder den Südtiroler Dialekt. Als typische Phänomene internetbasierter Kommunikation sind u. a. Emojis und Emoticons, Adressierungen, Abkürzungen, Hyperlinks oder Hashtags annotiert.

Recherche- und Abfragemöglichkeiten Das Korpus kann mit der Abfragesprache ANNIS QL recherchiert werden (vgl. ANNIS User Guide o. J., Abschnitt 4 zur ANNIS Query Language (AQL)). Mithilfe des Query Builders können Metadaten und Annotationen in die Korpusabfragen einbezogen werden. Die ◘ Abb. 4.19 zeigt eine Beispielabfrage zum Ausdruck *weil*. Mithilfe der Anführungszeichen kann nach einer exakten Zeichenfolge gesucht werden; hierbei muss die Groß- und Kleinschreibung beachtet werden. Auch reguläre Ausdrücke können für die Korpusabfrage verwendet werden.

Als Suchergebnis werden die Treffer in roter Schriftfarbe hervorgehoben und in KWIC-Ansicht sowie mit allen hinzugefügten Annotationen angezeigt; der Kontextausschnitt lässt sich beliebig einstellen. Mit einem Klick auf das **i**-Symbol kann man die Metadaten zum Korpusdokument ausklappen.

Ausführliche Beschreibungen zur Aufbereitung und zum Funktionsumfang des Korpus finden sich in Frey/Glaznieks/Stemle (2016) sowie auf der Projekthomepage. In einem Video, das als *Open Educational Resource* online abrufbar ist (▶ https://av.tib.eu/media/63568), stellt Jennifer-Carmen Frey die wesentlichen Aspekte des Korpus kurz und anschaulich vor und gibt einen ersten Eindruck, für welche Forschungsfragen das Korpus besonders interessant ist.

4.3.1.7 Korpora zu anderen Sprachen

Im Folgenden geben wir einen kursorischen Überblick über zugängliche Korpora internetbasierter Kommunikation für andere Sprachen, die interessante, zusätzliche Ressourcen für kontrastive (sprachvergleichende) Untersuchungen darstellen können. Die **Wikipedia-Korpora zu anderen Sprachen** als dem Deutschen wurden bereits in ▶ Abschn. 4.3.1.2 behandelt.

- **Das niederländische Referenzkorpus SoNaR** (*STEVIN Nederlandstalig Referentiecorpus*, Daten bis 2011) enthält das annotierte *SoNaR New Media Corpus* mit 35 Mio. Tokens an Chat-, SMS-, Webforen- und E-Mail-Kommunikation (vgl. Oostdijk et al. 2013). Es ist über die Webschnittstelle *OpenSoNaR* recherchierbar: ▶ https://www.clarin.eu/blog/tour-de-clarin-resource-netherlands-sonar-reference-corpus-dutch
- **JANES, das Korpus des nicht-standardkonformen Slowenischen** (vgl. Fišer et al. 2020), enthält rund 135 Mio. Tokens an Twitter-, Foren-, Kommentar- und Blog-Kommunikation sowie Wikipedia-Diskussionen und ist auf verschiedenen Ebenen annotiert. Es kann aus dem Repositorium CLARIN.SI unter ▶ https://nl.ijs.si/janes/viri/avtomatsko-oznaceni-korpusi/ heruntergeladen werden und ist zudem über ein Konkordanztool im Web recherchierbar: ▶ https://www.clarin.si/kontext/first_form?corpname=janes
- **Die französische Korpussammlung CoMeRe** (*Communication médiée par les réseaux*, Chanier et al. 2014) enthält 14 Korpora internetbasierter Kommunikation in einer TEI-Repräsentation (SMS, Twitter, E-Mail, Chat, Blog, Forum, Wikipedia-Diskussionen sowie drei multimodale Korpora), die als Download aus dem Ortolang-Repositorium bezogen werden können: ▶ https://repository.ortolang.fr/api/content/comere/v2/comere.html
- **Das National Corpus of Contemporary Welsh CorCenCC** (Knight et al. 2020) enthält eine *E-Language*-Komponente mit Blog-, E-Mail-, SMS- und Web-Kommunikation (ca. 4,4 Mio. Tokens). Es ist annotiert und für den wissenschaftlichen Gebrauch herunterladbar wie auch über eine eigene Webschnittstelle recherchierbar: ▶ https://www.corcencc.org/
- **Die Suomi24-Ressourcenfamilie** (Jauhiainen et al. 2022) enthält Korpora mit allen Postings des finnischen Diskussionsforums Suomi24 (vorwiegend auf Finnisch) der Jahre 2001–2020 (ca. 4,58 Mrd. Tokens). Es ist annotiert und kann in verschiedenen Teilen im Format VRT heruntergeladen sowie alternativ über die Korpusanalyseschnittstelle KORP der Language Bank of Finland von Forschern recherchiert werden: ▶ http://urn.fi/urn:nbn:fi:lb-2022011221
- **Die Korpussammlung und -rechercheplattform English-Corpora.org** stellt das Korpus *Global Web-based English* (*GloWbE*; Davies 2015) mit fast 2 Mrd. Tokens, davon über 500 Mio. Tokens von mehr 170.000 englischsprachigen Blogseiten, sowie das ausgewogene *Corpus of Contemporary American English* (*COCA*; Davies 2009) bereit, das insgesamt über 1 Mrd. Tokens aus verschiedenen Textsorten, darunter auch den US-amerikanischen Anteil des GloWbE-Korpus, über

125 Mio. Tokens von Blogseiten, enthält. Die annotierten Korpora können nach vorheriger Registrierung online durchsucht werden: ▶ https://www.english-corpora.org/

4.3.2 ,Historische' Korpora internetbasierter Kommunikation

Im Folgenden stellen wir Ihnen noch zwei Korpusressourcen vor, die internetbasierten bzw. digitalen Sprachgebrauch dokumentieren, der mit Blick auf die Weiterentwicklung internetbasierter Kommunikationstechnologien und -praktiken in den zurückliegenden 20 Jahren als gleichsam ,historisch' zu gelten hat. Bestimmte sprachliche Merkmale in den Chats und SMS-Nachrichten, die in diesen Korpora dokumentiert sind, weisen Phänomene auf, die für den Sprachgebrauch in der informellen digitalen Kommunikation der zweiten Hälfte der 90er-Jahre und um die Jahrtausendwende charakteristisch waren. Vergleicht man diesen mit dem Sprachgebrauch in heutigen Messenger-Chats, werden die Unterschiede – aber auch die Kontinuitätslinien – deutlich. Gerade das macht diese Korpora interessant, wenn man an mikrodiachronen Fragestellungen in Bezug auf den Wandel innerhalb der internetbasierten bzw. digitalen Kommunikation interessiert ist – oder auch einfach nur mal einen Blick auf die digitale Kommunikation werfen möchte, wie sie die eigenen Eltern (oder älteren Geschwister) zu jener Zeit erfahren und praktiziert haben.

4.3.2.1 Dortmunder Chat-Korpus

Das Dortmunder Chat-Korpus (Beißwenger 2013; Lüngen et al. 2016) wurde in den Jahren 2002 bis 2005 von Angelika Storrer und Michael Beißwenger an der TU Dortmund zusammengestellt, um sprachliche Besonderheiten und Variation in der Kommunikation in Webchats und IRC-Channels um die Jahrtausendwende zu dokumentieren.

Zugänglichkeit Das Chat-Korpus kann ohne vorherige Anmeldung online (▶ https://www.uni-due.de/germanistik/beisswenger/aktivitaeten.php#chatkorpus) als Web-Archiv oder als sog. „Release-Version" zusammen mit dem Abfragewerkzeug STACCA-Do heruntergeladen werden. Darüber hinaus steht eine in TEI repräsentierte Version über die CLARIN-Repositories der Berlin-Brandenburgischen Akademie der Wissenschaften (BBAW; ▶ http://hdl.handle.net/11858/00-203Z-0000-002D-EC85-5) und des Leibniz-Instituts für Deutsche Sprache Mannheim (IDS; ▶ http://hdl.handle.net/10932/00-0379-FDFE-CC30-0301-E) zur Verfügung.

Korpusdaten und -größe Das Korpus enthält etwa eine Mio. Tokens in 140.240 Postings in 470 Chat-Dialogen aus den Jahren 1998–2006 von verschiedenen Chat-Plattformen und Kontexten (u. a. Plauderchats, Beratungschats, Chats in Lehr-/Lernkontexten, moderierte Chats mit Politiker:innen). Im Korpus wurden einige Phänomene der Chat-Kommunikation um die Jahrtausendwende annotiert, zum Beispiel @-Adressierungen, Emoticons und Inflektive bzw. Inflektivkonstruktionen.

4.3 · Zugängliche Korpora im Porträt

Suchkriterien:

Zu durchsuchender Korpusteil:	Chat Korpus
Suchstring:	weil
Spezielle Elemente:	
Zeige nur Messages vom Typ:	System / Action / Utterance
Message Kontext:	0

Beleg: Message Nr. 53 aus **Dokument** 2223001_degu-chat_18-03-2003.xml im **Teilkorpus** Plauder-Chats / 2200000 Ausserhalb Medienkontext / 2220000 Webchat / 2223000 Degu-Chat /
53 *19:35:21* **Jasmin** @Baloo **weil** italiensich immer gut ist

Beleg: Message Nr. 81 aus **Dokument** 2223001_degu-chat_18-03-2003.xml im **Teilkorpus** Plauder-Chats / 2200000 Ausserhalb Medienkontext / 2220000 Webchat / 2223000 Degu-Chat /
81 *19:40:49* **baloo** haha ich darf am sa nicht gehen **weil** nix mehr zugeht

Beleg: Message Nr. 215 aus **Dokument** 2223001_degu-chat_18-03-2003.xml im **Teilkorpus** Plauder-Chats / 2200000 Ausserhalb Medienkontext / 2220000 Webchat / 2223000 Degu-Chat /
215 *20:02:43* **Andra** ingvild ist norwegisch... und ist jetzt mein 2.vorname, denn jeder ingrid schreibt, **weil** er denkt er hätte sich verhört oder verlesen *grmpf*

Beleg: Message Nr. 352 aus **Dokument** 2223001_degu-chat_18-03-2003.xml im **Teilkorpus** Plauder-Chats / 2200000 Ausserhalb Medienkontext / 2220000 Webchat / 2223000 Degu-Chat /
352 *20:24:26* **bubbels** also mir hat er vor kurzem erst gemailt, **weil** ich ihm gesagt hab, er sei doch krank.er wollte mir doch tatsächlich wahr machen, das die geschichte stimmt.hab kein bock mehr dazu noch was zu sagen, das ist doch echt krank!!

Beleg: Message Nr. 381 aus **Dokument** 2223001_degu-chat_18-03-2003.xml im **Teilkorpus** Plauder-Chats / 2200000 Ausserhalb Medienkontext / 2220000 Webchat / 2223000 Degu-Chat /
381 *20:28:19* **baloo** aber wenn dann müssen wir bald oder nächste jahr fliegen **weil** hochschwanger darf ich nimmer

Beleg: Message Nr. 384 aus **Dokument** 2223001_degu-chat_18-03-2003.xml im **Teilkorpus** Plauder-Chats / 2200000 Ausserhalb Medienkontext / 2220000 Webchat / 2223000 Degu-Chat /
384 *20:28:28* **Jasmin** @bubbles ignorieren... dasnn wird es lang**weil**ig und sie suchen sich ein anders forum

Beleg: Message Nr. 442 aus **Dokument** 2223001_degu-chat_18-03-2003.xml im **Teilkorpus** Plauder-Chats / 2200000 Ausserhalb Medienkontext / 2220000 Webchat / 2223000 Degu-Chat /
442 *20:36:01* **Jasmin** **weil** da glückshormone ausgeschüttet werden

Beleg: Message Nr. 19 aus **Dokument** 2222002_chat.de_11-02-2003.xml im **Teilkorpus** Plauder-Chats / 2200000 Ausserhalb Medienkontext / 2220000 Webchat / 2222000 Chat.de /
19 **AufderSuche2481_(m)** sonthofen ist ziemlichlang**weil**ig oder?

Abb. 4.20 Ergebnis einer Korpusabfrage zum Token „weil" im Dortmunder Chat-Korpus mit dem Abfragewerkzeug STACCADo (Download-Version)

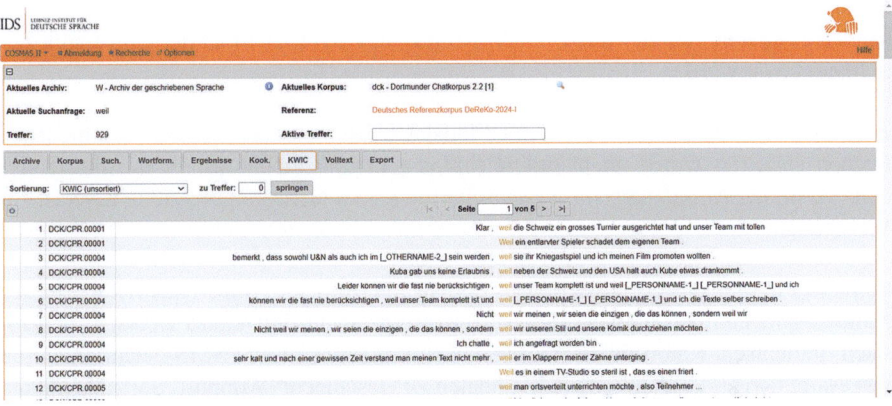

Abb. 4.21 Ergebnis einer Korpusabfrage zum Token „weil" im Dortmunder Chat-Korpus über COSMAS II

Recherche- und Abfragemöglichkeiten Seit seiner Integration in das Deutsche Referenzkorpus (DeReKo) des IDS sowie in die DWDS-Korpora der Berlin-Brandenburgischen Akademie der Wissenschaften (BBAW) kann das Korpus aus den entsprechenden Repositorien heruntergeladen oder nach vorheriger Anmeldung mithilfe der Korpusrecherchesysteme COSMAS II und KorAP des IDS bzw. der DWDS-Korpusabfrage auch online durchsucht werden. In dieser Version enthält das Chat-Korpus zudem Part-of-speech-Annotationen sowie orthographische Normalisierungen (Abb. 4.20, 4.21 und 4.22).

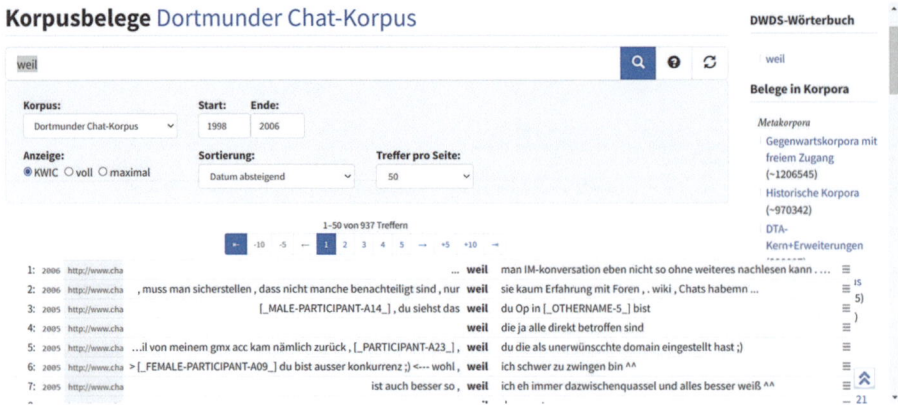

■ **Abb. 4.22** Ergebnis einer Korpusabfrage zum Token „weil" im Dortmunder Chat-Korpus über das DWDS-Portal

4.3.2.2 **sms4science.ch**

Bei sms4science.ch bzw. „The Swiss SMS Corpus" (Ueberwasser, Simone 2015/2022) handelt es sich um ein Schweizer SMS-Korpus, das 2011–2014 an der Universität Zürich aufgebaut wurde.

Zugänglichkeit Das Korpus, das mit Metadaten angereichert und auf verschiedenen Ebenen annotiert wurde, steht online (unter ▶ https://catchphrase.linguistik.uzh.ch/) ohne vorherige Anmeldung für wissenschaftliche und nicht-kommerzielle Zwecke zur Verfügung.

Korpusdaten und -größe Das Korpus enthält multilinguale SMS-Nachrichten in den Nationalsprachen der Schweiz (Schweizerdeutsch, nicht-dialektales Deutsch, Französisch, Italienisch, Rätoromanisch). Die Daten umfassen 25.947 SMS-Nachrichten mit insgesamt 646.594 Tokens sowie Metadaten zu Geschlecht, Wohnort, Sprachkenntnissen, Sprachgebrauch, Ausbildung, Beschäftigung, Schreibgewohnheiten der beteiligten Personen sowie zu deren Nutzung von Kommunikationsanwendungen. Die Korpusdaten wurden spendenbasiert in Kooperation mit dem Telekommunikationsanbieter Swisscom erhoben und nach der Erhebung anonymisiert, indem Personenreferenzen wie Namen, Telefonnummern, E-Mailadressen und Postanschriften durch Labels ersetzt wurden. Zudem wurde das Korpus hinsichtlich der vorkommenden Sprachen (verwendete Hauptsprachen, Einzelwörter aus anderen Sprachen sowie Fremdwörter) annotiert.

Recherche- und Abfragemöglichkeiten Über ▶ https://catchphrase.linguistik.uzh.ch/ können sowohl der Gesamtbestand des Schweizer SMS-Korpus (unter „Public Corpora") als auch der Gesamtbestand und die Teilkorpora des Nachfolgeprojekts „What's Up, Switzerland?" mit WhatsApp-Nachrichten (s. ▶ Abschn. 4.3.1.5) durchsucht werden. Das Korpus kann mit der Einstellung „Text" lemmabasiert nach Tokens (Ausdrücke oder Mehrwortausdrücke) oder mithilfe der Abfragesprachen DQD oder

4.3 · Zugängliche Korpora im Porträt

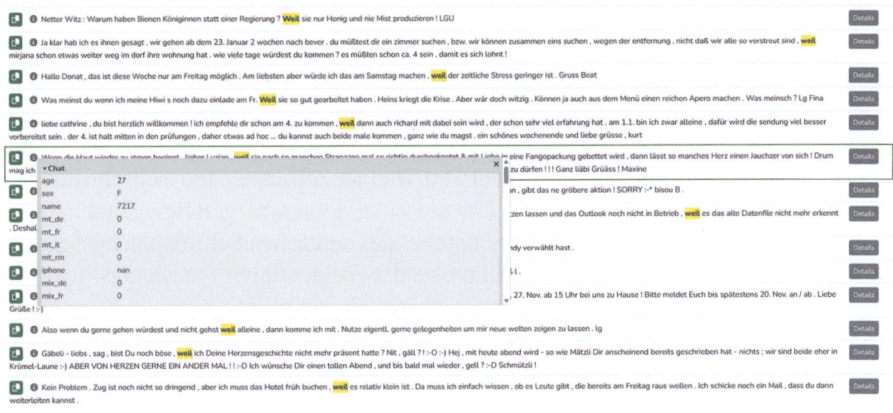

Abb. 4.23 Ergebnis einer Korpusabfrage des Ausdrucks [word="weil"|word="Weil"] im Korpus Swiss SMS

CQP durchsucht werden (s. ▶ https://lcp.linguistik.uzh.ch/manual/querying.html). Die
Abb. 4.23 zeigt eine Beispielabfrage zu dem CQP-Suchausdruck [word="weil"| word="Weil"]. Metadaten zum Chat und den Beteiligten lassen sich über das **i**-Symbol anzeigen. Suchergebnisse lassen sich einzeln manuell kopieren oder nach dem Login (z. B. über Shibboleth) als xml-Dateien exportieren.

4.3.3 Korpora zu anderen Domänen des Sprachgebrauchs – als Ressourcen für domänenvergleichende Untersuchungen

4.3.3.1 Korpora geschriebener Sprache in DeReKo

Das Deutsche Referenzkorpus DEREKO wird am Leibniz-Institut für Deutsche Sprache (IDS) in Mannheim seit 1964 kontinuierlich aufgebaut. Gemäß dem Auftrag des IDS, die deutsche Sprache der Gegenwart und der neueren Geschichte zu erforschen und zu dokumentieren, dient DEREKO als empirische Grundlage für die internationale germanistische Sprachwissenschaft. Es ist somit überall da einsetzbar, wo die (deutsche) Sprache Gegenstand der Forschung ist.

Zugänglichkeit Die meisten Texte in DEREKO sind von Dritten (Verlagen oder Autoren) lizenziert und können über die beiden Korpusrechercheschnittstellen des IDS, COSMAS II und KorAP genutzt werden. Diese Zugänge ermöglichen das Anzeigen von Treffermengen als Textstellen und statistische Analysen, in der Regel jedoch nicht das Anzeigen von längeren Passagen oder den Download von ganzen Texten. Einige wenige Korpora, die unter einer freien Lizenz stehen, werden auch zum Download angeboten, z. B. Wikipedia-Korpora (s. ▶ Abschn. 4.3.1.2).

Korpusdaten und -größe DEREKO wurde 1964 begonnen und wird fortlaufend um neue Daten und Korpora erweitert. 2024 umfasste der Bestand an Korpusdaten 57 Mrd.

Tokens, bei einem durchschnittlichen Wachstum von ca. zwei Mrd. Tokens pro Jahr. DEREKO enthält Texte ab etwa 1956, die sich auf zahlreiche Textsorten verteilen (Texte aus Zeitungen und Zeitschriften, Belletristik inkl. Kinder- und Jugendliteratur, wissenschaftliche und populärwissenschaftliche Textsorten, Gebrauchstexte, Plenarprotokolle des Bundestags, Formen internetbasierter Kommunikation u. a.), wobei der Schwerpunkt auf Pressetexten liegt (über 100 Titel an Zeitungen und Zeitschriften aus Deutschland, Österreich, der Schweiz, Liechtenstein, Luxemburg, Belgien und Italien). DEREKO ist dabei als eine sog. ‚Ur-Stichprobe' des deutschen Schriftsprachgebrauchs konzipiert, aus der sich jede:r Nutzer:in passend zu seinen/ihren Forschungs- und Rechercheinteressen selbst ein Korpus zusammenstellen kann. Wie auch die Korpora im Portal DWDS (s. ▶ Abschn. 4.3.3.2) setzt sich DEREKO aus zahlreichen Einzelkorpora zusammen; im Unterschied zu den DWDS-Korpora ermöglichen es die Zugriffswerkzeuge für DEREKO Forscher:innen aber, sich anhand der DEREKO-Metadaten sogenannte ‚virtuelle Korpora' aus dem Gesamtbestand bzw. auch aus Teildaten der Einzelkorpora zu konstruieren, was einen individuellen Zuschnitt der tatsächlich untersuchten Korpusdaten auf die eigenen Forschungsinteressen möglich macht.

Metadaten und Annotationen   Alle Texte in DEREKO sind tokenisiert, lemmatisiert und satzsegmentiert. Auf diese Basisannotationen kann über die beiden Korpusrecherche- und -analysesysteme COSMAS II und KorAP zugegriffen werden. Die DEREKO-Korpora sind in KorAP darüber hinaus auch für Wortarten (POS), morphologische Analyse und Dependenzstrukturen annotiert. Die Annotationen können in KorAP sowohl in Korpusabfragen adressiert als auch für Ergebnisausschnitte visualisiert werden.

Recherche- und Abfragemöglichkeiten   Die *Corpus Management and Analysis Plattform* **COSMAS II** ist bereits seit 1992 am Start. Über eine Web-Schnittstelle bietet es detaillierte Möglichkeiten für die linguistische Recherche in DEREKO und für die Anzeige von Treffern als KWIC-Zeilen. Darüber hinaus wird eine Kookkurrenzanalyse zu Suchausdrücken angeboten. Mit der zunehmenden Größe von DEREKO ist COSMAS II mittlerweile an seine Grenzen geraten. Neuere linguistische Annotationen in den Korpusdaten sind daher in COSMAS II nicht nutzbar, Wortarten-Tags stehen lediglich für eine frühere Version von DEREKO (aus 2014) zur Verfügung.

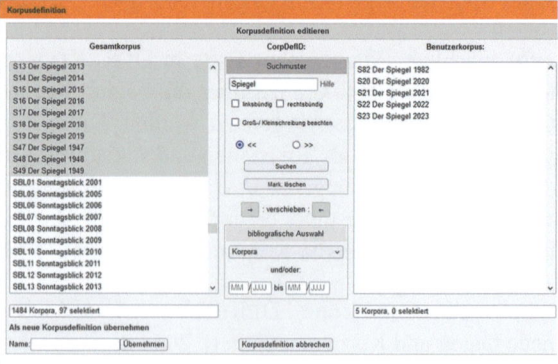

Abb. 4.24   Virtuelle Korpusbildung in COSMAS II

4.3 · Zugängliche Korpora im Porträt

Die DEREKO-Korpora sind in COSMAS II über vier sogenannte Archive (technisch bedingte Gruppen von Korpora) verteilt. Neben den vier Archiven, die DEREKO enthalten (Archive W, W2, W3, W4), gibt es weitere, projektspezifische Archive sowie eines für fremdsprachige Wikipedia-Korpora (s. ▶ Abschn. 4.3.1.2). Zu Beginn einer COSMAS II-Sitzung muss ein Archiv ausgewählt werden. Innerhalb eines Archivs können dann vordefinierte Korpora (wie „Belletristik des 21. Jahrhunderts") als Korpus geladen werden. Außerdem können virtuelle Korpora selbst definiert und für spätere Sitzungen abgespeichert werden (◘ Abb. 4.24). Virtuelle Korpora können in COSMAS II immer nur innerhalb eines Archivs gebildet werden. Eine Beispielanalyse mit COSMAS II findet sich im ▶ Abschn. 4.3.2.1.

Die Korpusanalyseplattform **KorAP** wird seit 2011 am IDS (fort-)entwickelt und steht seit 2014 für die webbasierte Korpusrecherche zur Verfügung. Dadurch, dass die Korpusdaten in KorAP über beliebig viele Rechner verteilt werden können, gibt es keine Obergrenze für Korpusgrößen. Queries können in verschiedenen Abfragesprachen formuliert werden, unter anderem in Poliqarp oder COSMAS-II (vgl. Lemnitzer/Diewald 2022). Auch stehen alle oben genannten Annotationsschichten von DEREKO in KorAP zur Verfügung. Sie können in Abfragen adressiert und für Rechercheergebnisse visualisiert werden. Für komplexere Berechnungen und Visualisierungen steht eine Programmier-Schnittstelle (API) zur Verfügung, zudem gibt es mit RKorAPClient und PythonKorAPClient zwei Programmbibliotheken mit Korpusanalysefunktionen für die Programmiersprachen R und Python (vgl. Kupietz et al. 2023). Bisher (Stand 2024) sind diejenigen DEREKO-Korpora, die sich in COSMAS II im Archiv W befinden, sowie diejenigen im Korpus des Rats für deutsche Rechtschreibung (Diewald et al. 2024) in KorAP nutzbar (23,5 von 57 Mrd. Tokens). Eine Übersicht aller Quellen findet sich unter ▶ https://korap.ids-mannheim.de/doc/corpus.

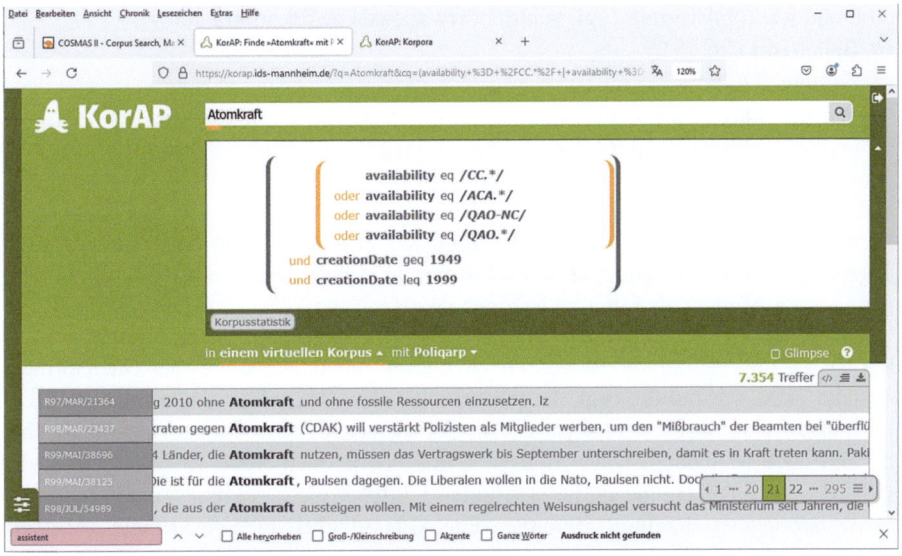

◘ **Abb. 4.25** Virtuelle Korpusbildung mit dem Metadaten-Assistenten in KorAP

Die virtuelle Korpusbildung erfolgt in KorAP derzeit über eine Korpusabfrage und wird von dem KorAP-Metadaten-Assistenten unterstützt. ◘ Abb. 4.25 zeigt eine Suche nach dem Ausdruck *Atomkraft* in Korpora mit allen Arten von Lizenzen (Spezifikation des Metadatenfelds „availability") aus den Jahren 1949–1999 (Spezifikation des Metadatenfelds „creationDate"). Weitere Beispielabfragen mit KorAP sind in den ▶ Abschn. 4.3.1.2 und 4.3.1.4 gegeben.

4.3.3.2 Das DWDS-Kernkorpus

Das Korpusportal „Der deutsche Wortschatz von 1600 bis heute" (DWDS) der Berlin-Brandenburgischen Akademie der Wissenschaften beherbergt das *DWDS-Kernkorpus 20. Jahrhundert*. Das Ziel beim Aufbau dieses Korpus war es, ein sehr großes Korpus bereitstellen zu können, welches den Wortschatz der geschriebenen deutschen Sprache des 20. Jahrhunderts möglichst gut repräsentiert. Da Repräsentativität bei Sprachkorpora, dem Gegenstand Sprache geschuldet, bestenfalls als Tendenz zu erreichen ist (s. ▶ Abschn. 4.2.3.1), folgte die Aufnahme von Texten in das Korpus dem Prinzip einer Ausgewogenheit hinsichtlich großer Textsortenbereiche des Deutschen und nach den Dekaden des 20. Jahrhunderts. Die vom DWDS-Kernkorpus abgedeckten Textsortenbereiche sind *Belletristik, Zeitung, wissenschaftliche Texte* und *Gebrauchstexte*. Gesprochene Sprache ist im Kernkorpus nicht enthalten; stattdessen steht eine Stichprobe gesprochener Sprache als Spezialkorpus im DWDS-Portal zur Verfügung.

Zugänglichkeit Die meisten Texte im DWDS-Kernkorpus sind von Dritten (Verlagen oder Autoren) lizenziert. Das Korpus kann daher nicht heruntergeladen, aber über die DWDS-Korpusrecherche abgefragt werden (▶ https://www.dwds.de/r).

Korpusdaten und -größe Das Korpus enthält 121 Mio. Tokens (100 Mio. ohne Satzzeichen, Nichtwörter und Zahlen). Die Anteile der vier Textsorten sind annähernd gleich groß und wie folgt verteilt (vgl. ▶ https://www.dwds.de/d/korpora/kern):
- Belletristik: 26,35 %
- Zeitung: 27,29 %
- Wissenschaft: 24,59 %
- Gebrauchsliteratur: 21,77 %.

Metadaten und Annotationen Wie alle Korpora im DWDS-Portal ist das Kernkorpus nach Wortarten getaggt; die dafür verwendeten PoS-Kategorien folgen dem STTS-Tagset für deutschsprachige Texte (Schiller et al. 1999). Die PoS-Annotationen können in Suchabfragen als Filter einbezogen werden.

Recherche- und Abfragemöglichkeiten Korpusabfragen werden in der Suchabfragesprache DDC formuliert (vgl. Lemnitzer/Diewald 2022). Die Suchmaschine DDC unterstützt u. a. Boolesche Operatoren, Phrasensuche, das Filtern auf Tokenebene und nach Metadaten sowie diverse Sortieroperationen. Eine Dokumentation der DDC-Suchabfragesprache findet sich unter ▶ https://www.cudmuncher.de/~moocow/software/ddc/querydoc.html. Bereitgestellte APIs erlauben auch geskriptete Abfragen. ◘ Abb. 4.26 zeigt die Ergebnisansicht einer einfachen Korpusabfrage zur Wortform

4.3 · Zugängliche Korpora im Porträt

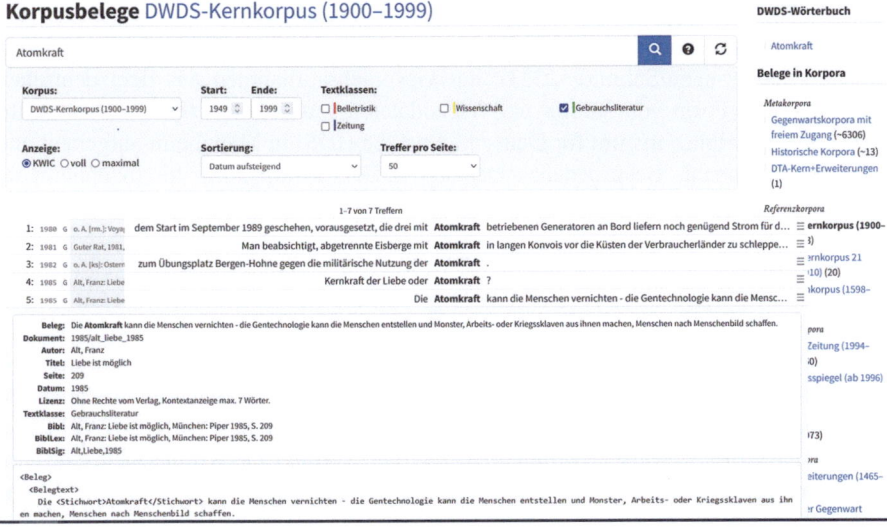

◻ **Abb. 4.26** Ergebnisansicht zur Abfrage des Ausdrucks „Atomkraft" im DWDS-Kernkorpus beschränkt auf den Zeitraum 1949–1999 und auf die Textsorte Gebrauchstexte

„Atomkraft" im DWDS-Kernkorpus des 20. Jahrhundert, eingeschränkt auf den Zeitraum 1949–1999 und auf den Textsortenbereich *Gebrauchsliteratur*.

Die Ergebnisdarstellung zeigt eine KWIC-Ansicht, die sich expandieren lässt zu „voll" oder „maximal" (maximale Kontextgröße in Abhängigkeit von der Lizenzierung der Quelle). Das Sortierungsprinzip sowie die Anzahl der Treffer pro Ergebnisseite können ebenfalls eingestellt werden. Eine DWDS-KWIC-Zeile zeigt in der vierten Spalte eine Kurzversion der Quellenangabe, die Metadaten (bibliographischen Angaben) können aber rechts mit Klick auf das Symbol ≡ expandiert werden. ◻ Abb. 4.26 zeigt die Metadaten-Expansion für die 5. KWIC-Zeile zur Abfrage. Dazu gehört auch eine XML-Kodierung des Belegs und seiner Metadaten. Schließlich kann man das Ergebnis (die Treffermenge) exportieren, wobei man zwischen den verschiedenen Trefferformaten und Datenformaten wählen kann und auch die Anzahl der zu exportierenden Treffer noch einmal spezifizieren kann. Interessant ist auch noch die rechte Spalte der Ergebnisseite: Dort findet man Links zu einem Wortartikel zur Suchabfrage im DWDS-Wörterbuch (sofern vorhanden) sowie zu Ergebnisansichten von Treffern für die Abfrage in anderen Korpora des DWDS-Portals.

Aufgrund seiner Ausgewogenheit ist das Kernkorpus des 20. Jahrhunderts besonders gut geeignet für die Untersuchung von Phänomenen des Sprachwandels im deutschen Wortschatz im 20. Jahrhundert.

Einen Überblick über die Prinzipien, den Aufbau und die Quellen des DWDS-Kernkorpus bietet Geyken (2007). Ein DWDS-Kernkorpus des 21. Jahrhunderts, das nach vergleichbaren Prinzipien strukturiert ist, wird fortlaufend ausgebaut, ist aber naturgemäß zum jetzigen Zeitpunkt noch nicht ausgewogen. Es ist als ein weiteres Referenzkorpus separat im DWDS-Portal recherchierbar.

4.3.3.3 Korpora gesprochener Sprache: DGD/FOLK

Das Forschungs- und Lehrkorpus Gesprochenes Deutsch (FOLK; Schmidt 2014; Reineke/Deppermann/Schmidt 2023), das Gesprächsaufnahmen aus dem deutschen Sprachraum in Form von Audio- und Videodateien sowie Transkripten enthält, wird seit 2008 am Leibniz-Institut für Deutsche Sprache (IDS) in Mannheim aufgebaut und über die Datenbank Gesprochenes Deutsch (DGD; ▶ https://dgd.ids-mannheim.de/dgd/pragdb.dgd_extern.welcome) bereitgestellt.

Zugänglichkeit   Der FOLK-Datenbestand ist linguistisch aufbereitet und kann auf der Plattform DGD nach einer kostenlosen Registrierung neben einigen weiteren Korpora des Archivs für Gesprochenes Deutsch (AGD; ▶ https://agd.ids-mannheim.de/) für wissenschaftliche Zwecke (Forschung, Studium und Lehre an Hochschulen und wissenschaftlichen Institutionen) genutzt werden. Über die DGD kann unter anderem auf verschiedene Gesprächs-, Interview- und Varietätenkorpora zugegriffen werden, zum Beispiel das Korpus Deutsche Mundarten (Zwirner-Korpus), das Korpus Deutsche Umgangssprachen (Pfeffer-Korpus) und das Korpus Gesprochene Wissenschaftssprache Kontrastiv (GeWiss, GWSS).

Korpusdaten und -größe   FOLK wird kontinuierlich weiter ausgebaut und enthält (Stand 08.08.2024) 436 „Sprechereignisse" mit 485 Audioaufnahmen, 278 Videoaufnahmen und 925 alignierten Transkripten mit 3.450.408 Tokens aus den Bereichen privater, institutioneller und öffentlicher Kommunikation im deutschen Sprachraum aus den Jahren 2003–2022. Die Korpusstichprobe wird in verschiedenen Verfahren erhoben, beispielsweise im Rahmen von Lehrveranstaltungen an der Universität Mannheim, durch Erhebungsaktionen, für die interessierte Teilnehmende zur Kooperation angeworben und aufgerufen werden, und durch die Spende von Aufnahmen aus Forschungsprojekten durch Interaktionsforschende (vgl. Reineke/Deppermann/Schmidt 2023: 73).

Metadaten und Annotationen   Die Primärdaten sind nach GAT2 transkribiert (vgl. Morek 2022), orthographisch normalisiert, lemmatisiert und auf PoS-Ebene annotiert. Darüber hinaus verfügt jedes Sprechereignis über Metadaten zu den Aufnahmen, zum Kontext der Interaktion und den beteiligten Personen.

Recherche- und Abfragemöglichkeiten   Das Korpus kann nach ganzen Audio- und Videodateien sowie Transkripten, mithilfe einer Volltextsuche und anhand einer struktursensitiven Tokensuche recherchiert werden. Dabei können die linguistischen Annotationen sowie Metadaten zu den Sprechereignissen (beispielsweise zum Ort der Aufnahme, zur Realisierungsform oder zu den Themen der Konversation) und den Beteiligten (z. B. zu ihrem Bildungsabschluss, Beruf oder der Erstsprache) einbezogen werden, sodass Suchergebnisse gefiltert werden können. Für die Formulierung der Korpusabfragen können auch reguläre Ausdrücke verwendet werden.

Darüber hinaus bietet FOLK die Möglichkeit, Zufallsstichproben zu ziehen und Statistiken zu generieren. Zudem steht Nutzer:innen ein Dateimanager zur Verfügung, mit dem Suchergebnisse, die in KWIC-Darstellung ausgegeben werden, gespeichert,

4.4 · Erhebung, Aufbereitung und Auswertung eigener Korpora

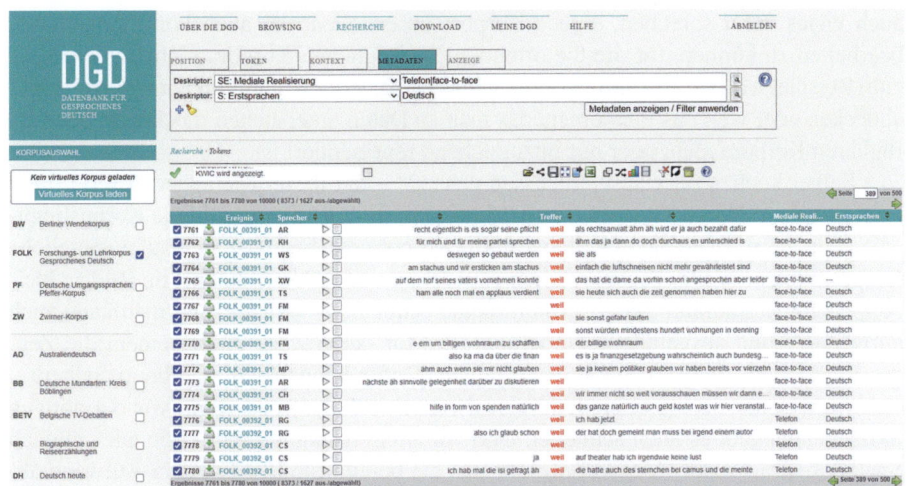

◘ **Abb. 4.27** Ergebnis einer Korpusabfrage zum Token *weil* in FOLK

mit anderen registrierten Nutzer:innen geteilt und in verschiedenen Dateiformaten exportiert werden können.

Unter dem Reiter „Hilfe" auf der Homepage der Datenbank für Gesprochenes Deutsch (▶ https://dgd.ids-mannheim.de/dgd/pragdb.dgd_extern.help) findet man neben Informationen zu Abfragesprachen auch Handreichungen, Video-Tutorials und Open-Access-Publikationen, die den Umgang mit dem Korpusrecherchesystem DGD und die Abfragemöglichkeiten in FOLK erklären, sowie Bedienungshinweise, FAQs, ein Glossar und Zitationshinweise.

Die ◘ Abb. 4.27 zeigt eine Beispielabfrage nach dem Token *weil* in transkribierter Form in Gesprächen, die face-to-face oder telefonisch von Sprecher:innen mit der Erstsprache Deutsch geführt wurden.

4.4 Erhebung, Aufbereitung und Auswertung eigener Korpora

4.4.1 Überblick

Wie das vorangegangene Kapitel gezeigt hat, liegt inzwischen eine Vielzahl an gut aufbereiteten und für die Forschung frei zugänglichen Korpora internetbasierter Kommunikation vor, die für unterschiedlichste Forschungsfragen genutzt werden können. Dem **Newspaper Bias** (Warnke 2013: 191), der die korpuslinguistische Forschung wegen der Konzentration der großen Korpusressourcen auf Pressetexte lange prägte und auch immer noch prägt, kann man inzwischen recht gut entgehen. Wie Beißwenger und Lüngen (2022: 434) ausführen, gibt es gute Gründe, sich bei linguistischen Untersuchungen auf solche aufbereiteten und zugänglichen Korpora zu stützen. Es spart Zeit, die Daten und Metadaten sind von guter Qualität und die Ergebnisse können von anderen überprüft und mit Anschlussuntersuchungen weitergeführt werden. Trotzdem kann auch vieles dafür sprechen, eigene Korpora zu erstellen, um auch Forschungsfragen bearbeiten zu können, für die die öffentlich zugänglichen Korpora nicht ausreichen – zum Beispiel weil sie bestimmte Formen internetbasierter Kommunikation derzeit nicht abdecken oder weil das Phänomen, das man an Daten untersuchen möchte, in den verfügbaren Korpora nicht oder nur unzureichend repräsentiert ist.

„Selber kochen oder auswärts essen gehen?" – mit dieser Metapher fassen Lothar Lemnitzer und Heike Zinsmeister (2015: 101) in ihrer Einführung in die Korpuslinguistik eben diese Frage, ob man lieber selbst Korpora erheben oder sich auf zugängliche Korpora stützen sollte. Es ist natürlich Abwägungssache. Um zunächst im Bild zu bleiben, ist ein Restaurantbesuch vermutlich die bequemere Variante, und man kann auch aufwändige und ausgefallene Gerichte essen, für deren Zubereitung einem die Zeit, die Ressourcen und das Know-How fehlen. Dafür können wir uns beim Selberkochen jeden noch so individuellen Spezialwunsch erfüllen, und wenn wir die nötigen Skills haben, geht es auch schneller. Und vor allem macht Selberkochen auch einfach Spaß. Übertragen auf Korpora: So sehr uns die bereitgestellten Korpora Aufwand abnehmen (weil andere Köche für uns vorgekocht haben) und so sehr sie mitunter die einzige Möglichkeit sind, bestimmte Kommunikationsbereiche untersuchen zu können, so sinnvoll kann es für bestimmte Forschungsfragen doch sein, selbst Daten zu erheben und aufzubereiten. Wir können dann passgenau die Daten erfassen, die für unsere spezialisierten Fragestellungen relevant sind, und zwar in Quasi-Echtzeit. Da der Aufbau und die Zurverfügungstellung von Korpora, sei es als Komplettdatensätze oder über Korpusanalyseplattformen wie z. B. ANNIS, eine sehr aufwändige und zeitraubende Angelegenheit ist, sind diese Daten dann oft schon einige Monate bis Jahre alt. Wenn wir aktuelle Diskursereignisse etwa auf X (vormals Twitter) untersuchen wollen, oder wenn wir ein thematisch spezialisiertes Korpus aufbauen wollen, bleibt uns nichts anderes übrig, als die entsprechenden Korpora selbst zu erstellen.

Dieses Kapitel vermittelt die wichtigsten Grundlagen und Methoden für die Erstellung eigener Korpora. Um abermals im Bild von Lemnitzer und Zinsmeister zu bleiben, geht es dabei zunächst um die Kochutensilien und ihren Gebrauch, dann um die Zutaten und ihre Zubereitung, bevor schließlich den angehenden Köch:innen noch einige exemplarische Rezepte an die Hand gegeben werden. Und noch ein warnendes und zugleich ermunterndes Wort vorweg: Sie sollten sich darauf einstellen, dass nicht jedes Gericht sofort gelingt. Aber mit den Handreichungen dieses Kapitels haben Sie hoffentlich die Grundlagen, um selbst weiter üben zu können.

4.4.2 Wie kommen wir an Daten?

Studierende, die zum ersten Mal internetbasierte Kommunikation untersuchen möchten und dafür Daten sammeln, gehen oft den auf den ersten Blick bequemsten Weg und machen **Screenshots**. Dieses Vorgehen hat den Vorteil, dass es immer und überall einsetzbar ist, sogar von unterwegs und auf mobilen Endgeräten. Ein weiterer Vorteil ist, dass die Daten in ihrer vollen multimodalen Gestalt und somit (zumindest solange keine Bewegtbilder dabei sind) genau so konserviert werden, wie sie am Screen für die Nutzenden selbst wahrnehmbar sind. Auch die für Social Media-Daten so wichtigen

4.4 · Erhebung, Aufbereitung und Auswertung eigener Korpora

Reactions wie die Zahl der Likes sind dann miterfasst. Für korpuslinguistische Untersuchungen im engeren Sinne sind Screenshots aber das denkbar schlechteste Format, da in den jpg- oder png-Dateien die Text- und Metadaten sozusagen versenkt werden. Sie sind zwar für das menschliche Auge sichtbar, aber nicht mehr oder nur mit unnötig großem technischen Aufwand maschinenlesbar. Und es sind doch deutliche Grenzen gesetzt, was die Mengen anbelangt, denn bei einigen hundert Screenshots verliert man bald den Überblick.

Schon deutlich besser ist das **Copy-Paste-Verfahren**, das ebenfalls oft von Studierenden ohne Vorkenntnisse angewendet wird (Marx/Weidacher 2020: 38). Auf diesem Weg können die Texte so erfasst werden, dass sie später nach bestimmten Zeichenketten durchsucht oder sogar in Korpusanalysetools wie z. B. AntConc eingelesen werden können. Sofern Metadaten wie etwa Erscheinungsdatum und -zeit oder die Anzahl der Likes miterfasst werden sollen, müssen diese entweder händisch nachgetragen oder zumindest händisch von den Primärdaten abgegrenzt werden. Empfehlenswert ist hier z. B. eine Excel-Tabelle, in der dann zusätzlich zum eigentlichen Text noch weitere Spalten mit Metadaten befüllt werden. So lassen sich Daten systematisch aufbereiten und anschließend untersuchen. Doch wenn z. B. Tweets oder Instagram-Kommentare einzeln mit copy-paste erfasst und nachbearbeitet werden müssen, gibt es auch hier deutliche Grenzen in Sachen Menge. Ähnliches gilt für Datensammlungen, bei denen Sammlungen von Postings oder ganze Threads in Word-Dateien kopiert werden. Die für viele Forschungsfragen unverzichtbaren Metadaten werden dabei ebenfalls nicht oder nur unzureichend miterfasst beziehungsweise müssten händisch nachgetragen werden.

Wenn dagegen größere Datenmengen erfasst werden sollen, wird man auf (teil-)automatisierte Verfahren zurückgreifen müssen. Das klingt komplizierter als es ist, da es hierfür verschiedene Hilfsmittel gibt. Allen ist gemein, dass sie sich eine bestimmte technische Eigenschaft digitaler Texte zunutze machen, nämlich die strikte Trennung von reinem Text und sogenannten textauszeichnenden Elementen im **Quelltext** (Lobin 2014: 88). Schauen wir uns dazu zunächst eine klassische Webseite an, die in HTML (Hypertext Markup Language) geschrieben ist und im Hintergrund ungefähr so aussieht (in Browsern wie Chrome über die Funktion „Quelltext anzeigen" zu erreichen, hier in Auszügen wiedergegeben):

```
<p class="article-section">Sachsen</p>
<p class="article-published-at">06.05.2019 15:16 Uhr</p>
<h1>War das Mathe-Abitur zu schwer?</h1>
<div class="article-lead"><p>Sächsische Schüler hatten Probleme mit
    Aufgaben in Geometrie und Stochastik. Auch in anderen Ländern gibt
    es Beschwerden.</p></div>
<div class="article-author clearfix">Andrea Schawe</div>
<div class="article-content">
<p><b>Dresden.</b> Sächsische Schüler aus dem Grund- und Leistungskurs
    beschweren sich über zu hohe Anforderungen bei den Abiturprüfungen
    in Mathematik. Etwa 10.800 Schüler waren zur Prüfung am vergangenen
     Freitag zugelassen. Der Landesschülerrat sprach von „einigen
    Beschwerden" über Aufgaben im Bereich Geometrie und Stochastik und
    von zeitlichen Engpässen.<br></p>
```

Dass es sich bei einem Stück Text um eine Überschrift handelt, wird durch die Einfassung im HTML-Tag `<h1>` festgelegt, und auch Metadaten wie Datum und Autor sind so gekennzeichnet. Ergänzt wird dieser HTML-Code noch durch ein CSS-Stylesheet, das die visuelle Erscheinung dieser Textteile im Browser definiert. Das funktioniert so ähnlich wie Formatvorlagen in Textverarbeitungsprogrammen wie Word. Man kann im CSS-Stylesheet einmal zentral anpassen, dass Überschriften eine bestimmte Farbe haben sollen, und das wird dann automatisch auf alle mit `<h1>` getaggten Textteile appliziert. HTML und CSS zusammen bestimmen also, was letztlich in Browser visuell präsentiert wird.

Die Vorteile solcher Strukturen für die Datenerhebung liegen auf der Hand: Die Daten liegen im Hintergrund bereits in klar und einheitlich strukturierter Form vor. Mit einfachen Computerprogrammen können wir gezielt und in großer Stückzahl direkt auf diese Daten zugreifen, sie auslesen und in dem für uns sinnvollen Format abspeichern. Dieses Verfahren nennt man **(Web-)Scraping**, das zweischrittig funktioniert: Zunächst wird der Quelltext geladen und dann werden die gewünschten Teile weiter prozessiert. Scraping verlangt häufig manuelle Programmierung, allerdings gibt es auch hierfür vorgefertigte Lösungen (s. u.). Während beim Scraping gezielt auf ganz bestimmte Inhalte zugegriffen wird, die daher auch schon vorher bekannt sein müssen, zielt das **(Web-)Crawling** darauf ab, selbstständig Inhalte zu finden und dann zu scrapen. So kann man nur die URL der Hauptseite einer Website als Input übergeben und der Crawler spürt z. B. über die Sitemap alle Unterseiten auf, um diese dann zu scrapen. Auf diese Weise bekommt man deutlich mehr Daten, die aber dann auch unsauberer sind (Barbaresi 2019). Sie können z. B. auch Textteile wie Werbeanzeigen oder Navigationsmenüs enthalten, die nicht zum eigentlich interessierenden Text gehören.

Bei vielen Webseiten, insbesondere auf Social-Media-Plattformen, kommt man mit Scraping und Crawling aber nicht weit. Diese Webseiten wie etwa instagram.com, die gegenüber den mobilen Apps oft nur sekundär sind, sind JavaScript-basiert, d. h. die im Browser sichtbaren Inhalte werden je nach Nutzung dynamisch aus Datenbanken (nach-)geladen. Das macht es Scraping-Programmen schwer (ein möglicher Umweg ist die Browserfernsteuerung), andererseits ist das Scraping meist gar nicht nötig. Denn viele Social-Media-Plattformen stellen die Daten, die sie auf ihren Servern gespeichert haben, über sogenannte **APIs** (Application Programming Interfaces) zur Verfügung. Diese richten sich in erster Linie an Entwickler:innen (deswegen findet man sie oft unter dem Reiter „Developer"), z. B. in Unternehmen, die Social-Media-Daten für die Marktanalyse nutzen wollen. Neben diesen kommerziellen und entsprechend meist kostenpflichtigen Nutzungsmöglichkeiten sehen viele Plattformen aber auch eine nichtkommerzielle wissenschaftliche Nutzung vor und stellen (einen Teil der) Daten ausdrücklich für Forschungszwecke zur Verfügung.

Bei den APIs bezieht man die Daten also direkt aus der Datenbank, ohne dass sie den Umweg über den Browser genommen haben. Die Daten werden deshalb in einem maschinenlesbaren Format ausgegeben, in dem, wie oben für HTML erläutert, Textdaten und Metadaten strikt getrennt und sauber ausgezeichnet sind. Übliche Formate sind **JSON** oder **XML**. Diese Datensätze können wir wiederum gezielt auslesen und so speichern, wie es für unsere Forschungsfragen sinnvoll ist. Glücklicherweise gibt es oft Open-Source-Lösungen von engagierten Forschenden, die hierfür genutzt werden können und wenig bis gar keine Programmierkenntnisse erfordern.

4.4 · Erhebung, Aufbereitung und Auswertung eigener Korpora

> **Definition**
>
> Als **Open Source** wird Software bezeichnet, deren Quellcode frei zugänglich ist und die kostenlos genutzt und beliebig oft kopiert und weitergegeben werden kann. Da der Quellcode offen ist, kann er auch verändert werden, sodass Nutzende die Software für ihre Zwecke anpassen oder Verbesserungen einbringen können.

Prominente Beispiele für Open-Source-Programme sind LibreOffice als freie Entsprechung zum kommerziellen Office-Paket von Microsoft, die Literaturverwaltungssoftware Zotero oder der Browser Mozilla Firefox. Eine oft genutzte Plattform für das Hosting von Open Source Software ist GitHub, ein webbasierter Dienst zur Versionsverwaltung. Hier können Nutzende Quellcode einsehen, aber auch Probleme melden sowie durch sogenannte Pull Requests Änderungsvorschläge einbringen.

Mit den genannten Verfahren, dem Scraping bzw. Crawling und dem Zugriff über die API, lassen sich also in relativ kurzer Zeit große bis sehr große und gut strukturierte Datensammlungen erstellen, die sich dann in einem zweiten Schritt für korpuslinguistische Zwecke aufbereiten lassen. Grundlegende Programmierkenntnisse sind hier von Vorteil, aber nicht unbedingt nötig. Freilich braucht man ein technisches Grundverständnis von Daten- und Ordnerstrukturen auf Computern. Und es braucht auch die Bereitschaft, sich ein bisschen durchzuprobieren, mit Fehlermeldungen umzugehen, die bei den Open-Source-Tools immer zu erwarten sind, und Workarounds zu finden. Belohnt wird man dafür aber im Ergebnis mit einem selbst erstellten Datensatz, der vielleicht nicht perfekt ist, aber genau zu dem passt, was man vorhat.

4.4.3 Grundlegende Werkzeuge oder: Kochutensilien

Alle, die vorhaben, selbst Korpora zu erstellen, sollten sich mit zwei grundlegenden Werkzeugen vertraut machen: der Kommandozeile (auch Command Line, Command Line Interface oder Shell genannt – über die feinen Unterschiede zwischen diesen drei Bezeichnungen können wir hier hinwegsehen) und Texteditoren, die sogenannte Regular Expressions (RegEx) verarbeiten können. Auch wenn wir nicht im eigentlichen Sinne selbst programmieren, können wir mit diesen Werkzeugen recht anspruchsvolle Datenerhebungs- und Aufbereitungsschritte erledigen. Sie sind sozusagen die Küchengrundausstattung, vergleichbar mit Arbeitsfläche und Herd mit ein paar Töpfen, mit denen wir bereits einfachste Gerichte kochen können, die wir aber auch dann brauchen, wenn wir mit mehr kulinarischem Anspruch zu Werke gehen.

Die **Kommandozeile**, die wir auf Windows-Systemen über das Programm cmd.exe und auf macOS über das Terminal aufrufen, ist die grundlegendste Schnittstelle, über die wir mit dem Computer interagieren können. Im Gegensatz zu den grafischen Nutzeroberflächen, die wir normalerweise gewohnt sind, funktioniert die Kommandozeile aber rein textbasiert und kann fast nur über die Tastatur gesteuert werden. So erklärt sich auch der Name: Die Kommandozeile ist eine Eingabezeile, die auf die Eingabe von textbasierten Befehlen wartet. Die kleinen Dienstprogramme cmd.exe bzw. Terminal sind jeweils ein vollständiger Ersatz für den Explorer bzw. Finder, mit dem wir uns in den Ordnern bzw. Verzeichnissen auf unserem Computer bewegen, neue Ordner anlegen, Ordnerinhalte anzeigen, Dateien umbenennen, Programme starten können usw. Wichtige Befehle sind etwa *ls* zur Auflistung der Dateien im aktuellen Ordner sowie *cd* für *change directory* und *mkdir* für *make directory* (also einen neuen Ordner erstellen), die dann noch um den sogenannten Verzeichnispfad ergänzt werden müssen, also etwa *cd /Users/simon/Korpora/Social_Media/*. Man kann das alles natürlich auch wie gewohnt über den Explorer bzw. Finder tun. Allerdings müssen viele der Open-Source-Lösungen für Scraping und den Zugriff auf die APIs über die Kommandozeile bedient werden, und auch Werkzeuge für die korpuslinguistische Aufbereitung stehen oft nur so zur Verfügung. Insbesondere Tools, die in der verbreiteten Programmiersprache Python geschrieben sind, müssen über die Kommandozeile installiert und bedient werden. Die schmucklose Oberfläche und die Bedienung über die Tastatur sind anfänglich ein wenig gewöhnungsbedürftig, aber mit etwas Übung findet man sich gut zurecht. Über die Tab-Taste steht übrigens eine praktische Möglichkeit zur Autovervollständigung von Befehlen sowie Pfad- und Dateinamen zur Verfügung, und mit der Pfeil-nach-oben-Taste können wir bereits eingegebene Befehle erneut aufrufen. Auch lassen sich Ordner und Dateien über Drag-and-Drop aus dem grafischen Explorer ins Terminal übertragen, wo sie dann automatisch in die vollständige Pfadangabe übersetzt werden. Das nimmt einem einiges an Tipp-Arbeit ab.

Um maschinenlesbare Textdaten wie etwa den oben gezeigten HTML-Code oder auch JSON-Dateien, wie sie sich von den APIs beziehen lassen, anzeigen und bearbeiten zu können, brauchen wir einen einfachen **Texteditor**. Die simpelsten Varianten wie etwa das Windows-Dienstprogramm Editor reichen schon für die Anzeige des Textes. Es empfehlen sich aber Editoren, die **Regular Expressions** verarbeiten können (die also, wie man häufig sagt, RegEx-tauglich sind).

Definition

Mit **Regulären Ausdrücken** (**regular expressions**), kurz: **RegEx**, lassen sich bei der Recherche in Textdaten sehr flexibel Such- und Ersetzungsmuster definieren. Viele Korpusanalysetools nutzen Regular Expressions oder vereinfachte Varianten wie Wildcards (verschiedene Platzhalterzeichen) für die Korpusabfrage, wodurch sich in RegEx-tauglichen Texteditoren Korpusabfragen formulieren lassen.

Mit Regular Expressions können wir etwa über die Suche nach `über\w+` in einem Text alle Wörter finden, die mit *über* beginnen, die Suche nach `\d+,\d\d` gibt uns alle Zahlen mit zwei Dezimalstellen aus, und `[A-Z]\w+` findet alle großgeschriebenen Wörter. Wir können mit Regular Expressions aber auch HTML-Code durchsuchen und z. B. mit dem Suchbefehl `<p>.+?</p>` Zeichenketten finden, die in dem im Browser angezeigten Text als Absätze erscheinen (*p* steht für *paragraph*). Über den Befehl *Find all* können wir alle Vorkommen im Text gleichzeitig auswählen und diese dann z. B. mit Strg+C und Strg+V in eine neue Datei kopieren. Über eine weitere Suche nach `<.+?>` lassen sich anschließend alle noch verbliebenen HTML-Tags suchen und löschen, und schon hat man einen bereinigten Datensatz. Es gibt zugegebenermaßen elegantere Verfahren, z. B. über HTML-Parsing mit der Python-Bibliothek BeautifulSoup. Aber mit Regular Expressions in einem Texteditor kommt man bereits recht weit, und das ganz ohne Programmierkenntnisse.

Eine detaillierte Einführung in Regular Expressions kann an dieser Stelle nicht gegeben werden. Im Netz finden sich zahlreiche Online-Tutorials, von denen besonders das von Noah Bubenhofer (2006) und das ausführlichere von Daniel Fett (2006) empfohlen werden können. Sie sollten sich Zeit nehmen, um sich den routinierten Umgang mit Regular Expressions anzueignen, es wird Ihnen vieles erleichtern.

Geeignete RegEx-taugliche Editoren gibt es verschiedene, viele davon als Open-Source-Software oder zumindest in kostenlosen Demoversionen. Für Windows kann Notepad++, für macOS BBEdit empfohlen werden. Der ebenfalls empfehlenswerte Editor Sublime, der sich auch für Programmierung eignet, steht für beide Plattformen zur Verfügung, in der Demoversion, die völlig ausreichend ist, sogar kostenlos. Alle genannten Editoren haben sogenanntes Syntax-Highlighting, das heißt, dass in Quelltexten wie HTML-Code oder in XML-Dateien (s. u.) funktionale Textteile wie etwa Tags farblich hervorgehoben werden, was die Orientierung sehr erleichtert.

Ein drittes grundlegendes Werkzeug, das Sie wahrscheinlich benötigen werden, ist die Programmiersprache **Python**. Auch wenn Sie nicht selbst programmieren können und nicht lernen wollen, möchten Sie vielleicht doch eines der vielen nützlichen Python-Tools nutzen, die über die Kommandozeile bedient werden, so wie etwa Instaloader zur Extraktion von Instagram-Posts und -Kommentaren. Dazu müssen Sie Python zumindest installiert haben. Mac- und Linux-Nutzende haben hier Glück, denn Python ist auf diesen Systemen standardmäßig vorinstalliert. Windows-Nutzende müssen es selbst installieren. Der aktuelle Release kann unter ▶ https://www.python.org/downloads/windows/ bezogen werden. Die Installation ist selbsterklärend, das einzig wichtige ist, dass bei der Installation die Option „Add Python to Path" ausgewählt wird. Wenn Python korrekt installiert ist, können Sie im Terminal den Befehl `python -V` eingeben, der Ihnen die Versionsnummer, also so etwas wie „Python 3.12.4", zurückgeben sollte. Zusätzlich brauchen Sie die Python-Bibliothek `pip`, mit der neue Pakete und Bibliotheken installiert werden können. Normalerweise ist `pip` in Ihrer Installation enthalten. Sie können das mit diesem Befehl testen: `python -m pip -version`. Wenn keine Fehlermeldung, sondern eine Versionsnummer ausgegeben wird, ist alles in Ordnung. Sie können dann Bibliotheken typischerweise mit dem Befehl `pip install [Name des Pakets]` installieren. Ein Warnhinweis: Auf manchen Systemen ist zusätzlich noch die alte Python-Version installiert; die neue wird über den Befehl `python3` angesteuert. Ebenso kann es sein, dass Sie `pip3` verwenden müssen. Im Zweifel müssen Sie es einfach probieren.

> Wenn Sie das **Programmieren in Python** lernen möchten (und Sie werden sehr davon profitieren, wenn Sie es tun), dann können Sie den frei zugänglichen Selbstlernkurs „Programmieren für Geistes- und Sozialwissenschaftler:innen" nutzen, der an der TU Dresden speziell für Menschen ohne Vorkenntnisse entwickelt wurde. Unter ▶ https://github.com/yannickfrommherz/exdimed-student finden Sie zahlreiche interaktive Lehr- und Übungsmaterialien, die Sie schrittweise in die wichtigsten Konzepte und Techniken des Programmierens einführen.

4.4.4 Dateiformate

Wie oben erläutert, liegt internetbasierte Kommunikation, die wir als Forschungsdaten aufbereiten wollen, typischerweise bereits in einem strukturierten Datenformat vor, z. B. als HTML-Quelltext oder als Output einer API im JSON-Format. Damit sind die Voraussetzungen für die Korpuserstellung und -analyse gegeben, es bleibt aber die Frage, in welches **Zielformat** die Daten transformiert werden sollen. Studierende ohne Vorerfahrung nutzen für die Sammlung von Textdaten oft Textverarbeitungsprogramme wie Word, gerade wenn sie die Daten mit Copy-Paste-Verfahren sammeln. Für korpuslinguistische Zwecke sind aber Textverarbeitungen keine geeignete Lösung, da die entsprechenden Dateien im docx- oder odt-Format zusätzlich zum reinen Text alle möglichen Zusatzinformationen über Formatierungen usw. enthalten, die Korpusanalysetools nicht verarbeiten können. Auch werden hier evtl. miterhobene Metadaten wie Datum und Zeitstempel mit den Textdaten selbst vermengt.

Für korpuslinguistische Zwecke bieten sich verschiedene Dateiformate an. Die einfachste Lösung sind reine **txt-Dateien**, aus denen alle Formatierungen getilgt sind. Solche Dateien, die man etwa durch Copy-Paste in einen Texteditor erstellen kann, können in einfache Korpusanalysetools wie AntConc oder Voyant Tools eingelesen werden. Wenn wir an eher basalen Dingen wie Worthäufigkeiten interessiert sind, kann das schon genügen. Ein Nachteil ist, dass auch alle Metadaten getilgt werden müssen, damit sie nicht als Teil der Texte selbst ausgelesen werden (was die Ergebnisse verzerren würde, wenn etwa das Wort *Likes* nur deshalb häufig ist, weil zu jedem Text im Korpus angegeben ist, wie viele Likes er bekommen hat). Eine Möglichkeit, zumindest einen Teil der Metadaten zu sichern, ist die Vergabe sprechender und einem einheitlichen System folgender Dateinamen, in denen etwa Quelle, Autor:in, Datum o. ä. verzeichnet sind wie in 20211213_scilogs_engelbart-galaxis_wer-entscheidet-ueber-sprache.txt für den am 13.12.2021 unter ▶ https://scilogs.spektrum.de/engelbart-galaxis/wer-entscheidet-ueber-sprache/ erschienenen Blogpost. Das hier verwendete Datumsformat YYYYMMDD hat übrigens den Vorteil, dass die Dateien dann in Ordnern und auch in Korpusanalysetools in korrekter chronologischer Reihenfolge angezeigt werden, wenn sie alphabetisch sortiert sind.

Natürlich ist man aber bei txt in seinen Möglichkeiten limitiert. Gerade wenn wir Metadaten wirklich präzise erfassen und bei der Analyse auch nutzen wollen, etwa im Rahmen von eingeschränkten Suchen oder bei der Berechnung von Verteilungen, bietet sich das Format **XML** an, das in der Korpuslinguistik vielfach Standard ist. XML steht für *Extensible Markup Language* und ist wie HTML eine Auszeichnungssprache, bei der Textteile mit sog. Tags eingefasst werden, um etwas darüber auszusagen. Im Gegensatz zu HTML, das über einen begrenzten und standardisierten Satz an Tags verfügt, die zudem stark layoutorientiert sind, damit Browser weltweit die Daten einheitlich verarbeiten können, lässt sich XML beliebig erweitern (*extensible*) und individualisieren. Zugleich stellt das XML-Format strengere Anforderungen an die Art der Auszeichnung, da diese bestimmten formalen Anforderungen genügen muss, um maschinell verarbeitet werden zu können. Bedingungen für wohlgeformte XML-Dateien (= Dateien, die den formalen Anforderungen für die Verarbeitung entsprechen) sind etwa, dass

4.4 · Erhebung, Aufbereitung und Auswertung eigener Korpora

jedes öffnende Tag, wie z. B. `<p>` für den Beginn eines Absatzes, auch zwingend wieder geschlossen werden muss (`</p>` für das Absatzende) und dass bestimmte Sonderzeichen wie etwa & als `\&amp;` maskiert werden müssen. Bei XML-Dateien unterscheiden wir zwischen den Elementen, die durch Start- und Endtags in spitzen Klammern eingeschlossen werden, und Attributen, welche die Elemente genauer spezifizieren und bestimmte Values (Wertbelegungen) tragen können wie z. B. im Tag `<text author="Anna Schmidt">`, mit dem der Beginn eines Textes gekennzeichnet und dem Text zugleich als Metadatum der Name der Autorin zugeordnet wird.

In XML-Dateien können wir so auf einheitliche Weise Metadaten verschiedenen Typs erfassen. Dazu gehören die Metadaten im eigentlichen Sinne wie Datum, Autor:in, Quelle usw., die den gesamten Text betreffen, aber auch Informationen über einzelne Textteile, etwa dass es sich bei einem Textsegment um eine Überschrift, einen Absatz oder eine Bildunterschrift handelt. Und wir können noch weiter ins Detail gehen und z. B. verzeichnen, dass es sich bei einem Wort um einen Eigennamen (Personennamen, Ortsnamen usw.) oder ein Exemplar einer bestimmten Wortart handelt. Ein Korpus als recht einfache XML-Datei, mit der aber schon flexible und präzise Abfragen möglich sind, kann ungefähr so aussehen:

```xml
<corpus>
  <text source="Blog XY" date="2023-01-03" author="Anna Schmidt"
  title="Titel des Blogposts" url="https://blogxy.de/post">
    <h1>Überschrift</h1>
    <p>Hier kommt ein Absatz</p>
    <p>Hier kommt noch ein Absatz</p>
  </text>
  <text source="Blog Z" date="2022-12-15" author="Tim Müller"
  title="Titel des Blogposts" url="https://blogz.ch/post">
    <h1>Überschrift</h1>
    <p>Hier kommt ein Absatz</p>
    <p>Hier kommt noch ein Absatz</p>
  </text>
</corpus>
```

Die in der Korpuslinguistik oft genutzten Analysesoftwares SketchEngine (Kilgarriff et al. 2014) sowie die freie Corpus Workbench (Evert/CWB Development Team 2022) lesen Daten in diesem Format ein (Letztere allerdings nur in linguistisch annotierter, das heißt tokenisierter, Part-of-speech-getaggter und ggf. lemmatisierter Form, s. u.). In AntConc gibt es die Möglichkeit, alle Tags zu ignorieren, sodass XML-Dateien auch hier eingelesen werden können (dann eben unter Verlust der in den Tags erfassten Metadaten).

Obwohl XML es theoretisch erlaubt, ganz individuell Namen für die Tags zu vergeben, ist es ratsam, sich hier an geltende Konventionen und Standards zu halten, um erstens Hilfestellung zu bekommen, wie man Metadaten sinnvollerweise strukturieren kann und um zweitens Daten anschlussfähig zu halten. In den Digital Humanities bemüht sich die **Text Encoding Initiative (TEI)** um die Definition solcher Standards, um Textdokumente aller Art möglichst einheitlich und bis in typographische Details hinein präzise erfassen zu können. Auch für internetbasierte Kommunikation sind Standards entwickelt worden (Beißwenger/Lüngen 2020, TEI-P5_C9 o. J.). Hier aber ein kleiner Warnhinweis: TEI-konforme Dokumente sind äußerst komplex, für nicht im

Lesen solcher Codes geschulte Augen nur schlecht lesbar und auch nicht mit gängigen Korpusanalyseprogrammen kompatibel. Auch wenn in professionellen und groß angelegten Korpusprojekten kein Weg an TEI vorbeiführt, wenn Daten nachhaltig und nachnutzbar gesichert werden sollen, darf man sich in kleineren, insbesondere studentischen Untersuchungsvorhaben oder in Dissertationsprojekten auch mit einfacheren Lösungen zufriedengeben. Es empfiehlt sich, einmal einen Blick in die TEI-Standards zu werfen, um zu sehen, welche Tags und Attribute sich anbieten, und damit flachere XML-Formate zu schreiben. Und solange Daten überhaupt als XML erfasst werden, lassen sie sich von erfahrenen Programmierer:innen später grundsätzlich auch in TEI-konforme Dokumente umwandeln.

XML-Dokumente können in allen Texteditoren erstellt werden. Nützlich ist das oben beschriebene Syntax-Highlighting, das RegEx-taugliche Editoren meist bieten. Der Editor Sublime hat eine praktische Autovervollständigung. Ein professioneller, aber kostenpflichtiger XML-Editor, der verschiedenste Hilfestellungen bei der Erstellung, Bearbeitung und Validierung bis hin zu Xpath-Abfragen und XSL-Transformationen bietet, ist oXygen.

Zeichenkodierungen für Korpusdaten Für alle Dateien, egal welchen Formats, gilt, dass als Kodierung **UTF-8** verwendet werden sollte. Die Kodierung legt fest, wie menschenlesbare Zeichen (z. B. Buchstaben, Ziffern oder auch Emojis) in maschinenlesbare Zahlenwerte übersetzt werden (der Computer arbeitet bekanntlich mit Nullen und Einsen). Eine frühe Kodierung war **ASCII**, das auf 128 Zeichen begrenzt ist und z. B. keine Umlaute erlaubt. Inzwischen hat sich UTF-8 als De-facto-Standard etabliert, das rein theoretisch rund 2 Mio. verschiedene Zeichen erlaubt. Relevant ist das vor allem für Windows-Nutzende, da Windows mit **ANSI** (genauer: Windows-1252) als Standardeinstellung eine eigene Kodierung hat. Außerhalb der klassischen Windows- und Office-Anwendungen macht diese Kodierung mitunter Probleme, da sie z. B. die Umlaute ‚zerschießt' und stattdessen kryptische Zeichenfolgen anzeigt. In Editoren wie Notepad++ oder BBEdit kann die benötigte Kodierung (auch als neu festgelegter Standard) eingestellt werden.

4.4.5 Tools

Im Folgenden sollen einige Open-Source-Tools vorgestellt werden, die für die Erstellung von IBK-Korpora genutzt werden können. Für alle Tools gilt, dass sie zum Zeitpunkt der Arbeit an diesem Kapitel wie beschrieben funktioniert haben. Dass das hier überhaupt erwähnt wird, deutet auf eine grundlegende Schwierigkeit hin, mit der sich alle diese Tools konfrontiert sehen: Sie veralten relativ schnell. Oft ist es so, dass sich die APIs der Social-Media-Plattformen verändern und die Tools, welche die Datenabfrage vornehmen und den maschinenlesbaren Output prozessieren, von den Entwickler:innen nicht schnell genug angepasst werden. Bei der Auswahl der hier vorzustellenden Tools wurde darauf geachtet, dass sie sich in den letzten Jahren als verlässlich erwiesen haben und bei API-Anpassungen Updates vorgenommen wurden. Sie sollten sich aber darauf einstellen, dass sich zum Zeitpunkt Ihrer Lektüre dieses

4.4 · Erhebung, Aufbereitung und Auswertung eigener Korpora

Kapitels ggf. hier und da in Nuancen etwas geändert hat. Da solche Änderungen meistens in den sog. ‚Release Notes' der Entwickler:innen aufgeführt werden und es häufig Foren oder Ähnliches gibt (z. B. auf der in der Open-Source-Szene beliebten Plattform GitHub auf den Seiten der jeweiligen Tools unter dem Reiter „Issues" oder auf der Plattform stackoverflow.com), wo Fehlermeldungen und Lösungswege beschrieben sind, dürften Sie mit diesen Änderungen gut umgehen können.

Zwei interessante Fälle von API-Änderungen seien hier aber noch eigens erwähnt. Das soziale Netzwerk Facebook hat im Jahr 2019 seine API so umfassend geändert, dass der bis dahin mögliche, kostenfreie Zugriff z. B. auf Postings und Kommentare öffentlicher Seiten nicht mehr zur Verfügung stand. Das in der Forschung vielgenutzte Tool NetVizz (Rieder 2013), ein Facebook-Add-on, mit dem besonders einfach strukturierte Daten auch für korpuslinguistische Zwecke erhoben werden konnten (unter ▶ https://www.youtube.com/watch?v=3vkKPcN7V7Q können Interessierte nachsehen, wie es funktionierte), musste daraufhin ganz abgeschaltet werden. Auf einen Schlag war eine für die Gewinnung von Korpusdaten äußerst ertragreiche Datenquelle versiegt. Im März 2023 hat auch Twitter seine API massiv umgebaut und kommerzialisiert, sodass mit einem Mal die zahllosen Tools zum Bezug von Twitterdaten nicht mehr funktionierten.

Diese Fälle zeigen zweierlei: Erstens sind wir als Forschende auf die Services und die Kooperationsbereitschaft der Social-Media-Plattformen und ihrer Macher angewiesen, die im Zweifel vor allem kommerzielle Interessen verfolgen werden. Zweitens sollten wir einmal erhobene Daten möglichst vollständig und wohldokumentiert speichern, selbst wenn wir für die weitere korpuslinguistische Aufarbeitung nur einen kleinen Teil der Daten und Metadaten nutzen. Dann können wir die Daten auch dann noch für andere Zwecke wiederverwenden, wenn eine erneute Erhebung nicht möglich ist.

Die Tools, die im Folgenden beschrieben werden, greifen zumeist nur auf die APIs zu und geben die Daten in gut strukturierten, aber für korpuslinguistische Zwecke nicht direkt verwendbaren Formaten aus. Deshalb werden zusätzlich zur reinen Datenerhebung auch Wege und Mittel für die Datenaufbereitung, typischerweise in Form von txt- oder XML-Dateien, aufgezeigt. Beim Scraping, das danach erläutert wird und für das wir entweder ein dezidiert korpuslinguistisches Tool nutzen oder aber uns die Programme selbst schreiben, fallen beide Schritte zusammen.

4.4.5.1 YouTube Data Tools

Wir beginnen unsere Tour durch die Tool-Landschaft mit einer Tool-Sammlung, die einen äußerst bequemen Zugriff auf die API des Videoportals YouTube erlaubt. Entwickelt wurden die darin versammelten Werkzeuge von Bernhard Rieder, der auch NetVizz verantwortete, gehostet werden sie auf den Seiten der Digital Methods Initiative, die sich in den letzten Jahren sehr um die Entwicklung und Verbreitung von digitalen Methoden zur Analyse genuin digitaler Daten verdient gemacht hat. Über ▶ https://tools.digitalmethods.net/netvizz/youtube/ lässt sich die Liste der YouTube Data Tools aufrufen. Für linguistische Zwecke besonders interessant ist das Modul „Video Info and Comments", über das sich die Userkommentare zu Videos extrahieren lassen.

Die Bedienung ist denkbar einfach, man muss lediglich die ID des gewünschten Videos in ein Feld eintragen (die elfstellige Zeichenfolge im Link zum YouTube-Video nach *watch?v=*) und das gewünschte Ausgabeformat auswählen. Die Extraktion kann je nach Menge der Kommentare dann einige Zeit in Anspruch nehmen, aber nach Abschluss stehen vier Datensätze zur Verfügung, wovon derjenige mit der Endung _comments.csv bzw. _comments.tab der entscheidende ist. Ausgegeben wird ein Tabellenformat, entweder CSV (Comma-separated values) oder TSV (Tab-separated values). Dabei handelt es sich um Tabellenformate, die programmübergreifend verarbeitet werden können. Auf macOS kann das Dienstprogramm Numbers diese Dateien direkt öffnen, in Excel müssen sie über die Funktion „Importieren" eingelesen werden. Dabei muss angegeben werden, welches Zeichen (Komma, Tab o. ä.) die Felder voneinander trennt. Außerdem muss unter „Dateiursprung" die Kodierung UTF-8 definiert werden.

Die sich nun öffnende Tabelle führt pro Zeile einen Kommentar mit verschiedenen Metadaten wie etwa der ID, der Zahl der Replies und Likes, dem Zeitstempel, dem Nickname usw. Der eigentliche Kommentar wird in der Spalte „Text" geführt. In den Spalten *IsReply* und *IsReplyTo* wird auch spezifiziert, ob es sich um einen sog. Top-Level-Kommentar oder um eine Antwort auf einen anderen Kommentar handelt, und falls Letzteres, auf welchen. Auf diesem Wege lassen sich ganze Thread-Strukturen und mithin Interaktionssequenzen rekonstruieren (Meier 2019, 2020).

Um mit den Daten nun korpuslinguistisch arbeiten zu können, bieten sich verschiedene Wege an. Natürlich kann man sich auch in der Tabelle orientieren und in Excel über die Suchfunktion in der Textspalte z. B. nach bestimmten Wörtern suchen oder auch über die Funktion ZÄHLENWENN Auszählungen vornehmen. So gibt die Funktion = ZÄHLENWENN(F:F; „*danke*") die Zahl der Kommentare aus, in denen das Wort *danke* vorkommt. Möchte man komplexere Abfragen machen und vor allem auch korpuslinguistische Visualisierungen wie *Keyword in Context (KWIC)* nutzen, werden die Tabellenkalkulationsprogramme schnell unhandlich. Hier bietet sich ein weiterer Export der Daten an. Ein einfaches Vorgehen ist es, einfach die Textspalte herauszukopieren und als txt-Datei zu speichern. Sofern man die Daten im tab-Format ausgegeben hat, kann das Gleiche auch über die Kommandozeile geschehen, womit man sich übrigens auch den vorherigen Import in Excel sparen kann. Der Befehl

```
cut -f 6 /pfad/zur/datei.tab
```

gibt die sechste Spalte aus, die mit > in eine neue Datei (etwa > `comments.txt`) umgelenkt werden kann. Nun sind noch letzte Anpassungen nötig, denn in den Kommentaren ist noch HTML-Code enthalten. Zeilenumbrüche sind in HTML mit dem Tag `<br>` markiert, außerdem sind Hyperlinks mit dem Tag `<a href="...">` enthalten. Mit Regular Expressions kann man das aber einfach lösen: Man sucht mit `<.+?>` alle Tags und löscht sie. Noch etwas präziser wird es, wenn man zunächst jedes Vorkommen von `<br>` durch ein Leerzeichen ersetzt, da sonst die Wörter vor und nach dem Zeilenumbruch zusammengezogen werden. Schließlich verbleiben noch vereinzelte maskierte Zeichen in den Daten, etwa `&quot;` für Anführungszeichen, die auch noch ersetzt werden müssen. Dann aber sind die Daten fertig für den Import in einfache Tools wie AntConc oder Voyant Tools.

Wenn wir anspruchsvollere Analysen unter Einbezug der Metadaten vornehmen wollen, sind noch weitere Schritte nötig, um etwa die Daten als XML aufzubereiten. Die Minimallösung ist, zumindest die Kommentare zu jeweils einem Video als einen

4.4 · Erhebung, Aufbereitung und Auswertung eigener Korpora

Text zu erfassen, also mit dem `<text>`-Tag zu umschließen und einige Videoinformationen als XML-Attribute zu erfassen:

```
<text videoID="9PNRBtAok-I" videoDate="2023-01-03"
channel="@Programmieren">
```

Das geht bis zu einer gewissen Anzahl von Videos sogar manuell. Man kann dann bei der Abfrage des Korpus immerhin gezielt auf einzelne Videos oder Kanäle zugreifen oder auch nach Datum filtern (wobei zu beachten ist, dass Kommentare manchmal Jahre nach Erscheinen des Videos geschrieben werden).

Wenn man hingegen auch die Metadaten zu den einzelnen Kommentaren erfassen will, wird es schon komplizierter. Wenn man die Daten im tab-Format vorliegen hat, kann man sich ggf. mit Regular Expressions behelfen und einzelne Metadaten als XML-Attribute erfassen. Dazu muss man einen Suchausdruck schreiben, der die einzelnen Zeilen matcht, sich einzelne Metadatenfelder durch Einklammerung als Gruppen merkt, sodass wir die Zeile als XML-Element mit Attributen und Values ausgeben können. Das sieht ungefähr so aus (hier verkürzt wiedergegeben):

```
^(.+?)\t(.+?)\t(.+?)$
>> ersetzen durch >>
<p id="\1" publishedAt="\2">\3</p>
```

Ein solches Vorgehen ist allerdings sehr fehleranfällig, da kleinste Unregelmäßigkeiten in den Daten dazu führen, dass der Suchausdruck nicht mehr passt. Die bessere, aber auch technisch anspruchsvollere Lösung geht deshalb über Programmierung. In der Programmiersprache Python gibt es kompakte Bibliotheken zum Auslesen von CSV- und das Schreiben von XML-Dateien, die sich hierfür gut nutzen lassen. Ein Skript, das als Vorlage genutzt werden kann, findet sich auf GitHub.

> Im **GitHub-Repositorium KAIBK** (▶ https://github.com/fussballlinguist/KAIBK) finden Sie einige frei verfügbare Python-Skripte als sogenannte Jupyter Notebooks, die Sie für die Erhebung, die korpuslinguistische Aufbereitung und die Anonymisierung von Social-Media-Daten nutzen können.

Ein frei zugängliches Korpus, das im Wesentlichen mit den hier beschriebenen Tools und Methoden erstellt wurde, ist das Nottinghamer Korpus Deutscher YouTube-Sprache (NottDeuYTSch) (Cotgrove 2018), das in ▶ Abschn. 4.1 vorgestellt wurde. Es enthält rund 3 Mio. YouTube-Kommentare im Umfang von 33 Mio. Wörtern zu Videos von 112 populären deutschsprachigen YouTube-Kanälen mit jugendlichem Zielpublikum aus den Jahren 2008–2018. Es erlaubt die empirisch breit gestützte Untersuchung von Jugendsprache in digitalen Schreibumgebungen. Sie haben jetzt mit den hier geschilderten Tools und Methoden die Möglichkeit, etwas ähnliches, wenn auch vermutlich in kleinerem Maßstab, aufzusetzen.

4.4.5.2 Instaloader

Während wie bereits erwähnt Facebook und X (Twitter) ihre APIs für die nichtkommerzielle Nutzung weitgehend geschlossen haben, zumindest was Textdaten anbelangt, ist die API von Instagram, der zweiten großen Plattform des Facebook-Mutterkonzerns Meta, noch nutzbar. Mit Instaloader (▶ https://instaloader.github.io/) liegt ein frei verfügbares Tool vor, das den vergleichsweise bequemen Zugriff auf die API erlaubt. Dabei handelt es sich um ein Python-Tool, das einerseits als Modul für die Programmierung in Python zur Verfügung steht, andererseits und deutlich einfacher aber auch über die Kommandozeile bedient werden kann.

Installieren lässt sich Instaloader, eine funktionierende Python-Installation vorausgesetzt, über die Kommandozeile mit dem Befehl `pip install instaloader` und steht dann sofort zur Verfügung. Testen lässt sich dies wie bei fast jedem Python-Tool mit der Option `-h`, welche die Hilfe ausgibt. Sie geben also folgenden Befehl in die Kommandozeile ein: `instaloader -h`.

Wenn das alles funktioniert, können Sie mit dem Daten-Download beginnen. Über die mannigfaltigen Funktionen und Optionen können Sie sich auf der Webseite des Tools informieren. Gesetzt den Fall, Sie interessieren sich vor allem für die Kommentare, z. B. zu den Posts des Accounts der Tagesschau, bietet sich der folgende Befehl an: `instaloader --comments tagesschau`. Jetzt beginnt der Download mit den neuesten Posts zuerst. Zu jedem Post werden die Bilder bzw. Videos, die Captions und die Kommentare als JSON-Datei heruntergeladen und mit dem Zeitstempel als Dateinamen gespeichert. Speicherort ist immer der Ordner, in dem man sich im Terminal gerade befindet, es empfiehlt sich also, zunächst einen neuen Ordner anzulegen und in diesen zu wechseln, bevor man mit dem Download beginnt.

Für die Feinsteuerung stehen zahlreiche Optionen zur Verfügung, die auf der Webseite ausführlich beschrieben sind. Anstelle von Posts bestimmter Profile kann man auch Posts zu bestimmten Hashtags herunterladen, man kann gezielt einen bestimmten Post laden oder auch den Zeitraum eingrenzen. Wenn man auf dem Computer in Instagram eingeloggt ist, kann man auch Instaloader mit Login bedienen, sodass z. B. auch die aktuellen Stories der abonnierten Accounts heruntergeladen werden können. Wenn man größere Datenmengen herunterladen möchte, muss man damit rechnen, dass die API wegen zu vieler Abfragen vorübergehend blockiert wird. Es erscheint dann eine Fehlermeldung. Man kann den Download aber später fortsetzen, denn das Programm legt eine Logdatei an, in der die bereits heruntergeladenen Inhalte verzeichnet sind.

Für korpuslinguistische Zwecke sind nun vor allem die Captions (also die Bildunterschriften) und die Kommentare relevant. Die Captions liegen in einem einfachen txt-Format vor. Schon schwieriger ist es bei den Kommentaren, die in einem komprimierten JSON-Format ausgegeben werden, das auch nach dem Entpacken nicht direkt in gängige Korpusanalysetools importiert werden kann. Der Vorteil ist, dass zu allen Kommentaren Metadaten (Zeitstempel, User:in, Anzahl Likes) vorliegen. Allerdings müssen sie erst in ein anderes Format umgewandelt werden, zumal die JSON-Datei in einem ASCII-konformen Format vorliegt und alle Sonderzeichen wie Umlaute, aber auch Emojis maskiert sind. Ein Beispielkommentar sieht so aus (der Username wurde anonymisiert):

```
{
    "id": 17963215268284075,
    "created_at": 1672883229,
```

4.4 · Erhebung, Aufbereitung und Auswertung eigener Korpora

```
        "text": "187 Stra\u00dfenbande",
        "owner": {
            "id": "54261795873",
            "is_verified": false,
            "profile_pic_url": "https://scontent-dus1-
1.cdninstagram.com/v/t51.2885-
19/294448194_720203709247467_2314832294514622004_n.jpg?stp=dst
-jpg_s150x150&_nc_ht=scontent-dus1-
1.cdninstagram.com&_nc_cat=103&_nc_ohc=1OS4c0atFRcAX8NKNGB&edm
=AMrZAGUBAAAA&ccb=7-
5&oh=00_AfCcpndjRtznlWTwKBuU_U4hwE3HrofbAnDfDIxWqtBspA&oe=63BB
26BD&_nc_sid=9fb510",
            "username": "abcd"
        },
        "likes_count": 0,
        "answers": []
    },
```

Die Zeichenfolge `\u00df` steht für ein ß. Zur Not und wenn man auf Metadaten verzichten kann, kann man mit der Regular Expression `"text": "(.+?)"`, alle Kommentare extrahieren und dann zumindest die häufigsten Sonderzeichen durch Suchen-Ersetzen korrigieren. Empfehlenswerter ist aber die Verarbeitung mit dem JSON-Modul in Python, das die maskierten Zeichen wieder korrekt encodiert. Mit wenigen Zeilen Code können zudem die Metadaten ausgelesen und als XML ausgegeben werden:

```
<comment username="abcd" time="2023-01-05 01:47:09" likes="0"
replies="0">187 Straßenbande</comment>
```

Ein entsprechendes Skript, das bei Bedarf erweitert werden kann, steht auf GitHub zur Verfügung.

4.4.5.3 Zeeschuimer und 4CAT (TikTok und mehr)

Im Feld der Sozialen Medien hat in den letzten Jahren die Kurzvideoplattform TikTok stark an Bedeutung gewonnen und selbstverständlich auch das Interesse der linguistischen Forschung auf sich gezogen (Fischer/Meier-Vieracker/Niendorf 2025). Für korpuslinguistische Zwecke sind wie auch bei Instagram vor allem die Video-Captions und die Kommentare interessant.

TikTok bietet eine API an, die für Forschungszwecke den kostenlosen Export umfangreicher Datensätze erlaubt. Allerdings ist der Zugang zu dieser sogenannten Research API äußerst restriktiv und an ein aufwändiges Bewerbungsverfahren gebunden. Für Studierende ist das kaum zu empfehlen. Mit dem Browser-Plugin **Zeeschuimer** (▶ https://github.com/digitalmethodsinitiative/zeeschuimer) können aber Daten von TikTok und anderen Plattformen recht bequem erhoben werden. Das Plugin, das im Browser **Firefox** genutzt werden kann, öffnet nach Installation und Aktivierung ein übersichtliches Bedienfeld in einem eigenen Tab, wo ausgewählt werden kann, welche Social-Media-Plattform getrackt werden soll. Auf TikTok können sowohl Videos (genauer gesagt die Video-URLs) als auch Kommentare jeweils mit umfangreichen Metadaten erhoben werden. Mit der aktivierten Erfassung im Hintergrund kann man sich dann auf TikTok durch Kommentarspalten oder Videolisten scrollen und die sich dynamisch aufbauenden Browserinhalte werden von Zeeschuimer automatisch erfasst.

Die so erfassten Daten, die neben den Textdaten selbst auch umfangreiche Metadaten umfassen, stehen als gut strukturierte JSON-Dateien zur Verfügung, die mit Programmierkenntnissen leicht weiterverarbeitet werden können. Wer auf Programmierung verzichten möchte oder muss, kann das Programm **4CAT** nutzen (▶ https://4cat.nl/). 4CAT ist wie die YouTube Data Tools ein von der Digital Methods Initiative entwickeltes „Capture and Analysis Toolkit", das ganz auf die Weiterverarbeitung von mit Zeeschuimer erhobenen Daten zugeschnitten ist, aber auch den Output der YouTube Data Tools verarbeiten kann.

4CAT ist kein alleinstehendes Programm, das Sie auf Ihrem Computer einfach so ausführen können, sondern eine webbasierte Analyseumgebung, die also über einen Server betrieben werden muss. Für größere Projekte kann es sich zwar lohnen, eine eigene Serverinstanz aufzusetzen, um dort 4CAT zu hosten, für Studierende ist das aber kaum möglich. Hier bietet sich eine **Docker**-Lösung an, über die Sie lokal, also bei sich auf Ihrem Computer, einen eigenen Server mit einer 4CAT-Installation laufen lassen, auf den dann aber auch nur Sie zugreifen können. Die Installation mit Docker wird in einem im GitHub-Repositorium von 4CAT (▶ https://github.com/digitalmethodsinitiative/4cat) verlinkten Videotutorial sehr anschaulich erklärt. Nach erfolgreicher Installation können die mit Zeeschuimer erhobenen Daten mit einem Klick auf den lokalen 4CAT-Server hochgeladen und dann im Browser über die Webadresse http://localhost/ angezeigt und analysiert werden.

Das Leistungsspektrum von 4CAT ist sehr umfangreich und kann hier nur sehr ausschnitthaft am Beispiel von TikTok-Kommentaren dargestellt werden. Diese können über die Preview-Funktion im Tabellenformat direkt im Browser aufgerufen oder als CSV-Datei exportiert werden. Jeder Kommentar ist hier mit umfangreichen Metadaten erfasst (sogar mit exaktem Zeitstempel, der in der TikTok-App selbst nicht sichtbar ist). Ähnlich wie schon bei den YouTube Data Tools beschrieben können nun die Kommentar-Texte selbst herauskopiert oder in ein XML-Format überführt werden. Neben der Anzeige und dem Export der Kommentardaten bietet 4CAT aber noch eine Reihe erweiterter Verarbeitungs- und Analyseschritte an. Vor allem die Anonymisierungsfunktion (siehe Fallstudie in ▶ Abschn. 5.6) sei hier genannt, aber auch verschiedene Metrisierungsfunktionen für Text- und Metadaten stehen zur Verfügung. Für englischsprachige Textdaten stehen auch verschiedene Textmining-Verfahren wie Sentiment-Analyse zur Verfügung.

Für multimodal orientierte Analysen ist TikTok natürlich ebenfalls ein interessanter Gegenstand. Mit Zeeschuimer und 4CAT können wie bereits erwähnt auch TikTok-Videos erhoben werden. Zunächst werden sie als eine Liste von Video-URLs mit Metadaten erfasst. In 4CAT können dann aber auch über die Explore-Funktion die mit den Originalvideos verlinkten Thumbnails angezeigt und sogar nach selbst zu vergebenden Kategorien annotiert werden. Schon diese kurze Darstellung zeigt das Potenzial von 4CAT für die linguistische Forschung. Sie sollten sich bei Interesse einfach ein wenig Zeit nehmen und die vielfältigen Möglichkeiten von 4CAT selbst erkunden.

4.4.5.4 In memoriam: rtweet

Eine sehr ergiebige Datenquelle für den Aufbau eigener Korpora internetbasierter Kommunikation war Twitter. Da Kommunikation auf Twitter in erster Linie schriftbasiert funktioniert, ließen sich hier recht schnell schriftsprachliche Korpora generieren.

Twitter bot nämlich eine API an, über die Tweets mit einer Fülle an Metadaten bezogen werden konnten. In der Standardversion gab es zwar deutliche Beschränkungen, so konnten etwa bei der Suche nach Hashtags jeweils nur die Tweets der letzten sieben Tage und bei stark frequenten Hashtags maximal ca. 3000 pro Stunde heruntergeladen werden. Um größere Datenmenge zu beziehen, war ein sogenannter Academic Research Access nötig, für den man sich unter Angabe u. a. des Projektziels bewerben konnte.

Diese Passage ist im Präteritum formuliert, weil diese Datenquelle inzwischen leider versiegt ist. Nach der Abfassung dieses Unterkapitels zu Twitter verkündete Twitter, den kostenlosen Zugang der API zu streichen, und tatsächlich funktionierten kurz darauf die gängigen Tools TAGS und rtweet, die hier beschrieben worden waren, nicht mehr. Twitter hat zwar vage angekündigt, für die wissenschaftliche, also nicht-kommerzielle Nutzung noch Lösungen zu entwickeln, aber bislang ist nichts dergleichen in Sicht. Im Moment bleibt für den automatisierten Bezug aktueller Twitter-Daten tatsächlich nur der Kauf – eine für Studierende kaum vertretbare und auch forschungsethisch problematische Lösung. Zumindest im kleinen Maßstab können Daten von X aber mit Zeeschuimer und 4CAT (s. o.) erhoben werden. Erwähnt sei zudem die Initiative *Twitter Archiv* des Science Data Center for Literature in Kooperation mit der Deutschen Nationalbibliothek (▶ https://www.dnb.de/twitterarchiv). Sozusagen in letzter Minute konnten 200 Mio. deutschsprachige Tweets von rund 5,7 Mio. Accounts gesammelt werden, die den Zeitraum von 2006–2011 nahezu vollständig abdecken. Die Daten werden in der DNB langfristig verwahrt und sollen auch für die wissenschaftliche Nutzung zur Verfügung stehen. Nähere Details sind aber noch nicht bekannt.

4.4.5.5 WhatsApp- und Telegram-Export

Neben den großen Social-Media-Plattformen sind auch Messenger-Dienste eine interessante Datenquelle für die linguistische Untersuchung internetbasierter Kommunikation. Viele Dienste bieten eine Export-Funktion an, über die mit recht geringem Aufwand Korpora erstellt werden können. Besonders einfach ist es bei **WhatsApp**: Die Chats werden als einfache txt-Dateien bereitgestellt, in der jede Nachricht mit einem Zeitstempel und der Angabe der Autorin bzw. des Autors versehen ist. Mit Regular Expressions lassen sich problemlos die Textnachrichten extrahieren oder auch die Metadaten als XML-Attribute erfassen. Zunächst muss man die Zeilen des Inhalts „Bild weggelassen" löschen. Anschließend muss man noch die nachrichteninternen Zeilenschaltungen tilgen, indem man nach Zeilenumbrüchen sucht, auf die keine öffnende eckige Klammer folgt, und diese durch ein Leerzeichen ersetzt. Das leistet der folgende Suchausdruck:

```
\n(?=[^\[])
```

Wir sehen hier einen sogenannten *positive lookahead*, d. h. der Suchausdruck findet einen Zeilenumbruch, auf den etwas anderes als eine öffnende Klammer folgt, ohne dieses in die Suche einzubeziehen. Nach diesen Vorarbeiten ist die Transformation nach XML mit diesem Suchausdruck möglich:

```
^\[(\d+)\.(\d+)\.(\d+), (.+?)] (.+?): (.+?)$
>> ersetzen durch >>
<message date="\3-\2-\1" time="\3-\2-\1T\4"
```

```
author="\5">\6</message>
```

Bei der Aufbereitung von privaten WhatsApp-Chats zu Forschungsdaten ist natürlich zu bedenken, dass unbedingt das Einverständnis der Chat-Beteiligten eingeholt werden muss!

Der Messenger-Dienst **Telegram** bietet neben privaten Chats auch öffentliche Gruppen und Kanäle an. Alle lassen sich über die Desktop-App (▶ https://desktop.telegram.org/) bequem exportieren. Über die drei Punkte oben rechts gelangt man zur Funktion „Export chat history", das sich dann öffnende Fenster gibt noch ein paar Optionen für den Download. Neben den zu inkludierenden Dateitypen (die Minimalversion gibt nur Text aus) kann man zwischen zwei Output-Formaten wählen. Es gibt eine für Menschen lesbare HTML-Version und eine maschinenlesbare JSON-Datei.

Aus dieser lassen sich die Inhalte im einfachsten Fall wieder als reine txt-Daten mit Regular Expressions extrahieren. Wenn man aber die Metadaten einschließen möchte, kommt man um Programmierung nicht herum. In der Programmiersprache Python gibt es aber ein nützliches Paket *json*, mit dem das Auslesen von JSON-Dateien recht einfach ist. Und da JSON im Prinzip Ähnliches leistet wie XML, ist auch die Transformation nach XML oder auch in andere Formate wie CSV oder als Excel-Tabelle problemlos möglich. Ein Skript, das dies übernimmt, wird auf GitHub zur Verfügung gestellt.

4.4.6 Scraping und Crawling

Eine interessante und in der Linguistik auch sehr gut erforschte Textsorte internetbasierter Kommunikation sind Blogs (Herring/Wright/Bonus 2005; Schildhauer 2014). In den Textkorpora des Digitalen Wörterbuchs der deutschen Sprache sind gleich mehrere sehr umfangreiche Blog-Korpora im Gesamtumfang von über 1 Mrd. Tokens verfügbar und können mit den bekannten und sehr flexiblen Abfragemöglichkeiten des DWDS durchsucht werden (Barbaresi/Geyken 2020). Die in den Korpora erfassten Texte wurden gecrawlt. Besonders wertvoll für die Forschung ist dabei, dass die verwendete Software, ein Python-Paket namens **Trafilatura**, frei zur Verfügung steht (Barbaresi 2021). Die Bedienung des Moduls ist so einfach, dass sie auch für Nutzende ohne Programmierkenntnisse problemlos möglich ist. So kann man bestimmte Teile der Blog-Korpora des DWDS reproduzieren (Barbaresi/Pohlmann 2021, vgl. Abschn. 4.1) oder auch ganz neue Datensätze auf der Grundlage bislang noch nicht erfasster Blogs erstellen.

Die Anwendungsgebiete von Trafilatura beschreibt der Entwickler selbst als „web crawling, downloads, scraping, and extraction of main texts, metadata and comments" (▶ https://trafilatura.readthedocs.io/en/latest/). Wir können das Paket also nutzen, um ganz gezielt bestimmte Blogposts samt Kommentaren zu scrapen, wir können aber auch weitestgehend automatisiert ganze Webseiten crawlen. Das funktioniert gut, weil es sich dabei um ein generisches Tool handelt, das also so programmiert ist, dass es auf viele verschiedene Webseitenarchitekturen passt. Damit ist Trafilatura sozusagen die Allzweckküchenmaschine.

Installiert wird Trafilatura mit dem bereits erwähnten Befehl `pip install trafilatura`. Es steht dann sofort als Kommandozeilenprogramm zur Verfügung.

4.4 · Erhebung, Aufbereitung und Auswertung eigener Korpora

Beginnen wir mit dem einfachsten Fall, dem Scraping eines einzelnen Blogposts. Zu Anschauungszwecken wählen wir einen Post aus dem Wissenschaftsblog „Die Engelbart-Galaxis" von Henning Lobin. Das einzige, was wir tun müssen, ist den Befehl `trafilatura -u https://scilogs.spektrum.de/engelbart-galaxis/wo-genau-ist-das-generische-im-generischen-maskulinum/` einzugeben, und schon wird der Text im Terminal ausgegeben – und zwar nur der reine Fließtext, ohne etwaige Werbeanzeigen oder ähnliches, die bei simplen Copy-Paste oft miterfasst werden. Um den Text zu speichern, muss er nur noch mit `> Pfad/zur/Datei.txt` umgelenkt werden.

Problematisch an dieser Plain-Text-Variante ist natürlich, dass Fließtext und Kommentare nicht unterschieden sind. Sofern man sich ohnehin nur für den Fließtext interessiert, kann man mit der Option `--no-comments`, die noch vor dem `-u` eingefügt werden muss, die Kommentare ausschließen. Die bessere (und ggf. mit `--no-comments` kombinierbare) Option ist aber `--xml`, mit der der Text als einfaches XML ausgegeben wird. In Kombination mit `--with-metadata` kann auch ein basaler Metadatensatz (u. a. Titel, Autor, Datum und URL) in den XML-Attributen mitausgegeben werden, so dass einzelne Datensegmente wie das Blog-Post, innerhalb dessen z. B. Absätze und Überschriften unterschieden sind, und der Kommentarbereich klar voneinander unterschieden und ausgezeichnet sind. Gerade für die Analyse internetbasierter Kommunikation, bei der in aller Regel der dialogisch-interaktionale Sprachgebrauch im Fokus steht (vgl. ▶ Kap. 2), ist das sehr hilfreich. Aufgrund des flachen XML-Formats ist auch eine solche Datei noch mit einfachen Korpusanalysetools wie AntConc nutzbar. Wer lieber mit JSON oder CSV arbeitet, kann sich die Daten auch in diesen Formaten ausgeben lassen, und wer es ganz genau nehmen will, kann sich über die Option `--xmltei` sogar eine TEI-konforme XML-Version ausgeben lassen (deren Weiterverarbeitung und -auswertung dann aber nicht mehr so einfach ist).

Um gleich mehrere Blogposts zu erfassen, gibt es die Möglichkeit, eine Linkliste zu übergeben. Diese muss als txt-Datei mit einer vollständigen URL pro Zeile vorliegen und wird dann anstelle von `-u` mit `-i` übergeben. Die Speicherung geschieht dann entweder mit `>> Pfad/zur/Datei.xml` (`>>` bedeutet, dass neuer Text angehängt wird, ansonsten wird immer überschrieben), oder man legt einen Ordner an, dessen Pfad mit der Option `-o` definiert wird.

Will man größere Korpora auf diesem Wege erstellen, stellt sich natürlich die Frage, wie man an die Linklisten kommt. Noah Bubenhofer schildert in seinem Tutorial zur Korpuslinguistik eine Methode, wie dies halbautomatisiert geschehen kann. Eine weitere Möglichkeit nutzt Sitemaps. Viele Webseiten verfügen über eine Sitemap, die insbesondere zur Suchmaschinenoptimierung eine hierarchische Auflistung aller Inhalte bietet. Typischerweise ist sie über den URL-Zusatz sitemap.xml erreichbar. So findet man unter ▶ https://scilogs.spektrum.de/engelbart-galaxis/sitemap_index.xml eine Liste mit weiteren Sitemaps, darunter eine der Posts: ▶ https://scilogs.spektrum.de/engelbart-galaxis/post-sitemap.xml. Wenn wir diese aufrufen, erhalten wir eine Liste aller 79 Einträge, die wir kopieren können. Noch einfacher ist es mit Trafilatura, das eine eigene Option zur Extraktion von Links aus Sitemaps hat. Mit `trafilatura --sitemap "https://scilogs.spektrum.de/engelbart-galaxis/post-sitemap.xml" --list` erhalten wir die gewünschte Linkliste mit einem Klick. Von hier aus ist es nun auch zum Crawling nicht mehr weit, bei dem man also nur eine Domain angibt und dann vollautomatisch die verfügbaren Unterseiten gesucht und gescrapet werden. Da nicht alle Unterseiten tatsächlich relevante Informationen, in erster Linie also Text enthalten, ist hier eine Filterung empfehlenswert, für die Trafilatura selbst bereits Möglichkeiten bereitstellt. Auf Details kann hier nicht eingegangen werden. Auf der Trafilatura-Webseite finden sich aber gleich mehrere Tutorials zu den Filtermöglichkeiten und zu vielen anderen nützlichen Funktionen.

4.4.7 Maßgeschneidertes Scraping

So nützlich ein generisches Tool wie Trafilatura auch ist – für manche Aufgaben braucht man passgenaueres Spezialwerkzeug, das man sich selber bauen muss. Wenn wir wie oben beschrieben Blogposts herunterladen und aufbereiten, werden zwar die Kommentare erfasst und auch als Kommentare ausgezeichnet, allerdings gehen zu den Kommentaren fast alle weiteren Metadaten verloren. Autor:in, Zeitstempel, Threadstrukturen, all das kann ja interessant sein für eine linguistische Analyse. Im Quelltext sind all diese Informationen vorhanden. Um diese automatisiert zu beziehen, muss man ein eigenes Scraping-Programm schreiben.

Für eine detaillierte Einführung in die Programmierung von Scraping-Skripten ist hier kein Raum, allerdings soll das Grundprinzip kurz erläutert werden. Um ein Scraping-Skript zu schreiben, muss man sich als erstes im HTML-Quelltext orientieren, der ähnlich wie XML hierarchisch als eine Art Baum strukturiert ist: Welche Informationen stehen wo und wie sind sie ausgezeichnet? Im Chrome-Browser kann man dazu auf einer Webseite auf einem Element mit Rechtsklick die Funktion „Untersuchen" aufrufen, dann wird die entsprechende Stelle im Quelltext angezeigt. Dann, und hier beginnt die eigentliche Programmierung, muss man dem Computer sozusagen Routenanweisungen geben, um selbstständig diese Stellen aufzurufen und die Daten auszulesen. Als letztes müssen diese Daten ausgegeben werden, am besten natürlich als XML, auch das muss programmiert werden.

In der Programmiersprache Python steht mit **BeautifulSoup** ein Paket zur Verfügung, das eigens für Scraping-Anwendungen entwickelt wurde. Es kann auch mit fehlerhaftem HTML-Quelltext umgehen und bietet verschiedene Methoden, um sehr präzise den Quelltext zu durchsuchen. Um XML zu schreiben, gibt es ebenfalls geeignete Pakete. Ein fertiges Scraping-Skript macht dann Folgendes: Zunächst wird der Quelltext geladen und geparst, das heißt die hierarchische Struktur wird erfasst. Dann wird den Routenanweisungen entsprechend auf die Elemente zugegriffen, die dann in ein XML-Dokument geschrieben werden. Da nur der HTML-Code geladen und verarbeitet wird, nicht aber weitere Inhalte wie Bilder usw., geht das sehr schnell.

Die ◘ Abb. 4.28 zeigt ein solches Scrapring-Script, hier für die Blog-Plattform SciLogs. Das ausführbare Script finden Sie auf GitHub.

4.4.8 Analyseschritte

Wenn wir nun also ein aufbereitetes Korpus vorliegen haben, sei es als reines txt-Korpus oder als XML-Datei mit maschinell auslesbaren Metadaten, können wir uns an die Analyse machen. Dabei lassen sich prinzipiell zwei Typen von Analyse un-

```
[1]: import requests
     import xml.etree.ElementTree as et
     from xml.dom import minidom
     import re
     from bs4 import BeautifulSoup

[2]: #HTML laden und parsen
     url = "https://scilogs.spektrum.de/engelbart-galaxis/wer-entscheidet-ueber-sprache/"
     wfb = requests.get(url)
     soup = BeautifulSoup(wfb.content, 'html.parser')

[3]: #Metadaten ziehen
     title = soup.title.text
     date = soup.time['datetime'][:10]
     author = soup.find("span", class_="author").a.text.strip()

     #XML anlegen und Metadaten in XML schreiben
     corpus = et.Element("corpus")
     text = et.SubElement(corpus, "text", {"title":title, "date":date,"author":author})
     main = et.SubElement(text, "main")
     comments_element = et.SubElement(text, "comments")

[4]: #Text ziehen
     main_div = soup.find("div", class_="hentry__content")
     ps = main_div.find_all("p")

     #Text in XML schreiben
     head_element = et.SubElement(main, "head")
     head_element.text = soup.h1.text
     for p in ps:
         p_element = et.SubElement(main, "p")
         p_element.text = p.text.strip()

     #Kommentare ziehen
     comments_section = soup.find("div", id="comments")
     comments = comments_section.find_all("article", class_="comment regular")

     #Kommentare einzeln durchgehen und Metadaten plus Text ziehen
     for comment in comments:
         comment_text = comment.find("div", class_="comment-text").text.strip()
         comment_author = comment.find("li", class_="comment-headline").text
         comment_time = comment.find("li", class_="comment-meta").text.strip()
         comment_time = re.sub(r"\s+"," ",comment_time).strip()
         comment_time = re.sub(r'(\d+)\.(\d+)\.(\d+), (\d\d:\d\d) Uhr', r'\3-\2-\1T\4:00', comment_time)

         #Kommentare und Metadaten in XML schreiben
         comment_element = et.SubElement(comments_element, "comment", {"author":comment_author, "time":comment_time})
         comment_element.text = comment_text

[5]: #XML formatieren und ausgeben
     xmlstr = minidom.parseString(et.tostring(corpus)).toprettyxml(indent="  ")
     print(xmlstr)
```

Abb. 4.28 Scraping-Skript

terscheiden. Zum einen gibt es eine Reihe von automatisierten Analyseschritten wie Tokenisierung und Part-of-speech-Tagging, die eigentlich der **Vorverarbeitung** dienen und sich auch deshalb auch als erweiterte Korpusaufbereitung beschreiben lassen. Zum anderen können wir gezielt korpuslinguistische Auswertungen der Daten vornehmen, um unsere Forschungsfragen zu beantworten. Oft ist es so, dass wir vorbereitend automatisierte Analyseschritte vornehmen, um die Daten weiter anzureichern, damit wir dann linguistische Fragen besser bearbeiten können.

4.4.8.1 Vorverarbeitung

Der erste und grundlegendste Analyseschritt in der Korpuslinguistik ist die **Tokenisierung** als Zerlegung der Texte in einzelne Wort- und Oberflächenformen (Haaf 2022: 472). Wenn wir Korpora mit Programmiersprachen wie Python oder R untersuchen, dann sind nach der Tokenisierung die einzelnen Wörter als Items in Listen bzw. Vektoren repräsentiert. Wir können aber die Korpora auch in tokenisierter Form als neue Dateien speichern, dann steht typischerweise pro Zeile ein Token. Gemeinsam mit der Tokenisierung wird häufig auch eine Segmentierung in einzelne Sätze vorgenommen. In Python werden dann Texte als Listen von Listen repräsentiert, also als Abfolgen von Sätzen, die ihrerseits aus einzelnen Tokens bestehen. In Dateien können Satzgrenzen z. B. durch Leerzeilen oder durch XML-Tags gekennzeichnet werden.

Die Aufgabe der Tokenisierung mag zunächst trivial klingen, aber der Teufel steckt hier im Detail. Grundlegend ist davon auszugehen, dass Leerzeichen Tokengrenzen markieren, allerdings werden auch Satzzeichen typischerweise als eigene Tokens gefasst. An Abkürzungen wie *Dr.* kann man nun sehen, dass nicht jeder Punkt direkt nach einem Wort auch ein satzbeendender Punkt ist, der als ein eigenständiges Zeichen gefasst werden muss. Bei *Dr.* gehört der Punkt vielmehr zum Wort dazu. Noch viel schwieriger werden die Tokenisierung und auch die Satzerkennung natürlich bei internetbasierter Kommunikation, die im Vergleich zu redigierten Texten diverse Abweichungen von den orthographischen und grammatischen Normen der geschriebenen Standardsprache aufweisen, nicht zuletzt im Bereich der Interpunktion. Satzgrenzen können z. B. durch Emojis markiert sein, Sätze können Ellipsen und syntaktische Besonderheiten der konzeptionellen Mündlichkeit aufweisen, und auch Schnellschreibphänomene wie ausgelassene Leerzeichen nach Interpunktionszeichen stellen gängige Tokenisierer und Satzerkenner vor Probleme.

Ein Tool, das aber ausdrücklich für die Tokenisierung von Texten internetbasierter Kommunikation entwickelt wurde und mit den genannten oberflächensprachlichen Merkmalen gut umgehen kann, ist **SoMaJo** (Proisl/Uhrig 2016). Es steht als Python-Modul zur Verfügung und kann in eigene Skripte eingebunden werden, es kann aber auch über die Kommandozeile gesteuert werden. SoMaJo kann reine txt-Dateien verarbeiten, es können aber auch XML-Dateien übergeben werden. Auch kann eine Satzerkennung vorgenommen werden, und auch hier kann SoMaJo für internetbasierte Kommunikation typische Satzgrenzenmarkierungen erkennen. Satzgrenzen werden als Leerzeilen ausgegeben, bei XML-Dateien ist auch die Einfassung in <s>-Tags möglich.

SoMaJo lässt sich außerdem gut mit dem vom gleichen Entwickler stammenden Part-of-speech-Tagger **SoMeWeTa** (Proisl 2018) verknüpfen. Die automatisierte Erkennung von und Auszeichnung mit Wortarten ist eine weitere Standardoperation in der Vorverarbeitung, die aber stärker noch als die Tokenisierung mit interpretatorischen Vorentscheidungen einhergeht (wenn diese auch eher in der Entwicklung der Tagger und der Tagsets eine Rolle spielen als in ihrer Anwendung). SoMeWeTa mit dem zugehörigen Modell „German web and social media" ist einer der wenigen Tagger, der die für die internetbasierte Kommunikation entwickelte Erweiterung des für das Deutsche üblichen Stuttgart Tübingen Tagsets (STTS_IBK, Beißwenger et al. 2015) verwendet, sodass auch Einheiten wie Emojis, Hashtags und URLs, aber auch einige für das Interaktionsorientierte Schreiben typische Phänomene wie Klitisierungen ausgezeichnet werden können. Andere Tagger, z. B. der für das Deutsche sehr oft genutzte TreeTagger, wurden meist auf der Grundlage von Pressetexten trainiert, in denen sich diese Phänomene nicht oder nur sehr selten finden. (*Training* bezieht sich hier auf mustererkennende Verfahren des Machine Learning, durch die der Tagger auf der Basis

4.4 · Erhebung, Aufbereitung und Auswertung eigener Korpora

eines manuell annotierten Korpus lernt, neues Material automatisiert zu annotieren.) SoMeWeTa hingegen wurde gezielt auf Social Media-Texten trainiert. Auch SoMeWeTa kann sowohl als Modul in eigene Python-Skripte eingebunden als auch über die Kommandozeile gesteuert werden. Der Tagger kann auch direkt mit SoMaJo zusammengeschaltet werden, in der Kommandozeile geht das über eine sogenannte *Pipe*, die mit dem senkrechten Strich (|) geschrieben wird. Hier ein exemplarischer Befehl für eine XML-Datei:

```
somajo-tokenizer -xml -split_sentences -tag comment -sentence-tag s
    youtube.xml | somewe-tagger -xml -tag /Users/simon/SoMeWeTa/
    german_web_social_media_2020-05-28.model -sentence-tag s -
```

Der Output, der dann noch mit `> youtube_tagged.xml` o. ä. in eine Datei umgeleitet werden kann, kommt im sogenannten CoNLL-Format, in dem also die einzelnen Annotationsschichten in einzelnen, durch Tabs getrennten Spalten stehen. Das Format lässt sich sehr leicht weiterverarbeiten, kann auch mit einfachen Mitteln wie Regulären Ausdrücken ausgewertet werden und ist, anders als sog. Stand-off-Formate, bei denen Annotationen und Rohtext getrennt gespeichert sind, zumindest im Prinzip für das menschliche Auge lesbar:

```
<comment publishedAt="2022-12-26 10:47:41"
authorName="Programmieren lernen mit Chris🚀">
<s>
Auf     APPR
Jeden   PIAT
Fall    NN
!       $.
</s>
<s>
Hast    VAFIN
Du      PPER
Es      PPER
Schon   PTKMA
Mal     PTKMA
Mit     APPR
Tkinter NE
Probiert VVPP
?       $.
😊      EMOASC
</s>
</comment>
```

Eine typische Fehlerquelle sei hier erwähnt: SoMeWeTa benötigt als Input zwingend ein Format, in dem Satzgrenzen entweder durch Leerzeilen oder durch definierte XML-Tags markiert sind, da satzweise getaggt wird und das Programm ansonsten schnell an seine Belastungsgrenzen kommt.

Ein weiterer standardmäßiger Schritt der Vorverarbeitung ist schließlich die Lemmatisierung, die Rückführung der flektierten Formen auf die jeweiligen Grundformen, um abstraktere Korpusabfragen formulieren zu können. Dabei gibt es bislang keine auf internetbasierte Kommunikation zugeschnittene Lösung. Ein möglicher Workaround wäre, z. B. den Lemmatisierer des TreeTagger zu nutzen und mit den mit SoMaJo und

SoMeWeTa annotierten Daten zusammenzuführen. Eine entsprechende Befehlskette kann so aussehen:

```
cut -f 1 youtube_tagged.xml | /Users/simon/TreeTagger/bin/tree-tagger
    -token -lemma -sgml -no-unknown /Users/simon/TreeTagger/lib/german.
    par | cut -f 3 | paste youtube_tagged.xml -
```

Hier wird die erste Spalte, welche die Wortformen enthält, herausgeschnitten und dem TreeTagger zur Lemmatisierung übergeben. Von dessen Output wird wiederum nur die Spalte mit den Lemmata übernommen und mit der Ausgangsdatei zusammengeführt.

Neben Wortartenerkennung und Lemmatisierung gibt es noch weitere Arten linguistischer Annotation, etwa die deutlich feinkörnigere Annotation morphosyntaktischer Informationen einschließlich solcher Kategorien wie Numerus, Person, Kasus usw., die Kennzeichnung von Eigennamen im Rahmen der sogenannten Named Entity Recognition und das syntaktische Parsing zur Auszeichnung syntaktischer Relationen. Die eigenständige Bedienung geeigneter Tools setzt in der Regel Programmierkenntnisse voraus. Für kleinere Korpora kann aber auch die Webanwendung WebLicht genutzt werden, die neben voreingestellten auch flexibel anpassbare Toolchains für die Annotation der Daten sowie Abfragemöglichkeiten bietet. Auch hier gilt aber: Die Nonstandardvarietäten der Internetbasierten Kommunikation stellen die zumeist auf Pressetexten trainierten Tools oft vor erhebliche Probleme.

4.4.8.2 Korpusanalysetools

Um selbst erstellte Korpora auf korpuslinguistische Fragestellungen hin auszuwerten, kann man auf verschiedene, größtenteils frei verfügbare Tools zurückgreifen. Sie sind in ihrem Leistungsumfang, aber auch in ihrem Anforderungsprofil an die Nutzenden ganz unterschiedlich und reichen von einfachen und niedrigschwelligen Webanwendungen wie den Voyant Tools bis hin zu Programmen wie der Corpus Workbench, die schwieriger in der Bedienung, dafür aber höchst leistungsfähig sind. Die wichtigsten Tools seien im Folgenden kurz beschrieben. Ausführliche Anleitungen können nicht geleistet werden, dazu wird auf weiterführende Quellen und Tutorials verwiesen. Ein empfehlenswerter Überblick findet sich unter anderem in Haaf (2022).

Sehr einfach zu bedienen sind die bereits erwähnten webbasierten **Voyant Tools**. Dahinter verbirgt sich eigentlich eine Toolsammlung, die sich ohne Registrierung direkt über den Browser ansteuern lässt. Man kann die auszuwertenden Korpusdateien (txt oder XML) via Drag and Drop hochladen. Dann stehen in flexibel anpassbaren Panels neben der klassischen Keyword-in-Context-Ansicht (KWIC) auch verschiedene frequenzbasierte Auswertungen zur Verfügung. Es können u. a. Frequenzlisten von Wörtern und Ngrammen (Mehrwortverbindungen) sowie Kennzahlen wie Type-Token-Ratio und durchschnittliche Satzlänge angezeigt werden. Bei Korpora, die aus mehreren Dateien bestehen, können auch Keywords berechnet werden, also Wörter, die in einer Datei signifikant häufiger sind als im Gesamtkorpus. Außerdem können verschiedenste Visualisierungen vorgenommen werden. Bei allen Analysen wird jedoch nur der reine Text ausgewertet, Metadaten, die wir z. B. als XML-Attribute ausgezeichnet haben, können ebenso wenig berücksichtigt werden wie linguistische Annotationen. Zudem hat die hohe Usability, die auf Knopfdruck zahlreiche Analyseergebnisse liefert,

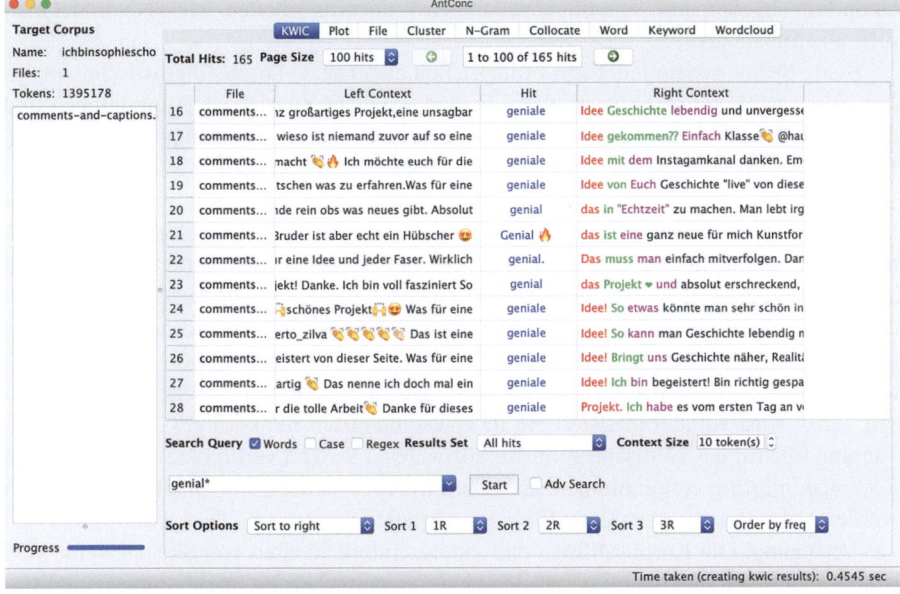

Abb. 4.29 KWIC-Ansicht des Tools AntConc

den Nachteil, dass die Einstellungen nur sehr eingeschränkt angepasst werden können. Eine anwendungsorientierte Einführung in die Möglichkeiten der Voyant Tools findet sich in Kühner (2017).

Ein ähnlich niedrigschwelliges Tool, das aber für dezidert korpuslinguistische Zwecke entwickelt wurde, ist **AntConc**, ein kostenloses Programm, das für Windows und MacOS zur Verfügung steht. Ähnlich wie bei den Voyant Tools kann man einzelne oder mehrere Dateien (txt oder XML) einlesen, wobei auch hier nur der reine Text ausgewertet und Metadaten in XML-Tags ignoriert werden. Es stehen die klassischen korpuslinguistischen Analysemöglichkeiten zur Verfügung: Keywords in Context, Frequenzlisten und Ngram-Analysen, aber auch Kollokationen und Keywords. Gegenüber den Voyant Tools hat AntConc u. a. den Vorteil, dass etwa die statistischen Parameter bei der Berechnung von Keywords und Kollokationen präziser definiert werden können. Für die Analyse von internetbasierter Kommunikation ist zudem die sogenannte *Token Definition* relevant, die beim Einlesen des Korpus in den Einstellungen vorgenommen werden kann. Hier kann genau bestimmt werden, was überhaupt als Wort gilt und wie es bei der Tokenisierung behandelt wird. Die Standardeinstellungen ignorieren z. B. Zahlen sowie Interpunktions- und Sonderzeichen. Dagegen sollte man wenigstens @ und # in die Token Definition aufnehmen, damit Mentions und Hashtags als solche erkannt werden (Abb. 4.29).

Annotierte Daten kann AntConc übrigens nicht verarbeiten, allerdings kann man sich mit einem Workaround behelfen. Wenn man (z. B. mit Regular Expressions) die Part-of-speech-Tags mit Unterstrich an die Wortformen anhängt (etwa *Das_PDS ist_VAFIN ein_ART Beispiel_NN*), kann man in AntConc den Unterstrich in der Token

Definition angeben und dann mit sogenannten Wildcards arbeiten. Mit *NN findet man z. B. alle Substantive.

Beide bisher genannten Tools ermöglichen also basale korpuslinguistische Analysen. Für avanciertere Analysen, die z. B. den flexiblen Zugriff auf Annotationen und den Einbezug der Metadaten erlauben, sind jedoch andere Werkzeuge zu empfehlen. Ein kommerzielles Tool, das aber an vielen Universitäten lizenziert ist, ist **SketchEngine**. Dahinter verbirgt sich eine äußerst mächtige, webbasierte Analyseplattform mit hoher Usability. In SketchEngine stehen umfangreiche vordefinierte Korpora (meist automatisiert gecrawlte Webdaten) in verschiedenen Sprachen zur Verfügung, es können aber auch eigene Korpora importiert werden. Standardmäßig steht Nutzenden ein Speicherplatz von 1 Mio. Tokens zur Verfügung, der von den lokalen Administrator:innen jedoch auf 10 Mio. Wörter und mehr erhöht werden kann. Beim Import von Korpusdaten (txt oder XML, selbst URLs können übergeben werden, sodass der Inhalt ausgelesen wird), wird vollautomatisiert ein morphosyntaktisch feinkörniges Part-of-speech-Tagging (die für das Deutsche genutzte Software ist der frei verfügbare RFTagger) und Sentence Splitting vorgenommen. Eventuell in XML-Attributen enthaltene Metadaten werden erkannt und stehen dann für eingeschränkte Suchen und Distributionsanalysen zur Verfügung. Die Korpusabfrage und -analysemöglichkeiten von SketchEngine sind sehr umfangreich und hochflexibel. Man kann in einfachen bis hochkomplexen Abfragen auf die annotierten Daten zugreifen, darüber hinaus können auch Kollokations- und Keywordanalysen vorgenommen werden. Außerdem bietet SketchEngine die Möglichkeit der manuellen Annotation bzw. der Kategorisierung von Suchtreffern nach selbst vergebenen Kategorien. So kann man z. B. Lesarten ambiger Wörter oder Funktionen von Emojis annotieren.

Die von SketchEngine verwendete Suchsyntax ist CQL, die Corpus Query Language. Diese wurde ursprünglich für das freie Korpusanalysetool **Corpus Workbench (CWB)** entwickelt, das bis heute weiterentwickelt wird. Dabei handelt es sich um ein reines Kommandozeilentool, das also sowohl beim Import als auch bei der Abfrage von Korpora nur über die Tastatur gesteuert werden kann. Die Installation ist zumindest auf MacOS und Linux inzwischen sehr einfach geworden, allerdings verlangt der Import von Korpora ein XML-Format nach relativ strikten Vorgaben, nämlich das oben bereits geschilderte CoNLL-Format mit den Annotationen in eigenen Spalten und den Metadaten als XML-Attributen. Für eine Schritt-für-Schritt-Anleitung des Imports von Korpora wie auch für die Formulierung von Abfragen sei hier auf das Tutorial von Noah Bubenhofer verwiesen. Das Tool ist – gerade im Vergleich mit den anderen Tools mit ihren ansehnlichen Benutzeroberflächen und der einfachen Bedienung – sicher gewöhnungsbedürftig. Belohnt wird man mit einem ausgesprochen flexiblen und vor allem effizienten Tool. Korpora mit mehreren hundert Millionen Korpora lassen sich auch auf einem einfachen Laptop problemlos bewältigen (AntConc hingegen kommt schon bei ca. 5 Mio. Wörtern an seine Grenzen, die Voyant Tools noch viel eher). Außerdem stehen verschiedene Schnittstellen zur Verfügung, wovon besonders der *Python Wrapper* von Philipp Heinrich erwähnt werden soll (Heinrich 2021). Mit diesem Toolkit können basierend auf CWB-Korpora Kollokationen und Keywords berechnet und als CSV ausgegeben werden. Die Funktionen sind auf der GitHub-Seite mit Code-Beispielen anschaulich erläutert (◘ Abb. 4.30).

4.4 · Erhebung, Aufbereitung und Auswertung eigener Korpora

```
  428:  w ! Eine wunderschöne und  <geniale>  Idee 🔥 ❤wow sehr cool I
  442:     Gänsehaut ! Was für eine  <geniale>  Idee , Geschichte lebendi
  713:  nd jeder Faser . Wirklich   <genial>   . Das muss man einfach mi
  786:  mmenden Posts ! 👍 Das ist   <genial>   . Gänsehaut 🤍 👍 Helden fü
  940:  ue Nein , aber spannend .   <Genial>   diese wichtige Geschichte
 1219:     gesehen , der auch schon <GENIAL>   gemacht war ❤😍 WOW ! ❤
 1230:  😄 WOW ! ❤❤👏 Einfach nur    <genial>   ... 👏 🙌 🙌 🙌 Ein absolut g
 1618:  gesehen habe ❤@namiyo84    <Geniales>  Projekt - und so spannend
 1961:  in hin und weg von dieser  <genialen>  Idee ! ❤Das ein Meilens
 2311:  TIG ! 💡 Diese Idee ist ja  <genial>   , denn Werdegang von Scho
 2429:  ekts @eva . stories ? ...  <genial>   erdacht . Das will ich ge
 2491:  n die Menschen mit dieser  <genialen>  Idee !!! Hammer ! Vielen
 2508:  essant Bin gespannt ! Ein  <geniales> Projekt . Ich bin gespann
 2521:  t . 😄 Sehr geile Idee ! 👏 <Geniale>  Idee . Danke dafür und To
 4824:  so sehr drauf . Was eine   <geniale>  idee ! @rosalinda_251 Ein
 4974:  a 👏 👏 👏 👏 Das ist eine   <geniale>  Idee ! So kann man Geschi
 6240:  Projekt ! Die Machart ist  <genial>   ! Danke , dass du uns Sop
 9896:  üß von der inge ! Einfach  <genial>   ! 👏 👏 👏 ❤@nanne . _nb b
 9957:  ij bent echt een stouterd  <Genial>   ! ❤Grandioses Projekt u
10110:  ❤❤❤UUUUUNGLAUBLICH        <GENIAL>   !!! DANKE DAFÜR ❤Mega P
10374:  e becatert ❤Was für ein   <geniales> Projekt 👍 👌 So eine grand
12343:  8 ja das ist eine absolut  <geniale>  Idee . 😊❤❤👏 🌷 Sheee
13367:     so nah ! Weiter so ! Wie <genial>   ist das !!!!!! 👏 😍 @osvm
```

◻ **Abb. 4.30**   KWIC-Ansicht der Corpus Workbench

Die Corpus Workbench mit der Suchsyntax CQP ist übrigens auch die Grundlage für das webbasierte Analysetool **CQPweb**, das in der Korpuslinguistik weit verbreitet ist. Es erlaubt die zentrale Bereitstellung von Korpora in einer benutzerfreundlichen Oberfläche. Die Installation des Tools verlangt fortgeschrittene Webadministrationskenntnisse, und auch der Import von Korpora ist anspruchsvoll und vor allem fehleranfällig. Für kleinere studentische Projekte ist das Aufsetzen einer eigenen CQPweb-Instanz also kaum zu empfehlen. Ähnliches gilt für **ANNIS**, eine webbasierte Analyseumgebung, die auf mehrfach annotierte Korpora spezialisiert ist.

Als letzte Analyseumgebung soll noch der Service **WebLicht** empfohlen werden, der sich an Einsteiger:innen richtet, aber dennoch linguistisch anspruchsvolle Analysen ermöglicht. Der für Hochschulangehörige kostenlose Dienst erlaubt den Import kleinerer Korpora im txt-Format (Metadaten können also nicht berücksichtigt werden), der dann durch sogenannte Toolchains geschickt wird, um die Daten vorzuverarbeiten und linguistisch zu annotieren. Diese Toolchains, also miteinander verkettete Werkzeuge der automatisierten Sprachverarbeitung, sind zum Teil vordefiniert, lassen sich aber auch ganz flexibel zusammenstellen. So können neben den üblichen Schritten der Tokenisierung, des Part-of-speech-Taggings und der Lemmatisierung auch feinkörnigere, z. B. morphosyntaktische Annotationen oder sogenanntes Konstituenten- oder Dependenzparsing zur Auszeichnung syntaktischer Kategorien (wie Nominalphrase) oder Funktionen (wie Subjekt) vorgenommen werden. Die Ergebnisse werden dann online vorgehalten und lassen sich mit einer flexiblen, an CQP angelehnten Suchsyntax recherchieren, zudem können die Ergebnisse in einem (für das menschliche Auge aber kaum lesbaren) XML-Format heruntergeladen werden.

Fallstudien

Inhaltsverzeichnis

5.1 Wie sind Korpusuntersuchungen aufgebaut? – 191

5.2 „Klausuren gemeinsam ablegen, sprich: voneinander abschreiben": *sprich* als Konnektor und Reformulierungsindikator – 193

5.3 *weil* mit Verbzweitstellung in Gesprächen und in der internetbasierten Kommunikation – 207

5.4 Pragmatisierung von Interpunktionszeichen: Funktionale Analyse von Auslassungspunkten in der deutschen und chinesischen Messenger-Kommunikation – 236

5.5 „OK, Schluß mit Blödeln": Funktionen von *okay* in deutschen und englischen Wikipedia-Diskussionen – 262

5.6 Involvierung auf dem Social-Media-History-Account @ichbinsophiescholl – 275

© Der/die Autor(en), exklusiv lizenziert an Springer-Verlag GmbH, DE, ein Teil von Springer Nature 2025
M. Beißwenger et al., *Korpusgestützte Analyse internetbasierter Kommunikation*,
https://doi.org/10.1007/978-3-476-05977-2_5

In diesem Kapitel beschreiben wir in fünf Fallstudien Beispiele für Untersuchungen, wie sie sich im Rahmen von wissenschaftlichen Hausarbeiten, Bachelor- und Masterarbeiten unter Verwendung existierender oder selbst erhobener Korpora durchführen lassen. Wir haben vergleichsweise einfache Beispiele ausgewählt, an denen sich zeigen lässt, wie Korpusuntersuchungen aufgebaut sind, und in denen reflektiert wird, wie im Forschungsprozess mit den Korpusdaten umgegangen wird. Die Fallstudienkapitel lassen sich unabhängig voneinander lesen. Untersucht werden Phänomene, die sich, ausgehend von charakteristischen Mustern auf Wort-, Konstruktions- und Zeichenebene, gut in Korpora recherchieren lassen.

In den Fallstudien begegnen einerseits **qualitative** Analysezugänge, indem die Korpusbelege für die untersuchten Einheiten unter Einbeziehung des sprachlichen und sequenziellen Kontexts hinsichtlich ihres Beitrags zum sprachlichen Handeln (pragmatisch) und/oder hinsichtlich der Konstruktionsmuster untersucht werden, in die sie im Verwendungszusammenhang eingebettet sind. Andererseits gibt es **quantifizierende** Analyseschritte, in denen die Verteilung von Merkmalsausprägungen in den untersuchten Korpusstichproben untersucht wird, um daraus Aussagen über präferierte Gebrauchsmuster und -kontexte abzuleiten. Jede der Studien kombiniert qualitative und quantitative Zugänge, dies allerdings in z. T. unterschiedlicher Gewichtung.

> **Definition**
>
> Bei **qualitativen Untersuchungen** geht es um die interpretative, verstehende Rekonstruktion von Phänomenen aus den untersuchten Daten, beispielsweise um die Ermittlung des Funktionsbeitrags, den eine sprachliche Einheit in einem gegebenen sprachlich-kommunikativen Kontext zum kommunikativen Handeln, zur Interaktionsgestaltung oder -organisation leistet. Qualitative Analysen sind bestimmt durch intellektuelle Interpretationsleistungen der Analysierenden, bei denen häufig in einem zyklischen Vorgehen dieselben Daten mehrfach betrachtet und die Deutungen sukzessive verfeinert werden. Für die Nachvollziehbarkeit qualitativer Untersuchungen ist es wichtig, die zugrunde gelegten Analysekategorien gut zu beschreiben und an Beispielanalysen vorzuführen, wie diese Kategorien den Korpusbelegen zugewiesen wurden.
>
> Bei **quantitativen Untersuchungen** geht es um die statistische Auswertung von Daten. Dabei werden beispielsweise die Vorkommen bestimmter Arten von Belegen gezählt und die Zählergebnisse zueinander in Beziehung gesetzt (vgl. Müller-Spitzer/Koplenig/Wolfer 2022: 21 sowie ausführlich mit Bezug zur empirischen Forschung in den Sozialwissenschaften Döring 2023: 31–78).

Qualitatives und quantitatives Vorgehen stehen **nicht im Widerspruch** zueinander. In vielen linguistischen Untersuchungen werden die Vorgehen miteinander kombiniert, etwa wenn Belege zunächst durch qualitative Analyse bestimmten Typen oder Klassen zugeordnet und entsprechend kodiert werden, um daran anschließend die Häufigkeiten der Vorkommen der vorgenommenen Kodierungen zu ermitteln und quantitativ zu interpretieren.

Alle Fallstudien sind nach demselben Schema aufgebaut, das die relevanten Schritte bei der Konzeption und Durchführung einer Korpusuntersuchung abbildet. Das Schema, das nachfolgend genauer erläutert wird, kann als Modell für die Konzeption eigener

Korpusuntersuchungen dienen. Besonderes Augenmerk wird dabei nicht nur auf die Beschreibung des für den Nachvollzug der Untersuchung gewählten methodischen Vorgehens, sondern auch auf die **Reflexion der gewählten Methoden** mit Bezug zu den Ergebnissen und deren Interpretation gelegt. Dabei werden unter anderem Fragen der Aussagefähigkeit der Ergebnisse diskutiert und werden die Erfahrungen aus der Untersuchung im Hinblick auf das Forschungsdesign für mögliche Anschlussuntersuchungen kritisch reflektiert („lessons learned").

5.1 Wie sind Korpusuntersuchungen aufgebaut?

Eine zentrale Anforderung an die Beschreibung von Korpusuntersuchungen ist die Nachvollziehbarkeit der getroffenen methodischen Entscheidungen und des gewählten Vorgehens bei der Analyse durch Dritte. Die Beschreibung einer Untersuchung sollte es den Leser:innen ermöglichen, die Untersuchung selbst anhand derselben Daten (sofern diese frei zugänglich sind oder aus frei zugänglichen Korpora abgefragt wurden) oder anhand von Daten, die in einem vergleichbaren Erhebungsdesign gewonnen wurden, nachzustellen und zu prüfen, ob sie zu denselben oder ähnlichen Ergebnissen gelangen. Die **Nachvollziehbarkeit** und die **Reproduzierbarkeit durch Dritte** sind daher wichtige Gütekriterien für die Darstellung datengestützter Untersuchungen.

Diese Anforderungen können in der Beschreibung eigener Untersuchungen anhand des **IMRAD-Schemas** bearbeitet werden (vgl. Müller-Spitzer/Koplenig/Wolfer 2022: 33 mit Bezug auf Sollaci/Pereira 2004). Das Akronym IMRAD ist zusammengesetzt aus den Initialen der Schemastruktur *introduction*, *method*, *results and discussion*, mit der die vier Elemente einer Untersuchungsbeschreibung benannt werden:

- *Introduction*: Zunächst gibt es eine Einführung in den Untersuchungsgegenstand, in der die Forschungsfragen vorgestellt und in den Forschungskontext (Stand der Forschung) eingeordnet werden.
- *Method*: Daran anschließend wird das gewählte methodische Vorgehen erläutert. Dazu gehört einerseits die Auswahl der für die Untersuchung zugrunde gelegten Daten und andererseits das Vorgehen bei der Analyse, d. h. eine Beschreibung, wie mit den Daten umgegangen wurde und auf welchem Wege aus dem Umgang mit den Daten Ergebnisse gewonnen wurden.
- *Results*: Im nächsten Schritt werden die Ergebnisse vorgestellt.
- *Discussion*: Abschließend werden die Ergebnisse hinsichtlich ihrer Bedeutung für die eingangs gestellte(n) Forschungsfrage(n) interpretiert und die Brauchbarkeit des gewählten methodischen Vorgehens diskutiert. Daraus können Perspektiven für mögliche Anschlussuntersuchungen abgeleitet, die sich an die gewonnenen empirischen der methodischen Erkenntnisse formulieren lassen und bei denen der Ertrag aus der beschriebenen Untersuchung den Ausgangspunkt bildet.

Für die Beschreibung der Fallstudien in den ▶ Abschn. 5.2–5.6 haben wir dieses Schema zugrunde gelegt und es auf die besonderen Anforderungen korpusgestützter Untersuchungen angepasst. Dabei haben wir einzelne Punkte aus dem Schema spezifischer formuliert und andere Elemente in zwei Abschnitte aufgeteilt. Das betrifft insbesondere die Elemente *results* und *discussion*. In der von uns gewählten Struktur fassen wir

die Ergebnisdarstellung und die Diskussion der Ergebnisse zu einem Punkt „Ergebnisse und Interpretation" zusammen, während die Diskussion der gewählten Methode(n) einen eigenen Punkt „Methodische Reflexion" erhält. Die Orientierung an der IMRAD-Struktur ist aber gut zu erkennen:
1. Fragestellung und Bezug zum Stand der Forschung
2. Datengrundlage
3. Methodisches Vorgehen bei der Analyse
4. Ergebnisse und Interpretation
5. Methodische Reflexion
6. Anschlussstellen für weitere Untersuchungen

Fragestellung und Bezug zum Stand der Forschung Forschungsfragen entstehen nicht im luftleeren Raum. Sie entspringen entweder (i) einer intensiven Auseinandersetzung mit der existierenden Forschungsliteratur, mit Theorien und empirischen Befunden zum betrachteten Phänomen (wie es zum Beispiel in Lehrveranstaltungen der Fall ist) oder (ii) aus dem Aufmerksamwerden auf Eigenschaften eines bestimmten Phänomens, das in der Linguistik auch aus eigenen Beobachtungen alltäglicher Sprachverwendung abgeleitet sein kann, und einer anschließenden Auseinandersetzung mit der Forschungsliteratur zum Thema. Die Beschäftigung mit der wissenschaftlichen Literatur ist wichtig, um die eigene Untersuchung und deren Ergebnisse in den bisherigen Stand der Forschung einzuordnen. Die Forschungsliteratur hilft dabei, Forschungsfragen und -hypothesen fachsprachlich präzise zu formulieren. Außerdem lassen sich aus der Literatur auch oft Kategorien für qualitative Analysen gewinnen.

Entsprechend wird im ersten Abschnitt der Untersuchungsbeschreibung die Beschäftigung mit dem Forschungsgegenstand motiviert und werden die Forschungsfragen vorgestellt sowie in den Stand der Forschung eingeordnet. Die Bezüge zur Forschung werden durch eindeutige Literaturreferenzen kenntlich gemacht, damit die Leser:innen der Untersuchung diese Bezüge selbst nachvollziehen können.

Zusätzlich zu den Forschungsfragen können für eine Untersuchung **Forschungshypothesen** vorangestellt sein, mit denen die Forschungsfragen in Form einer oder mehrerer **Annahmen** über den Forschungsgegenstand reformuliert werden, die in der Untersuchung durch die Analyse von Daten hinsichtlich ihres Zutreffens (= Verifizierung der Hypothese) oder Nichtzutreffens (= Falsifizierung der Hypothese) geprüft werden sollen.

Datengrundlage Im zweiten Abschnitt der Untersuchungsbeschreibung wird das Korpus bzw. werden die Korpora vorgestellt, die für die Untersuchung genutzt oder selbst erhoben wurden. Sofern nicht mit dem gesamten Korpus gearbeitet, sondern eine Stichprobe aus diesem gezogen wurde, wird zudem beschrieben, nach welchen Kriterien die Stichprobe aus dem Korpus erhoben und wie sie für die Zwecke der Untersuchung ggf. weiter aufbereitet wurde.

Methodisches Vorgehen bei der Analyse Der dritte Abschnitt stellt den Leser:innen alle Informationen zur Verfügung, derer es bedarf, um zu verstehen, wie mit den untersuchten Daten umgegangen wurde, um sie für die Gewinnung empirischer Evidenz zur Beantwortung der Forschungsfrage bzw. zur Prüfung der Forschungshypothesen zu nutzen. Die Abschnitte „Datengrundlage" und „methodisches Vorgehen" sind für die Nachvollziehbarkeit und Reproduzierbarkeit der nachfolgend präsentierten Ergebnisse und von deren Interpretation durch die Forschenden zentral (im IMRAD-Schema entsprechen sie dem Element *method*).

Ergebnisse und Interpretation Im vierten Abschnitt werden die Ergebnisse vorgestellt, vor dem Hintergrund der Forschungsfrage(n) und -hypothesen interpretiert und in die Forschung zum Thema eingeordnet. Interpretationen zu Ergebnissen, die in einem qualitativen Vorgehen gewonnen wurden, werden typischerweise an Belegen aus dem Datenmaterial erläutert. Quantitative Befunde werden häufig in Form von Tabellen oder Diagrammen visualisiert. Der Abschnitt stellt fest, ob bzw. inwieweit die Forschungsfrage durch die Untersuchung beantwortet werden konnte und ob die für die Untersuchung formulierten Forschungshypothesen bestätigt (verifiziert) werden konnten oder als zurückgewiesen (falsifiziert) gelten müssen.

Methodische Reflexion Der fünfte Abschnitt reflektiert das gewählte Vorgehen – die gewählte Datengrundlage und das Vorgehen bei der Analyse – aus einer Rückschau, in der zum Beispiel der Erkenntniswert der Befunde und der daraus abgeleiteten Interpretationen evaluiert oder vor dem Hintergrund der bei der Durchführung der Untersuchung gewonnenen Erfahrungen diskutiert wird, ob (und wie) das gewählte methodische Design angepasst werden könnte, um zu informativeren Ergebnissen zu gelangen.

Anschlussstellen für weitere Untersuchungen Abschließend werden Ideen für neue bzw. weitere Untersuchungen aufgezeigt, die sich aus dem Ergebnis der Untersuchung und aus den Erfahrungen mit dem methodischen Vorgehen ableiten lassen. Hier benennen wir insbesondere solche Ideen, die sich für wissenschaftliche Hausarbeiten im Rahmen des Studiums, für Bachelor- oder Masterarbeiten eignen. Lassen Sie sich gerne von diesen Ideen zur Konzeption eigener Untersuchungen anregen!

5.2 „Klausuren gemeinsam ablegen, sprich: voneinander abschreiben": *sprich* als Konnektor und Reformulierungsindikator

„Es ist ein offenes Geheimnis, dass sich etwa mithilfe des abhörsicheren Messengers Telegram immer wieder Gruppen bilden, um Klausuren gemeinsam abzulegen, *sprich*: voneinander abzuschreiben", schrieb die *Süddeutsche Zeitung* in einem Artikel vom 25.01.2021 (vgl. DWDS-Artikel in ◘ Abb. 5.1). Was ist in diesem Satz mit „sprich" gemeint? Sicher nicht die Imperativform von „sprechen" – allenfalls das Sams könnte diesen Satz als Aufforderung dazu verstehen, „voneinander abzuschreiben" laut auszusprechen. Vielmehr dient „sprich" in dem zitierten Beleg dazu, den Inhalt des Ausdrucks „Klausuren gemeinsam abzulegen" zu verbinden mit dem Ausdruck „voneinander abzuschreiben", in dem dieser Inhalt noch einmal anders versprachlicht ist. Im zweibändigen „Handbuch der Konnektoren", das von Expert:innen der Abteilung Grammatik am Leibniz-Institut für deutsche Sprache erarbeitet wurde, sind solche Verwendungen von *sprich* der grammatischen Kategorie der metakommunika-

sprich

🔖 Lesezeichen   ⋖ zitieren/teilen   − zuklappen

Grammatik Partikel
Aussprache [ʃpʀɪç]
Grundform ↗ sprechen

Bedeutungsübersicht

1. wird verwendet, um eine klarere Formulierung oder nähere Erläuterung einzuleiten
2. wird verwendet, um die Aussprache von (meist fremdsprachigen) Wörtern zu beschreiben

Bedeutungen   ZDL-Vollartikel

1. wird verwendet, um eine klarere Formulierung oder nähere Erläuterung einzuleiten

   BEISPIELE:

   Es ist ein offenes Geheimnis, dass sich etwa mithilfe des abhörsicheren Messengers Telegram immer wieder Gruppen bilden, um Klausuren gemeinsam abzulegen, **sprich**: voneinander abzuschreiben. [Süddeutsche Zeitung, 25.01.2021]

   Was […] zwar nicht ausgeschlossen ist, aber eben auch nicht belegt: Dass der Impfstoff die Menschen vor Ansteckungen und damit auch vor asymptomatischen, **sprich** unbemerkten Infektionen schützt. [Süddeutsche Zeitung, 17.12.2020]

   Am Wochenende rutschten die Notierungen an der deutschen Strombörse in Leipzig sogar ins Minus. Am Samstag kostete die Megawattstunde im Durchschnitt minus 15,34 Cent, **sprich**: Wer Strom verkaufte, musste seinen Abnehmern sogar noch etwas zahlen. [Die Welt, 07.07.2020]

   Nichts soll mehr dem Zufall, **sprich**: der Eigenbeurteilung der Arbeiter überlassen bleiben. [Kurz, Robert: Schwarzbuch Kapitalismus. Frankfurt a. M.: Eichborn 1999, S. 375]

   Das *[Pay-TV-]*Abonnement kostet 44,50 Mark pro Monat, dafür erhält der Kunde einen Decoder, der in einem geheimgehaltenen Verfahren die Sendesignale wieder decodiert, **sprich** entschlüsselt und so auf dem Bildschirm sichtbar macht. [Decoder. In: Aktuelles Lexikon 1974–2000. München: DIZ 2000 [1995]]

2. wird verwendet, um die Aussprache von (meist fremdsprachigen) Wörtern zu beschreiben

   BEISPIELE:

   Im Urlaub im Ausland müssen Sie *[statt nach kostenlosem WLAN]* nach »Wi-Fi« (**sprich**: Wai-fai) fragen. [Bild, 01.07.2019]

   »Man merkt, dass da keiner zu Hause ist«, fasste Kehlmann sein Erlebnis mit der Schreibsoftware CTRL (**sprich**: Control) zusammen. [Süddeutsche Zeitung, 11.02.2021]

   Mit gerade einmal 22 Jahren ist Saoirse (**sprich**: »Söscha«) Kennedy Hill gestorben, Enkelin von Robert F. Kennedy († 42), dem jüngeren Bruder des 1963 ermordeten US-Präsidenten John F. Kennedy († 46). [Bild, 03.08.2019]

   So haben *(= sind)* die verschiedenen Stämme der Puebloindianer, allen voran die Navajos (**sprich**: Návachos) gegen Mexiko vorgestoßen, um an den vorgeschobenen Posten der Spanier Rache zu nehmen. [Abel, Othenio: Amerikafahrt. Jena: Fischer 1926, S. 185]

   Es *[das ungarische Dorf]* hieß Ajtós (**sprich**: Ajtosch). [Kisch, Egon Erwin: Der rasende Reporter. Berlin: Aufbau-Taschenbuch-Verl. 2001 [1925], S. 172]

   letzte Änderung: 03.11.2021

▪ **Abb. 5.1**   DWDS-Artikel „sprich", bereitgestellt durch das Digitale Wörterbuch der deutschen Sprache, ▶ https://www.dwds.de/wb/sprich, abgerufen am 30.06.2024

tiven Konnektoren zugeordnet, und zwar der formulierungsbezogenen Subklasse (vgl. Breindl et al. 2014: 1140ff). Derartige Konnektoren, zu denen auch *d. h.* oder *i.e.* gehören, verbinden Satzteile (‚Konnekte' genannt) „nicht auf der Ebene der Sachverhalte, sondern beziehen sich auf die Form des Ausdrucks der Konnekte oder deren informationsstrukturelle Rolle im Diskurs" (Breindl et al. 2014: 1138). Sie verbinden einen bereits versprachlichten Sachverhalt mit einem Konnekt, das diesen Sachverhalt noch einmal anders formuliert. In Arbeiten aus der Gesprächs- und Interaktionslinguistik, die gesprochene Interaktion in Transkripten untersuchen, wurde diese Funktion von *sprich* entsprechend als „Reformulierungsindikator" (Kaiser 2016) bezeichnet.

5.2.1 Fragestellung und Bezug zum Stand der Forschung

Es gibt noch keine korpuslinguistisch basierte Studie zur Entwicklung des Konnektors *sprich* in der deutschen Schriftsprache. Dass es sich um eine relativ neue Entwicklung handelt, zeigt sich daran, dass diese Verwendung von *sprich* in älteren Wörterbüchern nicht erfasst ist. Weder im „Deutschen Wörterbuch" noch im „Wörterbuch der deutschen Gegenwartssprache" findet sich ein Eintrag zu *sprich*, das lässt sich an den digitalen Versionen dieser Wörterbücher im DWDS (DWDS-DW, DWDS-WDG) schnell prüfen. Die im Folgenden beschriebene Studie wurde 2016 durchgeführt; zu dieser Zeit fehlte ein eigenständiger Eintrag zu *sprich* sowohl im Duden Online als auch im DWDS-Wörterbuch (DWDS-DW). Mittlerweile gibt es im DWDS-Wörterbuch einen Eintrag, der auch diese Konnektorfunktion berücksichtigt (◐ Abb. 5.1).

Der Konnektor sprich in der internetbasierten Kommunikation Bereits diese Beschreibungslücke macht *sprich* zu einem interessanten Untersuchungsgegenstand. Aber inwiefern ist *sprich* auch relevant für die Erforschung internetbasierter Kommunikation, um die es in diesem Buch ja geht? Natürlich fallen in dieser Form textformenbasierter Kommunikation zunächst Zeichentypen auf, die es in der prädigitalen Schriftlichkeit in dieser Form noch nicht gab, z. B. Bildzeichen wie Emojis, GIFs etc. (s. ▶ Abschn. 3.2.1.4, 3.2.2.2). Für die Sprachwissenschaft ebenso interessant ist aber die Frage, ob und wie sich im Zusammenhang mit dem Sprachwandel durch interaktionsorientierte Schriftlichkeit (s. ▶ Abschn. 3.1) das Inventar von Sprachzeichen verändert, das bereits vor der Verbreitung internetbasierter Kommunikationsformen verwendet wurde.

Der Konnektor sprich in der prädigitalen Zeit Um zu explorieren, ob der Konnektor *sprich* zu diesem prädigital verwendeten Sprachinventar gehört, wurde im DWDS-System den Suchausdruck @*sprich* eingegeben und im Kernkorpus (DWDS-KK, s. ▶ Abschn. 4.3.3.2) untersucht, seit wann die Konnektorfunktion in diesem zeitlich ausgewogenen Korpus des 20. Jahrhunderts belegt ist. Dabei fanden sich bereits Belege aus den Jahren 1928 und 1936 wie (1) und (2):

(1) **Vossische Zeitung (Morgen-Ausgabe), 05.04.1928. S. 4**
Sie hat noch nicht im Gefühl, daß wesentliche Ergebnisse der städtischen Kultur sich sehr wohl mit den Lebensformen des Landes verschmelzen lassen, wofür allein schon die zunehmende Technisierung der Landwirtschaft, die zunehmende Verflechtung auch der kleinstbäuerlichen Betriebe in den Rhythmus der Weltwirtschaft – **sprich**: kanadischer Weizen gegen ostpreußischen; sprich: dänische Butter gegen ostpreußische; sprich: Schweine aus Polen gegen Schweine aus Ostpreußen – Beispiel genug sind.

(2) **Goetz, Wolfgang: Im Größenwahn; bei Pschorr und anderswo, Berlin: Collignon 1936, S. 17**
Darauf unser Petronius, alias Felix Poppenberg, indem er sich erhebt: „Herr Ober, bringen Sie einen Vakuum (**sprich**: Staubsauger, der damals sehr neu war) und schaffen Sie das alles weg."

Damit ist nachgewiesen, dass es diese Funktion schon vor der Verbreitung des Internets gab. Sie hätte also auf dem Radar der Lexikograph:innen erscheinen können, wenn diese schon damals die komfortable Möglichkeit gehabt hätten, große Textbestände mithilfe von Korpusrecherchesystemen automatisch nach Suchausdrücken zu durchsuchen.

Forschungsfrage Die folgende Fallstudie ist aber nicht diachron ausgerichtet, sie untersucht also nicht, wie sich schriftliches *sprich* im Laufe der Zeit entwickelt hat. Vielmehr steht sie im Rahmen des übergreifenden Erkenntnisinteresses, korpusgestützt zu untersuchen, in welchen Merkmalen sich interaktionsorientiert verfasste Schreibprodukte von textorientiert verfassten Produkten aus demselben Zeitraum unterscheiden. Es handelt sich somit um eine **synchron ausgerichtete quantitative Vergleichsstudie**, die folgende Forschungsfrage beantworten möchte: **Wie häufig findet man die Konnektorfunktion von *sprich* in interaktionsorientiert verfassten Schreibprodukten einerseits und in textorientiert verfassten Produkten andererseits?**

Was macht nun ausgerechnet den Konnektor sprich interessant für einen derartigen Vergleich? Dafür müssen wir ein wenig ausholen: Produkte des interaktionsorientierten Schreibens enthalten charakteristische Merkmale, die in ▶ Abschn. 3.2.1 genauer erläutert wurden. Dazu zählen interaktive Einheiten wie Interjektionen – z. B. *huch*, *hä*, *hm* oder *okay*, (s. Fallstudie in ▶ Abschn. 5.4) sowie die Präferenz für Konstruktionen, die als eher typisch für die gesprochene Sprache gelten, z. B. die Verwendung des Konnektors *weil* mit Hauptsatzstellung (s. Fallstudie in ▶ Abschn. 5.3). Weil die interaktionsorientierte Schreibhaltung primär auf das Gelingen einer laufenden Interaktion und weniger auf die Produktion eines normgerechten Schrifttextes ausgerichtet ist, ist die Schnelligkeit einer Reaktion oft wichtiger als die „Arbeit am Text", d. h. das nachträgliche Überarbeiten, Reformulieren und Korrigieren, wie es für das textorientierte Schreiben charakteristisch ist (vgl. dazu ausführlich Storrer 2018a). Deshalb sind beim interaktionsorientierten Schreiben alle Sprachmittel willkommen, die das spontane Schreiben und schnelle Formulieren begünstigen. Metakommunikative formulierungsbezogene Konnektoren wie *sprich* könnten zu diesen Mitteln gehören, weil sie es erlauben, bereits formulierte Äußerungsteile im weiteren Äußerungsverlauf zu spezifizieren, zu generalisieren, zu erläutern oder zusammenzufassen, anstatt die gesamte Äußerung noch einmal umzuarbeiten. Genau dieser Gedanke steckt auch hinter der Bezeichnung „**Reformulierungsindikator**", der in einer Studie zu *sprich* in mündlichen Gesprächen (Kaiser 2016) verwendet wurde.

Hypothese Vor diesem theoretischen und begrifflichen Hintergrund lässt sich für unsere Vergleichsstudie die Hypothese formulieren, dass der Konnektor *sprich* häufiger in Produkten des interaktionsorientierten Schreibens vorkommt als in Produkten des textorientierten Schreibens.

5.2.2 Datengrundlage

Die beschriebene Studie wurde 2016 im Rahmen des Forschungsprojekts KobRA (Bartz et al. 2014) durchgeführt. In diesem Projekt ging es darum, die Auswertung und Recherche in frei verfügbaren, großen Korpora des Deutschen zu unterstützen. Um Produkte des textorientierten mit Produkten des interaktionsorientierten Schreibens zu vergleichen, bieten sich Teilkorpora aus der Wikipedia-Korpusfamilie (DEREKO-WPD, DEREKO-WDD, s. ▶ Abschn. 4.3.1.2) an, und zwar aus folgendem Grund: Die Wikipedia besteht nicht nur aus den enzyklopädischen Artikeln, sondern auch aus schriftlichen Diskussionen, in denen sich Autor:innen über die gemeinsame Arbeit am Projekt austauschen. Die enzyklopädischen Artikel der Wikipedia sind Hypertexte, die mit einer textorientierten Grundhaltung verfasst werden. Schließlich geht es darum, das Wissen zum Artikelgegenstand so zu präsentieren, dass sich Leser:innen Informationen schnell und ohne direkte Rückfragen erschließen können. Einen anderen Status haben die schriftlichen Beiträge, die im Diskussionsbereich der Wikipedia gepostet werden: Sie dienen primär dazu, sich mit anderen Autor:innen über die Verbesserung und Aktualisierung der Artikel auszutauschen, den kooperativen Schreibprozess zu koordinieren und strittige Aspekte zu diskutieren. Im Mittelpunkt steht das Gelingen des aktuellen Handlungsziels in einer laufenden Interaktion, das für die interaktionsorientierte Schreibhaltung typisch ist (vgl. ausführlich Gredel et al. 2018 und Storrer 2018a).

Wikipedia-Artikel vs. Wikipedia-Diskussionsseiten Der Fließtext in dem in der ◘ Abb. 5.2 gezeigten Ausschnitt aus dem Wikipedia-Artikel zu „Absolute Häufigkeit" zeigt die charakteristischen Merkmale von textorientiert verfassten Schreibprodukten: Er entspricht den orthographischen Normen und den grammatischen Konventionen für die geschriebene Standardsprache. Er ist monologisch konzipiert, nimmt nicht Bezug auf eine Vorgängeräußerung und versprachlicht den Sachverhalt so, dass er ohne Interaktionskontext verstanden werden kann (natürlich immer vorausgesetzt, dass bei den Leser:innen entsprechendes Sprach- und Sachwissen vorhanden ist).

In dem in der ◘ Abb. 5.3 wiedergegebenen Ausschnitt aus dem Diskussionsbereich zum Artikel „Kindersitz" tauschen sich mehrere Akteur:innen darüber aus, wie im Artikel geschichtliche Aspekte besser berücksichtigt werden können. Wie in der mündlichen Interaktion beziehen sich die Akteur:innen in ihren Beiträgen aufeinander und auf das gemeinsam diskutierte Thema. Typische Spuren des interaktionsorientierten Schreibens sind Ellipsen (mehrfach die Auslassung des syntaktischen Subjekts), Kurzformen, die sich an die gesprochene Umgangssprache anlehnen („hab" anstatt „habe", „Info" anstatt „Information") und die Interjektion „hurra". Auch wenn sich die Diskutierenden an den orthographischen Standards orientieren, findet man Abweichungen bei der Schreibung von Umlauten, die vermutlich darauf zurückgehen, dass eine Tastatur ohne Umlaute genutzt wurde. In Artikeltexten wäre dies nicht zulässig, d. h. würde von anderen Akteur:innen korrigiert. In den Diskussionen werden orthographische Abwei-

Abb. 5.2 Wikipedia-Artikel zu „Absolute Häufigkeit"

Geschichte etwas spärlich [Quelltext bearbeiten]

Letzter Kommentar: vor 7 Jahren | 3 Kommentare | 3 Personen sind an der Diskussion beteiligt

Unter Geschichte könnte ich mir etwas mehr vorstellen. Was beispielsweise gar nicht beleuchtet wird, ist, ob seit der Einführung der Kindersitzpflicht weniger Todesfälle vorkommen - sprich: ob die Kindersitze was bringen. Würde mich zum Beispiel interessieren, hab aber keine Ahnung :) *(nicht signierter Beitrag von 84.57.181.249 (Diskussion)* 21:51, 14. Mär. 2013 (CET) **Beantworten**

Kann das nur bekräftigen. Zudem bringt der Satz "2013 verunglückten in Deutschland 10.228 Kinder im Alter bis zu 15 Jahren als Insasse eines Pkw, davon wurden 1203 Kinder schwer verletzt und 25 Kinder getötet." so überhaupt nichts. Wo ist denn der Zusammenhang zu den Kindersitzen? Wenigstens müsste die Info dazustehen, ob bei den Verletzten verhältnismäßig mehr Kinder ohne ordnungsgemäßen Kindersitz zu finden sind. Selbst wenn alle einen Kindersitz hatten, wüssten wir nicht, wie es ohne Kindersitz gewesen wäre.

> Ich erinnere mich an eine Statistik, die sich ungefähr auf das Jahr 2000 in Deutschland bezog: 400 tote Kinder im Strassenverkehr, davon 300 im Auto der eigenen Eltern (soll heissen, Kinder werden nur selten toedlich ueberfahren, sondern starben zu 75% an Dummheit oder Geiz der eigenen Eltern). Nach weitestgehender Durchsetzung der Kindersitzpflicht hat sich die Zahl toter Kinder um den Faktor 12 verringert, hurra Erfolg ! --2A02:8108:91C0:8FC0:4551:8417:680C:BC04 01:19, 23. Jun. 2017 (CEST) **Beantworten**
>> Für 2001 gibt es eine abrufbare Statistik (93 Pkw/72 zu Fuß/53 Rad) [1] -- Beademing (Diskussion) 19:29, 23. Jun. 2017 (CEST) **Beantworten**

Abb. 5.3 Wikipedia-Diskussion zum Artikel „Kindersitz"

chungen toleriert, hingegen würde es nicht toleriert, die Diskussionsbeiträge anderer Akteur:innen nachträglich zu ändern.

Vor diesem Hintergrund betrachten wir die Artikeltexte in der Wikipedia als Produkte des textorientierten Schreibens, die Diskussionen hingegen als Produkte des interaktionsorientierten Schreibens. Entsprechend nutzen wir zwei Teilkorpora aus der Wikipedia-Korpusfamilie in DEREKO (s. ▶ Abschn. 4.3.1.2), die aus einer Wikipedia-Kopie vom 17.11.2015 aufgebaut wurden:

1. das **Korpus der Artikelseiten** mit 796.638.747 Textwörtern (DEREKO-WPD),
2. das **Korpus der Diskussionen** zu diesen Artikeln mit 309.897.027 Textwörtern (DEREKO-WDD).

Diese waren seinerzeit bereits in aufbereiteter Form zum Download am IDS verfügbar und wurden mit einem im KobRA-Projekt entwickelten Tool ausgewertet.

5.2.3 Methodisches Vorgehen bei der Analyse

Im ersten Schritt der Auswertung wurden die Trefferzahlen für den Ausdruck *sprich* in beiden Teilkorpora erhoben. In ◘ Tab. 5.1 sind diese in der ersten Spalte gelistet. Es handelt sich um Angaben dazu, wie viele Treffer in den beiden Teilkorpora gefunden wurden, also um die Angabe der absoluten Häufigkeit. Nun ist es allerdings so, dass das Teilkorpus mit den Artikeltexten DEREKO-WPD fast dreifach so viele Textwörter ent-

◘ **Tab. 5.1** Beispiele für Belege vs. Pseudotreffer aus dem genutzten Korpus

Trefferkontext	Korpus	Zuordnung
Für die Arbeitsethik sei konstitutiv, dass ihr eine sinnvolle Aufgabe zugrunde liege und dass die Lösung dieser Aufgabe mit der Überwindung innerer wie äußerer Widerstände verbunden sei, **sprich** Anstrengung und Mühe koste.	DEREKO-WPD	Beleg
tu dir keinen zwang an, hoert sich vernünftig an (aber bitte mit quellen, **sprich** belegen und kennzeichnen)	DEREKO-WDD	Beleg
Draw Your Partner (DYP, **sprich** dipp) bezeichnet die Zuteilung von Spielpartnern per Los.	DEREKO-WPD	Pseudotreffer („sprich es aus wie")
Hä, warum Unschuldsvermutung? Selbst wenn die Polizei den Täter erschossen hätte, wäre immer noch Gefahr im Verzug gewesen, **sprich** Notwehr.	DEREKO-WDD	Beleg
Vladimir Nabokov hat seine frühesten Jugenderinnerungen an Kuropatkin aus dem Oktober 1905 in seiner Autobiographie *Erinnerung, sprich* festgehalten.	DEREKO-WPD	Pseudotreffer (Imperativ, Teil des Titels der Autobiographie „Erinnerung, sprich")
@ Paulae. Dann **sprich** das hier auf der Disk an. Es wird diskutiert und recherchiert und verifiziert.	DEREKO-WDD	Pseudotreffer (Imperativ zu „ansprechen")
A piacere (auch a piacimento ist italienisch **sprich** a piatschere, a piatschiménto: nach Gefallen, nach Belieben), ist eine Spielanleitung in der Musik.	DEREKO-WPD	Pseudotreffer („sprich es aus wie")
Fiktionssignale sind alle Merkmale, die die Fiktionalität eines Werkes anzeigen, **sprich** alle Merkmale, durch die sich fiktionale Texte als solche zu erkennen geben.	DEREKO-WPD	Beleg
Ich bin auch hier zum ersten Mal auf den Begriff gestoßen. Aber selbst Ude **sprich** von Drei-Seen-Platte.	DEREKO-WDD	Pseudotreffer (Tippfehler, gemeint ist: „spricht")

Tab. 5.2 Ergebnisse der Vergleichsstudie

Korpus	Anzahl Treffer (absolut)	Anzahl Treffer (per million words)	Anteil Belege in einem Sample von 100 Treffern (%)
DEREKO-WPD	1.698	2,1	61
DEREKO-WDD	8.732	28,2	91

hält wie das Teilkorpus mit den Diskussionen DEREKO-WDD. Um diesen Unterschied beim Vergleich zu berücksichtigen, muss man die Häufigkeit relativ zur Gesamtmenge der Textwörter berechnen. Für die Berechnung der relativen Häufigkeit gibt es verschiedene Möglichkeiten. Wir haben das Maß „per million words" (kurz: *pmw*) genutzt, das angibt, wie häufig das gesuchte Wort in einer Grundmenge von einer Million Textwörtern vorkommt. Dieser pmw-Wert ist in der Ergebnistabelle (Tab. 5.2) in Spalte 3 gelistet.

Frequenzen in Korpora unterschiedlicher Größe vergleichen: per million words (pmw)

Wenn man Vorkommensfrequenzen verschiedener Korpora oder Teilkorpora vergleicht, die unterschiedlich groß sind, ist es sinnvoll, diese in Relation zu einer Bezugsgröße zu setzen, z. B. zur Gesamtzahl der Textwörter (*tokens*) im Korpus. Man bezeichnet diesen Schritt auch als „Normalisieren" (vgl. dazu Lemnitzer/Zinsmeister 2015: 129 f). In der Korpuslinguistik wird hierfür häufig das Maß „per million words (pmw)" genutzt. Zur Berechnung muss man die absolute Frequenzzahl durch die Gesamtzahl der Textwörter des Korpus teilen und den Quotienten mit einer Million multiplizieren:

pmw-Wert = (absolute Frequenz: Gesamtzahl Textwörter) × 1.000.000

In unserer Studie wurde der pmw-Wert für das Korpus DEREKO-WPD in der Tab. 5.1 folgendermaßen berechnet: (1.698 : 796.638.747) × 1.000.000; das Ergebnis wurde auf eine Dezimalstelle gerundet.

Zur Vertiefung: Keibel (2009).

An der Ergebnistabelle (Tab. 5.2) wird schnell deutlich, dass *sprich* viel häufiger im Teilkorpus DEREKO-WDD vorkommt, das dem interaktionsorientierten Schreiben zugeordnet wurde, als im Teilkorpus DEREKO-WPD mit den textorientierten Artikeltexten. Die Differenz besteht bereits bei der absoluten Häufigkeit in Spalte 2, sie wird noch deutlicher, wenn man die relative Häufigkeit in Spalte 3 betrachtet. Ist damit unsere Hypothese schon bestätigt? Die Antwort lautet leider: nein. Denn bei der Formulierung der Forschungsfrage und der Hypothese ging es ja nicht um die Suchform *sprich*, sondern um die Verwendung von sprich als Konnektor. Diese Formulierung haben wir absichtlich so präzise gewählt, weil die Form *sprich* auch in anderen Funk-

5.2 · Fallstudie: Der Konnektor *sprich*

tionen vorkommt. Zuallererst natürlich als Imperativform des Verbs *sprechen* wie in „Sprich bitte etwas lauter!". Es gibt aber eine weitere Verwendung von *sprich*, die im DWDS-Wörterbuchartikel in ◘ Abb. 5.1 als Bedeutung 2 gelistet ist und an Beispielen wie „mit der Schreibsoftware CTRL (sprich: Control)" illustriert wird. *Sprich* kann in diesen Beispielen als Kurzform für „sprich es folgendermaßen aus" gefasst werden, ist also wesentlich näher an der Funktion des Imperativs als die Konnektorfunktion, die als Bedeutung 1 im DWDS beschrieben ist. Sprachhistorisch ist es nicht ausgeschlossen, sondern sogar plausibel, dass sich die Bedeutung 1 aus der Bedeutung 2 entwickelt hat. Unsere synchrone Vergleichsstudie interessiert sich aber nur für die Konnektorfunktion, wie sie in der Online-Grammatik *grammis* (▶ https://grammis.ids-mannheim.de/) und im Handbuch der Konnektoren beschrieben ist, also nur für die Vorkommen des Typs, der im DWDS-Wörterbuch als Bedeutung 1 erfasst ist.

Aktuell ist es noch nicht möglich, eine Suchabfrage zu formulieren, die nur die Vorkommen von *sprich* als Konnektor erfasst. Wenn man nur diese Vorkommen vergleichen möchte, muss man intellektuell nacharbeiten. Hierbei kommt die in ▶ Abschn. 4.2.3.4 erläuterte **Unterscheidung von Treffern, Belegen und Pseudotreffern** ins Spiel: Treffer sind alle Vorkommen, die ein Recherchesystem für einen Suchausdruck findet; die Zahl der Treffer entspricht also der Zahl, die in Spalte 2 der Ergebnistabelle angegeben ist. Belege sind diejenigen Treffer, in denen *sprich* als Konnektor fungiert. Nun wäre es sehr zeitaufwändig, für alle Treffer aus beiden Korpora intellektuell zu überprüfen, ob es sich um Pseudotreffer oder Belege handelt. Wir haben deshalb zwei Zufallsstichproben von jeweils 100 Treffern von DEREKO-WPD und DEREKO-WDD gezogen und darin intellektuell die Anzahl der Belege geprüft. Alle Treffer mit Konnektorfunktion wurden als Belege, alle anderen Verwendungen von *sprich* als Pseudotreffer klassifiziert (◘ Tab. 5.1). Die Ergebnisse dieser Auswertung sind in Spalte 4 der Ergebnistabelle (◘ Tab. 5.2) angegeben. Da es sich um eine Stichprobe von 100 Treffern handelt, entspricht die absolute Zahl der Belege auch dem prozentualen Anteil in der Stichprobe. Man sieht, dass dieser Anteil im als interaktionsorientiert eingestuften Diskussionenkorpus DEREKO-WDD mit 91 % viel höher liegt als im Artikelkorpus DEREKO-WPD, bei dem nur 61 % der Treffer auch wirklich die Konnektorfunktion belegen.

5.2.4 Ergebnisse und Interpretation

Unsere **Forschungsfrage** lautete: Wie häufig findet man die Konnektorfunktion von *sprich* in interaktionsorientiert verfassten Schreibprodukten einerseits und in textorientiert verfassten Produkten andererseits?

Unsere **Hypothese** war, dass die Konnektorfunktion häufiger beim interaktionsorientierten Schreiben als beim textorientierten Schreiben verwendet wird. Als Grund dafür wurde angenommen, dass *sprich* als metakommunikativer formulierungsbezogener Konnektor im Flow des spontanen Formulierens dazu dienen kann, einen bereits versprachlichten Ausdruck durch einen anderen Ausdruck zu erläutern und zu präzisieren, ohne den gesamten Satz noch einmal überarbeiten zu müssen.

Die Ergebnisse der Vergleichsuntersuchung, die in ◘ Tab. 5.2 dargestellt sind, scheinen diese Hypothese zu bestätigen. Bereits bei den absoluten, noch stärker bei den relativen Trefferzahlen zeigt sich, dass *sprich* im Teilkorpus DEREKO-WDD deutlich häufiger vorkommt als im Teilkorpus mit den Artikeltexten DEREKO-WPD. Wie im vorigen Abschnitt erläutert, ist dabei aber zu berücksichtigen, dass die Trefferlisten nicht nur Belege für den Konnektor *sprich* enthalten, sondern alle Vorkommen der Wortform *sprich*, die in verschiedenen Funktionen verwendet werden. Um mit diesem Problem methodisch umzugehen, haben wir in zwei Zufallsstichproben von jeweils 100 Treffern intellektuell den Anteil der Konnektorfunktion bestimmt. Dieser liegt in DEREKO-WDD mit 91 % wesentlich höher als in DEREKO-WPD mit 61 %. Wenn man davon ausgeht, dass die Stichprobe einigermaßen repräsentativ für die Gesamtmenge der Treffer ist, bedeutet das, dass die für DEREKO-WDD ausgegebene Trefferliste anteilig mehr Belege enthält als die Trefferliste im Vergleichskorpus DEREKO-WPD, was unsere Hypothese zusätzlich stärken würde. Allerdings muss man sich bewusst sein, dass man bei dieser Interpretation der Ergebnisse von einer relativ kleinen Stichprobe auf eine sehr große Gesamtmenge schließt und dass der Einfachheit halber zwei gleich große Stichproben aus zwei unterschiedlich großen Korpora genommen wurden.

Die Ergebnisse bestätigen zwar die Hypothese, dass *sprich* als Konnektor in DEREKO-WDD häufiger vorkommt als in DEREKO-WPD. Allerdings kann man daraus nicht ableiten, dass sich die Schreibenden tatsächlich deshalb für *sprich* entschieden haben, weil dieser Konnektor dem schnellen und spontanen Formulieren entgegenkommt. Denn die Gründe, warum Schreibende sich für die Verwendung von Sprachmitteln entscheiden, lassen sich an Produktdaten gar nicht empirisch untersuchen (man müsste dazu in die Köpfe der Schreibenden schauen können). Das bedeutet allerdings nicht, dass diese Annahme falsch oder widerlegt ist. Beobachtungsdaten zu interaktionsorientierten Schreibprozessen (z. B. Beißwenger 2007, s. ▶ Abschn. 3.2.2.3) und die in vielen Studien thematisierte Präferenz für Sprachmittel, die dem schnellen, spontanen Formulieren entgegenkommen, machen sie weiterhin plausibel. Nur sollte man bei der Interpretation im Auge behalten, dass die Ergebnisse zwar eindeutig Frequenzunterschiede nachweisen, die Ursachen für diese Unterschiede aber mit den Zahlen alleine nicht beweisbar sind.

5.2.5 Methodische Reflexion

Die Vergleichsstudie ist vornehmlich quantitativ, nur bei der Klassifikation der Stichprobe in Belege und Pseudotreffer haben wir uns die Kontexte, in denen *sprich* vorkommt, näher, d. h. auch qualitativ bzw. verstehensgerichtet, angeschaut. Dafür hat ein kleinerer Kontext und eine relativ oberflächliche Analyse genügt, denn die Konnektorfunktion lässt sich in der Regel klar und eindeutig von anderen Funktionen abgrenzen. Für viele Fragestellungen sind aber genauere Analysen notwendig. Oft stehen für die Klassifikation von Treffern nicht nur zwei, sondern mehrere Kategorien zur Verfügung – vgl. z. B. die Fallstudie zu Auslassungspunkten (s. ▶ Abschn. 5.5), bei der eine Interpretation der Funktion der einzelnen Treffer im sprachlichen Kontext des Postings und im sequenziellen Kontext der Interaktion erforderlich ist. Eine intellektuelle

Zuordnung zu mehreren Kategorien geht mit einem höheren Zeitaufwand für die Dokumentation und Analyse einher, dafür kann man aber Funktionen feiner und genauer untersuchen. An der hier vorgestellten, einfachen und vornehmlich quantitativen Untersuchung sollten methodisch vor allem zwei Dinge illustriert werden:
1. Wenn man Trefferfrequenzen von Korpora vergleicht, die unterschiedlich groß sind, ist nicht die absolute, sondern die **relative Frequenz** maßgeblich.
2. Es lohnt sich immer, zumindest stichprobenhaft zu untersuchen, ob eine automatisch erzeugte Trefferliste auch **Pseudotreffer** enthält und wie hoch der Anteil dieser Pseudotreffer in der Stichprobe ist. An unserem Beispiel zeigte sich, dass der Anteil in den beiden Teilkorpora durchaus unterschiedlich ist, sodass man auch in der Gesamtmenge mit derartigen Unterschieden rechnen kann.

Formulierung von Suchabfragen in Korpussystemen Generell ist es immer empfehlenswert, die von Korpussystemen ausgegebenen Frequenzzahlen nicht unbesehen zu interpretieren, sondern zumindest eine kleine Treffermenge intellektuell zu sichten. Dadurch erhält man einen ersten Eindruck, mit welchen und mit wie vielen Pseudotreffern zu rechnen ist. Wenn man dies in einer kleinen Vorstudie tut, kann es sich lohnen, mit verschiedenen Korpusabfragen zu experimentieren, denn die Zahl der Pseudotreffer lässt sich oft auch durch genauere Suchabfragen reduzieren. Wenn man z. B. im DWDS-Korpussystem das Suchwort „sprich" eingibt, enthält die Trefferliste zwar Vorkommen von *sprich*, aber auch Formen wie „sprach", „sprechen" oder „spricht". Das liegt daran, dass das DWDS-System so programmiert ist, dass es standardmäßig nach allen flektierten Formen eines Wortstamms sucht, in diesem Beispiel also nach allen Formen des Verbs *sprechen* (= lemmabasierte Suche). Wer nur an der Wortform „sprich" interessiert ist, muss dies durch das Voranstellen des Operators @ kenntlich machen: Die Abfrage „@sprich" liefert eine Trefferliste, die nur Treffer mit der exakten Wortform „sprich" enthält. Für die Suche nach der Konnektorfunktion ist diese Option viel zielführender, denn alle anderen Flexionsformen von *sprechen* sind dafür irrelevant.

Es wäre natürlich wünschenswert, wenn man direkt nach der Konnektorfunktion von *sprich* suchen könnte. Korpusrecherchesysteme, z. B. das DWDS (s. ▶ Abschn. 4.3.3.2) und auch COSMAS-II (s. ▶ Abschn. 4.3.1.2), bieten oft die Möglichkeit, nach den Vorkommen einer Form in einer bestimmten Wortart zu suchen, z. B. nach *sprich* als Konnektor. Wir haben dies auch versucht – zum Zeitpunkt unserer Untersuchung waren die damit erzielten Ergebnisse aber noch überwiegend fehlerhaft, kaum ein Konnektor wurde als solcher erkannt. Das liegt vermutlich daran, dass *sprich*, wie eingangs erwähnt, in Grammatiken und Wörterbüchern oft noch gar nicht als Konnektor wahrgenommen wird. Die Werkzeuge und Kategoriensysteme, mit denen Textwörter beim sog. Part-of-Speech-Tagging (s. ▶ Abschn. 4.2.3.2) einer Wortart zugeordnet werden, basieren auf Trainingsdaten. Wenn diese Daten oder das verwendete Kategoriensystem die Konnektorfunktion nicht systematisch berücksichtigen, wirkt sich dies negativ auf die Qualität der Korpusdaten aus. Allerdings werden die großen Korpussysteme laufend ausgebaut und verbessert. Es kann sich deshalb immer lohnen, sich im Vorfeld einer eigenen Untersuchung zu informieren, ob sich durch spezifischere Abfragen nach speziellen Funktionen oder Bedeutungen die Zahl der Pseudotreffer reduzieren lässt.

5.2.6 Anschlussstellen für weitere Untersuchungen

Wie eingangs erwähnt, sind metakommunikative Konnektoren im Allgemeinen und der Konnektor *sprich* im Besonderen noch wenig erforscht. Die vorgestellte, einfache Vergleichsstudie bietet deshalb vielerlei Anschlussmöglichkeiten. Im Folgenden werden einige davon skizziert. Die Studie wurde im Jahr 2016 mit Wikipedia-Korpora durchgeführt, die im Jahr 2015 aufgebaut wurden. Mittlerweile stehen aktuellere Wikipedia-Korpora zur Verfügung, diese können mit den Korpussystemen COSMAS-II und KorAP ausgewertet werden (s. ▶ Abschn. 4.3.1.2). An diesen neueren Daten ließe sich in methodisch ähnlich aufgebauten Studien untersuchen, ob und in welcher Hinsicht sich Veränderungen zu den älteren Daten ergeben haben. Man könnte aber auch ähnliche Vergleichsstudien mit anderen Korpusbeständen durchführen, die sich einigermaßen plausibel dem textorientierten bzw. dem interaktionsorientierten Schreiben zuordnen lassen.

Ein anderer Ansatzpunkt ist der Typ des Konnektors. Wir haben *sprich* untersucht, gingen in unserer Hypothese aber davon aus, dass metakommunikative formulierungsbezogene Konnektoren generell beim spontanen, interaktionsorientierten Schreiben funktional sind. Man könnte in Vergleichsstudien mit ähnlichem Design untersuchen, wie es sich bei anderen Konnektoren dieses Typs verhält. Bei der Suche nach geeigneten Konnektoren kann man sich durch die Aufstellungen im Konnektoren-Handbuch (Breindl et al. 2014) inspirieren lassen. Vielleicht etablieren sich in der Netzkommunikation aber auch neue, dort noch nicht erfasste sprachliche Einheiten mit ähnlicher Funktion, die untersucht werden könnten.

Qualitative Feinanalysen Unser Studiendesign war quantitativ orientiert. Die qualitativen Analysen von *sprich* beschränkten sich darauf, zu entscheiden, ob die Konnektorfunktion vorliegt oder nicht. Gerade für Studierende, die lieber qualitativ arbeiten, mag es interessanter sein, sich Belege in ihren Kontexten genauer anzuschauen und weiter funktional zu kategorisieren. Für solche Studien muss aber ein anderes methodisches Design entworfen werden. Das beginnt schon bei der Datenerhebung: Für die feinere Analyse sind kleinere Kontextausschnitte oft unzureichend, vielmehr muss ein größerer Textausschnitt bzw. Interaktionsverlauf betrachtet werden. Auch die Frage, welche und wie viele Kategorien für die Analyse genutzt werden, muss beschrieben und wissenschaftlich begründet werden. Oft bietet es sich an, ein Kategorien-Inventar aus der wissenschaftlichen Literatur zu verwenden und dieses, falls es nicht alle Phänomene in den Daten adäquat beschribt, um zusätzliche Kategorien zu erweitern. Ansatzpunkte könnten die Kategorien des Konnektoren-Handbuchs (Breindl et al. 2014) sein oder die Kategorien, die in Kaiser (2016) für die Analyse von Gesprächskorpora verwendet wurden.

Vergleich mit gesprochener Sprache Das Erkenntnisinteresse unserer Studie fokussierte auf Unterschiede zwischen text- und interaktionsorientiertem Schreiben. Gerade weil mit Kaiser (2016) auch eine neuere, korpusbasierte Arbeit zur Verwendung von *sprich* in Gesprächen vorliegt, könnte man schriftliches *sprich* in der internetbasierten Kommunikation mit dem Gebrauch von *sprich* in der gesprochenen Interaktion vergleichen. Für die interaktiven Einheiten *hm* und *okay* wurde bereits nachgewiesen, dass es durchaus auffällige Unterschiede zwischen gesprochener und geschriebener Interaktion gibt (vgl. Storrer 2017b; Storrer/Herzberg 2022; Steinsiek 2023). Die Frage ist, ob dies auch für *sprich* und andere metakommunikative Konnektoren gilt. Gibt es Verwendungstypen, die ausschließlich bzw. vermehrt in der gesprochenen Interaktion auftreten bzw. solche, die nur im schriftlichen Gebrauch belegt sind? Eine Beobachtung in der Studie von Kaiser (2016) ist, dass „viele Belege innerhalb längerer elaborierender, instruktiver oder argumentativer Redebeiträge stehen" (Kaiser 2016: 218). Es könnte interessant sein, zu prüfen, inwiefern dies auch für Verwendungen von *sprich* in der internetbasierten Kommunikation gilt. Eine Affinität von *sprich* zu elaborierenden, instruktiven und argumentativen Beiträgen würde zudem nahelegen, dass dieser Konnektor bevorzugt in Formen internetbasierter Kommunikation auftritt, in denen man längere erklärende oder argumentierende Passagen findet (z. B. Diskussionsbeiträge oder Blogpostings), während sie für primär reaktive, kurze Botschaften in Messengern oder in Kommentarbereichen weniger funktional sind. Durch den Vergleich verschiedener Formen und Nutzungskontexte internetbasierter Kommunikation könnte man prüfen, inwieweit sich diese Annahme bestätigt; allerdings setzt ein solcher Vergleich entsprechende Korpusressourcen voraus.

❓ Arbeitsaufgaben

Das DWDS-Blogkorpus enthält Daten aus den Jahren 1995–2014 und kann ohne Anmeldung im DWDS-System recherchiert werden (vgl. ausführlich ▶ Abschn. 4.3.1.3). Während die Blogpostings als Hypertexte eher dem textorientierten Schreiben zugeordnet werden (vgl. ▶ Abschn. 3.1), sind die Kommentare oft interaktionsorientiert verfasst. Das Korpus enthält sowohl Postings als auch Kommentare. Wenn man der Argumentation der Fallstudie folgt, ist die Annahme plausibel, dass *sprich* als Konnektor im Blogkorpus häufiger verwendet wird als im textorientierten Korpus DEREKO-WPD, aber seltener als im interaktionsorientierten Korpus DEREKO-WDD. Diese Annahme soll in der Aufgabe überprüft werden.

1. Rufen Sie im DWDS-System die Infoseite zum Korpus (▶ https://www.dwds.de/d/korpora/blogs) auf und lesen Sie sich die Informationen dazu durch. Starten Sie im Suchfeld eine Abfrage zum Suchausdruck „@sprich". Die Zahl der Treffer liefert den Wert für die absolute Frequenz.
   Zusatzfrage: Warum ist es sinnvoll, den Operator @ vor das Suchwort zu setzen?
2. Für den Vergleich von Korpora unterschiedlicher Größe ist die relative Frequenz maßgeblich. Berechnen Sie diese als pmw-Wert (pmw = per million words) nach der Formel in ▶ Abschn. 5.2.3 der Fallstudie. Die Korpusgröße (= die Zahl der Tokens) finden Sie auf der Infoseite zum Korpus.
3. Um den Anteil der Pseudotreffer zu schätzen, analysieren Sie eine Stichprobe von 100 Treffern in die Kategorien ‚Belege' und ‚Pseudotreffer'. Mit der Sortierungsoption „zufällig" erhalten Sie eine Zufallsstichprobe und vermeiden eventuelle Verzerrungen, die durch den Zeitpunkt der Postings oder den Typ des Blogs entstehen könnten.
   Tipp: Wählen Sie in der Anzeige „maximal", um einen möglichst großen Kontext für die Analysen zu erhalten.

4. Sie können nun die Beispiele im Browser durchgehen und mit Strichlisten den Anteil der Pseudotreffer ermitteln. Sie können die Daten aber auch exportieren und in einem Tabellenkalkulationsprogramm (z. B. Excel) analysieren. Dadurch werden Ihre Daten und Analysen dauerhaft gespeichert und für andere überprüfbar. Am Ende der Trefferliste finden Sie einen Button, mit dem Sie die Daten herunterladen, in Excel einlesen und dort weiter klassifizieren können. Wählen Sie dafür das Datenformat „csv" und den Ausgabetyp „als Download".

5. Vergleichen Sie Ihre Ergebnisse (die absolute und die relative Frequenz sowie den Anteil der Pseudotreffer) mit den Werten, die in der Fallstudie für DEREKO-WPD und DEREKO-WDD erzielt wurden. Interpretieren Sie Ihre Ergebnisse mit Blick auf die eingangs formulierte Annahme. Gibt es Aspekte, die Ihnen bei der Bearbeitung der Aufgabe aufgefallen sind oder die Sie bei der Interpretation berücksichtigen möchten?

5.3 *weil* mit Verbzweitstellung in Gesprächen und in der internetbasierten Kommunikation

5.3.1 Einleitung

„Ich komme heute nicht zur Uni, weil ich bin krank" – *weil*-Sätze mit Verbzweitstellung ziehen seit geraumer Zeit einige Aufmerksamkeit auf sich: Auf der einen Seite stehen sie unter der kritischen Beobachtung sprachpuristisch-normativ argumentierender Kritiker:innen von Sprachwandeltendenzen im Bereich der gesprochenen und geschriebenen Alltagssprache, auf der anderen Seite im Fokus sprachwissenschaftlich-deskriptiver Untersuchungen, die die Häufigkeit ihres Vorkommens und ihre Funktionsvielfalt unter Berücksichtigung der technologischen und konzeptionellen Situationsbedingungen, unter denen sie geäußert werden, analysieren.

V2-*weil* Doch was genau bedeutet eigentlich „*weil* mit Verbzweitstellung"? Im Deutschen gibt es drei Verbstellungstypen, die nach der Stellung des finiten Verbs im Satz unterschieden werden:
- **Verberststellung** (finites Verb an erster Position): wird u. a. in Entscheidungsfragen („**Kommst** du heute zur Uni?", „**Kannst** du heute zur Uni kommen?") und Imperativsätzen („**Komm** heute zur Uni!") realisiert.
- **Verbzweitstellung** (finites Verb besetzt die Position nach dem Vorfeld): wird v. a. in Aussagesätzen („Ich **komme** heute nicht zur Uni.") und Ergänzungsfragen, die mit Interrogativpronomen oder Frageadverbien eingeleitet werden, realisiert („Warum **kommst** du heute nicht zur Uni?").
- **Verbletztstellung** (finites Verb in letzter Position): wird in Nebensätzen realisiert, die durch subordinierende Konjunktionen (Subjunktionen) oder andere subordinierende Elemente eingeleitet werden („Ich komme heute nicht zur Uni, weil ich krank **bin** / weil ich krank gewesen **bin**").

In der geschriebenen Standardsprache gilt nach dieser Regelung für Hauptsätze, mit denen Aussagen getroffen werden, die Verbzweitstellung und für Nebensätze, die mit Subjunktionen eingeleitet werden, die Verbletztstellung. In der – gesprochenen wie auch geschriebenen – Alltagskommunikation kommen jedoch auch syntaktische Konstruktionen vor, die mit *weil* eingeleitet und mit darauffolgender Verbzweitstellung realisiert werden: „Ich komme heute nicht zur Uni, weil ich **bin** krank."

Die Bewertung dieses grammatischen Phänomens wird im sprachkritischen Diskurs heiß diskutiert: Handelt es sich bei *weil* mit Verbzweitstellung (nachfolgend **V2-*weil***) womöglich um eine Tendenz zur syntaktischen Vereinfachung oder um einen für die deutsche Sprache nachteiligen Einfluss anderer Sprachen, in denen die Wortstellung dem Aufbau S – P – O (Subjekt – Prädikat/Verb – Objekt) folgt?

Die Sprachwissenschaftlerin Susanne Günthner erklärt demgegenüber:

> „In Alltagsgesprächen findet man *weil* sowohl mit Verbend- als auch mit Verbzweitstellung, gelegentlich verwenden Sprecher/innen sogar beide Verbstellungsvarianten in einer einzigen Sequenz" (Günthner 2008: 107; Hervorh. im Orig.).

Günthner (2008) zeigt in einer Untersuchung von Datenbeispielen aus mündlichen Gesprächen, dass V2-*weil* nicht willkürlich realisiert wird oder lediglich, weil Sprecher:innen es nicht besser wissen, sondern dass diese Konstruktion sehr spezifische Funktionen in der Interaktion erfüllt.

Nicht nur die gesprochene, besonders auch die geschriebene Sprache in digitaler Alltagskommunikation, in der Abweichungen von der geschriebenen Standardsprache aufgrund der schriftlichen Realisierung noch salienter sind als in der flüchtigen gesprochenen Sprache, ist häufig Gegenstand sprachkritischer Betrachtung (dazu: Beißwenger/Pappert 2020: 32; Storrer 2014: 171).

Forschungssetting Für eine Einordnung von V2-*weil* aus linguistischer Sicht sind empirische Untersuchungen dazu, wie V2-*weil* in verschiedenen Kommunikationsformen und interaktionalen Settings realisiert wird und welche pragmatischen Funktionen es für die Sprachverwender:innen erfüllt, eine spannende Aufgabe. In den folgenden Abschnitten zeigen wir, wie eine **korpusvergleichende Untersuchung** zu V2-*weil* aufgebaut sein kann.

5.3.2 Fragestellungen und Bezug zum Stand der Forschung

In Grammatiken wird *weil* in der Regel als kausale Subjunktion bzw. als subordinierend bezeichnet, da damit in der geschriebenen Standardsprache Nebensätze eingeleitet werden, in denen das finite Verb nach grammatischer Norm an letzter Stelle steht. In einigen Nachschlagewerken wird jedoch auch darauf hingewiesen, dass auf *weil* in gesprochener Sprache neben der Verbletztstellung auch Verbzweitstellung bzw. Hauptsatzstellung folgen kann.

In linguistischen Untersuchungen zur gesprochenen Sprache wird die syntaktische Unabhängigkeit von V2-*weil*-Sätzen ebenfalls betont. Gohl/Günthner (vgl. 1999: 40) bezeichnen V2-*weil*-Sätze als eigenständige Hauptsätze mit eigener Assertion. Günthner (2008: 112) erklärt aus einer pragmatischen Perspektive, dass „im Falle der Verbzweitstellung zwei (getrennte) Sprechhandlungen zum Ausdruck gebracht" werden, weshalb die Information im *weil*-Satz der des vorangestellten Teilsatzes nicht untergeordnet sei.

Dass V2-*weil*-Sätze ausschließlich nachgestellt auftreten können, führt Günthner (vgl. 2008: 112) als Grund an, *weil* nicht länger als Subjunktion, sondern als koordinierende Konjunktion oder Diskursmarker zu bezeichnen.

Pasch et al. (2003) folgend wird *weil* in dieser Studie als *Konnektor* bezeichnet. Im *IDS-Handbuch der deutschen Konnektoren 1* werden Konnektoren wie folgt definiert:

> „Ihre Bedeutung setzt im Normalfall mindestens die Bedeutungen zweier Sätze zueinander in eine spezifische Relation, welche eine spezifische Beziehung zwischen den von den Sätzen beschriebenen und bezeichneten Sachverhalten identifiziert." (Pasch et al. 2003: 1)

Von dieser Definition wird nicht erfasst, ob es sich bei diesen zwei Sätzen um hypo- oder parataktisch gegliederte Sätze handelt, und es ist nicht determiniert, dass diese

5.3 · Fallstudie: *weil* mit Verbzweitstellung

spezifische Beziehung auf der Ebene der Proposition kausal sein muss. Wie Gohl/Günthner (1999) und Günthner (2008) zeigen, kann *weil* neben der Funktion, propositional-kausale Beziehungen anzuzeigen, auch dazu dienen, kausale Beziehungen auf anderen Ebenen auszudrücken. *Weil* kann folglich als Konnektor verwendet werden, der zwei Teilsätze in eine spezifische Beziehung zueinander setzt, die Kausalitäten auf verschiedenen Ebenen zum Ausdruck bringen kann, sowie als Diskursmarker mit blasser kausaler Bedeutung. Mit Gohl/Günthner (1999: 61) kann *weil* als „polyfunktional" bezeichnet werden. So werden in der Forschungsliteratur pragmatisch vier Verwendungen von V2-*weil* unterschieden, mit denen lose kausale Beziehungen (vgl. Gohl/Günthner 1999: 40) verdeutlicht werden sollen:

Propositional-kausale Beziehung Bei einer propositional-kausalen Beziehung drückt der *weil*-Satz eine Begründung für die Proposition, also den Inhalt des anderen Teilsatzes aus. Diese Funktion gilt als prototypisch und wird in geschriebener Standardsprache i. d. R. mit der Verbletztstellung realisiert. Bei syntaktischer Unabhängigkeit bzw. Verbzweitstellung kann die Information im *weil*-Satz als ebenso relevant wie die Proposition des Bezugssatzes erachtet werden (vgl. Günthner 2008: 109): „Ich komme heute nicht zur Uni, weil ich krank bin" oder „Ich komme heute nicht zur Uni, weil ich bin krank". Bei dieser Lesart kann der Inhalt des *weil*-Satzes durch „Warum?" erfragt werden: „Warum kommst du heute nicht zur Uni?" – „Weil ich krank bin."

Epistemisch-kausale Beziehung In Äußerungen wie „Meine Freundin ist krank, weil sie war heute nicht in der Uni" können der *weil*-Satz und der ihm vorangehende Satz keine propositional-kausale Verknüpfung aufweisen, denn dann wäre das Nicht-in-der-Uni-Sein der Grund für das Krank-Sein, wie eine Umstellprobe zeigt: „Weil sie heute nicht in der Uni war, ist meine Freundin krank." Auch, wenn man den Inhalt des *weil*-Satzes mit *warum* erfragt, fällt dieser Fehlschluss auf: „Warum ist deine Freundin krank? Weil sie heute nicht in der Uni war." Da eine Lesart, die nahelegt, dass das Nicht-Besuchen der Universität zu einer Krankheit führt, wenig sinnvoll erscheint, kann hier nicht davon ausgegangen werden, dass die Beziehung der beiden Sätze zueinander auf der Ebene der Proposition hergestellt werden kann. Vielmehr wird mit dem *weil*-Satz eine Vermutung oder Annahme begründet, also eine Erklärung für eine Schlussfolgerung geliefert (vgl. Günthner 2008: 110). Solche mit dem Konnektor *weil* eingeleiteten Begründungen liegen, so Günthner (2008: 110), „im epistemischen Bereich". Der Inhalt des *weil*-Satzes kann in diesem Fall nicht erfragt werden, er kann jedoch implizite Fragen wie „Woher weißt du das?" beantworten (vgl. Fabricius-Hansen 2009: 781): „Woher weißt du, dass deine Freundin krank ist?" – „Weil sie heute nicht in der Uni war."

Sprechhandlungsbezogen-kausale Beziehung In einem Satz wie „Bleibst du heute zu Hause? Weil du bist krank" liefert der mit dem Konnektor *weil* eingeleitete Satz „du bist krank" – eine Assertion, also eine Behauptung – die Begründung für die zuvor mit der Frage realisierte Sprechhandlung. Diese Begründung auf der Ebene der Sprechhandlung (vgl. Günthner 2008: 110) kann dazu dienen, „eine Handlung plausibel und nachvollziehbar zu machen" (Hoffmann 2016: 377). Antomo/Steinbach (vgl. 2010: 29 f.) erklären zudem, dass die sprechaktbezogene Begründung auch zur Modifizierung von Imperativsätzen verwendet werde, zum Beispiel in einem Satz wie: „Bleib heute zu Hause, weil du bist krank."

Weil als Diskursmarker Darüber hinaus erklären Gohl/Günthner (1999) und Günthner (2008), dass *weil* auch als Diskursmarker eingesetzt werden könne. Als diskursorganisierendes Element habe der Ausdruck zwar noch eine blasse kausale Bedeutung, könne in dieser Verwendung jedoch nicht als Subjunktion oder Konjunktion bezeichnet werden (vgl. Gohl/Günthner 1999: 60 f.; Günthner 2008: 112). Stattdessen werden mit dem Diskursmarker-*weil* Zusatzinformationen, narrative Sequenzen oder thematische Wechsel eingeleitet (vgl. Gohl/Günthner 1999: 40–42; vgl. auch Günthner 2008: 111), also „keine Begründung im inhaltlich-expliziten Sinne", sondern „eine für den Fortlauf der Erzählung relevante Information, die erklärenden Charakter hat" (Gohl/Günthner 1999: 44). Als konversationelles Fortsetzungssignal „nutzt eine Sprecherin das projektive Potential von *weil*, um den aktuellen Redezug fortzusetzen" (Gohl/Günthner 1999: 51; Hervorh. im Orig.).

Die Verwendung von V2-*weil* in der gesprochenen Sprache ist bereits gut erforscht. Die Konstruktion, die sich zunächst im süddeutschen Sprachraum und dann über das gesamtdeutsche Sprachgebiet ausbreitete, ist seit bereits „gut 100 Jahren" (Hoffmann 2016: 377) beobachtbar. Einige Studien aus den 1990er-Jahren geben sogar an, dass in gesprochener Sprache nach *weil* Verbzweitstellung bereits häufiger realisiert werde als Verbletztstellung (vgl. z. B. Uhmann 1998: 99), was den Eindruck erweckt, dass hier ein Sprachwandel in vollem Gange sein könnte.

Zum Gebrauch von V2-*weil* in internetbasierter Kommunikation liegen bisher nur wenige Untersuchungen vor.

Storrer (2019) analysiert die Häufigkeit von V2-*weil* in den Artikel- und Diskussionsseiten der Wikipedia, untersucht also vergleichend den Gebrauch von V2-*weil* im text- und interaktionsorientierten Schreiben. Auf den Artikelseiten werde V2-*weil* überhaupt nicht verwendet, in den Diskussionen jedoch ebenfalls nur äußerst selten. Als Grund vermutet Storrer eine „Scheu vor V2-weil-Sätzen, die in der populären Sprachkritik selbst im mündlichen Sprachgebrauch verpönt sind" (Storrer 2019: 236). Allerdings kann davon ausgegangen werden, dass es sich bei den Diskussionsseiten in aller Regel um aufgaben- und problembezogene Kommunikation handelt, da sie sich auf Artikelseiten und auf konkrete Fragen zu deren kooperativer Bearbeitung und Überarbeitung beziehen.

Steinsiek (2021) untersucht daher die Funktionen von V2-*weil* vergleichend anhand von Belegen aus einem Korpus gesprochener Sprache und aus zwei Korpora internetbasierter Kommunikation, um *weil*-Verwendungen in Ausschnitten spontaner Alltagskommunikation mit freier Themenentwicklung analysieren zu können. In der vorliegenden Fallstudie werden das Vorgehen und die Ergebnisse aus der Studie von 2021 nachgezeichnet sowie eine 2024 erhobene Stichprobe aus einem Korpus deutschsprachiger WhatsApp-Interaktionen hinzugezogen.

Zudem soll in dieser Studie Catassos Beobachtung, die epistemisch-kausale sowie die sprechhandlungsbezogen-kausale Beziehung seien „kein Unikum von V2-*weil*-Sätzen" (Catasso 2015: 11; Hervorh. im Orig.), überprüft werden. Frey/Masiero (vgl. 2018: 59) zeigen, dass bei VL-*weil*-Sätzen epistemisch- und sprechhandlungsbezogen-kausale Verwendungen vorkommen.

Forschungsfragen Für die vorliegende Untersuchung lassen sich die folgenden Forschungsfragen formulieren:
- Forschungsfrage 1: Lassen sich auch in privater internetbasierter Kommunikation die für die gesprochene Sprache eingeführten Funktionstypen für den Konnektor *weil* nachweisen – unabhängig von der darauffolgenden Verbstellung?
- Forschungsfrage 2: Wie unterscheiden sich Vorkommen von *weil* in der gesprochenen Sprache und in privater internetbasierter Kommunikation?
- Forschungsfrage 3: Wie werden die Textformenhaftigkeit und Schriftlichkeit internetbasierter Kommunikation (i. S. v. Beißwenger 2020) in Beiträgen mit *weil*-Äußerungen als Ressourcen genutzt, um Begründungen salient zu machen?

Hypothesen Für die Untersuchung der Forschungsfragen 1 und 2 werden die folgenden Hypothesen zur Verbstellung in weil-Äußerungen formuliert, die sich aus Beobachtungen in der Forschungsliteratur ableiten lassen:
Zu Forschungsfrage 1:
- Hypothese 1-1: Die für die gesprochene Sprache eingeführten Funktionstypen für den Konnektor *weil* lassen sich auch in privater internetbasierter Kommunikation nachweisen.
- Hypothese 1-2: Auch in VL-*weil*-Sätzen kommen epistemisch- und sprechhandlungsbezogen-kausale Verwendungen vor.
- Hypothese 1-3: Propositional-kausale Begründungen werden häufiger mit VL-*weil* realisiert.

Zu Forschungsfrage 2:
- Hypothese 2-1: In gesprochener Sprache wird V2-*weil* häufiger verwendet als VL-*weil*.
- Hypothese 2-2: In internetbasierter Kommunikation wird V2-*weil* seltener verwendet als in gesprochener Sprache.
- Hypothese 2-3: In internetbasierter Kommunikation wird VL-*weil* häufiger realisiert als V2-*weil*.

5.3.3 Datengrundlage

Die Datengrundlage für die Untersuchung bildeten Stichproben aus (1) dem **Forschungs- und Lehrkorpus Gesprochenes Deutsch** (FOLK), (2) dem **Dortmunder Chat-Korpus** mit Webchats aus der Jahrtausendwende, für die alle Beteiligten gleichzeitig online sein und einen PC nutzen mussten, und (3) der **Mobile Communication Database** (MoCoDa2), einem Korpus mit deutschsprachigen WhatsApp-Chats, die mobil und zeitflexibel realisiert werden können (für ausführlichere Informationen zu den Korpora s. ▶ Abschn. 4.3). Für die Zusammenstellung der Stichproben wurden ausschließlich unmoderierte und nicht-institutionelle Interaktionskontexte berücksichtigt und jeweils 100 Treffer randomisiert. Alle Stichproben wurden auf Pseudotreffer untersucht. Die Stichproben aus FOLK und dem Dortmunder Chat-Korpus wurden 2020 im Rahmen einer korpusgestützten Untersuchung grammatischer Besonderheiten in digitaler Alltagskommunikation zusammengestellt.

Es werden Stichproben aus zwei Korpora internetbasierter Kommunikation mit einer Stichprobe aus einem Korpus gesprochener Sprache vergleichend untersucht. In qualitativen Analysen von Ausschnitten aus dem WhatsApp-Korpus werden sämtliche Belege für *weil*-Verwendungen – ungeachtet der in einem *weil*-Satz realisierten Verbstellung – berücksichtigt. Unter einer mikrodiachronen Perspektive, die technologische Veränderungen und Unterschiede zwischen verschiedenen internetbasierten Kommunikationsformen miteinbezieht, werden eine Stichprobe aus einem älteren Korpus mit Webchats aus der Jahrtausendwende und eine Stichprobe aus einem Korpus zur WhatsApp-Kommunikation zum Vergleich herangezogen.

In FOLK wurde anhand der struktursensitiven Tokensuche *weil* in Transkripten von nicht elizitierten Gesprächen privater Interaktionsdomänen recherchiert. Im Dortmunder Chat-Korpus wurde mithilfe des Suchwerkzeugs STACCADo im Teilkorpus „Plauderchats" nach dem Ausdruck *(?i)„weil"* gesucht (für detaillierte Erläuterungen zur Datenerhebung vgl. Steinsiek 2021: 20 f.; 59; 62; die Stichproben können im Anhang von Steinsiek 2021 eingesehen werden).

Da in der Zwischenzeit der Funktionsumfang der MoCoDa2 um die Möglichkeiten erweitert wurde, Trefferlisten zu randomisieren und Beleglisten zu erstellen sowie zur Weiterbearbeitung zu exportieren, wurde für die vorliegende Fallstudie 2024 erneut eine Zufallsstichprobe mit 100 Treffern gezogen. Als Treffer zählt in der MoCoDa2-Stichprobe ein Posting, das mindestens eine *weil*-Verwendung enthält. Aus den 530 auf die Abfrage zu *weil* mithilfe des Operators „Token ist genau" ausgegebenen Treffern wurden 100 Treffer randomisiert (s. ◘ Abb. 5.4).

Datenaufbereitung Zur Aufbereitung und Analyse der Belege wurden ebenfalls verschiedene Funktionen der MoCoDa2 genutzt: Zunächst wurden alle Treffer der Zufallsstichprobe in einer MoCoDa2-„Belegliste" zusammengestellt, die 100 Treffer-Postings mit 107 Treffern für *weil* enthält. Eine Leseansicht (ohne Berechtigungen zur Bearbeitung) der Belegliste kann nach einer kostenlosen Registrierung unter der folgenden URL aufgerufen werden: ▶ https://db.mocoda2.de/message-list/2JtYpYHCjc

Davon wurden 9 Treffer (d. h. Postings) von der Untersuchung ausgeschlossen. Drei Treffer stammten aus Chats, die nicht vollständig anonymisiert waren, weshalb diese gemeldet wurden bzw. deren Löschung beantragt wurde. Bei den anderen sechs Treffern handelt es sich um Ausschnitte aus einer Datensammlung Südtiroler WhatsApp-Chats, die in einem Projektzusammenhang erhoben wurden. Aufgrund von Verstehensschwierigkeiten bei der formalen wie funktionalen Klassifikation wurden diese nicht weiter berücksichtigt, um spekulative Zuordnungen zu vermeiden.

5.3 · Fallstudie: *weil* mit Verbzweitstellung

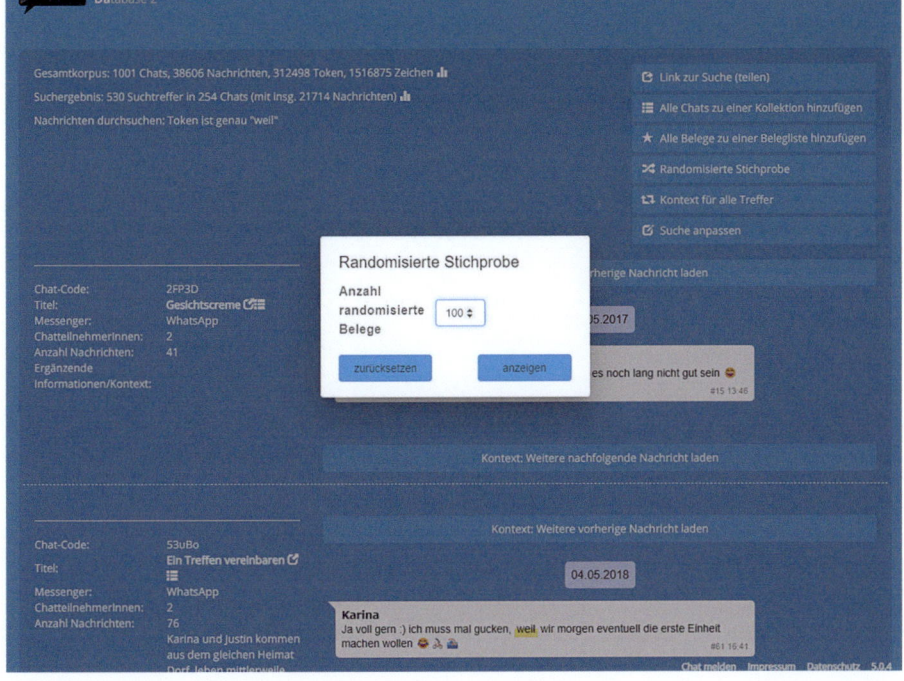

☐ **Abb. 5.4** Funktion „Randomisierte Stichprobe" in der MoCoDa2

5.3.4 Methodisches Vorgehen bei der Analyse

Um den 98 Belegen für *weil*-Verwendungen Kürzel für die Kodierungen der vorab festgelegten Analysekategorien hinzuzufügen, wurden die Notizfelder am linken Bildschirmrand in der MoCoDa2-Belegliste genutzt (☐ Abb. 5.5).

Formal wurden die *weil*-Konstruktionen folgendermaßen klassifiziert:

Verbletztstellung (VL) Der Konnektor *weil* besetzt die linke Satzklammer und der Verbkomplex/das finite Verb die rechte Satzklammer (vgl. Imo 2016: 212). Die mit *weil* eingeleitete Äußerung kann im Vor- oder Nachfeld der Bezugsäußerung stehen.

Datenbeispiel 5-1 [FOLK_E_00217_SE_01_T_03]

```
0479 PZ aber ich wollt jetz einfa[ch meine eigene farbe] ha[ben des
        war ei]gentlich so der hauptgrund warum ich streichen wollte °h
        weil ich halt einfach jetz weiß okay ich bleib hier jetz wohnen
```

Verbzweitstellung (V2) *weil* besetzt die Koordinationsposition (vgl. Imo 2016: 217) und das finite Verb die linke Satzklammer. Die mit *weil* eingeleitete Äußerung kann dem anderen Satz nicht vorangestellt werden.

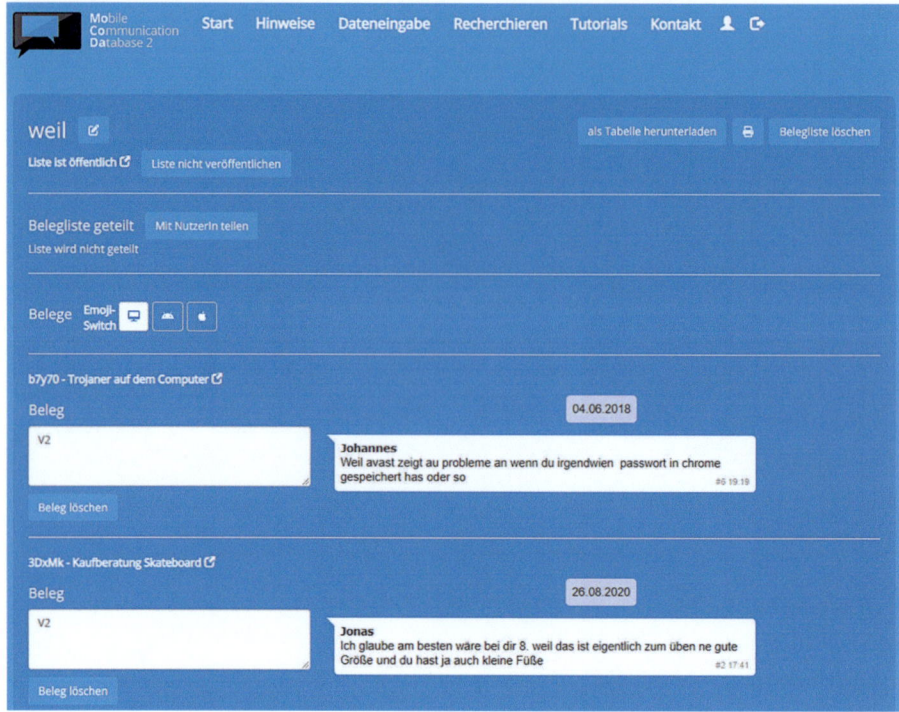

■ **Abb. 5.5** Kodierte Belegliste in der MoCoDa2

Datenbeispiel 5-2 [FOLK_E_00342_SE_01_T_01]

```
0638 YB  ach nee ja dann sonntach (.) is n (.) is der neunzehnte (.) ja
         weil ich hab a[m zwanzigsten urla]ub un das is [der Montag]
```

Andere (AN) Fälle, in denen die mit *weil* eingeleitete Äußerung ohne finites Verb realisiert wurde.

Datenbeispiel 5-3 [DCK 2221008#1487]

1487 **TomcatMJ** *hot&spicy pringels aufmach*andere gabs im kisok gerade nich und andere läden haben zu **weil** rosenmontag*G*

Nicht entscheidbar (NE) Fälle, in denen nicht eindeutig zwischen Verbzweitstellung und Verbletztstellung unterschieden werden kann.
Ambige Verbstellung – Die mit *weil* eingeleitete Äußerung weist ein einteiliges Prädikat und darüber hinaus nur ein einziges weiteres Satzglied auf, wie im folgenden Beispiel (vgl. Uhmann 1998: 97).

5.3 · Fallstudie: *weil* mit Verbzweitstellung

Datenbeispiel 5-4 [FOLK_E_00296_SE_01_T_01]

```
0075 SB [...] die frau (.) oder die h° (.) °hh genau die Äh so ne
        zeugin (.) die denen helfen sollte so_n ring an ähm °h
        verbrechern aufzudecken °h is (.) gestorben oder umgekommen
        h° [°h ] und das treffen (.) von dieser ganzen clique findet
        aber an diesem abend statt °h und die brauchen jetz quasi h°
        °h total schnell ne ers nen ersatz für diese frau°h den sie da
        hinschicken können °h weil die wissen dass dieser (.) kreis von
        verbrechern irgendwas plant [...]
```

Anakoluthe – Fälle, in denen eine Konstruktion nach einer *weil*-Äußerung abgebrochen oder mit anderem Satzbau als projiziert realisiert wurde.

Datenbeispiel 5-5 [FOLK_E_00217_SE_01_T_03]

```
0108 PZ  also mir is nich so ganz klar wie des hier technisch
         funktioniern sollte
0109     (0.63)
0110 PZ  weil
0111     (0.68)
0112 PZ  ach keine ahnung
```

Anschließend wurde die Belegliste von der MoCoDa2 zur Weiterbearbeitung in Excel als xlsx-Datei heruntergeladen. Beim Download werden u. a. die Chat-ID und URL, einige Metadaten zu den Schreiber:innen, der Text des Belegpostings sowie die Notizen übernommen. Die Belege werden in dem Arbeitsblatt jeweils durch eine leere Zeile voneinander abgegrenzt und nicht automatisch nummeriert. Daher wurden zunächst die leeren Zeilen entfernt und die Nummerierung manuell vorgenommen (s. ◘ Abb. 5.6).

> **Anpassungen in Excel**
> **Entfernung von leeren Zeilen in Excel** – Leere Zeilen lassen sich beispielsweise entfernen, indem man unter dem Reiter „Start" im Menüband „Suchen und Auswählen > Gehe zu > Inhalte > Leerzellen" anklickt, anschließend mit Rechtsklick eine markierte (leere) Zelle und dann „Zellen löschen > Ganze Zeile" auswählt (Achtung: vorher ggf. markierte Zellen abwählen, die nicht gelöscht werden sollen).
> **Manuelle Nummerierung in Excel** – Dazu kann man beispielsweise links von der Spalte A, die nach dem Export die Chat-IDs enthält, eine neue Spalte einfügen. Um die Zeilen automatisch durchzunummerieren, muss man in dieser Spalte in den Zellen mindestens der ersten beiden Belege eine Bezeichnung eintragen (z. B. 1, 2, 3 usw.). Markiert man diese, kann man die Nummerierung dann mit einem Doppelklick auf das Ausfüllkästchen, oder indem man dieses manuell bis zu der Zelle zieht, die die Chat-ID des letzten Belegs enthält, fortsetzen und auf die gesamte Spalte anwenden.

	A	B	C	D	E	F	G	H	I
1		Belegliste	weil						
2	Nr.	Chat-ID	URL	Nachricht	Schreiberln	Alter	Geschlecht	Beleg	Notiz
3	1	b7y70	https://db.mocoda2.de/view/b7y70?message=6	6	Johannes	21 - 25	männlich	Weil avast zeigt au probleme an wenn du irgendwien passwort in chrome gespeichert has oder so	V2
4	2	3DxMk	https://db.mocoda2.de/view/3DxMk?message=2	2	Jonas	26 - 30	männlich	Ich glaube am besten wäre bei dir 8. weil das ist eigentlich zum Üben ne gute Größe und du hast ja auch kleine Füße	V2
5	3	IYx9t	https://db.mocoda2.de/view/IYx9t?message=31	31	Hannah	21 - 25	weiblich	Hi. Meine Eltern haben jetzt das Essen doch erst abends geplant weil mein Vater die Nacht noch in der Nachtschicht ist. Fahren dann erst ne Stunde später losfahren und da sein hoffe das ist jetzt nicht all zu blöd :/	VL
6	4	MSFvr	https://db.mocoda2.de/view/MSFvr?message=22	22	Melly	26 - 30	weiblich	Nein Hani kann leider nicht, weil sie durchgehend arbeitet 😊 und nicht mehr so oft hierher kommen kann. Also heute leider nicht Morgen könnte ich aber erst so ab 19:15 weil ich lange Schule hab	VL
7	5	K79Tv	https://db.mocoda2.de/view/K79Tv?message=4	4	Lena	16 - 20	weiblich	Hast du denn Mittwoch UNI?	VL
8	6	sbgwX	https://db.mocoda2.de/view/sbgwX?message=48	48	Eva	16 - 20	weiblich	Ich wollte keinen mitnehmen, einfach weil ich keinen eigenen habe 😊	VL
9	7	EIHDQ	https://db.mocoda2.de/view/EIHDQ?message=25	25	Nadja	26 - 30	weiblich	Ich dachte du warst bei dr bierpromo weil du instastory gemacht hast 😊	VL
10	8	2BDaF	https://db.mocoda2.de/view/2BDaF?message=6	6	Jan	36 - 40	männlich	Guten Morgen, wie sieht es denn bei euch heute Abend aus? Man könnte den Grill ja auch zweimal anmachen. Wir sind ne zu Hause, weil Sarah Dienst hat.	VL
11	9	3kUYj	https://db.mocoda2.de/view/3kUYj?message=2	2	Annika	21 - 25	weiblich	Hi, an sich wäre ich gerne dabei. Kann aber leider nicht weil ich da voll im Praktikum bin. 😊	VL
12	10	gnxGo	https://db.mocoda2.de/view/gnxGo?message=25	25	Katrin	21 - 25	weiblich	Der wusste nur dass Eventim sich raus halten will, weil der Veranstalter hat dort die Verantwortung, und das ist FKP (aus Hamburg)	V2

Abb. 5.6 In Excel exportierte und nummerierte Belegliste

Im Rahmen der qualitativen bzw. funktionalen Analyse wurden die Belege anhand der für die gesprochene Sprache eingeführten Funktionstypen, die im vorherigen Abschnitt beschrieben wurden, folgendermaßen klassifiziert und mit den entsprechenden Kürzeln kodiert:

Propositional-kausal (PR) Fälle, in denen die mit *weil* eingeleitete Äußerung die Proposition, also den Inhalt der Bezugsäußerung, begründet und mit „Warum?" erfragt werden kann.

Datenbeispiel 5-6 [FOLK_E_00321_SE_01_T_01]

```
1235 OW  dann muss sie noch so viel arbeiten im moment
1236     (2.03)
1237 SL  °h hmhm
1238     (0.62)
1239 OW  weil alle irgendwie krank sind
```

Epistemisch-kausal (EP) Fälle, in denen die mit *weil* eingeleitete Äußerung eine Vermutung oder Annahme begründet und mit „Woher weißt du das?" oder „Wie kommst du darauf?" erfragt werden kann.

Datenbeispiel 5-7 [FOLK_E_00342_SE_01_T_01]

```
0638 YB  ach nee ja dann sonntach (.) is n (.) is der neunzehnte (.) ja
         weil ich hab a[m zwanzigsten urla]ub un das is [der Montag]
```

5.3 · Fallstudie: *weil* mit Verbzweitstellung

Sprechhandlungsbezogen-kausal (SH) Fälle, in denen die mit *weil* eingeleitete Äußerung den Grund oder die Rechtfertigung für eine zuvor realisierte Sprechhandlung (z. B. eine Frage, Behauptung, Aufforderung etc.) liefert.

Datenbeispiel 5-8 [FOLK_E_00285_SE_01_T_03]

```
1409 SK   deine eltern kommen [schon am Freitag oder am sam]sta[g]
1410 XX   [((brabbelt, 1.1s))]
1411 SG   [nee am] Samstag [erst]
1412 SK   [am sam]st[ag] weil sonst hätt man dann Freitag auch noch
```

Diskursmarker (DM) Fälle, in denen *weil* z. B. Zusatzinformationen, Erzählsequenzen o. Ä. einleitet.

Datenbeispiel 5-9 [FOLK_E_00300_SE_01_T_01]

```
1093 OE    holt dich dann jemand ab
1094       (0.53)
1095 EW    ähm (.) ja wahrscheinlich en freund aus santiago (.) °h
           irgendwie bei dem wohn ich dann auch die ersten °h (.) zwei
           drei tage und dann fahr ich (.) zum ort wo die hochzeit is
           weil die is noch ma zwei stunden weg (.) v[on dort] °h und
           dann fahr ich da wahrscheinlich mit dem dann noch an so_n
1096 XW1   [okay]
1097       (0.54)
1098 EW    so ne
1099       (0.34)
1100 EW    touristrandort und so fahrn wa wahrscheinlich noch hin und
           dann noch ma (.) zurück nach santiago und da be geh ich noch
           ne freundin besuchen un dann °h
```

5.3.5 Ergebnisse und Interpretation

In Tabellenkalkulationsprogrammen wie Excel gibt es verschiedene Funktionen, mit denen man (auch nicht-numerische) Daten in Arbeitsblättern automatisiert auswerten kann. Zum einen lassen sich die in einer Spalte eingetragenen Werte filtern, sodass man sich beispielsweise alle Belege anzeigen lassen kann, die man mit einem bestimmten Kürzel kodiert bzw. die man einer bestimmten Klasse (z. B. VL oder V2) zugeordnet hat (◘ Abb. 5.7 und 5.8).

Belegliste weil

Nr.	Chat-ID	URL	Nachricht	Schreiberin	Alter	Geschlecht	Beleg	Klasse	Funktionstyp
1	b7v70	https://db.mocoda2.de/view/b7v70?message=6	6	Johannes	21 - 25	männlich	Weil avast zeigt au probleme an wenn du irgendwien passwort in chrome gespeichert has oder so	V2	SH
2	3DxMk	https://db.mocoda2.de/view/3DxMk?message=2	2	Jonas	26 - 30	männlich	Ich glaube am besten wäre bei dir 8. weil das ist eigentlich zum üben ne gute Größe und du hast ja auch kleine Füße	V2	EP
3	IYx9t	https://db.mocoda2.de/view/IYx9t?message=31	31	Hannah	21 - 25	weiblich	Hi. Meine Eltern haben jetzt das Essen doch erst abends geplant weil mein Vater die Nacht noch in der Nachtschicht ist. Fahren dann erst ne Stunde später losfahren und da sein hoffe das ist jetzt nicht all zu blöd :-/	VL	PR
4	MSFvr	https://db.mocoda2.de/view/MSFvr?message=22	22	Melly	26 - 30	weiblich	Nein Hani kann leider nicht, weil sie durchgehend arbeitet 😕 und nicht mehr so oft hierher kommen kann. Morgen könnte ich aber erst so ab 19:15 weil ich lange Schule hab	VL	PR
5	K79Tv	https://db.mocoda2.de/view/K79Tv?message=4	4	Lena	16 - 20	weiblich	Hast du denn Mittwoch UNI?	VL	PR
6	sbgvX	https://db.mocoda2.de/view/sbgvX?message=48	48	Eva	16 - 20	weiblich	Ich wollte keinen mitnehmen, einfach weil ich keinen eigenen habe 😊	VL	PR
7	EIHDQ	https://db.mocoda2.de/view/EIHDQ?message=25	25	Nadja	26 - 30	weiblich	Ich dachte du warst bei dr bierpromo weil du instastory gemacht hast	VL	EP
8	2BDaF	https://db.mocoda2.de/view/2BDaF?message=6	6	Jan	36 - 40	männlich	Guten Morgen, wie sieht es denn bei euch heute Abend aus? Man könnte den Grill ja auch zweimal anmachen. Wir sind eh zu Hause, weil Sarah Dienst hat.	VL	PR
9	3kUYj	https://db.mocoda2.de/view/3kUYj?message=2	2	Annika	21 - 25	weiblich	Hi, an sich wäre ich gerne dabei. Kann aber leider nicht weil ich da voll im Praktikum bin. 😊	VL	PR
10	gnxGo	https://db.mocoda2.de/view/gnxGo?message=25	25	Katrin	21 - 25	weiblich	Der wusste nur dass Eventim sich raus halten will, weil der Veranstalter hat dort die Verantwortung, und das ist FKP (aus Hamburg)	V2	EP

Abb. 5.7 In Excel als Tabelle formatierte und kodierte Belegliste

5.3 · Fallstudie: *weil* mit Verbzweitstellung

Nr.	Chat-ID	Belegliste weil URL	Nachricht	Schreiberin	Alter	Geschlecht	Beleg	Klasse	Funktionstyp
3	IYv9t	https://db.mocoda2.de/view/IYv9t?message=31	31	Hannah	21 - 25	weiblich	Hi. Meine Eltern haben jetzt das Essen doch erst abends geplant weil mein Vater die Nacht noch in der Nachtschicht ist. Fahren dann erst ne Stunde später losfahren und da sein hoffe das ist jetzt nicht all zu blöd :-/	VL	PR
4	MSFvr	https://db.mocoda2.de/view/MSFvr?message=22	22	Melly	26 - 30	weiblich	Nein Hani kann leider nicht, weil sie durchgehend arbeitet 😊 und nicht mehr so oft hierher kommen kann. Also heute leider nicht Morgen könnte ich aber erst so ab 19:15 weil ich lange Schule hab	VL	PR
5	K79Tv	https://db.mocoda2.de/view/K79Tv?message=4	4	Lena	16 - 20	weiblich	Hast du denn Mittwoch UNI?	VL	PR
6	sbgvX	https://db.mocoda2.de/view/sbgvX?message=48	48	Eva	16 - 20	weiblich	Ich wollte keinen mitnehmen, einfach weil ich keinen eigenen habe 😊	VL	PR
7	EIHDQ	https://db.mocoda2.de/view/EIHDQ?message=25	25	Nadja	26 - 30	weiblich	Ich dachte du warst bei dr bierpromo weil du instastory gemacht hast 😊	VL	EP
8	2BDaF	https://db.mocoda2.de/view/2BDaF?message=6	6	Jan	36 - 40	männlich	Guten Morgen, wie sieht es denn bei euch heute Abend aus? Man könnte den Grill ja auch zweimal anmachen. Wir sind eh zu Hause, weil Sarah Dienst hat.	VL	PR
9	3kUYj	https://db.mocoda2.de/view/3kUYj?message=2	2	Annika	21 - 25	weiblich	Hi, an sich wäre ich gerne dabei. Kann aber leider nicht weil ich da voll im Praktikum bin. 😊	VL	PR
11	Tf5Hj	https://db.mocoda2.de/view/Tf5Hj?message=29	29	Andrea Reiter	21 - 25	weiblich	Habt Ihr auch die Mail vom Dozenten bekommen? Hab ihm gerade geschrieben. Er meinte, dass wir wahrscheinlich oder eher das „Kriegslied" von Kleist streichen sollten. Wir haben halt nur 1h Zeit, weil wir 30 min noch was anderes machen. Wir brauchen ja nur den Overheadprojektor. Und hab ihm auch geschrieben, dass ich ihm Bescheid gebe wegen des Streichens eines Gedichts, ob das nötig ist. Und dass ich ihm die „Folien" heute Abend schicken würde	VL	EP

Abb. 5.8 Nach der Klasse „VL" gefilterte Belege

> **Filtern von Daten in Excel**
> Zum Filtern klickt man zunächst auf die Spaltenbezeichnung (z. B. I oder J), um die ganze Spalte zu markieren, und anschließend auf den Button „Sortieren und Filtern" im Menüband unter dem Reiter „Start". Es bietet sich auch an, die Einträge in einem Excel-Arbeitsblatt als Tabelle zu formatieren. Dazu markiert man den zu formatierenden Bereich und wählt unter dem Reiter „Start" im Menüband „Als Tabelle formatieren" aus. Nach einem Klick auf den Pfeil in der Zelle der Spaltenüberschrift kann man mithilfe des Dropdown-Menüs beispielsweise nach den eingetragenen Kodierungen (z. B. VL, V2 etc.) filtern. Filtert man eine Spalte nach einer bestimmten Kategorie, wird am linken unteren Bildschirmrand in der Statusleiste angezeigt, wie viele aus der Gesamtanzahl der Datensätze gefunden wurden, auf die die jeweilige Filtereinstellung zutrifft.

Darüber hinaus kann man Formeln anwenden, um die Anzahl der Datensätze in einer Tabelle zu berechnen. Dazu eignet sich z. B. die Formel ZÄHLENWENN, anhand derer für einen definierten Bereich ausgezählt wird, wie viele Zellen mit einem festgelegten Suchkriterium übereinstimmen, also beispielsweise in wie vielen Zellen die Kodierung VL eingetragen wurde.

> **Die Formel ZÄHLENWENN in Excel**
> Zum Anwenden einer Formel klickt man in die Zelle, in die das Ergebnis der Berechnung eingetragen werden soll, und schreibt ein Gleichheitszeichen gefolgt von der Formelbezeichnung (z. B. = **ZÄHLENWENN**) hinein. Dann müssen in runden Klammern der Bereich, auf den die Formel angewendet werden soll, sowie mind. ein Suchkriterium eingetragen werden. Der Bereich wird definiert, indem man die Spalte sowie Zeilen des ersten und des letzten auszuwertenden Datensatzes angibt (z. B. **I3:I109** – der Doppelpunkt als Operator bewirkt, dass von einschließlich Zeile 3 bis einschließlich Zeile 109 alle Datensätze in der Spalte I berücksichtigt werden). Das Suchkriterium wird schließlich in doppelte Anführungszeichen gesetzt und mit einem Semikolon abgegrenzt (z. B. = **ZÄHLENWENN(I3:I109; „VL")**). Zur Suche nach beliebigen Zeichen kann ein Asterisk als Platzhalter genutzt werden (z. B. = **ZÄHLENWENN(I3:I109; „*")**). Mit der Eingabetaste (Enter) wird die Berechnung ausgeführt und das Ergebnis in die Zelle eingetragen.

◘ Tab. 5.3 gibt einen Überblick über die Anzahl der *weil*-Konstruktionen pro Klasse für die drei Stichproben.

Zunächst fällt auf, dass in allen drei Stichproben die Konstruktion VL-*weil* am häufigsten vorkommt, weshalb die aus der Forschungsliteratur abgeleitete **Hypothese 2-1**, dass V2-*weil* in gesprochener Sprache häufiger verwendet als VL-*weil*, auf die FOLK-Stichprobe nicht zutrifft.

Die **Hypothese 2-2** hingegen, dass V2-*weil* in internetbasierter Kommunikation seltener verwendet wird als in gesprochener Sprache, lässt sich für die Zufallsstichproben

5.3 · Fallstudie: *weil* mit Verbzweitstellung

Tab. 5.3 *weil*-Konstruktionen in den Stichproben

Klasse	FOLK	Chat-Korpus	MoCoDa2
Gesamt	100	100	98
VL-*weil*	38	91	70
V2-*weil*	32	5	26
Andere	0	2	0
Nicht entscheidbar	30	2	2

aus den drei Korpora bestätigen, wobei das Verhältnis von 32 V2-*weil* in der FOLK-Stichprobe gegenüber nur 5 V2-*weil* in der Chat-Korpus-Stichprobe sehr deutlich ausfällt, während in der MoCoDa2-Stichprobe von 98 auswertbaren *weil*-Belegen immerhin 26 Verbzweitstellung aufweisen. Stichproben dieser Größe sind selbstverständlich nicht verallgemeinerbar, jedoch enthält die Untersuchung von Angelika Storrer (vgl. Storrer 2019: 235) von 1000 *weil*-Belegen aus Wikipedia-Diskussionsseiten sogar nur 15 V2-*weil*-Fälle.

Die **Hypothese 2-3**, dass VL-*weil* in internetbasierter Kommunikation häufiger vorkommt als V2-*weil*, erweist sich für beide Korpora internetbasierter Kommunikation als zutreffend.

In Steinsiek (2021) wurde untersucht, welche Funktionen V2-*weil* in gesprochener und geschriebener (digitaler) Alltagskommunikation übernimmt, d. h. die in Tab. 5.4 angegebenen (gerundeten) Häufigkeiten beziehen sich lediglich auf die Anzahl der V2-*weil*-Konstruktionen.

Zur Überprüfung der **Hypothesen 1-1** und **1-2**, dass sich die für die gesprochene Sprache eingeführten Funktionstypen in internetbasierter Kommunikation bzw. auch in VL-*weil*-Sätzen nachweisen lassen, sowie der **Hypothese 1-3**, dass propo-

Tab. 5.4 Absolute und (gerundete) relative Häufigkeiten der V2-*weil*-Funktionstypen in den Stichproben aus FOLK und dem Dortmunder Chat-Korpus. (Steinsiek 2021)

Funktionstyp	FOLK	Chat-Korpus
Propositional-kausal	0	2
	0 %	40 %
Epistemisch-kausal	5	2
	16 %	40 %
Sprechhandlungsbezogen-kausal	12	0
	38 %	0 %
Diskursmarker	15	1
	47 %	20 %

◘ **Tab. 5.5** Absolute und relative Häufigkeiten der *weil*-Funktionstypen in der MoCoDa2-Stichprobe (2024)

Funktionstyp	Gesamt	VL	V2	AN	NE
	98	**70**	**26**	**0**	**2**
Propositional-kausal	52	46	5	0	1
	53 %	46 %	5 %	0 %	1 %
Epistemisch-kausal	11	7	4	0	0
	11 %	7 %	4 %	0 %	0 %
Sprechhandlungsbezogen-kausal	28	16	12	0	0
	29 %	16 %	12 %	0 %	0 %
Diskursmarker	6	0	5	0	1
	6 %	0 %	5 %	0 %	1 %
Unklar	1	1	0	0	0
	1 %	1 %	0 %	0 %	0 %

sitional-kausale Begründungen häufiger mit VL-*weil* realisiert werden, wurden für die MoCoDa2-Stichprobe (2024) die *weil*-Belege aller Klassen ausgewertet. Mithilfe der Formel ZÄHLENWENNS (beispielsweise = **ZÄHLENWENNS(I3:I109; „VL"; J3:J109; „PR"**)) lassen sich in Excel Suchkriterien auf mehrere Bereiche anwenden. So kann beispielsweise ausgezählt werden, wie häufig ein Funktionstyp pro *weil*-Klasse vorkommt. Aus den 98 weil-Belegen konnten 97 einem Funktionstypen zugewiesen werden. Ein VL-*weil*-Fall, in dem der Kontext des gespendeten Chatausschnitts nicht ausreichend war, um einen Funktionstyp zu bestimmen, wird als unklar eingestuft. ◘ Tab. 5.5 gibt einen Überblick über die absoluten und (gerundeten) relativen Häufigkeiten der Funktionstypen pro *weil*-Klasse zu allen *weil*-Belegen aus der MoCoDa2-Stichprobe.

◘ Tab. 5.5 zeigt, dass die **Hypothesen 1-1 und 1-2** zutreffen: Alle Funktionstypen lassen sich in privater internetbasierter Kommunikation nachweisen; auch in VL-*weil*-Sätzen kommen epistemisch- und sprechhandlungsbezogen-kausale Verwendungen vor. Auch **Hypothese 1-3** lässt sich verifizieren: Bei propositional-kausalen Begründungen zeigt sich in der MoCoDa2-Stichprobe mit 46 VL-*weil* gegenüber 5 V2-*weil* tendenziell eine Präferenz für *weil*-Sätze mit Verbletztstellung.

Beantwortung der Forschungsfragen Im Folgenden soll anhand von qualitativen Analysen an einigen Beispielen exemplarisch gezeigt werden, dass die für die gesprochene Sprache eingeführten *weil*-Funktionstypen auch in privater internetbasierter Kommunikation vorkommen (Forschungsfrage 1) – und zwar unabhängig von der syntaktischen Integration des Konnektors. Dabei wird erörtert, wie die Textformenhaftigkeit (i. S. v. Beißwenger 2020, vgl. s. ► Abschn. 2.4.2) und Schriftlichkeit internetbasierter Kom-

5.3 · Fallstudie: *weil* mit Verbzweitstellung

munikation in Beiträgen mit *weil*-Äußerungen als Ressourcen genutzt werden, um Begründungen salient zu machen (Forschungsfrage 3).

Die Belege aus der MoCoDa2 können nach einer kostenlosen Registrierung auf der Plattform (▶ https://db.mocoda2.de/c/home) in der veröffentlichten Leseansicht der Belegliste (▶ https://db.mocoda2.de/message-list/2JtYpYHCjc) eingesehen werden. Über den dort angegebenen Link zu jedem Beispiel kann der gesamte Chatverlauf aufgerufen werden, der sich darüber hinaus über die Chat-ID (z. B. hZjJh) im Korpus recherchieren lässt. Da es sich um authentische Beispiele privater internetbasierter Kommunikation handelt, werden diese in der Belegliste sowie nachstehend unverändert dargestellt, d. h. auch normwidrige Schreibungen und Tippfehler sind originär und nicht durch Hinweise wie *[sic]* markiert.

Datenbeispiel 5-10 [MoCoDa2 hZjJh]: propositional-kausale Verwendung von VL-*weil*

Jessica
Komm in die Bib dann tabzen wir
#1 11:02

Sabrina
Hahaha
#2 11:06

Sabrina
Was machst du in der Bib
3 11:06

Sabrina
Eher da?
#4 11:06

Sabrina
Dann hätten wir zusammen hinfahren können? 😳
#5 11:06

Jessica
Bin grad gekommen
#6 11:08

Jessica
Mache Hausis
#7 11:08

Jessica
Warst du nicht schon um 9 da
#8 11:08

                      Sabrina
                      Leider nicht😭😭😭😭😭
                      😭😭😭😭😭😭😭
                      #9 11:29

                      Sabrina
                      Erst um 10😔😔😔
                      #10 11:29

Jessica
Oha wieso
#11 11:29

Jessica
Manno
#12 11:29

                      Sabrina
                      Weil ich nicht aufgestanden bin😭
                      #13 11:29

Datenbeispiel 5-10 veranschaulicht exemplarisch die in der Stichprobe häufigste Art des *weil*-Gebrauchs, die als Standardfall erachtete Verwendung in propositional-kausaler Verwendung mit Verbletztstellung. Die hier zu beobachtende Aufteilung des *weil*-Satzes und seines Bezugssatzes auf mehrere Beiträge ist typisch für dialogisch-sequenzielle Kommunikation: Jessica fragt ihre beste Freundin, die an derselben Universität wie sie studiert, ob sie „nicht schon um 9" in der Bibliothek war (#8), woraufhin Sabrina antwortet „Leider nicht", illustriert (i. S. v. Beißwenger/Pappert 2019: 105) mit 12 Heul-Emojis. In Beitrag #10 ergänzt sie „Erst um 10😔😔😔". Auf Jessicas darauffolgende Nachfrage „Oha wieso" (#11) liefert Sabrina in Beitrag #13 die Begründung für den zuvor dargelegten Sachverhalt, dass sie nicht schon seit 9:00, sondern erst seit 10:00 Uhr in der Bibliothek ist: „Weil ich nicht aufgestanden bin 😭". Anders als in gesprochenen Dialogen dient die Persistenz geschriebener Sprache hier als Ressource, mit *weil* eingeleitete Begründungen salient zu machen: Die konditionelle Relevanz, die durch Jessicas Frage in Beitrag #8 um 11:08 Uhr etabliert wird, löst Sabrina erst um 11:29 Uhr in mehreren visuell voneinander abgegrenzten Beiträgen ein.

5.3 · Fallstudie: *weil* mit Verbzweitstellung

Datenbeispiel 5-11 [MoCoDa2 3DxMk]: epistemisch-kausale Verwendung von V2-*weil*

Sophie
Hey, wie sind deine Daten due skate Deluxe wegen der Punkte? Und was meinst du wäre für ne Deck Größe am besten? 8? 8.125? 8.25? Ich glaub je kleiner umso schwieriger drauf zu landen umso größer umso schwieriger hoch zu kriegen oder nicht so wendig oder liege ich da falsch? Meine Freundinnen aus Hamm wollen wir ein Deck zum bday schenken und Ich will eins von Isle Skateboards haben kann mich aber noch nicht entscheiden finde viele mega schön gerade
#1 17:31

Jonas
Ich glaube am besten wäre bei dir 8. **weil** das ist eigentlich zum üben ne gute Größe und du hast ja auch kleine Füße
#2 17:41

In Datenbeispiel 5-11 tauschen sich zwei befreundete Personen über Skateboards aus. Sophie fragt Jonas nach seiner Meinung zu der für sie passenden Größe des Decks (#1), woraufhin Jonas ihr antwortet, dass er für sie Größe 8 für geeignet hält (#2). Seine Einschätzung, die er mit „Ich glaube" abschwächt, stützt er durch die mit *weil* eingeleitete Begründung, dass Größe 8 eine gute Größe zum Üben sei und Sophie „ja auch kleine Füße" habe. Die Kombination der Modalpartikeln „ja auch" dient hier dazu, anzudeuten, dass für beide Parteien bekannt sei, dass Sophie kleine Füße habe. Die Kausalität zwischen V2-*weil*-Satz und Bezugssatz liegt also auf der epistemischen Ebene, denn die Begründung im V2-*weil*-Satz ließe sich beispielsweise durch „Woher weißt du, dass 8 für mich die beste Größe wäre?" oder „Wie kommst du darauf, dass 8 für mich die beste Größe wäre?" erfragen.

Datenbeispiel 5-12 [MoCoDa2 L3nsx]: epistemisch-kausale Verwendung von VL-*weil*

Marie-Louise
Hm, eine Sache, ich glaube, du hast die Datei falsch benannt 🙈 Frau Janssen ist nicht in unserer Gruppe, dafür fehlt mein Name 🙈
#48 13:23

Marie-Louise
Vielleicht **weil** sie Mia-Louise heißt und ich Marie-Louise?
#49 13:24

In Datenbeispiel 5-12 besteht die kausale Beziehung zwischen der mit einem VL-*weil*-Satz realisierten Begründung und ihrem Bezugssatz ebenfalls auf der epistemischen Ebene. In einem WhatsApp-Gruppenchat zur Organisation einer Gruppenarbeit zwischen vier Studentinnen weist Marie-Louise ihre Kommilitonin Lea darauf hin, dass diese die Datei, die sie stellvertretend für ihre Gruppe bei der Lehrperson eingereicht hat, falsch benannt habe, da anstelle ihres Namens der Name einer anderen Kursteilnehmerin darin auftauche (#48). In dem darauffolgenden Beitrag – visuell abgegrenzt vom Bezugssatz und dadurch salient – ergänzt sie, was sie als Begründung für diesen Fehler vermutet. Ihre Vermutung, die sie zur Abschwächung mit einem „Vielleicht" (welches auch als Indikator für die epistemische Lesart fungiert) und einem abschließenden Fragezeichen in einem VL-*weil*-Satz formuliert, ließe sich mit „Wie kommst du darauf, dass ich die Datei falsch benannt habe?" oder „Warum denkst du, dass ich die Datei falsch benannt habe?" erfragen.

Datenbeispiel 5-13 [MoCoDa2 yFRuq]: sprechhandlungsbezogen-kausale Verwendung von V2-*weil*

Selly
Hallo Oma,
Seid ihr morgen zwischen 3 und 4 Uhr zuhause?
Würde dann eben die Schleifmaschine abholen. 😊
#13 18:34

Oma
Okay, wir sind hier
#14 18:50

Selly
Weiß ich Bescheid.
Was gibt's zum Mittag? 😛 Nur ein Scherz. Ist ein bisschen kurzfristig oder? 🙈
#15 18:51

Oma
Paprika gedünstet mit Hackfleisch und Reis ist schon fertig. Reicht für drei, ist nicht so ganz dein Geschmack oder? 😉
#16 19:31

Selly
Ja. Ich komm trotzdem. 🙈 Bin aber vor halb drei nicht da. Kannst du das warm machen für mich? **Weil** warten mit dem Essen müsst ihr auf keinen Fall?
#17 19:41

5.3 · Fallstudie: *weil* mit Verbzweitstellung

Oma
Ich habe von heute auch noch Gulasch. Da könnte ich dir Nudeln zu kochen. Also wie du magst
#18 19:45

Selly
Dann nehm ich das Gulasch aber mit Reis statt Nudeln wenn das nicht zu viele Umstände bereitet. 🙈
#19 19:47

Datenbeispiel 5-13 zeigt eine sprechhandlungsbezogen-kausale Verwendung von V2-*weil*. Selly fragt ihre Oma, ob sie zu einer bestimmten Uhrzeit zu Hause sein wird, weil sie eine Schleifmaschine abholen möchte (#13), und was es zum Mittagessen geben wird (#15). In Beitrag #17 fragt Selly ihre Oma, ob diese das Essen später für sie aufwärmen könne. Der darauffolgende V2-*weil*-Satz liefert die Begründung für Sellys zuvor realisierte Sprechhandlung: die Frage bzw. Bitte, das Essen für sie aufzuwärmen. Interessant ist an dem V2-*weil*-Satz auch das beitragsabschließende Fragezeichen (#17), insbesondere vor dem Hintergrund, dass die sprechhandlungsbezogen-kausale Verwendung des Konnektors *weil* auch dazu dient, „eine Handlung plausibel und nachvollziehbar zu machen, die dem Hörer fraglich, undurchschaubar oder moralisch zweifelhaft erscheint oder erscheinen könnte" (Hoffmann 2016: 377). Das Fragezeichen, ein genuin schriftsprachliches Zeichen, verstärkt also die Rechtfertigung von Sellys Sprechhandlung, indem die Bitte, das Essen für sie aufzuwärmen, als für ihre Oma vorteilhaftere Alternative zum Warten formuliert wird.

Datenbeispiel 5-14 [MoCoDa2 ZUJsk]: sprechhandlungsbezogen-kausale Verwendung von VL-*weil*

Linn Berenzen
Und Nettenbad steht das eigentlich noch oder ist jetzt nur noch morgen angesagt?
#21 19:37

Lina Baumgart
Hat doch niemand abgesagt?
#22 19:38

Linn Berenzen
War auch eine Frage
#23 19:38

Lina Baumgart
Und nur eine Antwort 😇
#24 19:38

Linn Berenzen
Weil davon gar keine Rede mehr ist
#25 19:38

Lina Baumgart
Ja das steht ja auch fest was gibt es da zu reden
#26 19:38

In Datenbeispiel 5-14 wird ein VL-Satz in sprechhandlungsbezogen-kausaler Beziehung zum Bezugssatz verwendet. Aus dem Kontext geht hervor, dass die Freundinnen Linn und Lina ein Streitgespräch führen. Linn fragt, ob der Plan, ein Schwimmbad zu besuchen, weiterhin bestehe (#21). Daraufhin antwortet Lina, dass „doch niemand abgesagt" habe (#22). Die Modalpartikel „doch" gebraucht Lina, um auf das Wissen, dass niemand abgesagt habe und deshalb der Plan weiterhin bestehe, was sie als bekannt voraussetzt, hinzudeuten. Als Reaktion auf diesen indirekten Sprechakt verweist Linn in Beitrag #23 metakommunikativ auf ihre in Beitrag #21 realisierte Frage, die nicht direkt von Lina beantwortet wurde, woraufhin Lina in Beitrag #24 wiederum metakommunikativ erwidert, dass es sich bei ihrem Beitrag #22 um eine Antwort gehandelt habe. In Beitrag #25 liefert Linn schließlich die Begründung für ihre in Beitrag #23 gewissermaßen aktualisierte (vgl. Liedtke 2009: 78) Sprechhandlung in einem VL-*weil*-Satz, indem sie ergänzt, dass von dem Plan, das Schwimmbad zu besuchen, „gar keine Rede mehr ist". Die *weil*-Äußerung weist zwar Verbletztstellung auf, sie ist jedoch nicht syntaktisch integriert: Bei der ursprünglich realisierten Sprechhandlung in Beitrag #21 handelt es sich um eine mit einem abschließenden Fragezeichen vollendete syntaktische Gestalt, die durch die Äußerung in Beitrag #23 erneut auf den Plan gerufen wird. Die *weil*-Äußerung in Beitrag #25 lässt sich als externe Expansion (vgl. Auer 2024: Kap. 6) zu Beitrag #23 identifizieren, die – anders als in monologischer Textproduktion – nicht unmittelbar an die Bezugsäußerung anschließt, sondern im Verlaufsprotokoll sequenziell mit anderen Beiträgen überlappt (vgl. Imo 2015: 23), weil alle Beteiligten gleichzeitig Beiträge produzieren können. Darüber hinaus wird die im VL-*weil*-Satz gelieferte Begründung und die damit verbundene Assertion als eigener und unabhängiger Beitrag visuell salient im Verlaufsprotokoll vom Bezugssatz abgegrenzt.

Datenbeispiel 5-15 [MoCoDa2 GDIx6]: sprechhandlungsbezogen-kausale Verwendungen von VL-*weil*

Maja
Ich wollte dich fragen ob du morgen Abend schob was vorhast **weil** wir uns von den Uni-Mädels wahrscheinlich treffen wollen, hast du die Gruppe auf lautlos oder so? **Weil** die Nachrichten bei dir auch nicht zugestellt wurden 😊 also falls du Zeit und Lust hast schau mal in die Gruppe, wir überlegen wegen morgen 😊
#24 20:25

In Datenbeispiel 5-15 finden sich zwei VL-*weil*-Äußerungen in sprechhandlungsbezogen-kausalen Verwendungen. Bei der ersten Verwendung handelt es sich um einen Grenzfall: Maja schreibt ihrer Freundin Johanna, mit der sie auch gemeinsam in einem Gruppenchat mit anderen Kommilitoninnen ist, im Privatchat: „Ich wollte dich

5.3 · Fallstudie: *weil* mit Verbzweitstellung

fragen ob du morgen Abend schob [sic] was vorhast weil wir uns von den Uni-Mädels wahrscheinlich treffen wollen". Die indirekte Frage „ob du morgen Abend schob was vorhast" ist syntaktisch von dem Hauptsatz „Ich wollte dich fragen" abhängig, mit dem sie gleichzeitig metakommunikativ ihre Absicht, eine Frage zu stellen, ankündigt. Den darauffolgenden VL-*weil*-Satz könnte man als syntaktisch integrierten, also abhängigen Nebensatz klassifizieren, der die Begründung für die Proposition des Bezugssatzes liefert, wie eine Umstellprobe zeigt: „Weil wir uns von den Uni-Mädels wahrscheinlich treffen wollen, wollte ich dich fragen, ob du morgen Abend schon etwas vorhast." Aus pragmatischer Perspektive handelt es sich bei der indirekten Frage jedoch um eine Sprechhandlung, deren Realisierung Maja mit der anschließenden Erläuterung begründet.

Die zweite VL-*weil*-Verwendung folgt ebenfalls auf eine Sprechhandlung: Zwar liegt auch eine Lesart nahe, in der die Beziehung zwischen dem *weil*-Satz und dem Bezugssatz auf der epistemischen Ebene liegt („Wie kommst du darauf, dass ich die Gruppe lautlos gestellt habe?"), allerdings liefert die Äußerung „Weil die Nachrichten bei dir auch nicht zugestellt wurden" die Rechtfertigung für die zuvor gestellte Frage, ob Johanna die Gruppe „auf lautlos" hat. Weil dieser direktive Sprechakt potenziell als gesichtsbedrohend (i. S. v. Brown/Levinson 2007) wahrgenommen werden könnte, bedarf es einer Strategie zur Vermeidung der Gesichtsbedrohung, um die potenziell riskante Sprechhandlung „plausibel und nachvollziehbar zu machen" (Hoffmann 2016: 377). Diese Lesart wird auch durch das nachfolgende Emoji als multimodalem Mittel höflichen Handelns (vgl. dazu Beißwenger/Pappert 2019: 126 ff.) gestützt.

Datenbeispiel 5-16 [MoCoDa2 BYBEk]: *weil* **als Diskursmarker mit nicht entscheidbarer Verbstellung**

Karl
bru
#1 11:10

Karl
schon arbeitwiederbekomm
#2 11:10

        Ben
        jo
        #3 11:10

        Ben
        Hat uns auseinander genommen
        #4 11:10

Karl
Wie😳
#5 11:12

        Ben
        Also der Schnitt war bei 3 komma iwas
        #6 11:12

Karl
Und was haste?
#7 11:12

> **Ben**
> 4-
> #8 11:13

> **Ben**
> Jetzt weiste schonmal was auf dich zukommt **weil** die meinte ihre Klasse war auch nicht viel besser sie hat gesagt die meisten htten die Analyse verkackt und die ganze Zeit nur beschrieben und nicht gedeutet
> #9 11:14

> **Ben**
> Checke iwie aber auch nicht an meiner eigenen Arbeit war die Menge ey
> #10 11:14

> **Ben**
> Habe doch gesagt was der Autor vlt sagen will weiste
> #11 11:14

> **Ben**
> Hatte eigentlich gar nicht so das schlechte Gefühl bei der Arbeit
> #12 11:15

Karl
Scheiße
#13 11:15

In Beispiel 5-16, in dem sich die Freunde Karl und Ben, die Parallelklassen besuchen, über eine Klassenarbeit in der Schule austauschen, liegt eine nicht entscheidbare Verbstellung in einem *weil*-Satz vor. Nachdem Ben angibt, dass die Arbeit (oder die Lehrkraft) ihn und seine Mitschüler „auseinander genommen" (#4) habe und Karl seine Rückfrage „Wie" mit einem Emoji mit weit aufgerissenen Augen ergänzt (#5) und sich nach Bens Note in der Arbeit erkundigt (#7), warnt Ben seinen Freund in Beitrag #9: „Jetzt weiste schonmal was auf dich zukommt". Mit dem darauffolgenden Diskursmarker-*weil* leitet Ben eine Erzählsequenz ein, in der er (#9–12) von der Beurteilung der Lehrerin und seiner eigenen Einschätzung berichtet.

5.3 · Fallstudie: *weil* mit Verbzweitstellung

Datenbeispiel 5-17 [MoCoDa2 ZwuX7]: *weil* als Diskursmarker mit Verbzweitstellung und propositional-kausale Verwendung von VL-*weil*

Mama
Also mit dem Trainingin MeckPomm hat auf alle Fälle etwas gebracht. Nicole war sehr mit Papa und Mila zufrieden. Sie wären ein gutes Team geworden. Mila hat ihre Aufgaben sehr gut gemacht, hat der Papa gesagt. Er ist jetzt auf dem Rückweg. Und dass Du einen Mantel an hast, habe ich nicht erkannt.
#10 16:32

Mama
Ja, dann würde ich sagen, ein entspanntes WE für Euch bei wärmeren Temperaturen! 😗
#11 16:33

Hannah
Sehr gut habe auch vorhin kurz mit Papa telefoniert und der hat mir das auch erzählt 😊 ist er gut angekommen?
Und ja ist auch ein ganz zarter, leichter Dankesehr ich bin erstmal Alone **weil** Fabi ist in der Heimat. Karl-Heinz liegt auch gerade im Krankenhaus und hatte zwei Ops, **weil** sich seine Netzhaut abgelöst hat
#12 20:11

In Datenbeispiel 5-17 finden sich beide Verbstellungsvarianten in einem Beitrag (#12), was vor dem Hintergrund der Textformenhaftigkeit und schriftlichen Realisierungsform internetbasierter Kommunikation besonders interessant ist: Vor dem Absenden bestünde schließlich die Möglichkeit, eingegebene Textentwürfe zu überarbeiten (vgl. Beißwenger 2020: 303). Nachdem ihre Mutter ihr „ein entspanntes WE" wünscht (#11), antwortet Hannah in Beitrag #12: „Dankesehr ich bin erstmal Alone weil Fabi ist in der Heimat. Karl-Heinz liegt auch gerade im Krankenhaus und hatte zwei Ops, weil sich seine Netzhaut abgelöst hat". Auf den ersten Blick scheinen beide *weil*-Verwendungen auf der Ebene der Proposition zu operieren: Weil ihr Freund Fabi in der Heimat ist, ist Hannah alleine am Wochenende. Weil sich seine Netzhaut abgelöst hat, ist Karl-Heinz im Krankenhaus. Schaut man sich die beiden *weil*-Sätze jedoch im Detail an, fällt auf, dass sie unterschiedliche Funktionen erfüllen: Hannah führt zunächst ein, dass sie am Wochenende alleine ist; mit dem Diskursmarker-*weil* leitet sie dann einen Themenwechsel ein und berichtet ihrer Mutter davon, dass Fabi in der Heimat ist, weil sein Vater Karl-Heinz im Krankenhaus liegt.

Zusammenfassung Die Analysen haben gezeigt, dass sich die für die gesprochene Sprache eingeführten Funktionstypen des Konnektors *weil* auch in privater internetbasierter Kommunikation und unabhängig von seiner syntaktischen Integration nachweisen lassen (Forschungsfrage 1), auch wenn die Zuordnung zu einem Funktionstyp nicht immer trennscharf in Abgrenzung zu den anderen möglich ist.

Darüber hinaus unterscheiden sich Vorkommen von *weil* in der gesprochenen Sprache und in privater internetbasierter Kommunikation (Forschungsfrage 2): In den Stichproben internetbasierter Kommunikation wird V2-*weil* seltener verwendet als in gesprochener Sprache. In der FOLK-Stichprobe (in der lediglich die V2-*weil*-Verwendungen nach Funktionstypen ausgewertet wurden) lässt sich vor allem Diskursmarker-*weil* nachweisen, während in der MoCoDa2-Stichprobe V2-*weil* vor allem sprechhandlungsbezogen-kausal verwendet wird. Darüber hinaus werden *weil*-Sätze und ihre Bezugsäußerungen in der MoCoDa2-Stichprobe häufig (in 18 Fällen) getrennt voneinander, also auf mehrere Beiträge aufgeteilt realisiert, denn mit *weil* eingeleitete Erklärungen werden häufig in Frage-Antwort-Sequenzen formuliert. Das ist zum einen typisch für dialogische Kommunikation, in der Begründungen für Vermutungen, Behauptungen, Assertionen oder andere Sprechhandlungen von Rezipient:innen durch W-Fragen elizitiert werden, denn bestimmte Handlungen müssen „auf Nachfrage hin verbal *accountable* gemacht werden" (König/Hector 2017: 18/19). Zum anderen ist das Aufteilen von aufeinander bezogenen Beiträgen spezifisch für internetbasierte Kommunikation, also dialogisch-sequenziell *intendierte* (i. S. v. Beißwenger 2020: 304) Interaktion.

Merkmale von Textformenhaftigkeit und Schriftlichkeit werden in Beiträgen mit *weil*-Verwendungen als Ressourcen genutzt, um die mit *weil* eingeleiteten Begründungen visuell von ihren Bezugsäußerungen abzugrenzen (Forschungsfrage 3). Beiträge können auch mit zeitlichem Verzug verschickt und auf andere Beiträge bezogen werden, was sowohl für die Produktion als auch die Rezeption von Beiträgen Vorteile für die Interaktionsgestaltung bringt: Für Produzent:innen von *weil*-Äußerungen hat das zur Folge, dass Beiträge mit Begründungen, die mit *weil* eingeleitet werden, salient gemacht werden können und so ihre Relevanz und pragmatische Unabhängigkeit – ungeachtet ihrer syntaktischen Integration – durch die Eigenschaften von Textformen, flächig, visuell und multimodal gestaltbar zu sein (vgl. Beißwenger 2020: 298, vgl. s. ▶ Abschn. 2.4.2), optisch hervorgehoben werden kann. Zudem besteht die Möglichkeit, Beiträge vor dem Abschicken zu überarbeiten. Für Rezipient:innen bieten diese Potenziale den Vorzug, dass Beziehungen zwischen durch *weil* eingeleiteten Begründungen und ihren Bezugssätzen tendenziell, auch in asynchroner Kommunikation, leichter rekonstruiert werden können. Zudem können Beiträge wiederholt rezipiert werden, was in der gesprochenen Sprache aufgrund der Flüchtigkeit der mündlichen Realisierungsform nicht möglich ist.

Diese Annahme kann durch die Beobachtung gestützt werden, dass die FOLK-Stichprobe 24 Fälle enthält, in denen der Satzbau nach einem *weil* verändert oder der Satz abgebrochen wurde, sog. Anakoluthe (vgl. Steinsiek 2021: 60). Der (gemessen an der Gesamtsumme der Belege) hohe Anteil an Anakoluthen nach *weil* veranschaulicht sein hohes projektives Potenzial: In der gesprochenen Sprache wird es oft geäußert, um Realisierungsprobleme und Planungspausen zu überbrücken und anzuzeigen, dass ein Turn noch nicht abgeschlossen ist. Gesprochene Dialoge werden während ihrer

Produktion geplant und im Planungsprozess weiter ausgebaut, was zur Folge hat, dass häufig Retraktionen, Expansionen und Parenthesen vorkommen, die eine durch *weil* projizierte Erklärung oder Erzählsequenz hinauszögern.

In den Stichproben aus den Korpora internetbasierter Kommunikation finden sich erwartungsgemäß keine Anakoluthe, denn die Persistenz der geschriebenen Sprache wird in der internetbasierten Kommunikation als Ressource bei der Realisierung von Sprechhandlungen und darauf bezogenen Begründungen genutzt, indem Beiträge vor ihrer Übermittlung zunächst geplant, dann vollständig eingegeben und ggf. überarbeitet werden können.

5.3.6 Methodische Reflexion

Die Beobachtung, dass in der Stichprobe mit WhatsApp-Chats deutlich mehr Belege für V2-*weil* (26 von 98) vorkommen als in der Stichprobe mit den Webchats (5 von 100), ist aus mikrodiachroner Perspektive sehr interessant, auch wenn sich die Befunde aufgrund der geringen Anzahl der untersuchten Belege nicht verallgemeinern lassen. Es ist aber tendenziell erkennbar, dass sich technische Entwicklungen, Veränderungen und Funktionserweiterungen auf Kommunikations- und Sprachformen sowie Interaktionsstrukturen auswirken können (vgl. Storrer 2017a: 271). Die Unterschiede zwischen den untersuchten Kommunikationsformen (vgl. dazu Steinsiek 2021: 22) können folglich als eine Facette intensiven Ausbaus (vgl. Storrer 2013: 332), also als Anpassung auf die Herausbildung neuer Diskursformate und Kommunikationssituationen, eingeordnet werden. Da alle Stichproben randomisiert wurden, ist zudem davon auszugehen, dass sie zumindest für die in den Korpora jeweils zusammengestellten Daten repräsentativ sind.

Bei allen in den Untersuchungen vorgenommenen Klassifizierungen und Interpretationen handelt es sich um pragmatisch sowie interaktional-linguistisch informierte, aber subjektiv getroffene Entscheidungen. Um spekulative Zuordnungen zu vermeiden, wurden Belege gesprochener Sprache, die akustisch unverständlich waren (vgl. Steinsiek 2021: 59), sowie Belege internetbasierter Kommunikation, die aufgrund von Sprachbarrieren oder mangelndem sprachlichen Kontext nicht eindeutig zuordenbar waren, von der Untersuchung ausgeschlossen.

Die Frage, welche Funktionen *weil* unabhängig von seiner syntaktischen Integration übernimmt, bzw. die Hypothese 1-2, dass auch in VL-*weil*-Sätzen epistemisch- und sprechhandlungsbezogen-kausale Verwendungen vorkommen, wurde in diesem Beitrag nur anhand der MoCoDa2-Stichprobe untersucht und ausgewertet. Ein explorativer Blick in die Stichproben aus FOLK und dem Dortmunder Chat-Korpus, für die in Steinsiek (2021) nur V2-*weil*-Verwendungen nach Funktionstypen klassifiziert wurden, zeigt aber, dass der Konnektor auch in anderen Kommunikationsformen unabhängig von seiner syntaktischen Integration pragmatisch ausdifferenziert ist.

In Beispiel 5-18 aus einem Webchat findet sich ein VL-*weil*, das als sprechhandlungsbezogen-kausal gedeutet werden könnte. Der Chatter Emon realisiert durch den Inflektiv „stein werf" in seinem Beitrag (197) gewissermaßen einen performativen Sprechakt, indem er in einer fiktiven Situation beschreibt, was er tut. Diese Sprechhandlung begründet er anschließend mit einem VL-*weil*-Satz, aus dem hervorgeht, dass er nur deshalb einen (fiktiven) Stein wirft, „weil hier kein Schnee ist". Die ASCII-Art, die Zeichenfolge „= = = = =(((O", soll möglicherweise einen fliegenden Stein veranschaulichen, was durch die Interjektion „Hui!" zudem sprachlich untermalt wird.

Datenbeispiel 5-18 [DCK 2221005#197]

197 Emon   *stein werf, **weil** hier kein schnee ist* = = = = =(((O Hui!
198 doridoro *wammm* @denza
199 system   erdbeere_w betritt den Raum.
200 doridoro hihi, volltreffer

Beispiel 5-19 zeigt einen besonders interessanten Fall einer *weil*-Verwendung, die sich trotz Verbzweitstellung nach den in diesem Beitrag referierten Definitionen als Diskursmarker begründen lässt, da GK damit (Z. 0348) ihre längere Erzählsequenz einleitet:

Datenbeispiel 5-19 [FOLK_E_00346_SE_01_T_02]

```
0346 GK ((schmatzt)) und ich mein dass ich mich da jetz nich äh [dass
        ich m nich]
0347 SF [aber am abi war]t ihr waren j[a auch alle da
        ((unverständlich))]
0348 GK [jaha (.) ja klar ich mein ich m ich] äh ich unterhalt mich
        jetz [nich äh] stundenlang aber guten tach guten weg ne
        ((unverständlich)) °h weil dann auch viele sachen gewesen sind
        äh °h damals was ich ma ((Sprechansatz)) was (.) f was ich
        nich schön fand oder so und äh frank war auch immer_n typ °h
        gut der hat da auch unterhalt gezahlt das hat er alles gemacht
        aber wenn irgendwie was war öh °h gut dann war natürlich immer
        siegmund der äh oder wenn [irgendwie was] is sprechen die
        kinder siegmund an oder so ne °h ähm (.) äh un das is auch_n
        ganz anderer typ irgendwie aber gut so isses halt trotzdem
        mein ich äh (.) äh en normales (.) umge[hn miteinander] sollte
        mög[lich sein ne] °h [auch wenn ich] mich da jetz nich in (.)
        stundenlanger konversation da ergieße oder so °h das möcht ich
        au nich aber (.) äh °h und für_en maximilian öh (.) er sacht
        auch is mein vater er sacht natürlich auch zu mir hör mal ey
        ähm °hh öh ich geh da hin un so aber im endeffekt kenn ich ihn
        nich h°
```

Anhand weiterer und größerer Stichproben zu untersuchen, ob sich weitere solcher Belege finden lassen, könnte eine interessante Anschlussstelle für Folgeuntersuchungen sein.

5.3.7 Anschlussstellen für Folgeuntersuchungen

Für Folgeuntersuchungen bieten sich verschiedene Anschlussstellen an, die thematisch auch für wissenschaftliche Haus- und Abschlussarbeiten geeignet sind: Interessant wären korpusvergleichende Untersuchungen zu *weil* in anderen Plattformen, Settings, Kommunikationsformen, kommunikativen Gattungen und Sprachregionen, beispielsweise:

- Blogeinträge und -kommentare (DWDS-Blogkorpora, s. ▶ Abschn. 4.3.1.3)
- YouTube-Kommentarthreads (Korpus NottDeuYTSch, s. ▶ Abschn. 4.3.1.4)
- Facebook-Profileinträge, -Kommentare und -Privatchats (DiDi-Korpus, s. ▶ Abschn. 4.3.1.6)
- Transmodale Interaktionen (vgl. König 2021a, 2021b, 2024), in denen schriftliche Beiträge mit Audio-Postings kombiniert werden (MoCoDa2, s. ▶ Abschn. 4.3.1.1)
- Textorientiertes Schreiben, z. B. Sprache in Printmedien wie Zeitungen (DEREKO, s. ▶ Abschn. 4.3.3.1; DWDS-Kernkorpus, s. ▶ Abschn. 4.3.3.2)
- Andere Sprachregionen (Schweiz: WhatsUp, Switzerland?, s. ▶ Abschn. 4.3.1.5; Südtirol: DiDi-Korpus, s. ▶ Abschn. 4.3.1.6) oder Sprachen (Englisch: GloWbE oder COCA, Finnisch: Suomi 24, Französisch: CoMeRe, Niederländisch: SoNaR, Slowenisch: JaNeS, Walisisch: CorCenCC, weitere (europäische) Sprachen: Wikipedia-Korpora in DEREKO, s. ▶ Abschn. 4.3.1.7 und 4.3.1.2)
- Ältere Formen digitaler Kommunikation, z. B. SMS-Kommunikation (sms4science.ch, s. ▶ Abschn. 4.3.2.2; MoCoDa1)

❓ Arbeitsaufgaben

1. Führen Sie eine eigene Korpusrecherche zu *weil* mit Verbzweitstellung im Korpus *Blogs* (▶ https://www.dwds.de/d/korpora/blogs), das Blog-Beiträge sowie Kommentare enthält und das ohne vorherige Anmeldung im DWDS frei zugänglich ist, durch.
   a) Informieren Sie sich unter ▶ https://www.dwds.de/d/korpussuche über die Suchabfragesprache und Recherchemöglichkeiten des DWDS und erläutern Sie die Funktionsweise des folgenden Suchausdrucks: /weil/gi WITH $p=KOUS
   b) Recherchieren Sie im frei verfügbaren Korpus *Blogs* im DWDS das Token *weil*. Nutzen Sie dafür einen Suchausdruck, mit dem Groß-/Kleinschreibung ignoriert wird und mit dem Sie Treffer erhalten, in denen *weil* als Konnektor (und nicht z. B. als Eigenname für die Stadt Weil am Rhein) verwendet wird.
   c) Lassen Sie sich 100 *zufällig* sortierte Treffer in der Ansicht *maximal* anzeigen, um den vollen Belegtext einsehen zu können.
   d) Sichern Sie zunächst Ihr Suchergebnis in einer für Sie geeigneten Form, indem Sie z. B. am Seitenende auf „Treffer exportieren" klicken und das gewünschte Treffer- und Dateiformat wählen (z. B. csv).
   e) Importieren Sie Ihre Trefferliste in ein Tabellenkalkulationsprogramm (z. B. in Excel: unter „Daten" auf „Aus Text/CSV" klicken, um die csv-Datei zu importieren, dann unter „Dateiursprung" die Kodierung UTF-8, unter „Trennzeichen" das Komma und unter „Datentyperkennung" die Einstellung „Basierung auf dem gesamten Dataset" auswählen).
   f) Klassifizieren und kodieren Sie Ihre 100 Treffer nach den Kategorien VL-*weil*, V2-*weil*, Andere, nicht entscheidbar und Pseudotreffer.

g) Analysieren Sie Ihre Treffer und ordnen Sie sie einem der Funktionstypen nach Günthner (2008) zu.
2. Setzen Sie die Befunde aus Ihrer eigenen Untersuchung zu *weil* im Korpus *Blogs* im DWDS in Vergleich zu den Beobachtungen der in diesem Kapitel vorgestellten Fallstudie zu *weil* in der MoCoDa2. Diskutieren Sie Gemeinsamkeiten und Unterschiede unter Berücksichtigung der unterschiedlichen Rahmenbedingungen der Kommunikationsformen (Blog-Texte und Kommentare vs. WhatsApp).

5.4 Pragmatisierung von Interpunktionszeichen: Funktionale Analyse von Auslassungspunkten in der deutschen und chinesischen Messenger-Kommunikation

In den ▶ Kap. 2 und 3 sind wir bereits verschiedentlich auf Auslassungspunkte als Ressourcen der multimodalen Gestaltung schriftlicher Äußerungen (s. ▶ Abschn. 2.4.3, Datenbeispiel 2-9) und als ein Beispiel für die **Pragmatisierung** (Umfunktionierung) schriftsprachlicher Mittel für die Zwecke der Interaktionsgestaltung eingegangen (s. ▶ Abschn. 3.2.1.3, Datenbeispiele 3-49 bis 3-51). Formen des Gebrauchs von Auslassungszeichen sind ein gutes Beispiel für den Sprachwandel durch internetbasierte Kommunikation, der sich nicht nur – wie im Fall der Emoticons und Emojis – im Aufkommen neuer Zeichentypen, sondern auch in der Adaption vorhandener Elemente aus dem schriftsprachlichen Inventar für die Zwecke der Interaktionskonstitution zeigt (s. ▶ Abschn. 3.1).

Auslassungspunkte stellen für den Einblick in Prozesse der Adaption schriftsprachlicher Mittel für Zwecke der Interaktion und Nähekommunikation einen besonders interessanten Fall dar. Sie haben kein unmittelbares Pendant in der gesprochenen Sprache, sondern sind genuin schriftsprachliche Mittel. Sie lassen sich in gesprochener Sprache nicht oralisieren, sondern bestenfalls paraphrasieren. Ihre Genese und ihr Gebrauch in nicht-digitaler Schriftlichkeit sind gut erforscht, und im amtlichen Regelwerk der deutschen Rechtschreibung existiert dazu eine kodifizierte Norm, die in der folgenden Regelformulierung zusammengefasst ist:

> § 99 Mit drei Punkten (Auslassungspunkten) zeigt man an, dass in einem Wort, Satz oder Text Teile ausgelassen worden sind. (AR 2018: 100)

Geläufig ist der Gebrauch von Auslassungspunkten (im Weiteren: **AP**) im Sinne dieser Regel zum Beispiel aus wissenschaftlichen Texten, wenn in Zitaten aus Werken anderer Autor:innen Passagen (Sätze, Teilsätze), die für die Argumentation nicht relevant sind, ausgelassen und entsprechend markiert werden. Betrachtet man den Gebrauch von AP in der internetbasierten Kommunikation, so fällt auf, dass AP dort vor allem in solchen Verwendungen auftreten, die nicht oder nur in einem weitgefassten Sinn von ‚Auslassung' unter die in § 99 des amtlichen Regelwerks gefasste Konvention fallen. Das gilt nicht nur für die deutschsprachige internetbasierte Kommunikation, sondern für die digitale Alltagsschriftlichkeit in vielen Sprachen, und zwar nicht nur in solchen, die sich des lateinischen Alphabets bedienen.

Die Datenbeispiele 5-20 bis 5-24 zeigen Ausschnitte aus Messenger-Interaktionen auf Deutsch, Französisch, Polnisch, Russisch und Chinesisch, in denen AP verwendet

5.4 · Fallstudie: Pragmatisierung von Interpunktionszeichen

sind. In Beispiel 5-20 wird mit den AP keine Auslassung markiert, sondern vielmehr der Adressatin der Äußerung (Christina) signalisiert, dass die in der gesprochenen Sprache häufig in abwertend-evaluativer Funktion verwendete Interjektion *pff* auf ihre vorigen beiden Äußerungen bezogen ist, wobei Johannes die damit markierte Bewertung gerade nicht verbalisiert, sondern Christinas eigener Rekonstruktion bei der Rezeption überlässt.

Datenbeispiel 5-20 (WhatsApp, deutsch)
Christina antwortet auf Johannes' Frage, ob sie ihn und einen Freund in Duisburg mit dem Auto abholen könne:

Christina
Selbst wenn ich könnte, würde ich das
jetzt sicher nicht machen 😬 😬 😄
#9 00:29

Christina
Hab selber Alkohol getrunken
#10 00:29

                        Johannes
                        ....pff 🙄
                        #11 00:29

In Beispiel 5-21 verhandeln zwei französische Studierende, die einer Seminarsitzung fernzubleiben planen, wie die Regelung bezüglich der Anwesenheitspflicht in der Lehrveranstaltung zu verstehen sei. Die AP im Posting #2 können zusammen mit der Äußerung „je sais pas" („ich weiß nicht') als Ausdruck des Zögerns von B hinsichtlich der möglichen Konsequenzen des Fernbleibens gelesen werden. Zugleich kennzeichnen sie eine thematische Verknüpfung der Äußerung „je sais pas" mit der im Posting nachfolgenden Äußerung „du coup j'ai vu dans le mcc que l'ue se validait à la presence" („ich habe im mcc gelesen, dass für das seminar anwesenheitspflicht besteht'), mit der eine Begründung für die mit den AP angezeigte Bewertungsunsicherheit geliefert wird, ohne dass die Relation zwischen den beiden Äußerungen sprachlich, etwa durch einen Konnektor (z. B. *denn*, *weil*), spezifiziert wird. Auch hier kennzeichnen die AP keine Auslassung; vielmehr wird mit ihnen eine Verknüpfung angezeigt, die der/die Adressat:in in der Rezeption selbst konstruieren muss.

Datenbeispiel 5-21 (WhatsApp, französisch)
Studierende:r A
Ok merci j'espère que ça va pas nous porter préjudice de pas y être
#1 17:41
OK danke ich hoffe wir geben kein allzu schlechtes Bild ab wenn wir nicht da sind

Studierende:r B
Je sais pas... du coup j'ai vu dans le mcc[1)] que l'ue[1)] se validait à la presence
#2 17:42
Ich weiß nicht... ich habe im mcc gelesen, dass für das Seminar Anwesenheitspflicht besteht

Studierende:r B
Mais jsp ce que ça veut dire
#3 17:42
Aber ich weiß nicht, wie das zu verstehen ist

Studierende:r B
Si genre 1 absence ça passe ou pas
#4 17:43
Ob man 1 Mal fehlen darf oder nicht

[1)] Erläuterungen: *mcc* = modalités de contrôle des connaissances (*Modalitäten der Wissensüberprüfung*), ue = unité d'enseignement (*Lehrveranstaltung*).

Beispiel 5-22 zeigt vier Postings, die eine polnische Mutter an ihre deutsche Nichte schreibt und in der sie diese bittet, einen von ihrem Sohn Antoś als Hausaufgabe für die Schule verfassten, polnischsprachigen Text ins Deutsche zu übersetzen. Die AP am Ende von Posting #3 können als Markierung gelesen werden, dass die Ausführungen noch nicht abgeschlossen sind (Fortsetzungsmarkierung); in Orientierung an mündlichen Interaktionen kann das als eine Praktik der Selbstwahl gedeutet werden, mit der die Schreiberin der Adressatin ihres Postings anzeigt, dass sie ihren Beitrag zur Interaktion noch fortführen möchte. Zugleich können die AP hier aber auch als Mittel gelesen werden, die Adressatin dazu anzuregen, zu inferieren, weshalb, wie in Posting #1 geäußert, die Schreiberin mit der Bitte um einen großen Gefallen gerade auf sie zukommt: Antoś muss für die Schule einen deutschsprachigen Text verfassen, (2) seine Mutter ist nicht in der Lage, ihm dabei zu helfen, ⇒ Schlussfolgerung: Deshalb bittet sie ihre deutschsprachige Nichte um Hilfe. Die Nachfolgeäußerungen in den Postings #3 und #4 benennen anschließend Kriterien und situative Bedingungen für die Hausaufgabe (= Fertigstellung bis Mittwoch, Aufgabenstellung, Erwartungshorizont, aktueller Stand des Textentwurfs).

5.4 · Fallstudie: Pragmatisierung von Interpunktionszeichen

Datenbeispiel 5-22: WhatsApp (polnisch)

[Antoś' Text in polnischer Sprache]
#1 21:01

Tante: Kochana mam do Ciebie ogromna prośbę – czy mogłabyś mi to przetłumaczyć na niemiecki
#2 21:02
Meine Liebe, ich möchte dich um einen großen Gefallen bitten – könntest du das hier [= Antoś' Text, der in einer vorigen Nachricht übermittelt wurde] *für mich ins Deutsche übersetzen?*

Tante: Antoś ma na środę opisać swój dzień, a ja mu raczej nie pomogę. ...
#3 21:04
Antoś soll bis zum Mittwoch seinen Tag beschreiben und ich werde ihm vermutlich nicht helfen können....

Tante: To musi być napisane prostymi słowami, Antoś napisał to po polsku, a jutro będziemy próbowali to przetłumaczyć, ale Twoja pomoc byłaby dla nas ogromnym ułatwieniem. Dziękuje Ci bardzo z góry
❤️❤️❤️❤️❤️❤️❤️❤️❤️❤️❤️
#4 21:06
Er soll in einfacher Sprache verfasst sein, Antoś hat ihn auf Polnisch geschrieben, und morgen werden wir versuchen, ihn zu übersetzen, aber deine Unterstützung wäre eine große Hilfe für uns. Danke im Voraus
❤️❤️❤️❤️❤️❤️❤️❤️❤️❤️❤️

In Beispiel 5-23 bittet eine russische Studentin ihre Privatlehrerin um die Verschiebung eines Nachhilfetermins. In Posting #1 verwendet sie an zwei Stellen AP: Die erste Verwendung steht an der Grenze zweier Ganzsätze (Мне ужасно не удобно | но меня пригласили на день рождение), die standardschriftlich auch mit einem syntaktischen Interpunktionszeichen markiert werden könnte. Die Schreiberin entscheidet sich stattdessen aber für die AP, was annehmen lässt, dass sie die Grenze zwischen den beiden Sätzen nicht nur als syntaktische Grenze verstanden wissen möchte; mit Blick auf das im Posting vorgebrachte Anliegen können die AP unter pragmatischer Perspektive zudem als graphostilistisches Signal gedeutet werden, mit dem die Schreiberin ausdrücken möchte, dass sie zögert bzw. sich überwinden muss, der Lehrerin ihre Bitte um die Terminverschiebung vorzutragen, die mit dem auf die AP folgenden Satz formuliert wird. Die zweite AP-Verwendung ist unmittelbar an die Bitte angeschlossen, ihr ist zudem ein Emoji nachgestellt, das ein weinendes Gesicht abbildet. Die Bitte um Verschiebung kann nach dem *Face-work*-Ansatz von Brown und Levinson (2007) als eine sprachliche Handlung beschrieben werden, die für die Lehrerin potenziell gesichtsbedrohend ist, da sie deren Autonomie einschränkt und sie, im konkreten Fall, dazu veranlassen soll, ihre Terminplanung zu ändern. Die AP können in diesem Kontext und im Zusammenspiel mit dem Emoji als Andeutung interpretiert werden, mit der die Studentin signalisieren möchte, dass sie sich dieser Gesichtsbedrohung bewusst ist. Sie fungieren somit als ein Mittel kommunikativer Höflichkeit – eine Funktion, die die Adressatin für die AP in der Rezeption allerdings selbst konstruieren muss; die Leerstelle, die die AP eröffnen, muss von ihr vor dem Hintergrund des gegebenen Kontexts also selbst gefüllt werden.

Datenbeispiel 5-23 (WhatsApp, russisch)

Studentin
Здравствуйте! Мне ужасно не удобно... но меня пригласили на день рождение 👉👈 Сможем ли мы позаниматься после 7??...😭
#1 21:51
Hallo! Mir ist es sehr unangenehm... aber ich wurde auf einen Geburtstag eingeladen 👉👈 Könnten wir den Unterricht auf nach 7 verlegen??...😭

Lehrerin
Здравствуй! Не проблема) В пол 8?
#2 21:52
Guten Abend! Kein Problem) Um halb 8?

Studentin
Даа!
#3 21:52
Jaa!

Zuletzt betrachten wir in Beispiel 5-24 einen Ausschnitt aus einer chinesischen We-Chat-Interaktion zweier Freundinnen, die sich zu ihrer Abendplanung austauschen (zu den Funktionalitäten des WeChat-Messengers im Vergleich mit WhatsApp vgl. Szurawitzki 2022). Hier reagiert Tingting mit einer offensichtlich dispräferierten Antwort auf Mengjias Frage, ob die beiden am Abend zusammen ausgehen. Sie beginnt ihr Posting mit der Interjektion 诶 (‚oh'), gefolgt von sechs Auslassungspunkten, bevor sie der Frage ihrer Freundin eine Absage erteilt. Mit den AP wird keine Auslassung markiert; vielmehr können sie – wie auch im russischen Beispiel – als Nachbildung eines Zögerns in der gesprochenen Sprache gedeutet werden, mit der angezeigt wird, dass es Tingting nicht leichtfällt, ihrer Freundin abzusagen. Das Beispiel illustriert – wie übrigens auch die Beispiele 5-22 und 5-23 –, dass AP in der internetbasierten Kommunikation auch Aufgaben im Rahmen von Praktiken des höflichen Handelns (*face work*) übernehmen.

Datenbeispiel 5-24 (WeChat, chinesisch)

Mengjia

我们还出去嘛不出去我就下午再洗澡了
#1 09:44
Gehen wir aus? Wenn nicht, warte ich bis heute Nachmittag, um zu duschen

        Tingting
        诶……我猜, 可能, 不出去了 #2 11:32
        Oh…… ich schätze, das wird heute nichts mehr mit dem Ausgehen

Die vier Beispiele illustrieren, dass AP in der interaktionsorientierten Schriftlichkeit Funktionen übernehmen, die von § 99 des amtlichen Regelwerks nicht – oder bestenfalls in einem sehr weitgefassten Sinne – als ‚Auslassung' erfasst wird: Sie kennzeichnen thematische Kontinuität zu einer Vorgänger- oder Folgeäußerung (Beispiele 5-20 bis 5-22), bilden Elemente mündlicher Interaktionssituationen nach (Zögern, Beispiel 5-23), dienen der Aktivierung von Schlussverfahren bei der Adressatin (Beispiel 5-22) und übernehmen Aufgaben im Rahmen von Höflichkeitsstrategien (Beispiele 5-22 und 5-23). Dass die Umfunktionierung von AP, die in der geschriebenen Standardsprache für die Zwecke der Interaktion nicht nur in der deutschsprachigen Messaging-Kommunikation, sondern auch in anderen Sprachen – auch solchen, die dem Deutschen typologisch nicht verwandt sind und sich eines anderen Schriftsystems bedienen – vorkommen, macht es aus linguistischer Sicht besonders spannend, empirisch genauer unter die Lupe zu nehmen, ob Praktiken der AP-Verwendung in der internetbasierten Kommunikation sprachenspezifisch sind oder ob sie sich auch übergreifend zu Einzelsprachen nachweisen lassen. Das ist der Fokus, den wir in der im Folgenden beschriebenen Fallstudie setzen möchten. Als Vergleichspaar wählen wir dafür neben dem Deutschen mit dem Chinesischen diejenige Sprache, die unter den oben beschriebenen Beispielen dem Deutschen sprachtypologisch am fernsten ist. Die Fallstudie basiert auf dem englischsprachigen Forschungsbeitrag Steinsiek et al. (2025), in dem sich die Untersuchung ausführlicher nachlesen lässt.

5.4.1 Fragestellungen und Bezug zum Stand der Forschung

Die Untersuchung legt ein Inventar an Funktionstypen zugrunde, die von Beißwenger und Steinsiek (2023) anhand der Untersuchung einer Beleg-Stichprobe aus dem MoCoDa2-Korpus (s. ▶ Abschn. 4.3.1.1) für den Gebrauch von AP in deutschsprachigen WhatsApp-Interaktionen beschrieben wurde. Ziel der Untersuchung ist es zu ermitteln, inwieweit sich diese Funktionstypen auch für die Beschreibung des AP-Gebrauchs in chinesischsprachigen WeChat-Interaktionen eignen.

Entsprechend verfolgt die Untersuchung zwei Fragestellungen:

- **Forschungsfrage 1**: Lassen sich die in Beißwenger/Steinsiek (2023) für den AP-Gebrauch in der deutschsprachigen WhatsApp-Interaktion beschriebenen Funktionstypen auch in chinesischsprachigen WeChat-Interaktionen nachweisen?
- **Forschungsfrage 2**: Wie sind die Vorkommen der Funktionstypen in vergleichbaren Stichproben aus der deutschsprachigen und chinesischsprachigen Messenger-Interaktion verteilt?

Die beiden Forschungsfragen lassen sich auch als Forschungshypothesen formulieren, deren Zutreffen oder Nichtzutreffen im Rahmen der Untersuchung empirisch geprüft werden soll:
- **Hypothese 1**: Die in Beißwenger/Steinsiek (2023) für die deutschsprachige WhatsApp-Interaktion beschriebenen Funktionstypen lassen sich auch in chinesischsprachigen WeChat-Interaktionen nachweisen.
- **Hypothese 2**: Die Vorkommen der Funktionstypen in vergleichbaren Stichproben aus der deutschsprachigen und chinesischsprachigen Messenger-Interaktion sind gleich verteilt.

Die Hypothese 2 ist dabei vom Ergebnis der empirischen Prüfung der Hypothese 1 abhängig: Wenn die Untersuchung eine Falsifizierung der Hypothese 1 ergibt, kann die Hypothese 2 nicht untersucht werden, weil sie nicht mehr relevant ist. Die Hypothese 1 kann dann als verifiziert gelten, wenn sich mit den zugrunde gelegten Funktionstypen sämtliche AP-Vorkommen im chinesischsprachigen Datenset klassifizieren lassen. Sie hat auch dann als falsifiziert zu gelten, wenn sich nur ein Teil der AP-Vorkommen im WeChat-Datenset als mit den Funktionstypen klassifizierbar erweist. Im Fall einer Falsifizierung der Hypothese 1 werden die Ergebnisse der Untersuchung dennoch informativ sein: Auf der Grundlage des Nachweises, dass AP-Verwendungen in der chinesischsprachigen WeChat-Kommunikation nicht dieselben Funktionen übernehmen wie ihre Pendants in der deutschsprachigen WhatsApp-Kommunikation, kann eine Anschlussuntersuchung ausschließlich zu den chinesischsprachigen Daten auf die Identifikation von Funktionstypen im Chinesischen ausgerichtet werden; ein Vergleich der AP-Funktionen in den beiden Sprachen ist dann erst in einem dritten Schritt und durch einen Vergleich der für beide Sprachen separat ermittelten Funktionstypen möglich.

Bezug zum Stand der Forschung Bevor wir die Datensets beschreiben, die der Untersuchung zugrunde liegen, das methodische Vorgehen erläutern und die Ergebnisse zu den beiden Forschungsfragen darstellen, geben wir zunächst unter Bezug auf die Forschungsliteratur einen Überblick dazu, was es bedeutet, Interpunktionszeichen und insbesondere Auslassungspunkte unter einer funktionalen, pragmatischen Perspektive zu betrachten. Eine Orientierung über den Stand der Forschung ist wichtig, um die Motivation für die Untersuchung genauer nachvollziehen und die Ergebnisse der Untersuchung vor dem Hintergrund des Wissens über den Gebrauch von AP in Textsorten der geschriebenen Standardsprache und in der internetbasierten Kommunikation einordnen zu können.

Bereits Meibauer (2007) hat, allerdings ohne empirische Fundierung, darauf aufmerksam gemacht, dass AP in der Schriftlichkeit nicht nur für die Kennzeichnung von Auslassungen (*Auslassungsfunktion*), sondern darüber hinaus auch als Fortsetzungsmarkierung (*Fortsetzungsfunktion*), zur Markierung verbundener Aussagen oder Äußerungsteile (*Verbindungsfunktion*) oder zur Kennzeichnung von Andeutungen (*Andeutungsfunktion*) gebraucht werden, mit denen der/die Leser:in aktiviert werden soll, Nicht-Gesagtes oder Gemeintes selbst zu ergänzen.

Befunde zur Geschichte und Systematik von Interpunktionszeichen bestätigen weiterhin, dass AP schon vor der Normierung ihres Gebrauchs in der geschriebenen Standardsprache in bestimmten Textsorten in stilistischer Funktion gebraucht wurden. Das gilt insbesondere für die Figurenrede in literarischen Texten, was Parkes (1992) als Ausdruck einer Simulation von Merkmalen der gesprochenen Sprache mit den Mitteln des Schriftsystems beschreibt:

» „However, the written medium had become so independent of that of the spoken medium having its own complex conventions, that the expectation that one could represent spoken discourse in a work of fiction was itself an illusion. [...] The novelist was obliged to impose on readers the responsibility of reconstructing speech, requiring them to contribute their own experience of actual conversation to foster that illusion, and to accept what they found in the text as a record of dialogue. To induce this reaction novelists developed special conventions involving choice of vocabulary and syntactical features, but they also imposed new conventions of layout and punctuation upon the printer to make it as clear to the reader as possible that the representation of spoken language was intended." (Parkes 1992: 93)

Als Beispiele für grafische Mittel, die von englischen Autor:innen des 18. Jahrhunderts für diese Zwecke in Dienst genommen wurden, nennt Parkes den Gedankenstrich und die Iteration von Punkten.

Betrachtet man den **Gebrauch von AP in literarischen Texten**, lassen sich unter funktionaler Perspektive auffällige Parallelen zum Gebrauch von AP in der internetbasierten Kommunikation feststellen. Dabei ist freilich zu beachten, dass in literarischen Texten keine natürlichen Personen spontansprachlich miteinander interagieren, sondern dass es sich um simulierte Interaktionen zwischen literarischen Figuren handelt, die das Ergebnis einer bewussten, stilistisch motivierten, sprachlichen Gestaltung ist, mit der u. a. die Innerlichkeit der Figuren erfahrbar gemacht oder die Figuren durch die ihnen in den Mund gelegte Sprechweise als Angehörige einer bestimmten Gesellschaftsschicht charakterisiert werden sollen (sehr gute Beispiele für die Figurencharakterisierung durch fingierte konzeptionelle Mündlichkeit sind das bürgerliche Trauerspiel „Kabale und Liebe" von Friedrich Schiller sowie Dramen des Naturalismus). In der internetbasierten Kommunikation haben wir es hingegen mit authentischer Interaktion zwischen natürlichen Personen zu tun; eine Parallele zum stilistischen Gebrauch von AP in literarischen Texten ist zwar gegeben, der Schluss, es handele sich bei Praktiken des AP-Gebrauchs in privaten Messenger-Interaktionen um literarische Sprache, ist aber unzulässig, da hier in aller Regel spontansprachlich formuliert wird (Ausnahmen bestätigen die Regel). Es erscheint aber durchaus legitim, das, was sich mit Blick auf die orthographische Norm (die sich auf Texte der geschriebenen Standardsprache bezieht) und die Besonderheiten des AP-Gebrauchs in der internetbasierten Kommunikation als Pragmatisierung beschreiben lässt, im Lichte der schriftsprachlichen Tradition in Werken der Literatur als eine Re-Orientierung des Gebrauchs an schriftsprachlichen Praktiken zu beschreiben, die auch schon lange vor der internetbasierten Kommunika-

Abb. 5.9 Auslassungspunkte im Comic. (Quellen: *Lustiges Taschenbuch* 142, 1990, S. 148/*Too Much Coffee Man Saves the Universe*, 1997, S. 1)

tion in Gebrauch waren und die die Schreiber:innen aus literarischen Texten kennen. Dabei ist nicht nur an die sog. ‚Hochliteratur' zu denken, sondern auch an Formen der sog. ‚populären' Literatur wie etwa Comics (vgl. ■ Abb. 5.9).

Zentral für den AP-Gebrauch in literarischen Texten ist der Hinweis bei Parkes (s. o.), dass für deren Funktion die Mitwirkung der Leserin bzw. des Lesers an der Bedeutungskonstruktion erforderlich ist – ein Aspekt, der auch der schriftsystematischen Analyse des Interpunktionssystems im Deutschen von Ursula Bredel (2011) zugrunde liegt. AP-Verwendungen gleich welcher Art haben nach Bredel gemeinsam,

> „dass sie den Leser instruieren, an der mit den Auslassungspunkten gekennzeichneten Stelle sein Wissen zu aktivieren, um nicht ausgedrückte Informationen zu ergänzen" (Bredel 2011: 47).

Als grafische Einheiten der Textgestaltung sind AP dadurch ausgezeichnet, dass sie – gemeinsam mit dem Gedankenstrich – das *Scannen* schriftsprachlicher Äußerungen im Leseprozess unterstützen und dabei – im Unterschied zu Divis und Apostroph, die ebenfalls *Scanzeichen* sind – auf der Textebene operieren und den/die Leser:in beim Aufbau einer „Textkartographie" unterstützen (vgl. Bredel 2011: 25).

Die Spezifik der **Austauschprozesse von Schreiber:in und Leser:in** stellen einen zentralen Punkt von Bredels Analyse des Interpunktionssystems dar: Der Abgleich zwischen Schreiber:in und Hörer:in wird als „eine Relation von Geben (Schreiben/Enkodieren) und Nehmen (Lesen/Dekodieren)" (ebd.: 29) aufgefasst (*aktionale Dimension*), bei dem das für die Herstellung von Sinn und Verstehen benötigte Wissen zwischen

5.4 · Fallstudie: Pragmatisierung von Interpunktionszeichen

den Akteur:innen in spezifischer Weise verteilt ist (*epistemische Dimension*). Die Defaultannahme besteht darin, dass alles Wissen bei dem bzw. der Schreiber:in liegt; er bzw. sie kann sich anhand bestimmter Praktiken aber auch „selbst zum Nichtwissenden und den Leser zum Wissenden mach[en]" (ebd.:), sodass der bzw. die Leser:in für das Textverstehen selbst Gebende:r werden, Wissensressourcen aktivieren und eigene Bedeutungselemente in die bei der Lektüre aufgebaute mentale Repräsentation des Textes einbringen muss; die *interaktionale Dimension* – bei Bredel verstanden als das Rollenverhältnis von Schreiber:in und Leser:in bei der Lektüre redigierter Texte, die typischerweise für die zeitlich zerdehnte Kommunikation konzipiert sind – ändert sich. Dies wird besonders augenfällig im Falle der AP, für deren Deutung von dem bzw. der Leser:in je nach Funktion unterschiedliche Wissensressourcen aktiviert werden müssen.

Bredel wendet ihre funktionale Analyse von AP nicht nur auf den AP-Gebrauch gemäß des amtlichen Regelwerks an, sondern auch auf die oben schon genannten, von Meibauer (2007) unterschiedenen Funktionen (Auslassungsfunktion, Fortsetzungsfunktion, Verbindungsfunktion und Andeutungsfunktion). Bredel gruppiert diese vier Funktionstypen nach der Art der Wissensressourcen, die von der Leserin bzw. dem Leser aktiviert werden müssen, um den Bedeutungsbeitrag der AP im gegebenen Kontext zu rekonstruieren, und unterscheidet zwischen der „Aktivierung von Wissen, das im Text nicht gegeben ist" (Auslassungs- und Andeutungsfunktion) und der „Re-Aktivierung von Wissen, das im Text gegeben ist" (Fortsetzungs- und Verbindungsfunktion) (Bredel 2011: 47).

Auslassungspunkte in der internetbasierten Kommunikation   Einen Überblick über den Stand der internationalen Forschung zu Auslassungspunkten in der internetbasierten Kommunikation gibt Jannis Androutsopoulos (2020). Androutsopoulos untersucht ein selbst erhobenes Datenset mit 353 Postings griechischer Gymnasiast:innen auf Facebook und beschreibt dabei u. a., welche Funktionen AP in unterschiedlichen Positionen (beitragsinitial, -medial-, final oder beitragswertig) übernehmen. Androutsopoulos konstatiert, dass die Kennzeichnung von lexikalischen und syntaktischen Auslassungen (im Sinne des amtlichen Regelwerks bzw. der Auslassungsfunktion bei Meibauer 2007) in den untersuchten Daten „praktisch keine Rolle" spiele (ebd.: 154). Stattdessen werden in beitragsfinaler Position mit den AP häufig Andeutungen markiert und für die beitragsmediale Position ist die „Funktion der Segmentierung bzw. Binnengliederung" zentral (ebd.: 150) (= Verbindungsfunktion i. S. v. Meibauer 2007). Beitragsmediale AP bezeichnet Androutsopoulos daher als „eine Art Allzweck-Segmentierer" (ebd.: 155) und führt ihr Potenzial zur Steuerung von Lese- und Verarbeitungsprozessen auf die visuelle Salienz der Zeichen zurück, die mehr Fläche einnehmen als andere Interpunktionszeichen sowie zudem links und rechts durch Leerzeichen abgegrenzt werden (ebd.: 54–55).

Busch (2021: 308–410) untersucht in einer Studie zur Registervariation deutschsprachiger Schüler:innen ein WhatsApp-Korpus, in dem 952 AP-Verwendungen belegt sind. Auch er analysiert seine Belege unter strukturellen und topologischen Gesichtspunkten und beschreibt ausgewählte Belege anhand der von Meibauer (2007) vorgeschlagenen Funktionstypen. Dabei zeigt er unter anderem, dass AP als Höflichkeits- und Kohäsionsmittel eingesetzt werden und weiterhin als Mittel der „interaktionalen

Staffelübergabe" (ebd.: 391) – im Sinne einer Fremdwahl – Verwendung finden. Dabei können sich in einer AP-Verwendung auch mehrere dieser Funktionen überlagern, da sich AP charakteristischerweise durch eine „semiotische Offenheit für die Interpretation" auszeichnen (Busch 2021: 405).

Die Untersuchung von Beißwenger und Steinsiek (2023) knüpft an die Befunde von Androutsopoulos (2020) und Busch (2021) sowie an die schriftsystematisch-funktionale Modellierung von AP bei Bredel (2011) an. Anhand der qualitativen, pragmatischen Analyse einer randomisierten Stichprobe von 108 Korpusbelegen aus WhatsApp-Interaktionen entwickeln sie eine Funktionstypologie für den AP-Gebrauch beim interaktionsorientierten Schreiben in deutschsprachigen WhatsApp-Chats, die vier Hauptfunktionen unterscheidet:

- **Auslassen**: Bei diesem Funktionstyp wird mit dem Gebrauch der AP angezeigt, dass an dieser Stelle ein Textelement ausgelassen wurde. Dieser Funktionstyp entspricht der Verwendung von AP als Auslassungszeichen in der geschriebenen Standardsprache, so wie sie im amtlichen Regelwerk festgelegt ist.
- **Andeuten**: Beim Andeuten wird – anders als beim Auslassen – kein konkretes, rekonstruierbares sprachliches Material ausgelassen. Stattdessen deuten die AP an, dass Verfasser:innen mit ihrem Beitrag mehr oder etwas anderes ausdrücken wollen, als tatsächlich geäußert wird. Damit wird dem/der Leser:in die Verantwortung übertragen, auf Grundlage von Annahmen über Einstellungen oder von gemeinsamem Wissen zum Thema zu schlussfolgern, was tatsächlich gemeint ist.
- **Organisieren**: Beim Organisieren werden AP als Mittel der Interaktionsorganisation eingesetzt, typischerweise zur Markierung einer Fremd- oder Selbstwahl.
- **Segmentieren**: Als Segmentierer dienen AP typischerweise zur visuellen Kennzeichnung der Grenzen zwischen Sätzen, syntaktischen Komponenten oder kommunikativen Einheiten.

Diese Typologie liegt der nachfolgend beschriebenen Korpusuntersuchung zugrunde. Wir werden bei der Ergebnisdarstellung in ▶ Abschn. 5.4.4 auf die Funktionstypen zurückkommen und dann auch Korpusbelege für die einzelnen Typen und die dazu von Beißwenger/Steinsiek (2023) unterschiedenen Subtypen präsentieren.

5.4.2 Datengrundlage

Die Datengrundlage für die Untersuchung bildeten das **MoCoDa2-Korpus** zur deutschsprachigen WhatsApp-Interaktion (▶ Abschn. 4.3) sowie ein **Korpus chinesischsprachiger WeChat-Interaktionen**. Das **WeChat-Korpus** wurde in einem Projekt des Germanistischen Instituts der Universität Münster und der Deutschen Fakultät der Xi'an International Studies University (XISU) aufgebaut. Es umfasst 413 WeChat-Interaktionen mit > 8.200 Postings, die von Germanistikstudierenden der XISU gespendet wurden. Die Daten im Korpus liegen in Form von nicht weiter linguistisch aufbereiteten Screenshots sowie dazu angefertigten Transkripten vor. Das Korpus ist nur lokal an der XISU zugänglich und nicht online verfügbar. Nach den Differenzierungen aus s. ▶ Abschn. 4.2.1 (◻ Abb. 4.1) handelt es sich somit um ein *nicht zugängliches Korpus im weiteren Sinne*.

5.4 · Fallstudie: Pragmatisierung von Interpunktionszeichen

Erhebung und Aufbereitung randomisierter Korpusstichproben Die Datengrundlage für die sprachvergleichende Untersuchung von AP in Messenger-Interaktionen bilden randomisierte Stichproben vergleichbarer Größe, die aus den beiden Korpora erhoben wurden.

Als Stichprobe für die deutschsprachige WhatsApp-Kommunikation wurde dabei dieselbe Stichprobe verwendet, die in Beißwenger/Steinsiek (2023) für die Validierung der oben beschriebenen Funktionstypologie des AP-Gebrauchs erhoben und verwendet wurde.

> **Definition**
>
> Im Unterschied zu einer **opportunistischen Stichprobe** des Sprachgebrauchs, bei der ohne weitere Selektionskriterien sämtliche Daten Teil der Stichprobe werden, die zum Erhebungszeitpunkt verfügbar sind, handelt es sich bei einer **randomisierten Stichprobe** um eine Auswahl von Daten, bei der alle zur Verfügung stehenden Dateneinheiten die gleiche statistische Chance haben, Teil der Stichprobe zu werden. Man spricht diesbezüglich auch von einer **Zufallsstichprobe**.

Zufall ist in diesem Zusammenhang nicht (entsprechend der Vagheit der alltagssprachlichen Wortbedeutung) so zu verstehen, dass *beliebige Daten* (bzw. diejenigen Daten, die *zufällig verfügbar sind*) aufgenommen werden, denn das träfe auch auf opportunistische Stichproben zu. Echt randomisiert ist eine Stichprobe nur dann, wenn die statistische Wahrscheinlichkeit, mit der eine Dateneinheit in die Stichprobe gelangt, für alle Dateneinheiten gleich ist. Korpora wie z. B. FOLK oder MoCoDa2 bieten Funktionen, um aus der Gesamtzahl aller für eine Suchabfrage ermittelten Treffer eine randomisierte Stichprobe zu ziehen.

Die Recherche nach potenziell für die Untersuchung relevanten Belegpostings in den beiden Korpora wurde wie folgt durchgeführt:

MoCoDa2-Korpus Um in der MoCoDa2 Vorkommen von Auslassungspunkten mit zwei oder mehr Punkten zu finden, wurde der reguläre Ausdruck \.{2,} recherchiert.

> **Abfrage von Auslassungspunkten im MoCoDa2-Korpus**
>
> Zum Suchen nach Interpunktionszeichen als Token müssen diese in der MoCoDa2 mit einem Backslash *maskiert* und so als Sonderzeichen ausgewiesen werden, da sie in regulären Ausdrücken andere Funktionen erfüllen: Der Punkt beispielsweise steht sonst als Platzhalter für ein beliebiges Zeichen. Der darauffolgende Ausdruck – die Ziffer 2 in geschweiften Klammern mit einem Komma – bewirkt, dass mindestens zwei bis unendlich viele Vorkommen des Punktes gefunden werden. Zum Vergleich: Der Ausdruck \.{3} würde lediglich Formvarianten mit genau drei Punkten als Treffer liefern (für weitere Informationen zu regulären Ausdrücken s. ▶ Abschn. 4.2.3.3).

Aus den zum Stand der Erhebung (2022) insgesamt 1.196 AP-Treffern in der MoCoDa2 wurden 100 Treffer randomisiert für die Stichprobe ausgewählt. Da einzelne

Tab. 5.6 Umfang der bereinigten Vergleichsstichproben

Stichprobe	Belegpostings	AP-Belege
WhatsApp (deutsch)	98	108
WeChat (chinesisch)	100	107

der Trefferpostings auch mehr als ein AP-Vorkommen beinhalteten, umfassten die 100 Trefferpostings 110 AP-Vorkommen. Die Stichprobe wurde zunächst auf Pseudotreffer (false positives) durchgesehen; dabei wurden zwei AP-Vorkommen als Pseudotreffer identifiziert und aus der Stichprobe entfernt. Somit verblieben in der Stichprobe 98 Belegpostings mit insgesamt 108 AP-Belegen.

WeChat-Korpus Da dieses Korpus nicht automatisch durchsucht werden kann, wurden die enthaltenen Ausschnitte chinesischer Messenger-Interaktion intellektuell auf AP-Vorkommen untersucht. Dabei wurde eine Gesamtzahl von 154 Trefferpostings im Korpus ermittelt, die jeweils mindestens ein AP-Vorkommen enthalten. Aus dieser Gesamtheit wurden – analog zum Vorgehen beim MoCoDa2-Korpus – randomisiert 100 Belegpostings ausgewählt, die 107 AP-Belege umfassten. Auch hier fand eine intellektuelle Durchsicht auf Pseudotreffer statt. Da keine Pseudotreffer in der Stichprobe identifiziert werden konnten, musste die Stichprobe, anders als im Falle der MoCoDa2-Stichprobe, nicht weiter bereinigt werden.

Bereinigte Stichproben Die Ergebnisse der intellektuellen Bereinigung der beiden Vergleichsstichproben lassen sich ◘ Tab. 5.6 entnehmen.

5.4.3 Methodisches Vorgehen bei der Analyse

Qualitative Analyse Die AP-Vorkommen in den beiden Stichproben wurden in einem hermeneutischen Verfahren einer qualitativen Analyse unterzogen. Dabei wurde jedes einzelne Vorkommen im sprachlichen Kontext des einbettenden Postings sowie im thematischen und sequenziellen Kontext der vorangehenden und nachfolgenden Postings der weiteren Interaktionsbeteiligten im Hinblick auf seinen Beitrag zum sprachlichen Handeln geprüft. Jede der beiden Stichproben wurde dabei von zwei Linguist:innen kodiert. Für die Kodierung wurden die Belege in eine Excel-Datei überführt. Der erste Kodierungsschritt wurde von den beiden Kodierer:innen unabhängig voneinander durchgeführt. In einem zweiten Schritt wurden die Kodierungsergebnisse der Kodierenden auf Übereinstimmungen überprüft. Voneinander abweichende Kodierungen wurden anschließend einer erneuten, nun gemeinsamen Analyse unterzogen. Abweichungen kamen in aller Regel dadurch zustande, dass für ein AP-Vorkommen mehr als eine Funktionstypenzuordnung aus dem Datenmaterial begründet werden konnte. Die Abweichungen wurden schließlich dadurch aufgelöst, dass sich die beiden Kodierenden darauf verständigten, welche der möglichen Funktionszuordnungen sich am plausibelsten am sprachlichen, thematischen und sequenziellen Kontext festmachen ließ. Dabei wurde die mehrfache Funktionskodierung desselben AP-Vorkommen nicht grundsätzlich ausgeschlossen; für den quantitativen Teil der Untersuchung wurden allerdings nur diejenigen Funktionstypenzuordnungen gezählt, die als Ergebnis der Verständigung der Kodierenden die plausibelste darstellte.

Quantitative Analyse Im Anschluss an den Kodierungsprozess wurde die Verteilung der für die AP-Vorkommen ermittelten Zuordnungen auf Funktionstypen ermittelt. Dabei wurden die Kodierungen je Typ in Excel gezählt.

5.4.4 Ergebnisse und Interpretation

Beißwenger und Steinsiek (2023) haben anhand der Analyse einer Stichprobe aus der MoCoDa2 vier Hauptfunktionen herausgearbeitet, die AP in WhatsApp-Chats übernehmen: (1) Auslassen, (2) Andeuten, (3) Organisieren und (4) Segmentieren (s. ▶ Abschn. 5.4.1). Die Evaluation der Passung dieser Typologie auf die Kodierung der chinesischsprachigen Daten war eine der Zielsetzungen der Untersuchung.

Qualitative Analyse Als Ergebnis der qualitativen Analyse konnte festgestellt werden, dass die zugrunde gelegte, für das Deutsche entwickelte Funktionstypologie (vgl. Beißwenger/Steinsiek 2023) sich auch für die Erfassung der AP-Vorkommen im chinesischen WeChat-Korpus eignet. Eine Modifikation der Typologie auf Besonderheiten der AP-Verwendung im Chinesischen war nicht erforderlich. Das betrifft sowohl die vier Funktionstypen als auch deren Subtypen. Jeder Beleg konnte einem der Typen zugeordnet werden. Die **Hypothese 1** ist damit bestätigt. Der Befund legt nahe, dass AP in deutschsprachigen und chinesischen Messenger-Interaktionen tatsächlich vergleichbare Funktionen übernehmen. Die Frage, ob dieser Befund lediglich darauf zurückzuführen ist, dass die Interpunktionszeichen im Chinesischen aus westlichen Sprachen übernommen wurden (Guo 2006: 140), oder vielmehr darauf, dass sich im Internet als globalem Kommunikationsraum einzelsprachenübergreifend Praktiken des Gebrauchs von Zeichen herausgebildet haben, die nicht an das Sprachsystem einer Einzelsprache gebunden sind, lässt sich aus den hier untersuchten Daten nicht ableiten; die Tatsache, dass sich nicht-standardkonformer AP-Gebrauch auch für weitere Sprachen nachweisen lässt (vgl. die Beispiele in s. ▶ Abschn. 5.4.1), lässt die zweitere Annahme aber plausibel erscheinen; sie müsste freilich in Anschlussuntersuchungen mit einem geeigneten Forschungsdesign ausführlicher empirisch geprüft werden.

Im Folgenden veranschaulichen wir die funktionale Parallelität des AP-Gebrauchs in der deutschen und in der chinesischen Messenger-Kommunikation anhand von Belegen aus den beiden Korpora. Anhand der Beispielanalysen erläutern wir dabei auch noch einmal die verschiedenen Funktionstypen.

5.4.4.1 Auslassen

Mit diesem Funktionstyp wird eine Aufforderung an den bzw. die Leser:in signalisiert, ausgelassene Elemente (z. B. Wortbestandteile oder Wörter) zu rekonstruieren. Es können vier Subtypen des Auslassens unterschieden werden:

a) **quellenbezogen** Bei diesem Subtyp lassen sich die Quelle und das ausgelassene sprachliche Material eindeutig identifizieren und rekonstruieren. Er ist geläufig aus wissenschaftlichen Texten, um Kürzungen in längeren Zitaten anzuzeigen. In Beispiel 5-25 schickt Caolin ihrer Kommilitonin Mingming Feedback zu einer Übersetzungsaufgabe, an der die beiden gemeinsam arbeiten (#1). Die vier AP-Tokens, die jeweils mit sechs Punkten realisiert sind, signalisieren eine quellenbezogene Auslassung von Satzteilen, von denen Caolin annehmen kann, dass sie von der Adressatin Mingming durch Rückgriff auf die Quelle rekonstruiert werden können. Die finite Referenz auf die Quelle mit „die zwei Stellen" in Mingmings Antwort (#2) zeigt, dass sie in der Lage ist, die Quelle der Auslassung zu identifizieren.

Datenbeispiel 5-25 (WeChat)

Caolin
Mingming～我看完啦
主要就是学姐翻译的将
……替换为……那几句我觉得很别扭
所以我改成了以……替换……
还有一个就是与名词保持一致
我改成了随名词性数变化
具体的咱俩今晚上或者明天再讨论啊

#1 13:26
Mingming~ ich habe fertig gelesen. Nur zwei Anmerkungen. Ich finde …......zu ......wechseln ist nicht ganz korrekt übersetzt. Deswegen habe ich den Satz als …...durch ......wechseln übersetzt. Die andere ist, ich habe identisch mit Nomen bleiben als Genus-und-Numerus-Korrespondenz übersetzt. Details können wir heute Abend oder morgen diskutieren

                          Mingming
                          我也改的是这些～
                          #2 13:39
                          Ich habe auch die zwei Stellen korrigiert~

b) **wortschatzbezogen** Beim wortschatzbezogenen Auslassen werden Wörter oder Bestandteile von Wörtern ausgelassen, die unter Rückgriff auf Wortschatzwissen aus dem Kontext erschlossen werden können. Häufig handelt es sich bei solchen Auslassungen um Tabu- oder Vulgärausdrücke, wie Beispiel 5-26 illustriert:

5.4 · Fallstudie: Pragmatisierung von Interpunktionszeichen

Datenbeispiel 5-26 (MoCoDa2, #ewD82)
Heike
SCH….. 😊
#18 10:22

c) kontextbezogen   Bei kontextbezogenen Auslassungen handelt es sich um Iterationen von Ausdrücken, die auf Basis des sprachlichen Kontexts als fortführbar erachtet werden können. In den untersuchten Stichproben ist dieser Funktionstyp nicht belegt; Meibauer (2007: 34) liefert als Beispiel den Satz „Tack, tack, tack, … So ging das die ganze Nacht."

d) framebezogen   Bei framebezogenen Auslassungen können als unabgeschlossen markierte Aufzählungen aufgrund von Welt- und Erfahrungswissen ergänzt werden. In Beispiel 5-27, in dem ein Paar einen Übernachtungsbesuch bei Freund:innen plant, ist die Aufzählung von Gegenständen, die für die Übernachtung benötigt werden (#28), anhand der AP als unvollständig bzw. beispielhaft gekennzeichnet; die Adressat:innen können sie nach Belieben um weitere Elemente ergänzen:

Datenbeispiel 5-27 (MoCoDa2, #RnbM9)
Lea
Ich hab die Matratze für uns beide:)
#25 10:38

Markus
Alles klar, muss ich noch was mitbringen?:)
#26 10:38

Lea
Kannst du evt [eventuell] mit deinem
großen Rucksack kommen? Ich schlepp
den auch, aber dann kann ich da echt alles
rein tun:)
#27 10:38

Lea
Also die Matratze, die Pumpe…
#28 10:38

In Beispiel 5-28 fragt Kangkang, die eine Reise in die Stadt Chengdu plant, ihre Freundin Liurui, die dort in der Vergangenheit bereits gewesen ist, nach Empfehlungen für Essen und Sehenswürdigkeiten (#1). Liurui schickt ihr daraufhin Screenshots von Gerichten, die sie ihrer Freundin empfiehlt (#2–4), sowie einen weiteren Vorschlag in Beitrag #5. Die AP-Verwendung deutet an, dass diese Aufzählung von Gerichten unter Rückgriff auf Wissen um die chinesische Küche fortgeführt werden kann:

Datenbeispiel 5-28 (WeChat)

Kangkang
Liurui 你有时间不，
想请教你一下去成都玩有什么一定要吃和玩的嘛，
记得你好像去玩过
#1 10:55
Liurui! Hast du Zeit? Ich möchte dich fragen, welches Essen und welche Sehenswürdigkeiten du mir empfiehlst. Ich glaube, du warst mal in Chengdu

Liurui
[Screenshot]
#2 10:59

Liurui
[Screenshot]
#3 10:59

Liurui
这两个全力推荐！
#4 10:59
Ich empfehle auf jeden Fall diese beiden!

Liurui
然后就是锦里小吃街，里面的三大炮，军屯锅盔，钵钵鸡……
#5 11:00
Dann die Jinli-Straße, dort gibt es Klebreisbällchen, Kongming-Pastete, One-pot-Hähnchen.…...

5.4.4.2 Andeuten

Beim Andeuten wird – anders als beim Auslassen – kein konkretes, rekonstruierbares sprachliches Material ausgelassen. Stattdessen deuten die AP an, dass die Verfasser:in mit seinem/ihrem Beitrag mehr oder etwas anderes ausdrücken möchten, als tatsächlich geäußert wird. Damit wird dem/der Leser:in die Verantwortung übertragen, auf Grundlage von Annahmen über Einstellungen des Gegenübers oder von gemeinsamem Wissen zum Thema zu schlussfolgern, was tatsächlich gemeint ist. In Beispiel 5-29 fragt Maja ihre Kommilitonin Johanna, die am Bahnhof wartet, ob „der Zug mittlerweile in Sicht" (#52) sei, woraufhin Johanna antwortet, dass dieser sich zwischenzeitlich noch mehr verspätet habe (#53). In Posting #56 schließt sie ihren Beitrag, der eine Paraphrase einer – Fahrgästen der Deutschen Bahn nicht unbekannten – Lautsprecherdurchsage enthält, mit drei Pünktchen und einem Emoji ab. Dass Maja Johannas Frustration über die Durchsage, die diese nicht explizit versprachlicht, sondern nur in Form der AP und des Emojis andeutet, nachvollziehen kann, wird durch ihre bestätigende Reaktion in #57 deutlich.

5.4 · Fallstudie: Pragmatisierung von Interpunktionszeichen

Datenbeispiel 5-29 (MoCoDa2, #GDIx6)

Maja
Ist der Zug mittlerweile in Sicht?
#52 20:16

           Johanna
           Nö, hat aber jetzt noch mehr Verspätung 🙍😂
           #53 20:17

Maja
Ob shit
#54 20:17

Maja
Oh*
#55 20:17

           Johanna
           Grund dafür ist eine Verspätung eines
           vorausfahrenden Zuges… 😐
           #56 20:18

Maja: Ja na klar wie immer
#57 20:18

In Beispiel 5-30 diskutieren zwei Kommilitoninnen, die Harry-Potter-Fans sind und online gemeinsam Fankleidung bestellen möchten, welche Hogwarts-Häuser sie favorisieren. Ruijie, die ein Fan des Hauses Gryffindor ist, deutet an, dass ihr die neue Gryffindor-Kollektion nicht gefalle (#8). Zugleich dienen die AP hier auch dazu, eine bedeutungsvolle Sprechpause zu imitieren (= Segmentieren | transmodal, s. u.):

Datenbeispiel 5-30 (WeChat)

Ruijie
但是这次的狮院……emmmmm
#8 21:30
Aber diesmal ist die Gryffindor-Kleidung……emmmmm

5.4.4.3 Organisieren

Bei diesem Funktionstyp dienen die AP als Mittel der Sequenzorganisation: Sie werden dafür eingesetzt, den von dem/der Schreibenden präferierten nächste:n Beitragenden zu wählen, analog zur Wahl des nächsten Sprechers/der nächsten Sprecherin in mündlichen Gesprächen. Dabei können zwei Subtypen unterschieden werden:

a) **Fremdwahl** Mit den AP wird von der/dem Schreibenden angezeigt, dass das ‚Rederecht' im Anschluss an den eigenen Interaktionsbeitrag von einer/einem anderen Beteiligten übernommen werden soll. (Der Ausdruck ‚Rederecht' steht in Anführungszeichen, weil aus den in ▶ Abschn. 3.2.2.3 genannten Gründen in Chats eine echte

Aushandlung des Rederechts – vergleichbar mit mündlichen Gesprächen – nicht möglich ist.) Die damit vorgenommene Fremdwahl kann stärker oder schwächer ausgeprägt sein. Bei der schwächeren Version zeigen Schreibende an, dass sie nichts weiter zum aktuellen Interaktionsgeschehen beizutragen haben; die AP markieren somit, dass der/die aktuelle Schreiber:in seinem/ihrem Beitrag fürs Erste nichts weiter hinzuzufügen hat. In der stärkeren Ausprägung hingegen fordern AP den/die Lesende:n auf, die Rolle des/der Schreibenden einzunehmen und auf den aktuellen Beitrag zu reagieren. In Beispiel 5-31, in dem Freunde in einem Gruppenchat einen gemeinsamen Ausflug planen, formuliert Marius eine stärkere Version der Fremdwahl (#701), indem er Bernd mit einem @ direkt adressiert und vier AP realisiert, die konditionelle Relevanz erzeugen und eine Antwort von Bernd elizitieren sollen. In Beispiel 5-32 unterhalten sich zwei Freundinnen über ein Computerspiel. Chaohui fragt Aijia, warum sie ein Spiel namens CrossFire herunterladen muss, wenn sie Minecraft spielen will (#1). Aijia erläutert, dass Minecraft „in cf enthalten" (#2) sei, allerdings versteht Chaohui die Abkürzung „cf" nicht auf Anhieb, weshalb sie noch einmal nachfragt (#3). Die AP in Kombination mit dem Fragezeichen etablieren im gegebenen sequenziellen und thematischen Kontext eine starke Version der Fremdwahl, da im unmittelbar vorangehenden Posting #2 Alijia die Abkürzung „cf" verwendet hat.

Datenbeispiel 5-31 (MoCoDa2, #fhLyA, gekürzt)

Marius
[…]
Also dann:
JMGJanusBernd
FabiMarvinMarius
#698 13:10

Markus
Bernd doch erst später oder,
#699 13:11

Janus
Whoooop whoooop
#700 13:11

Marius Das ist jetzt die Frage @bernd
….
#701 13:21
[…]

Bernd Ich bin gleich raus, heute Abend dabei ✌
#711 13:33

5.4 · Fallstudie: Pragmatisierung von Interpunktionszeichen

Datenbeispiel 5-32 (WeChat)

Chaohui
不是叫绝地求生吗,
为什么又要穿越火线
#1 21:18
Heißt das Spiel nicht Minecraft, warum soll ich aber CrossFire herunterladen

Aijia
就是cf里面的,
#2 21:18
Das Spiel ist in cf enthalten

Chaohui
cf是……?
#3 21:18
Cf ist……?

Aijia
穿越火线很早的游戏了
#4 21:18
CrossFire ist ein altes Spiel

Chaohui

#5 21:18

Aijia
cf就是穿越火线
#6 21:18
Cf ist CrossFire

b) Selbstwahl Bei der Selbstwahl werden AP in beitragsfinaler Position genutzt, um anzuzeigen, dass der/die Schreibende mit einem Folgeposting eine Fortführung oder Ergänzung des aktuellen Beitrags plant. In Beispiel 5-33 tauschen sich die Kommilitonen Keli und Tianhao über einen Dozenten an ihrer Universität aus, dem Keli zurzeit assistiert und dem Tianhao früher assistiert hat. Nachdem Tianhao anmerkt, dass die Mitarbeiternummer vielleicht auf der Mensakarte abzulesen sein könnte (#2), wählt er sich mithilfe der AP gewissermaßen selbst, indem er einen Beitrag anschließt, in dem er erläutert, wie er zu dieser Vermutung kommt (#3). AP können aber auch in beitragsinitialer Position als Signal dienen, dass ein Beitrag als Fortsetzung eines Vorgängerbeitrags konzipiert ist, wie Beispiel 5-34 zeigt: Luisa schreibt in einen Gruppenchat als Reaktion auf einen Vorgängerbeitrag, dass Chaos in der Wohnung ihrer Freundin sie nicht störe (#21). Die AP in initialer Position ihres nachfolgenden Beitrags fungieren als Kohäsionsmittel, um diesen als Nachtrag an den vorangehenden Beitrag anzuschließen.

Datenbeispiel 5-33 (WeChat, #11)
Keli
我怕他都不知道自己有工号😂
#1 14:13
Ich fürchte, dass er gar nicht weiß, dass er eine Mitarbeiternummer hat 😂

Tianhao
应该就是饭卡上的号吧。。
#2 14:13
Das ist vielleicht die auf der Mensakarte。。

Tianhao
我之前给X [Name des Dozenten]老师操作过这个系统
#3 14:13
Ich habe früher für X [Name des Dozenten] das System reguliert

Keli
嗷嗷
#4 14:13
Okay

Tianhao
账号密码都是他工号
#5 14:13
Kontonummer und Pin sind seine Mitarbeiternummer

Datenbeispiel 5-34 (MoCoDa2, #OgoME)
Luisa
Ach Quatsch stört mich nie :)
#21 16:31

Luisa
... bei anderen :D in meiner wg treibt mich das zur Weißglut aber das ist ein anderes Thema 😜
#22 16:31

5.4.4.4 Segmentieren

Beim Segmentieren werden AP zur Kennzeichnung einer Grenze oder Zäsur zwischen sprachlichen Äußerungen oder zwischen Bausteinen einer sprachlichen Äußerung eingesetzt. Zwei Ausprägungen lassen sich unterscheiden:

a) **visuell**   Das visuelle Segmentieren ist der typische Fall der Verwendung von AP als Segmentierer. Dabei dienen die AP dazu, Sätze, syntaktische Komponenten oder

5.4 · Fallstudie: Pragmatisierung von Interpunktionszeichen

kommunikative Einheiten visuell voneinander abzugrenzen und dadurch den Leseprozess der rezipierenden Person zu unterstützen. Aufgrund der Tatsache, dass AP sowie die ihnen typischerweise links und rechts angefügten Leerzeichen einen deutlich wahrnehmbaren Leerraum im Geschriebenen erzeugen, wird die dadurch markierte Grenze für den/die Lesende:n bereits auf den ersten Blick als solche erkennbar. In Beispiel 5-35 segmentiert Norbert seinen Beitrag mithilfe von AP visuell, indem er die Abschiedsformel „lg, norbert" (#2) vom Rest des Beitrags abtrennt:

Datenbeispiel 5-35 (MoCoDa2, #Aqkwk)
Norbert
Gruess dich! Jetzt hast du auch meine nummer … lg, norbert
#2 18:32

b) transmodal Transmodales Segmentieren hingegen fungiert als Mittel fingierter Mündlichkeit. In diesem Fall werden mit AP interaktional bedeutungsvolle, nonverbale Signale aus der gesprochenen Sprache – zum Beispiel Sprechpausen bzw. Zögern – imitiert, um dadurch ein Element der geschriebenen Äußerung besonders zu fokussieren (vgl. das ‚typographische Schweigen' bei Busch 2021: 387; vgl. auch Androutsopoulos 2020: 135). In Beispiel 5-36 dienen die beiden AP-Tokens in Viktors Beitrag (#26) dazu, eine Sprechpause nachzubilden, um den humorvollen Charakter der Äußerung hervorzuheben:

Datenbeispiel 5-36 (MoCoDa2, #6pvIP)
Viktor
Bitte jeder einen Schlafsack, Luftmatraze und Handtuch mitbringen. Ich habe leider nicht genug Zeug für 15 Leute da. 😅 Wir werden nicht alle (Luftmatrazen) brauchen, weil ich für 5-7 Schlafplätze habe. Aber besseres sind zuviele davon da als… naja.. Holzboden für jemanden.
#26 23:45

Quantitative Analyse Im Anschluss an die qualitative Analyse, in der für sämtliche AP-Vorkommen in den Stichproben ein passender Funktionstyp ermittelt wurde, wurden die Häufigkeiten der Zuordnungen je Funktionstyp und -subtyp ausgezählt. ◘ Tab. 5.7 zeigt die Häufigkeiten der Typen in den beiden Stichproben.

Sowohl in den WhatsApp- als auch in den WeChat-Interaktionen werden Auslassungspunkte nur sehr selten verwendet, um Auslassungen im Sinne der AP-Konvention für die geschriebene Standardsprache zu markieren. Die Stichprobe enthält zwar vier quellenbezogene Auslassungen, diese wurden allerdings von ein- und derselben Person im gleichen Chat (sogar innerhalb desselben Postings) realisiert, sodass davon ausgegangen werden darf, dass die Nutzung der AP zur Markierung von Textauslassungen in dieser Stichprobe dem thematischen Kontext der betreffenden Interaktion geschuldet ist (vgl. Datenbeispiel 5-24, in dem zwei Studierende eine gemeinsam angefertigte Textübersetzung besprechen und das die vier Belege zeigt). In beiden Stichproben sind Andeuten, Organisieren und Segmentieren die am häufigsten belegten Funktionstypen.

Tab. 5.7 Häufigkeiten der Funktionstypen in den Stichproben (WA = WhatsApp, WE = WeChat)

Funktionstyp		Absolute Häufigkeit		Relative Häufigkeit (gerundet) (%)	
		WA	WE	WA	WE
Auslassen	–	1	5	1	5
–	quellenbezogen	0	4	0	4
–	wortschatzbezogen	0	0	0	0
–	kontextbezogen	0	0	0	0
–	framebezogen	1	1	1	1
Andeuten	–	28	51	26	48
Organisieren	–	20	29	19	27
–	Fremdwahl	13	14	12	13
–	Selbstwahl	7	15	7	14
Segmentieren	–	57	22	53	21
–	visuell	41	12	38	11
–	transmodal	16	10	15	9
Mehr als eine Lesart begründbar		2	0	2	0
Gesamt	–	108	107	100,00	100,00

In den deutschsprachigen Messenger-Interaktionen scheint jedoch das Segmentieren die Hauptfunktion von AP darzustellen, während in den chinesischen fast die Hälfte aller AP-Tokens in der Funktion des Andeutens verwendet wurden. Darüber hinaus ist es interessant, dass das visuelle Segmentieren in den deutschsprachigen Daten viel häufiger vorkommt als in den chinesischen Daten. Allerdings werden AP in dieser Funktion (Segmentieren) in der deutschen Stichprobe häufig zwischen Satzgrenzen (z. B. Haupt- und Nebensätzen) realisiert. Sun (2021: 234) weist darauf hin,

> „that Chinese juzi (sentence) is semantically and textually conceptualized rather than syntactically defined and Chinese readers use discourse information to help identify sentence boundaries and perceive meaning completeness".

Die Beobachtung, dass visuelles Segmentieren im Chinesischen seltener vorkommt, könnte also darauf zurückzuführen sein, dass Satzgrenzen im Chinesischen eher semantisch als syntaktisch konzipiert werden.

Für zwei AP-Vorkommen in der deutschsprachigen Stichprobe wurde auf eine Typenzuordnung verzichtet, da in diesen Fällen mehr als eine Lesart möglich war und sich die möglichen Lesarten beide gleichermaßen plausibel aus dem Kontext begründen ließen; eine Entscheidung für die eine oder die andere Möglichkeit wäre nur spekulativ möglich gewesen. Da bei der Kodierung der Belegpostings Mehrfachkodierungen ausgeschlossen wurden, wurden diese beiden Fälle in der Tabelle separat gezählt.

5.4 · Fallstudie: Pragmatisierung von Interpunktionszeichen

Tab. 5.8 Häufigkeiten der Funktionstypen in Relation zur Beitragsposition

Funktionstyp	alleinstehend		Posting-initial		Posting-medial		Posting-final	
	WA	WE	WA	WE	WA	WE	WA	WE
Auslassen	quellenbezogen	0	0	0	0	0	4	0	0
Auslassen	framebezogen	0	0	0	0	0	0	1	1
Andeuten	0	13	1	2	3	2	24	34
Organisieren	Fremdwahl	0	1	0	0	0	0	13	13
Organisieren	Selbstwahl	0	1	1	2	0	0	6	12
Segmentieren	visuell	0	0	0	0	41	12	0	0
Segmentieren	transmodal	0	0	0	0	16	10	0	0
Gesamt	0	15	2	4	60	28	44	60

Häufigkeiten der Funktionstypen in Relation zu ihrer Position Neben der absoluten Häufigkeit der AP-Belege pro Funktionstyp wurden in einem weiteren quantitativen Auswertungsschritt die Funktionstypen zu der Position der jeweiligen AP-Verwendungen in Beziehung gesetzt. Das Ergebnis dieser Auszählung ist in ◘ Tab. 5.8 dargestellt und liefert Hinweise auf die Affinität einzelner Funktionen zu bestimmten Positionen.

Nach ◘ Tab. 5.8 sind in den WeChat-Interaktionen AP, die in der Funktion des Andeutens verwendet werden, typischerweise in Posting-finaler Position oder alleinstehend realisiert (= Die AP bilden alleine, d. h. ohne weiteren sprachlichen oder semiotischen Content, ein Posting). In den WhatsApp-Interaktionen treten AP-Andeutungen hingegen größtenteils Posting-final auf. AP als Mittel der Sequenzorganisation stehen in beiden Sprachen fast nur in Finalposition, was wenig überraschend sein dürfte, da die meisten AP in dieser Verwendung der Fremdwahl dienen, mit der Reaktionen anderer Beteiligter elizitiert werden sollen. Visuelles und transmodales Segmentieren tritt in beiden Stichproben ausschließlich Posting-medial auf, was mit dem Funktionstyp selbst (Segmentieren von Einheiten) begründet werden kann.

Allographische Variation In einem dritten quantitativen Auswertungsschritt wurden die Stichproben auch hinsichtlich allographischer Varianten der AP untersucht. In den WhatsApp-Belegen besteht die große Mehrheit der AP-Verwendungen aus drei (57 %) oder zwei (32 %) Punkten. Bei den WeChat-Belegen handelt es sich bei einem Großteil (61 %) um die nicht dem chinesischen Standard entsprechenden „six small dots" (Huang and Shi 2016: 587), obwohl es auch Belege mit drei (24 %) oder zwei (12 %) Punkten bzw. ‚kleinen Kreisen' gibt, die im Chinesischen auch als Satzschlusszeichen verwendet werden (STANDARD-CN 2011: 2).

Die **Hypothese 2**, die in ▶ Abschn. 5.4.2 formuliert wurde, muss in Anbetracht der Zählwerte zur Verteilung der Funktionstypen auf die beiden Stichproben als falsifiziert gelten: Die Verteilung unterscheidet sich in den beiden Stichproben, insbesondere dann, wenn man neben den absoluten Häufigkeiten die Häufigkeit des Auftretens einzelner Funktionstypen in unterschiedlichen Positionen mitberücksichtigt. Dass diese Hypothese somit nicht zutrifft, bedeutet nicht, dass das Ergebnis der Prüfung der Hypothese nicht informativ wäre: Dass bestimmte Funktionstypen in der WeChat-Stichprobe anders verteilt sind als in der WhatsApp-Stichprobe, ermöglicht Fragen nach dem Einfluss der Struktur und der Spezifik von Schreibpraktiken in den beiden betrachteten Sprachen, die einen Einfluss z. B. darauf nehmen könnten, dass im chinesischsprachigen interaktionsorientierten Schreiben von der Möglichkeit der visuellen Segmentierung weniger häufig Gebrauch gemacht wird als im Deutschen. Hier können Folgeuntersuchungen ansetzen, die diese Fragen anhand geeigneter Stichproben genauer unter die Lupe nehmen.

5.4.5 Methodische Reflexion

Bei der Untersuchung vergleichsweise kleiner Stichproben sollte man mit dem Anspruch der Generalisierbarkeit der Ergebnisse grundsätzlich vorsichtig sein. Zugleich sind qualitative Analysen, die eine genaue und häufig wiederholte Untersuchung des sprachlichen, thematischen und sequenziellen Kontexts eines Belegs erfordern, zeitaufwändig und daher typischerweise nur auf begrenzten Datasets möglich. Um die Stichproben zumindest (statistisch) repräsentativ in Bezug auf die Gesamtzahl der in den beiden Korpora belegten AP-Treffer zu gestalten, wurden bei der Erhebung der Stichproben aus den Korpora nicht die jeweils 100 erstbesten Korpustreffer in die Stichproben aufgenommen, sondern wurde das Format einer **randomisierten Stichprobe** gewählt, bei der aus der Gesamtzahl der Korpustreffer (WA: 1.196 Postings mit AP-Vorkommen, WE: 154 Postings mit AP-Vorkommen) eine Auswahl nach dem statistischen Zufallsprinzip zu treffen. Repräsentativität besteht dabei allerdings nur zu der Gesamtheit der Treffer im jeweiligen Korpus; eine Generalisierung der Befunde auf die Gesamtheit aller WhatsApp- und WeChat-Interaktionen wäre unzulässig, da dazu die Grundgesamtheit von AP-Vorkommen in der WhatsApp- bzw. WeChat-Kommunikation bekannt sein müsste. Da es sich bei Messenger-Kommunikation um private Kommunikation handelt und nur ein verschwindend geringer Bruchteil davon Eingang in Korpora findet, ist diese Grundgesamtheit nicht ermittelbar. Das macht die in der vorgestellten Untersuchung erzielten Befunde aber trotzdem nicht uninteressant: Die festgestellten Tendenzen eröffnen die **Möglichkeit für Anschlussfragen**, die in Folgeuntersuchungen genauer untersucht werden können – entweder für dasselbe Sprachenpaar Deutsch/Chinesisch oder aber auch für weitere Sprachen, in denen die im Deutschen geläufigen Auslassungspunkte gebräuchlich sind.

5.4.6 Anschlussstellen für Folgeuntersuchungen

An den Ergebnissen der vergleichenden Studie zu AP-Funktionen in deutschen und chinesischen Messenger-Interaktionen fällt zunächst ins Auge, dass sowohl in der deutschen als auch in der chinesischen Messenger-Kommunikation Auslassungspunkte für ein Spektrum verschiedener Funktionen genutzt werden – aber kaum zum Markieren von Auslassungen, obwohl das in den offiziellen Regelwerken zur Orthographie beider Sprachen als deren Hauptfunktion beschrieben wird (vgl. AR 2018; STANDARD-CN

2011). Vor dem Hintergrund der schriftsprachlichen Tradition, die in ▶ Abschn. 5.2 angesprochen wurde, zeigen die Analysen darüber hinaus, dass Praktiken der Verwendung von AP in der internetbasierten Kommunikation Praktiken aufgreifen, die in literarischen Texten schon lange vor dem Internet begegnen. Dass sich für AP in der chinesischsprachigen Messenger-Kommunikation dieselben Funktionen nachweisen lassen wie für die deutschsprachige, stellt die AP als einen interessanten Fall für die Erforschung sprachen- und schriftsystemübergreifender Praktiken des interaktionsorientierten Schreibens heraus. Untersuchungen zu den Funktionen von AP in weiteren Sprachen können interessante Beiträge zur genaueren Modellierung dieser Praktiken liefern. Jenseits des Sprachenvergleichs könnte zudem – etwa im Rahmen von Haus- und Abschlussarbeiten – die Spezifik des AP-Gebrauchs in unterschiedlichen Formen, Plattformen und Gattungen internetbasierter Kommunikation korpusgestützt untersucht werden, zum Beispiel:

- Blogeinträge und -kommentare (DWDS-Blogkorpora, s. ▶ Abschn. 4.3.1.3)
- YouTube-Kommentarthreads (Korpus NottDeuYTSch, s. ▶ Abschn. 4.3.1.4)
- Facebook-Profileinträge, -Kommentare und -Privatchats (DiDi-Korpus, s. ▶ Abschn. 4.3.1.6)
- Transmodale Interaktionen (vgl. König 2021a, 2021b, 2024), in denen schriftliche Beiträge mit Audio-Postings kombiniert werden (MoCoDa2, s. ▶ Abschn. 4.3.1.1)
- Textorientiertes Schreiben, z. B. Sprache in Printmedien wie Zeitungen (DEREKO, s. ▶ Abschn. 4.3.3.1; DWDS-Kernkorpus, s. ▶ Abschn. 4.3.3.2)
- Andere Sprachregionen (Schweiz: WhatsUp, Switzerland?, s. ▶ Abschn. 4.3.1.5; Südtirol: DiDi-Korpus, s. ▶ Abschn. 4.3.1.6) oder Sprachen (Englisch: GloWbE oder COCA, Finnisch: Suomi 24, Französisch: CoMeRe, Niederländisch: SoNaR, Slowenisch: JaNeS, Walisisch: CorCenCC, weitere (europäische) Sprachen: Wikipedia-Korpora in DEREKO, s. ▶ Abschn. 4.3.1.7 und 4.3.1.2)
- Ältere Formen digitaler Kommunikation, z. B. SMS-Kommunikation (sms4science.ch, s. ▶ Abschn. 4.3.2.2; MoCoDa1)

❓ Arbeitsaufgaben

1. Führen Sie eine eigene korpusgestützte Untersuchung zu AP in englischsprachigen Wikipedia-Diskussionen durch.
   a) Registrieren Sie sich zunächst auf der Plattform COSMAS II (▶ https://www2.ids-mannheim.de/cosmas2/).
   b) Wählen Sie das Archiv WPE und anschließend das vordefinierte Korpus der Wikipedia-Diskussionen zu Artikeln wde15 aus.
   c) Recherchieren Sie in dem Korpus AP als Dreipunkt (eigenständiges Schriftzeichen, Unicode U+2026), indem Sie im Suchfeld den Dezimalwert des Zeichens in Anführungszeichen setzen: „…"
   Sie können das Zeichen auch mithilfe der Tastenkombinationen **AltGr** und . oder **Strg** und **Alt** und . (Windows) bzw. **Alt** und . (Mac) erzeugen und anschließend in das Suchfeld einfügen.
   Notieren Sie sich, wie viele Treffer die Suche in COSMAS II ergibt.
   d) Exportieren Sie die ersten 50 Treffer (Anzahl eintragen und Häkchen setzen bei „Einschränken auf die ersten [ ] Treffer") in einem für Sie geeigneten Dateiformat (z. B. CSV).

e) Analysieren Sie Ihre Treffer (es ist empfehlenswert, diese vorher in ein Tabellenkalkulationsprogramm zu überführen). Klassifizieren und kodieren Sie sie nach den in diesem Kapitel beschriebenen Funktions- und Subtypen bzw. nach der Kategorie *Pseudotreffer*.
2. Setzen Sie die Befunde aus Ihrer eigenen Untersuchung in Vergleich zu den Beobachtungen der in diesem Kapitel vorgestellten Fallstudie zu AP. Lassen sich die Belege für AP-Verwendungen im Englischen den für das Deutsche und Chinesische nachgewiesenen Funktionstypen zuordnen?
3. Lesen Sie das Short Paper von Beißwenger et al. (2023), in dem die Autor:innen die Funktionen von AP-Verwendungen in deutschen WhatsApp-Chats und Wikipedia-Diskussionen vergleichend analysieren (▶ https://ids-pub.bsz-bw.de/frontdoor/deliver/index/docId/12095/file/CMC2023.proceedings.v1.1.pdf) und setzen Sie die Befunde aus Ihrer eigenen Untersuchung in Vergleich dazu. Machen Sie ähnliche Beobachtungen für englischsprachige Wikipedia-Diskussionen?

5.5 „OK, Schluß mit Blödeln": Funktionen von *okay* in deutschen und englischen Wikipedia-Diskussionen

Der Internationalismus *okay* bzw. *OK* – „America's greatest invention" (Metcalf 2010: 26) – erfreut sich großer Popularität und Beliebtheit. Er ist „international gebräuchlich [...] [und] ohne Übersetzung verständlich" und hat seinen Ursprung im amerikanischen Englisch (WDG 1970: 1970). Der globale Einfluss des Englischen wächst stetig. Somit ist es wenig verwunderlich, dass sich *okay* in eine Vielzahl von Sprachen der Welt verbreitet hat und zum wahrscheinlich erfolgreichsten sprachlichen Export des amerikanischen Englisch wurde, gerade (aber nicht ausschließlich) in der Alltagskommunikation. Es vergeht kaum ein Tag, an dem nicht durch *okay* Einverständnis signalisiert wird – sei es in einem Gespräch unter Freunden oder beim Navigieren von Schaltflächen am Smartphone oder am Computer.

In dieser Untersuchung steht die Analyse von schriftlichen Diskussionsbeiträgen in der Wikipedia (WP) im Fokus: Es wird untersucht, wie die WP-Autor:innen *okay* in Postings der deutschen und englischen Version der Wikipedia integrieren. Besonderes Augenmerk wird auf konzessive *okay*-Verwendungen gelegt, in denen die Autor:innen mit *okay* Einräumungs- bzw. Einlenkungseinschübe markieren wie in den beiden folgenden Belegen:

Datenbeispiele 5-37: konzessives *OK* in einem englischen WP-Posting
(▶ https://en.wikipedia.org/wiki/Talk:Chiropractic/Archive_13)
Only if you actually include all the relevant view: **OK**, I know I've chipped in only a little over the last months so you can assign me whatever weight you want to. The reformers do have their point. – Arlen Wilps 15:11, 15 June 2007 (UTC)

Nur wenn du alle relevanten Ansichten berücksichtigst. OK, ich weiß, dass ich in den letzten Monaten nur wenig beigetragen habe, also kannst du mir so viel Gewicht beimessen, wie du willst. Die Reformer haben durchaus ihre Berechtigung.

5.5 · Fallstudie: Funktionen von *okay* in Wikipedia-Diskussionen

Datenbeispiel 5-38: konzessives *Ok* in einem deutschen WP-Posting
(▶ https://de.wikipedia.org/wiki/Diskussion:Feminismus/Archiv/005)

Man sollte an dieser Stelle zumindest(!) das Gender-Konzept kurz erwähnen und verlinken (siehe Quantenphysik 😊) **Ok**, nach hinten wurde ich müde, daher dann zu TAM nur so knapp. – adornix (disk) 16:16, 22. Dez. 2013 (CET)

In beiden Datenbeispielen (5-37) und (5-38) schließen die Autor:innen ihren schriftlichen Anmerkungen durch *OK* bzw. *ok* gekennzeichnete Einschübe an, die Relativierungen verdeutlichen und anderen Autor:innen Limitationen der von ihnen getroffenen Aussagen aufzeigen sollen.

WP-Diskussionsbeiträge bilden in zweierlei Hinsicht eine reichhaltige Grundlage für die Untersuchung der Funktionen von *okay* in der interaktionsorientierten, internetbasierten Schriftlichkeit: (1) Mit den Wikipedia-Korpora in DEREKO (s. ▶ Abschn. 4.3.1.2) liegen WP-Diskussionen in großer Zahl als aufbereitete und recherchierbare Daten vor. (2) Da die Wikipedia in 339 aktiven Sprachversionen existiert, lässt sich anhand von WP-Diskussionsseiten-Korpora zu verschiedenen Sprachen der Gebrauch von *okay* nicht nur einzelsprachbezogen, sondern auch sprachübergreifend bzw. sprachvergleichend untersuchen (vgl. Gredel et al. 2018: 482). Dies wird in der nachfolgend beschriebenen Fallstudie veranschaulicht.

5.5.1 Fragestellung und Bezug zum Stand der Forschung

okay wird sowohl in der gesprochenen Alltagssprache als auch in Formen interaktionsorientierter, internetbasierter Schriftlichkeit verwendet. Studien zu den Funktionen von *okay* in der Mündlichkeit, auch sprachkontrastiv, sind zahlreich. Der Sammelband von Betz et al. (2021) präsentiert Untersuchungen und vergleichende Analysen zu *okay* in der gesprochenen Sprache in 13 Sprachen und in einer Vielzahl von kommunikativen Settings. Systematische Untersuchungen zum Gebrauch von *okay* in der Schriftlichkeit sind hingegen rar. Eine Übersicht über die wenigen Studien zu *okay* in der internetbasierten Kommunikation findet sich in Herzberg (2024: 75–78). Diese fokussieren *okay* u. a. unter den folgenden Perspektiven:

- Formvarianten von *okay*, die von WP-Autor:innen präferiert werden: *ok* sowie *okay* (vgl. Herzberg 2016, Herzberg/Storrer 2019);
- Auffälligkeiten bei der positionalen Verteilung von *okay*, das von WP-Autor:innen mehrheitlich beitragseileitend verwendet wird (vgl. Herzberg 2016, Herzberg/Storrer 2019);
- Differenzierung der syntaktischen Verwendungen von *okay*, die sich in Anlehnung an die Wortarteneinteilung der IDS-Grammatik (Zifonun et al. 1997) in die beiden Hauptkategorien ‚interaktive Einheit' (IE) und ‚syntaktische Einheit' (SE) einteilen lassen (vgl. Herzberg 2016, Herzberg/Storrer 2019), sowie weitere funktionale Ausdifferenzierung (vgl. Herzberg 2024);
- Untersuchung der Spezifik der Funktionen von *okay* in Wikipedia und in der gesprochenen Sprache (vgl. Herzberg/Storrer 2019, Storrer/Herzberg 2022, Herzberg 2024);

- Beschreibung einzelsprachspezifischer Besonderheiten von *okay*, z. B. präpositionale und elliptische *okay*-Konstruktionen (vgl. Storrer/Herzberg 2022, Herzberg 2024);
- Identifikation von Unterschieden im Gebrauch und in der Gebrauchshäufigkeit von *okay* im verschiedenen Sprachen (vgl. Herzberg 2016, Herzberg/Storrer 2019, Storrer/Herzberg 2022, Herzberg 2024).

Für die vorliegende Fallstudie soll zunächst auf die Unterscheidung von *okay* als syntaktische Einheit (= SE-*okay*) sowie *okay* als interaktive Einheit (= IE-*okay*) eingegangen werden. SE-*okay* beschreibt syntaktisch integrierte *okay*-Verwendungen, in denen *okay* zum Aufbau von Sätzen beiträgt. Für das Deutsche und Englische lässt sich diesbezüglich ein syntakischer Funktionspool bestehend aus den folgenden Kategorien nachweisen: prädikativ gebrauchtes Adjektiv, Nomen, Adverb sowie für das Englische auch Verb. IE-*okay* zeichnet sich demgegenüber dadurch aus, dass *okay* nicht syntaktisch integriert auftritt. Entsprechend der Definition der Kategorie ‚interaktive Einheit' in Zifonun et al. (1997) fungieren Verwendungen von *okay* in solchen Fällen „als selbständige Einheiten der Interaktion [...] und [tragen] nicht zum Aufbau von Sätzen oder kommunikativen Minimaleinheiten [bei]" (Zifonun et al. 1997: 62). Als IE kann *okay* in der Funktion eines Responsivs, Reaktivs, Rückversicherungssignals oder eingebunden in oppositive Relationsmuster in einem Posting gebraucht werden (vgl. Herzberg 2024). Zu IE-*okay* zählen gleichermaßen auch konzessive *okay*-Verwendungen.

Beispiele für für *okay*-Verwendungen mit Einräumungs- und Einlenkungseinschüben, im Folgenden subsumiert unter der Bezeichnung **konzessive okays**, sollen anhand der Datenbeispiele 5-39 und 5-40 genauer vorgestellt werden:

Datenbeispiel 5-39: konzessives *ok* in einem englischen WP-Posting
(▶ https://de.wikipedia.org/wiki/Diskussion:The_Legend_of_Zelda/Archiv/1)
Wäre der Link ▶ http://zelda.wikia.com/wiki/Main_Page für die Weblinks geeignet? Bei manchen Artikeln (etwa Freeciv) sind solche Wikis verlinkt (**ok**, dort ist es auch die offizielle Seite), und ich kenne da nicht die genauen Kriterien. –Gruß, Constructor 21:05, 30. Apr. 2007 (CEST)

In Beispiel 5-39 möchte die Autor:in des Diskussionspostings ein Wiki als Quelle zum bestehenden WP-Artikel „The Legend of Zelda" hinzufügen. Was als zuverlässige Informationsquelle angesehen und dementsprechend im WP-Artikel verlinkt werden darf, ist einerseits durch Richtlinien (vgl. ▶ https://de.wikipedia.org/wiki/Wikipedia:Belege) festgelegt und gibt andererseits oftmals Anlass für Unstimmigkeiten zwischen den Autor:innen, die die Richtlinien unterschiedlich auslegen. Die Autor:in verweist auf die Artikelseite zum Spiel „Freeciv", in der eine Verlinkung zu einem Wiki zugelassen wurde, räumt aber gleichzeitig durch den mit *okay* eingeleiteten Einschub ein, dass es sich bei dem Wiki um den offiziellen Internetauftritt des Spieleherausgebers handelt. Es wird damit angezeigt, dass der beschriebene Vergleich Einschränkungen unterliegt.

5.5 · Fallstudie: Funktionen von *okay* in Wikipedia-Diskussionen

Datenbeispiel 5-40: konzessives *OK* in einem englischen WP-Posting
(▶ http://en.wikipedia.org/wiki/Talk:GM)

GM is a global corp. They sell cars on every continent (**OK**, not Antartica). When people around the world search for GM, the vast majority are looking for General Motor: HornColumbia 18:16, 23. September 2007 (UTC)

GM ist ein globales Unternehmen. Sie verkaufen Autos auf allen Kontinenten (OK, nicht in der Antarktis). Wenn Menschen auf der ganzen Welt nach GM suchen, sucht die große Mehrheit nach General Motors.

In 5-40 wird diskutiert, ob bei einer Suche nach dem Kürzel „GM" in der Wikipedia nicht direkt zu „General Motors" anstelle zu einer Disambiguierungsseite weitergeleitet werden sollte. Die Autor:in spricht sich für die direkte Weiterleitung zu „General Motors" aus und begründet diesen Vorschlag mit der Tatsache, dass es sich bei „General Motors" um ein internationales Unternehmen handele, das auf jedem Kontinent Autos verkaufe. Direkt im Anschluss signalisiert die Autor:in mit „OK, not Antarctica", dass die Aussage „auf jedem Kontinent" als scherzhaft zu verstehen sei.

Konzessive *okays* Mit konzessiven *okays* machen die Autor:innen deutlich, dass ihnen sehr wohl bekannt ist, dass bei der Bearbeitung eines Problems mehrere Lösungsoptionen vorliegen können. Sie markieren für ihre Adressat:innen, dass sie sich möglicher Einschränkungen hinsichtlich des Geltungsanspruchs bestimmter Aussagen oder Vorschläge bewusst sind, die dadurch relativiert werden. Konzessive *okays* stehen häufig mittig in WP-Postings. Wenn sie als längere Einschübe präsentiert werden, setzen einige WP-Autor:innen sie auch formal vom Rest des Postings ab, z. B. durch Schreibung in Klammern „(ok ...)", wie in den Datenbeispielen 5-37 bis 5-40.

Die vorliegende Fallstudie untersucht **explorativ** das Funktionsspektrum, das sich für *okay* in der interaktionsorientierten Schriftlichkeit von Wikipedia-Diskussionen nachweisen lässt. Dazu werden zwei Beleg-Stichproben aus deutschen und englischen Wikipedia-Diskussionsseitenkorpora untersucht. Ziel der Exploration ist es, die Vielfalt der Funktionen von *okay* in den Diskussionsbereichen der beiden Wikipedia-Sprachversionen zu sondieren und die Verteilung der Funktionstypen in den beiden Sprachen zu vergleichen. Ein besonderes Augenmerk soll dabei auf den Gebrauch von konzessiven *okays* gelegt werden.

Die Fallstudie ist ein Beispiel für die **korpusgestützte Erkundung eines Phänomens** (= *okay*) an einer Domäne des schriftlichen Sprachgebrauchs, für den dieses Phänomen in der Forschungsliteratur bislang wenig untersucht wurde (= Wikipedia-Diskussionen). Die Ergebnisse der Exploration können im Idealfall den Ausgangspunkt für spezifischere Fragestellungen und/oder für weitergehende Untersuchungen mit angepasstem Forschungsdesign bilden.

Der Untersuchung liegen die folgenden Forschungsfragen zugrunde:
- **Forschungsfrage 1**: Welche Funktionen von *okay* können in den untersuchten Stichproben aus deutschen und englischen WP-Diskussionsseitenkorpora festgestellt werden? (**Funktionale Perspektive**)

- **Forschungsfrage 2**: Welche Unterschiede gibt es zwischen der deutschen und der englischen Stichprobe hinsichtlich der Verteilung der festgestellten Funktionstypen? (**Sprachkontrastive Perspektive**)

Die Forschungsfrage 1 lässt sich beantworten, indem alle Belege für *okay* in den beiden Stichproben ermittelt und kodiert werden. Zur Forschungsfrage 2 werden die beiden folgenden Hypothesen formuliert, die an der Verteilung der Funktionstypen in den Korpusstichproben überprüft werden sollen:
- **Hypothese 1**: SE- und IE-Verwendungen von *okay* sind sowohl in der deutschen als auch in der englischen Beleg-Stichprobe gleich verteilt.
- **Hypothese 2**: Konzessive *okays* stellen anteilig den am häufigsten belegten Funktionstyp in den beiden Stichproben dar.

5.5.2 Datengrundlage

Die Datengrundlage für die vorliegende Untersuchung bilden *okay*-Stichproben aus einem Korpus geschriebener Sprache, dem *WikiDemo Corpus*. Dieses Korpus stellt einen Ausschnitt des umfangreicheren *EFG WikiCorpus* dar, eines dreisprachigen Korpus mit englischen (**E**), französischen (**F**) und deutschen (**G**) Wikipediaseiten, dessen Aufbau in Poudat et al. (2024) beschreiben ist. Das *EFG WikiCorpus* enthält mehr als drei Millionen Wikipediaseiten mit mehr als zwei Milliarden Tokens und basiert auf der englischen, französischen und deutschen WP-Version vom 1. August 2019. Das *WikiDemo Corpus* wurde dabei speziell für qualitative, sprachkontrastive Studien zusammengestellt. Es umfasst acht WP-Artikelseiten sowie alle zugehörigen Diskussionsseiten (inklusive sämtlicher archivierter, älterer Diskussionsseiten). Das *WikiDemo Corpus* ist unter ▶ https://korap.ids-mannheim.de/instance/wikidemo abrufbar und kann ohne Anmeldung über die Rechercheschnittstelle *KorAP* abgefragt werden (s. ▶ Abschn. 4.3.3.1).

Für die hier beschriebene Untersuchung wurden ausschließlich die Diskussionsseiten sowie deren Archive analysiert.

◻ Tab. 5.9 gibt eine Übersicht über Größe und Inhalt der beiden Subkorpora des *WikiDemo Corpus*, die für die Fallstudie genutzt wurden. Das *WikiDemo Corpus* beinhaltet darüber hinaus auch französische Diskussionsseiten, die in dieser Fallstudie nicht berücksichtigt wurden und daher auch nicht in der Tabelle aufgeführt sind. Es wird deutlich, dass das englische Subkorpus um ein Vielfaches umfangreicher ist als das deutsche Subkorpus, obwohl die Grundlage beider Korpora aus denselben acht WP-Artikelseiten besteht (vgl. ◻ Tab. 5.10). Der Größenunterschied geht auf die höhere Anzahl an Postings zurück, die die WP-Autor:innen im Englischen im Vergleich zum Deutschen mehr produziert haben.

Kittur et al. (2009) haben bereits in frühen WP-Forschungsarbeiten gezeigt, dass **Artikel aus bestimmten thematischen Kategorien ein hohes Konfliktpotenzial** mit sich bringen (vgl. Kittur et al. 2009). Kategorien in Wikipedia dienen zur Gruppierung von Artikelseiten nach bestimmten Merkmalen. Neben Artikeln aus der Kategorie *Religion* stellen Kittur et al. (2009) insbesondere für Artikelseiten der Kategorien *Philosophie* und *Persönlichkeiten* ein erhöhtes Konfliktpotenzial fest, das auf den Dis-

5.5 · Fallstudie: Funktionen von *okay* in Wikipedia-Diskussionen

Tab. 5.9 Größe und Inhalt der verwendeten *WikiDemo*-Subkorpora

Subkorpus	Inhalt	Dokumente (= WP-Seiten)	Tokens
dewiki-20190220-talk	WP-Artikeldiskussionen inklusive Archive	35	544.180
enwiki-20190220-talk	WP-Artikeldiskussionen inklusive Archive	215	3.017.764

Tab. 5.10 WP-Artikelnamen des *WikiDemo Corpus*

Deutsch	Englisch
Flüchtlingskrise in Europa ab 2015	European migrant crisis
Chiropraktik	Chiropractic
Wladimir Wladimirowitsch Putin	Vladimir Putin
Terroranschläge am 11. September 2001	September 11 attacks
Psychoanalyse	Psychoanalysis
Gentechnisch veränderter Organismus	Genetically modified organism
Feminismus	Feminism
The Legend of Zelda	The Legend of Zelda

kussionsseiten zum Vorschein kommt (vgl. Kittur et al. 2009: 1512; Hara et al. 2010). Die im *WikiDemo Corpus* enthaltenen Daten stammen ebenfalls aus Kategorien, bei denen Konflikte und längere Diskussionsverläufe zu erwarten sind und insbesondere konzessive *okays* funktional häufig auftreten. ◘ Tab. 5.10 listet die Titel der enthaltenen WP-Artikelseiten auf.

5.5.3 Methodisches Vorgehen bei der Analyse

Das methodische Vorgehen bei der Analyse beginnt mit dem Schritt der Datenerhebung. Im ersten Schritt der Datenerhebung wurde via KorAP unter Nutzung der Abfragesprache Poliqarp (s. ▶ Abschn. 4.3.3.1) das Stichwort *okay* in den deutschen und englischen Subkorpora des *WikiDemo Corpus* abgefragt.

Folgende **Abfragen** wurden an das Korpus gestellt:
- Abfrage: „ok/i" – Parameter: „corpusSigle eq WDD19"
- Abfrage: „okay/i" – Parameter: „corpusSigle eq WDD19"
- Abfrage: „ok/i" – Parameter: „corpusSigle eq WDE19"
- Abfrage: „okay/i" – Parameter: „corpusSigle eq WDE19"

Die Suchabfrage „ok/i" in Poliqarp fragt alle orthographischen Varianten der Form *ok* in einer Trefferliste für das deutsche Subkorpus des *WikiDemo Corpus* ab, eingestellt durch die Parameter „corpusSigle eq WDD19". „WDD19" ist die in KorAP verwende-

◘ **Tab. 5.11** Trefferzahlen (absolut) in den deutschen und englischen *WikiDemo*-Subkorpora sowie Umfang der bereinigten Stichprobe. Das Kürzel *pmw* steht für „per million words"

	Deutsch		Englisch	
Suchabfrage	„ok/i"	„*okay*/i"	„ok/i"	„*okay*/i"
Absolute Trefferanzahl	94	21	636	297
Relative Trefferanzahl (*pmw*)	173	39	211	98
bereinigte Stichprobe	50	21	50	50

◘ **Tab. 5.12** Beispiele für Pseudotreffer in den deutschen und englischen Trefferlisten

Deutsch	Englisch
Alle Ungereimtheiten wurden behoben, oben jeweils erläutert, wie, und mit „OK" markiert. (▶ https://de.wikipedia.org/wiki/Diskussion:Fl%C3%BCchtlingskrise_in_Europa_2015/2016/Archiv/5)	As long as the idea is expressed in some reliable source, it's OK to express it in this article (▶ https://en.wikipedia.org/wiki/Talk:Chiropractic/Archive_24) *Solange die Idee in einer zuverlässigen Quelle zum Ausdruck kommt, ist es in Ordnung, sie in diesem Artikel zu äußern.*

te Korpussigle für das deutsche Subkorpus des *WikiDemo Corpus:* Neben *ok* wurden auch alle orthographischen Varianten der Schreibform *okay* abgefragt, ebenfalls für das deutsche Subkorpus, WDD19. Da es sich bei der vorliegenden Fallstudie um eine sprachkontrastive Untersuchung handelt, wurden dieselben beiden Suchabfragen auch für die englischen Sprachdaten verwendet, unter Anpassung der Korpussigle von „WDD19" auf „WDE19", die in KorAP das englische Subkorpus des *WikiDemo Corpus* bezeichnet.

Mit „ok/i" und „okay/i" wurden dabei die zwei Formvarianten von *okay* spezifiziert, die am häufigsten in Wikipedia verwendet werden (vgl. Herzberg 2024).

Für das deutsche Subkorpus zu „ok/i" und für das englische Subkorpus zu „ok/i" sowie „okay/i" mussten aufgrund der höheren Trefferanzahl Stichproben gezogen werden. Diese wurden für alle drei Suchabfragen auf 50 *okay*-Treffer festgelegt. Da eine randomisierte Stichprobenziehung aktuell in KorAP nicht möglich ist, wurde aus der Trefferliste jeder dritte *okay*-Treffer ausgewählt und zur weiteren Datenauswertung in Excel importiert. Der Import wurde so lange wiederholt, bis nach der Bereinigung um Pseudotreffer, vgl. ◘ Tab. 5.11, die Zahl von 50 *okay*-Belegen erreicht war.

◘ Tab. 5.11 zeigt die Trefferzahlen zu den oben genannten Suchabfragen in den deutschen und englischen Subkorpora. In beiden Sprachen sind Formvarianten der Buchstabenkombination *ok* häufiger als *okay* vorzufinden.

Insbesondere für das Englische, aber auch für das Deutsche fanden sich in den Trefferlisten *okay*-Treffer, die für die Forschungsfragen nicht relevant waren und die daher vor Beginn der Analyseschritte intellektuell aussortiert wurden. Beispiele für solche Treffer finden sich in ◘ Tab. 5.12.

5.5 · Fallstudie: Funktionen von *okay* in Wikipedia-Diskussionen

Pseudotreffer in den deutschen Stichproben sind zum Beispiel metasprachliche Treffer, vgl. ◘ Tab. 5.12, oder Treffer, bei denen *okay* nicht als sprachliches Material in den Beleg eingefügt, sondern anhand eines Vorlagenbausteins generiert wurde, durch dessen Einbindung in das eigene Posting weine Kombination aus einem Pfeilzeichen und „Ok" erzeugt wird. Die Verwendung solcher Vorlagen ist gerade auf den Diskussionsseiten beliebt, da sie ein einfaches und visuell schnell erfassbares Mittel zum Ausdruck von Akzeptanz darstellen. In den englischen Stichproben traten Pseudotreffer insbesondere in Zitaten aus Postings anderer Nutzer:innen auf (vgl. das Beispiel in ◘ Tab. 5.12).

Analyse der Belege Zur Analyse der Belege wurden die Stichproben in Excel kopiert und dort klassifiziert. Wie in ▶ Abschn. 5.5.1 erläutert, bildeten *okays* in der Funktion interaktiver Einheiten (IE-*okays*) in konzessiver Verwendung das Zentrum der Untersuchung. In einem ersten Analyseschritt wurden daher alle *okays* in den bereinigten Stichprobenlisten folgendermaßen kategorisiert (vgl. Herzberg 2024):

- **Syntaktische Einheit (SE)**: Hierunter fallen alle syntaktisch integrierten *okay*.
- **Interaktive Einheit (IE)**: Hierunter fallen alle *okays*, die als selbständige Einheiten der Interaktion dienen und nicht zum Aufbau von Sätzen beitragen. Sie sind nicht syntaktisch integriert.
- **Andere**: Belege, bei denen es sich um echte *okay*-Verwendungen handelt, die aber aufgrund von beispielsweise fehlendem Kontext, Satzteilen oder fingierter Mündlichkeit nicht einwandfrei den SE- und IE-Klassen zugeordnet werden können, befinden sich in der Kategorie *andere*.

Syntaktisch integrierte *okays* finden sich in den Beispielen 5-41 und 5-42. In Beispiel 5-41 beschreibt *ok* in Funktion eines attributiven Adjektivs das Nomen *source*. In dieser Funktion ist es in die Satzsyntax integriert. Ähnlich zu 5-41 ist auch in Beispiel 5-42 *okay* syntaktisch integriert und bestimmt das Verb *finden* genauer.

Datenbeispiel 5-41: attributives *ok* in einem englischen WP-Posting
(▶ https://en.wikipedia.org/wiki/Talk:Chiropractic/Archive_34)
The source that you have suggested is an **ok** source, but may not be better than what is already in the article. – Puhlaa (talk) 16:32, 8 October 2012 (UTC)
Die von Ihnen vorgeschlagene Quelle ist in Ordnung, aber möglicherweise nicht besser als das, was bereits in dem Artikel steht.

Datenbeispiel 5-42: adverbiales *okay* in einem deutschen WP-Posting
(▶ https://de.wikipedia.org/wiki/Diskussion:Chiropraktik/Archiv/1)
Finde ich nicht **okay** und die begründung nicht stichhaltig. – Kiu77 01:29, 25. Feb. 2009 (CET)

Hingegen tritt *okay* in den Beispielen 5-43 und 5-44 als interaktive Einheit auf: In Beispiel 5-43 reagiert der Wikipedia-Autor mit ***OK*** auf die vorher getroffene Aussage „In meinen Augen wäre der Ausdruck ‚Flüchtlingswelle' neutral". In Beispiel 5-44 ist *okay* in eine komplexere Konstruktion eingebettet. Bei *okay* in oppositiven Relationen handelt es sich um *okays* in Mustern der Zustimmung (= *okay*) bzw. Nicht-Zustimmung (= *aber*), die darauf basieren, den eigenen Standpunkt durchsetzen zu wollen. Die durch die Markierung einer Meinungsdifferenz unvermeidbare Auslösung einer dispräferierten Handlung wird durch die zusätzliche Markierung, hier im Aufgreifen der Position des Gegenübers im Teil nach *okay*, abgeschwächt, bevor im oppositiven *aber*-Teil eine Fokusumlenkung stattfindet und die eigene Meinung präsentiert wird (vgl. Herzberg 2024).

Datenbeispiel 5-43: reaktives *OK* in einem deutschen WP-Posting

(▶ https://de.wikipedia.org/wiki/Diskussion:Fl%C3%BCchtlingskrise_in_Europa_2015/2016/Archiv/1)
In meinen Augen wäre der Ausdruck „Flüchtlingswelle" neutral. – 18:46, 6. Sep. 2015 (CEST) – Sdfghjklökjhgfds (Diskussion) 18:46, 6. Sep. 2015 (CEST)
OK, was sagt Wikipedia dazu? – An-d (Diskussion) 19:32, 6. Sep. 2015 (CEST)

Datenbeispiel 5-44: *OK* in oppositivem Relationsmuster in einem englischen WP-Posting

(▶ https://en.wikipedia.org/wiki/Talk:Chiropractic/Archive_27)
Your comparative analogy stands on all four legs as a comparison goes, except for the pretty major details that spinal manipulation isn't "bad", and chiropractic isn't "bad". **Okay**, yes, I'll concede that there are some "bad" uses of SM, and there are some "bad" elements of chiropractic, but we are separating them and dealing with the good and the bad in this article. – Fyslee / talk 06:01, 28 September 2008 (UTC)
Ihre vergleichende Analogie steht fest auf allen Beinen, wenn man von den ziemlich wichtigen Details absieht, dass die spinale Manipulation nicht „schlecht" ist und die Chiropraktik nicht „schlecht" ist. Okay, ja, ich räume ein, dass es einige „schlechte" Anwendungen von SM gibt, und es gibt einige „schlechte" Elemente der Chiropraktik, aber wir trennen sie und befassen uns in diesem Artikel mit dem Guten und dem Schlechten.

Es gibt Belege, die echte Verwendungen von *okay* darstellen, aber aufgrund fehlenden Kontexts, unvollständiger Satzstrukturen oder fingierter Mündlichkeit nicht eindeutig den semantischen (SE) oder interaktionalen (IE) Kategorien zugeordnet werden können. Diese wurden in der Kategorie *andere* zusammengefasst.

5.5.4 Ergebnisse und Interpretation

Ergebnis der Kategorisierung In ◨ Abb. 5.10 ist die Verteilung der klassifizierten Belege über die Kategorien *SE*, *IE* und *andere* dargestellt, jeweils bezogen auf die Varianten der Schreibweisen *OK* und *okay* für die beiden untersuchten Sprachen. Die Abbildung spiegelt aber noch nicht das tatsächliche Verhältnis der Verteilung der Kategorien über die Stichproben wider, da in ihr lediglich die absoluten Vorkommenszahlen erfasst

5.5 · Fallstudie: Funktionen von *okay* in Wikipedia-Diskussionen

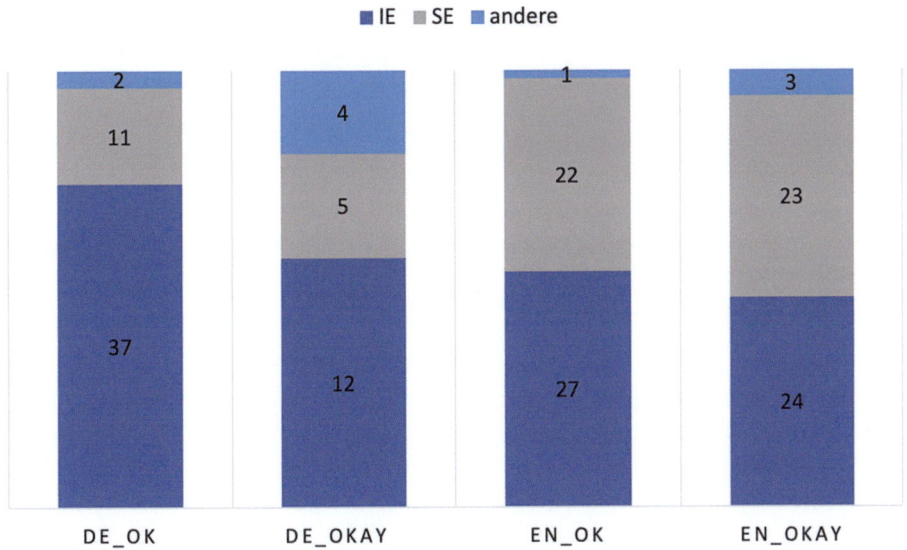

○ **Abb. 5.10** Verteilung von SE- und IE-*okay* in den untersuchten Stichproben

sind und die Stichproben nicht alle dieselbe Größe haben. Das liegt daran, dass für DE_okay nach Bereinigung im Korpus nur 21 echte Belege ermittelt werden konnten (vgl. ○ Tab. 5.11).

Für alle Stichproben lässt sich festhalten, dass *okay* am häufigsten als IE-*okay* auftritt. Wird jeder Balken in ○ Abb. 5.10 für sich betrachtet, ist für DE_OK und DE_okay eine ähnliche Verteilung ersichtlich. In den beiden englischen Stichproben ist die Verwendung von *okay* ausgeglichener, es wird ähnlich häufig syntaktisch integriert und nicht integriert in Wikipedia-Postings eingebunden.

○ Tab. 5.13 stellt die Ergebnisse der Kategorisierung über die untersuchten Formvarianten im Detail dar.

Die Ergebnisse der Kategorisierung in ○ Tab. 5.13 zeigen, dass *okay* in beiden Sprachen in einer Vielzahl von Verwendungsweisen auftritt. In der vorliegenden Untersuchung wird auf bestimmte Verwendungsweisen, wie die des konzessiven *okays* fokussiert. Aus diesem Grund gibt es kategoriale Zusammenschlüsse. Die SE-Kategorie „weitere SE-Funktionen" beinhaltet u. a. adverbiale und attributive *okay*. Analog dazu umfasst die IE-Kategorie „weitere IE-Funktionen" eine Zusammenfassung von interaktiven *okay*-Verwendungsweisen, bei denen *okay* nicht syntaktisch integriert auftritt. Darunter fallen zum Beispiel *okays*, die als Rückversicherungssignal, wie in „ich ändere das jetzt, *okay*?", verwendet werden.

Schaut man sich die einzelnen Subkategorien genauer an, so fällt für die deutschen Stichproben auf, dass *okay* dort am häufigsten in interaktiver Form auftritt. In Bezug auf SE-*okays* wird deutlich, dass die Verwendung von *okay* am häufigsten als Prädikativ in Äußerungen wie zum Beispiel „das ist *okay*" auftritt. Beim Englischen hingegen ergibt sich für die beiden Gebrauchsvarianten eine ausgeglichene Verteilung zwischen *okay* als syntaktischer Einheit und *okay* als interaktiver Einheit. Wie auch im Deut-

Tab. 5.13 Kategorisierung der deutschen und englischen *WikiDemo*-Subkorpora

		Deutsch		Englisch	
		„ok/i"	„okay/i"	„ok/i"	„okay/i"
SE	prädikativ	9 (18 %)	3 (14 %)	19 (38 %)	23 (46 %)
	weitere SE-Funktionen	2 (4 %)	2 (10 %)	3 (6 %)	
	SE-GESAMT pro Subkorpus und Abfrage	*11 (22 %)*	*5 (24 %)*	*22 (44 %)*	*23 (46 %)*
IE	reaktiv	21 (42 %)	11 (52 %)	18 (36 %)	16 (32 %)
	konzessiv	3 (6 %)	0 (0 %)	2 (4 %)	2 (4 %)
	weitere IE-Funktionen	13 (26 %)	1 (5 %)	7 (14 %)	6 (12 %)
	IE-GESAMT pro Subkorpus und Abfrage	*37 (74 %)*	*12 (57 %)*	*27 (54 %)*	*24 (48 %)*
andere		2 (4 %)	4 (19 %)	1 (2 %)	3 (6 %)
Summe		50 (100 %)	21 (100 %)	50 (100 %)	50 (100 %)

schen tritt *okay* in SE-Funktion am häufigsten als Prädikativ auf. Darüber hinaus ist die häufigste IE-Verwendungsweise für beide Sprachen die des *Reaktivs:* Die Bezeichnung ‚Reaktiv' geht auf Sieberg (2016) zurück, der diese Kategorie als Erweiterung der in Zifonun et al. (1997) beschriebenen Responsive entwickelt hat. Zu Responsiven hält Sieberg (2016: 216) fest, dass diese in Zifonun et al. (1997) „vorrangig als Reaktion auf vorhergehende Fragen, also auf den Sprechakttyp der Direktive, [verstanden werden]" (Sieberg 2016: 105). Reaktive stellen laut Sieberg (2016) eine Untergruppe der Kategorie der Nähezeichen im Kontext des Nähe- und Distanzsprechens dar: „Sprecher [gebrauchen] Reaktive als verbale Reaktion auf alle möglichen in der vorhergehenden Äußerung realisierten Typen von Sprechakten" (Sieberg 2016: 105).

In Bezug auf die **Forschungsfrage 1** lässt sich festhalten, dass *okay* in beiden Formvarianten und darüber hinaus für beide Sprachen in den untersuchten Stichproben als interaktive Einheit und als syntaktische Einheit verwendet wird. Die Unterschiede im Gebrauch in den beiden Sprachen (**Forschungsfrage 2**) liegen in erster Linie in der Häufigkeit von IE- versus SE-*okay*: **Hypothese 1**, dass SE- und IE-Verwendungen von *okay* sowohl in der deutschen als auch in der englischen Beleg-Stichprobe gleich verteilt seien, kann nicht bestätigt werden. Für das Deutsche erscheint die IE-SE-Verteilung weniger ausgeglichen als für das Englische. Die Vermutung, dass sich besonders viele konzessive *okay*-Vorkommen in den Stichproben auffinden lassen, konnte ebenfalls nicht bestätigt werden. **Hypothese 2**, die besagt, dass konzessive *okays* anteilig den häufigsten Funktionstyp in den Stichproben des deutschen und englischen WikiDemo-Korpus darstellten, ist somit widerlegt.

Auch wenn es sich bei der Datengrundlage um Diskussionsseiten mit besonders kontroversen Diskussionen in Wikipedia handelt, zeigt die Auswertung der Stichproben, dass einschränkende Äußerungen, die mit *okay* eingeleitet werden, wenig frequent vorkommen. Einschübe in Form von Einschränkungen oder Relativierungen mit *okay* müssen nicht immer konzessiver Natur sein, sondern können Ausdruck von Sprachkreativität und Sprachspiel darstellen, wie auch im aufgeführten Titelzitat des vorliegenden Artikels „OK, Schluß mit Blödeln". Dies ist eine Anmerkung, die ein Autor am Ende seines Postings anhängt, um anderen Autor:innen zu signalisieren, dass er die vorangehenden Äußerungen als humorvoll gemeint verstanden wissen möchte und dass er wieder in eine ernsthafte Äußerungsmodalität zu wechseln beabsichtigt. Solche Äußerungen sind oftmals formal vom Rest des Postings abgetrennt, durch Klammern, Auslassungspunkte oder Gedankenstriche. Die Art und Weise, wie insbesondere konzessives IE-*okay* von den Autor:innen in ihre Postings integriert wird, ist vielseitig und scheint von individuellen Präferenzen abzuhängen. Hinsichtlich der beiden Formvarianten – *OK* und *okay* – scheint es in den beiden Sprachen keine eindeutigen Form-Funktionszusammenhänge zu geben, d. h. keine der beiden Formvarianten ließ sich in den untersuchten Stichproben bestimmten Funktionstypen zuordnen.

5.5.5 Methodische Reflexion

Bei Ergebnissen, die aus der **qualitativen Analyse kleiner Stichproben** gewonnen wurden, sind Verallgemeinerungen nur bedingt möglich. Zwar kann durch die Randomisierung der Stichprobenzusammensetzung sichergestellt werden, dass die untersuchten Daten nicht beliebig aus dessen Korpustreffern ausgewählt sind, jedoch können die Ergebnisse in anderen Stichproben u. U. variieren. Dies gilt es bei der Bewertung der Ergebnisse zu berücksichtigen.

Die in der vorgestellten, explorativen Untersuchung festgestellte Tendenz, dass das *ok* bzw. *okay* in beiden untersuchten Sprachen, wenn es als interaktive Einheit (IE) auftritt, vorwiegend reaktiv und nur selten konzessiv gebraucht wird, darf daher – entsprechend den Zielsetzungen einer explorativen, auf die Generierung einer Hypothese für Anschlussforschungen gerichteten Untersuchung – nicht als generalisierbarer Befund zum *ok/okay*-Gebrauch auf deutsch- und englischsprachigen Wikipedia-Diskussionsseiten betrachtet werden; es ist aber durchaus legitim, diesen Befund als eine **Tendenz** zu bewerten, die anhand der Stichprobenuntersuchung ergeben hat und die den Ausgangspunkt für weitere Untersuchungen auf der Grundlage umfangreicherer Datensets bilden kann. Gleiches gilt für die Beobachtung, dass *ok/okay* in den deutschsprachigen Daten häufiger als interaktive Einheit auftritt als in der Funktion einer syntaktischen Einheit, während in der englischsprachigen Stichprobe die beiden Funktionstypen in etwa gleich verteilt sind. Die Untersuchung zeigt des Weiteren, dass konzessives *ok/okay* in den Stichproben selten belegt ist. Für eine genauere Untersuchung von konzessivem *ok/okay* müssten die Datenerhebung für die Gewinnung der Stichproben also anders (entweder umfangreicher oder mit einem zusätzlichen, über die reine Randomisierung hinausgehenden, Selektionskriterium) angelegt werden.

Zum derzeitigen Stand lassen sich die syntaktischen Funktionen von *ok/okay* in den genutzten Korpora noch nicht abfragen. Zwar können Part-of-speech-Kategorien in die Korpusrecherche einbezogen werden (s. ▶ Abschn. 4.2.3.2), die im Zuge der Korpusaufbereitung von den Korpusentwickler:innen durch sprachtechnologische Verfahren **automatisch zugeordneten Part-of-speech-Tags** sind aber gerade im Bereich der interaktiven Einheiten wenig zuverlässig, zumal das für das WP-Diskussionsseitenkorpus wie auch für viele andere deutschsprachige Textkorpora verwendete PoS-Tagset STTS bislang keine hinreichende Erfassung von interaktiven Einheiten erlaubt. Immerhin kennt das Tagset eine Kategorie PTKANT, die für ‚Antwortpartikeln' reserviert ist, worunter auch reaktive/responsive Verwendungen von *ok/okay* fallen. Insgesamt sind die Vorkommen von *ok/okay* im deutschsprachigen WP-Diskussionsseitenkorpus mit unterschiedlichen PoS-Kategorien getaggt, neben PTKANT mit den Tags für Gattungsnamen (NN), Eigennamen (NE) sowie prädikativen (ADJD) und attributiven Adjektiven (ADJA) (vgl. Storrer/Herzberg 2022: 57–58). Da Korpusentwickler:innen und Sprachtechnolog:innen in den letzten Jahren verstärkt auch die nichtstandardisierte Schriftlichkeit als Korpusgegenstand in den Blick nehmen (vgl. Beißwenger et al. 2015, Fišer/Beißwenger 2017, Lüngen/Kupietz 2020, Cotgrove et al. 2025), darf angenommen werden, dass die für die Korpusaufbereitung genutzten Verfahren der automatischen Sprachverarbeitung Phänomenen der interaktionsorientierten Schriftlichkeit zukünftig besser und genauer werden erkennen und verarbeiten können als dies zum Stand der vorliegenden Untersuchung der Fall war.

5.5.6 Anschlussstellen für weitere Untersuchungen

Für Folgeuntersuchungen bieten sich verschiedene Anschlussstellen an, die sich für wissenschaftliche Haus- und Abschlussarbeiten eignen. Interessant wären zum Beispiel korpusvergleichende Untersuchungen zu *okay* in **anderen als den hier untersuchten Sprachen** sowie auch in **anderen Formen internetbasierter Kommunikation**, zu denen frei zugängliche Korpora existieren (s. ▶ Abschn. 4.3.1.1, 4.3.1.3, 4.3.2) oder für die man geeignete Datensets bzw. Korpora selbst erhebt (s. ▶ Abschn. 4.4).

Eine Möglichkeit wäre die Analyse von *okay* im französischen Subkorpus des *Wiki-Demo Corpus* über die Suchparameter „corpusSigle eq WDF19" in KorAP. Hier könnte explorativ untersucht werden, ob *ok/okay* in der französischen Wikipedia ähnlich oder unterschiedlich verwendet wird wie im Deutschen. Besonders spannend ist die Frage, ob sich die Funktionen von *okay* in verschiedenen Sprachgemeinschaften unterscheiden. Eine weitere Untersuchung könnte sich mit den Funktionen von *ok/okay* in älteren Formen digitaler Kommunikation befassen, beispielsweise in der SMS-Kommunikation (SMS4Science-Korpus) oder in ‚klassischen' Chats aus dem ‚Web 1.0' (Dortmunder Chat-Korpus).. Eine solche (mikro-)diachrone Betrachtung könnte – im Vergleich mit Stichproben aus neueren Korpora internetbasierter Kommunikation (z. B. MoCoDa2) – danach fragen, ob sich der Gebrauch von *ok/okay* über die Jahre verändert hat.

Eine vergleichende Analyse von *ok/okay* mit Sprachdaten aus Gesprächskorpora (z. B. FOLK) könnte untersuchen, ob und wie sich die Funktionen von *ok/okay* in gesprochener Sprache und in der interaktionsorientierten Schriftlichkeit unterscheiden.

❓ Arbeitsaufgaben
1. Führen Sie eine eigene Korpusrecherche zum Internationalismus *okay* im Korpus der MoCoDa2 durch.
2. Registrieren Sie sich zunächst auf der Plattform MoCoDa2 (▶ https://db.mocoda2.de/c/home).

3. Sehen Sie sich die Videotutorials auf der Homepage der MoCoDa2 an, in denen die Möglichkeiten der Datenrecherche sowie die Arbeit mit Beleglisten und Kollektionen erklärt werden (▶ https://db.mocoda2.de/c/tutorials).
4. Recherchieren Sie *verschiedene* Schreibweisen für *okay*.
5. Ziehen Sie eine **Zufallsstichprobe** von 50 Treffern und fügen Sie sie einer Belegliste hinzu.
6. Klassifizieren und kodieren Sie Ihre 50 Treffer nach den 3 Hauptklassen und Subklassen, die Storrer und Herzberg (2022) einführen, sowie der Kategorie *Pseudotreffer*.
7. Begründen Sie im Notizfeld kurz für jeden Beleg, wieso Sie ihn der jeweiligen Kategorie zugeordnet haben.
8. Setzen Sie die Befunde aus Ihrer eigenen Untersuchung zu *okay* in Vergleich zu den Beobachtungen in Storrer/Herzberg (2022). Diskutieren Sie Gemeinsamkeiten und Unterschiede unter der Berücksichtigung der unterschiedlichen Rahmenbedingungen der Kommunikationsformen (Wikipedia-Diskussionen vs. WhatsApp).

5.6 Involvierung auf dem Social-Media-History-Account @ichbinsophiescholl

5.6.1 Fragestellung und Bezug zum Stand der Forschung

Von April 2021 bis Februar 2022 betrieben der Südwestdeutsche Rundfunk und der Bayerische Rundfunk den Instagram-Account @ichbinsophiescholl. Auf dem Account wurden die letzten Lebensmonate der Widerstandskämpferin Sophie Scholl auf plattformtypische Weise in Postings und Stories so nachgestellt, als ob Sophie Scholl sie selbst gepostet hätte. Ziel des Projekts war es, die „User:innen emotional, radikal subjektiv und in nachempfundener Echtzeit an den letzten zehn Monaten ihres Lebens teilhaben" (SWR 2021) zu lassen. Das Projekt konnte ähnlich wie das israelische Vorläuferprojekt @eva.stories, das die Erlebnisse der 13-jährigen Eva Heyman in den Tagen vor ihrer Deportation nach Auschwitz in Form von Instagram Stories in Szene setzte, mit zwischenzeitig rund eine Million Follower:innen große Reichweite erzielen. Der primär an eine jüngere Menschen gerichtete Account, der dieses Kapitel der NS-Geschichte auf eine innovative und zielgruppengerechte Weise erzählen und erlebbar machen wollte, wurde in der (Fach-)Öffentlichkeit ausgesprochen kontrovers diskutiert (Berg/Kuchler 2023). Einige betonten das besondere Potenzial einer Plattform wie Instagram, welche mit ihren partizipativen und interaktiven Möglichkeiten eine aktive Auseinandersetzung mit Geschichte fördern könne. Demgegenüber kritisierten andere die gewählte Strategie der Subjektivierung und Emotionalisierung, welche mit Identifikationsangeboten einhergehe und dadurch eine distanzierte und reflektierte Haltung gegenüber den historischen Ereignissen eher verhindere (Wagner et al. 2022).

Eine Möglichkeit, sich dieser Debatte aus einer empirisch-linguistischen Sicht anzunähern, ist die Untersuchung der Kommentarbereiche des Accounts. Die einzelnen Postings, darunter auch die einmal pro Woche als Video zusammengefassten Storys, wurden von den Nutzenden intensiv kommentiert. Die Kommentare sind zum einen Rezeptionszeugnisse, an denen sich ablesen lässt, wie die Subjektivierungs- und Emotionalisierungsstrategien von den Nutzenden aufgenommen und weitergeführt wurden. Zum anderen sind die Kommentare selbst Teil und Austragungsort dieser Strategien, zumal sich hier der Account selbst mit der Stimme Sophie Scholls beteiligte und sich beispielsweise für Ratschläge bedankte oder Fragen beantwortete. Die Kommentare konstituieren also den plattformtypischen partizipativen Erinnerungsraum mit (Henig/Ebbrecht-Hartmann 2022), der sich deutlich von anderen Formaten der Erinnerungskultur und Geschichtsvermittlung wie etwa Dokumentar- oder Spielfilmen unterscheidet.

In der Geschichtswissenschaft und der Geschichtsdidaktik wird die Nutzung von Sozialen Medien für Praktiken des kollektiven Erinnerns und für die Kommunikation über Vergangenes unter dem Stichwort *Social Media History* gefasst und erforscht (Bunnenberg et al. 2021; Burkhardt 2021; Berg/Lorenz/Oswald 2025). Leitend ist dabei u. a. die Frage, wie die technischen, medialen, ästhetischen und diskursiven Besonderheiten verschiedener Social-Media-Plattformen die geschichtsbezogenen Inhalte und ihre Rezeption prägen, aber auch wie in den interaktiven Medienumgebungen historische Wissensbestände durch die Nutzenden mitgestaltet werden. Hier bieten sich Querbezüge zur Linguistik an, die schließlich für die korpusgestützte Untersuchung von Kommunikation in solchen interaktiven Medienumgebungen vielfältige Konzepte und Methoden entwickelt hat.

Speziell zum Thema *Social Media History* liegen bislang zwar kaum linguistische Untersuchungen vor (Meier-Vieracker 2023). Allerdings werden unter dem Stichwort der Involvierung kommunikative Phänomene im Allgemeinen (Caffi/Janney 1994) und in Sozialen Medien im Besonderen (Landert 2017) gefasst, die sich an die Fragestellungen der *Social Media History* anschließen lassen. Ein Charakteristikum Sozialer Medien ist ja gerade, dass Nutzende hier nicht bloß rezipieren, sondern an der Kommunikation aktiv partizipieren und zum Beispiel über Kommentare mit den Account-Inhaber:innen und auch anderen Nutzenden in Interaktion treten können. In der Forschung ist oft gezeigt worden, dass sich das hier typische interaktionsorientierte im Gegensatz zu textorientiertem Schreiben durch eine stärkere Unmittelbarkeit und Emotionalität auszeichnet (Storrer 2013), die sich als Ausdruck von Involvierung deuten lassen. Involvierung bedeutet nach Landert (2017: 32), dass Interaktionsteilnehmende sich mit Inhalten in einer Weise auseinandersetzen, die sie emotional affiziert. Diese Affizierung kann Landert zufolge aus Textbeiträgen als Displays emotionaler Beteiligung erschlossen werden. Als entsprechende Marker, die sich dann auch korpuslinguistisch operationalisieren lassen, nennt Landert emotional aufgeladenes Vokabular, Ausdrücke wie Personalpronomen, welche explizit auf die sprechende und die angesprochene Person referieren, Emojis sowie verschiedene Mittel der Emphase wie Kapitalisierungen oder Iterationen. Außerdem nennt Landert auf seiten der Content-Erstellenden verschiedene sprachliche Strategien wie etwa die Wahl eines nähesprachlichen Registers oder subjektive Perspektivierungen, welche die emotionale Involvierung der Nutzenden gezielt fördern können.

Forschungsfrage Mithilfe des Rahmenkonzeptes der Involvierung soll im Folgenden ein Korpus mit den gesammelten Kommentaren des Instagram-Accounts @ichbinsophiescholl untersucht werden. Die präzisierte Forschungsfrage lautet, ob und wie sich die Nutzenden durch die Inhalte des Accounts involvieren lassen, wie sie dem schriftsprachlich Ausdruck verleihen und wie sich die Involvierung im interaktiven Zusammenspiel der accountseitigen und nutzerseitige Beiträge entfaltet.

5.6.2 Datengrundlage

Für die Analyse wurde ein Korpus mit den Captions und sämtlichen Kommentaren zu 377 Beiträgen des Accounts @ichbinsophiescholl vom 30. April 2021 bis zum 18. Februar 2022 erstellt. Das sind alle Beiträge, die aus der Perspektive Sophie Scholls gestaltet sind, bis zum letzten Beitrag, der ihre Verhaftung zeigt. Die danach noch publizierten Beiträge schildern aus einer externen Perspektive den weiteren Verlauf des Geschehens, verlassen also die für die vorigen Beiträge charakteristische subjektive Perspektive und wurden deshalb nicht ins Korpus aufgenommen.

Die Daten, also die Bild- und Videobeiträge mit den zugehörigen Captions und Kommentaren wurden im März 2022 mit dem in s. ▶ Abschn. 4.4.5.2 vorgestellten Tool *Instaloader* über die Command Line erhoben. Aus den Textdaten, also den Captions und Kommentaren, wurde ein Korpus im XML-Format mit Metadaten erstellt. Für jedes Posting ist das Publikationsdatum, für jeden Kommentar der Username sowie die Anzahl der Likes erfasst. Bei den Kommentaren werden zudem Kommentare erster Ordnung und Replies gesondert ausgezeichnet, sodass sich Threadstrukturen abbilden und nachvollziehen lassen. Eine tiefere Schichtung etwa von Replies zweiten oder dritten Grades sieht Instagram nicht vor.

Für die Vorverarbeitung der Korpusdaten wurden zum einen die in ▶ Abschn. 4.4.8.1 vorgestellten Tools SoMaJo (Proisl/Uhrig 2016) und SoMeWeTa (Proisl 2018) genutzt. Dabei handelt es sich um einen auf Social Media spezialisierten Tokenisierer bzw. Part-of-Speech-Tagger. Beide Tools können mit den oberflächensprachlichen Besonderheiten internetbasierter Kommunikation gut umgehen und verwenden zudem das spezialisierte Tagset *STTS_IBK*, das u. a. für Emojis, Adressierungen mit @ und Hashtags eigene Tags vorsieht. Für die Lemmatisierung wurde der TreeTagger (Schmid 2003) mit der Standard-Parameterdatei für das Deutsche mit der Option *-no-unknown* genutzt, sodass bei nicht im Lexikon verzeichneten Wörtern die Wortform als Lemma ausgegeben wird. Um auch morphosyntaktisch feinkörnigere Analysen vornehmen zu können, wurde zusätzlich der RFTagger (Schmid/Laws 2008) genutzt, der zusätzlich zur Wortart u. a. Flexionskategorien wie Person, Numerus, Genus und Kasus annotiert. Die im vertical-row-Format annotierten Texte im Korpus sehen dann so aus (die Usernames werden hier durch nummerische Ids anonymisiert, Datenbeispiel 5-45).

Datenbeispiel 5-45: Annotierte Version eines Kommentarbeispiels

```
<comment username="179" likes="15">
<s>
😎              FM                          EMOIMG    😎
hallo           ITJ                         ITJ       hallo
Sophie          N.Name.Nom.Sg.Fem           NE        Sophie
,               SYM.Pun.Comma               $,        ,
schön           ADJD.Pos                    ADJD      schön
Dich            PRO.Pers.Subst.2.Acc.Sg.*   PPER      du
hier            ADV                         ADV       hier
zu              PART.Zu                     PTKZU     zu
sehen           VINF.Full.-                 VVINF     sehen
.               SYM.Pun.Sent                $.        .
</s>
<s>
Willkommen      N.Reg.Nom.Sg.Neut           ADJD      willkommen
auf             APPR.Auf                    APPR      auf
Instagram       N.Name.Dat.Sg.*             NE        Instagram
💕              CARD                        EMOIMG    💕
</s>
</comment>
```

Man sieht an diesem Beispiel, wie der auf Pressetexten trainierte RFTagger in der zweiten Spalte Emojis fälschlicherweise als fremdsprachliches Material (FM) und als Zahl (CARD) annotiert. Mit einer gewissen Fehlerquote muss also immer gerechnet werden.

Für die Analyse wurde das Korpus zum einen in die IMS Open Corpus Workbench (Evert/CWB Development Team 2022) importiert, in der die annotierten Daten flexibel abgefragt und z. B. nach Metadatenkategorien gruppiert werden können. Zum anderen wurden für einzelne Analyseschritte passgenaue Python-Skripte geschrieben.

◼ Tab. 5.14 zeigt den Umfang des tokenisierten Korpus.

Die Erstellung eines solchen Korpus wirft forschungsrechtliche und forschungsethische Fragen auf. Unstrittig ist, dass Sie ein solches für Forschungszwecke erstelltes

◼ **Tab. 5.14** Korpusumfang

	Captions	Kommentare	Replies	Kommentare gesamt
Anzahl Texte	377	29.326	22.875	52.201
Anzahl Tokens	42.918	734.603	874.702	1.609.305

Korpus auf Ihrem Rechner speichern und korpuslinguistisch auswerten dürfen. Dies regelt der 2018 eingeführte § 60d des Urheberrechtsgesetzes „Text und Data Mining für Zwecke der wissenschaftlichen Forschung", dem gemäß Sie als Mitglied einer Hochschule die Daten zum Zwecke ihrer computergestützten Auswertung vervielfältigen, d. h. also auf Ihrer Festplatte speichern dürfen. Sie dürfen die Daten auch anderen für die gemeinsame Forschung, z. B. im Rahmen von Gruppenarbeiten, oder für die Überprüfung der Qualität Ihrer Forschung, z. B. durch Gutachtende bei Abschlussarbeiten, zugänglich machen. Jenseits dieser eingeschränkten und zeitlich zu begrenzenden Nutzungsszenarien greift jedoch das Urheberrecht, insbesondere bei den Postings einschließlich der Captions, die als künstlerische Werke gelten dürfen. Diese dürfen Sie und dürfen wir nicht veröffentlichen, also etwa als Download auf einer Webseite bereitstellen.

Bei den Kommentaren kommen zu den Urheberrechtsfragen noch datenschutzrechtliche Fragen dazu. Auch wenn die meisten Nutzenden bei Instagram mit Nicknames angemeldet sind, die keinen unmittelbaren Schluss auf personenbezogene Daten wie Vor- und Nachname zulassen, und auch wenn die Kommentare auf der Plattform öffentlich einsehbar sind, ist doch davon auszugehen, dass man eine Einwilligung der Kommentierenden einholen müsste, wenn man ihre Beiträge erneut veröffentlichen würde. Das ist bei so vielen Nutzenden – bei dem hier untersuchten Korpus sind es knapp 18.000 verschiedene Accounts – ein hoffnungsloses Unterfangen.

Weiterhin sind forschungsethische Aspekte im Blick zu behalten (vgl. Luth et al. 2022). Die Kommentierenden wussten zwar, dass ihre Kommentare öffentlich sein würden. Ob aber die wissenschaftliche Untersuchung noch zu den Rezeptionsweisen gehört, mit denen sie beim Kommentieren gerechnet haben, darf bezweifelt werden. Bei dem hier untersuchten Korpus sollte man auch im Blick behalten, dass sich nicht zuletzt durch die öffentlich-mediale Debatte und die darin geäußerte Kritik gegenüber dem Projekt Nutzende durchaus angreifbar machen. Stellen Sie sich vor, Sie entdecken einen Kommilitonen, dessen Instagram-Usernamen Sie kennen, in einer Studie über die Kommentarbereiche auf dem Account @ichbinsophiescholl, in der einer seiner Kommentare auch noch als Beispiel für eine kritikwürdige Art des Kommentierens zitiert und analysiert wird. Oder stellen Sie sich vor, Sie selbst finden sich als Analysegegenstand wieder. Um solche potenziellen Bloßstellungen zu vermeiden, ist eine vollständige Anonymisierung spätestens bei der Anführung von Belegen aus dem Korpus unbedingt zu empfehlen. Sie können z. B. die Usernames durch numerische Ids ersetzen, so wie wir es im oben gezeigten Auszug getan haben. Wenn Sie die Daten veröffentlichen wollen, müssen Sie wohl noch einen Schritt weitergehen und die Textdaten noch weiter verfremden. Mit sogenannten abgeleiteten Textformaten (Schöch et al. 2020), z. B. Frequenzlisten gruppiert nach Metadaten, lassen sich zumindest quantitative Analysen reproduzieren, ohne dass sich aus ihnen aber die urheber- und evtl. datenschutzrechtlich geschützten Texte reproduzieren lassen.

5.6.3 Methodisches Vorgehen

Um nun das Korpus auf sprachlichen Ausdruck und interaktive Entfaltung von Involvierung hin im Sinne Landerts (2017) zu untersuchen, müssen die genannten Merkmale involvierten Sprachgebrauchs so operationalisiert werden, dass sie in korpuslinguistische Abfragen und Analyseschritte überführt werden können. Es empfiehlt sich, dies nicht rein deduktiv-theoriegeleitet zu tun, zumal die Kategorien, die Landert vorschlägt, recht vage sind. Zielführender ist es deshalb, ausgehend von den konkreten Textdaten in einem Abstraktionsprozess Muster zu bilden, nach denen dann gesucht werden kann.

Um das zu veranschaulichen, wird in Datenbeispiel 5-46 noch einmal der in Beispiel 5-45 in annotierter Version wiedergegebene Auszug in Erinnerung gerufen, hier nun in der ursprünglichen, nicht-annotierten Form.

Datenbeispiel 5-46 (Projektkorpus @ichbinsophiescholl)
@179: 😎 hallo Sophie, schön Dich hier zu sehen. Willkommen auf Instagram 💕 (21-04-30_11-50-30)

Verschiedene sprachliche Mittel fallen hier ins Auge. Neben den Emojis, die hier offenbar beziehungsgestaltende und emotional bewertende Funktion erfüllen (Pappert 2017), ist auch der Ausdruck *schön, Dich hier zu sehen* zu nennen, der ein geradezu stehender Ausdruck von Freude ist. Der Ausruf *Willkommen auf Instagram* ist in seinem gemeinschaftsstiftenden Beiklang auch aufschlussreich, scheint er doch nahezulegen, dass User @179 sich schon länger auf der Plattform aufhält und nun Sophie Scholl in der Runde der Instagram-Nutzenden begrüßt. Schließlich finden sich direkte Anreden der Person Sophie Scholl, einmal die explizite Anredeformel *hallo Sophie* und einmal das Personalpronomen *Dich* in der für Briefkommunikation typischen großgeschriebenen Variante.

Von diesen sprachlichen Mitteln sind nicht alle gleichermaßen für abstrahierende korpuslinguistische Abfragen geeignet. So interessant der formelhafte Freudenausdruck und der Willkommensausruf auch sind, so wenig lassen sie sich in abstraktere Korpusabfragen überführen. Anders ist dies bei Anredeformeln und anderen Adressierungen in der zweiten Person sowie bei Emojis, die sich auch als abstrakte Muster formseitig klar bestimmen lassen und – im Falle von Formen der 2. Person und von Emojis – sogar über die linguistischen Annotationen untersucht werden können. An diesen Formen soll sich die folgende Auswertung orientieren, welche quantitative Auswertungen mit qualitativen Beobachtungen kombiniert.

5.6.4 Ergebnisse und Interpretation

Begonnen sei mit den Anredeformeln als zentralen sprachlichen Mitteln der Beziehungskonstitution (Zifonun et al. 1997: 911). Charakteristische Muster insbesondere der informellen, nähesprachlichen Anrede sind die Kombination des Vornamens mit einer Kontaktformel wie *hallo* oder auch attributiven Ergänzungen wie *liebe*. Mit einer Suche nach *X + Sophie* lassen sich die in ◘ Tab. 5.15 wiedergegebenen Formen ermit-

5.6 · Fallstudie: Involvierung auf @ichbinsophiescholl

Tab. 5.15 Anredeformeln

Anredeformel	Absolute Frequenz
liebe sophie	1362
hallo sophie	131
hey sophie	23
hi sophie	16

teln, die als Anredeformeln genutzt werden können (um auch die für internetbasierte Kommunikation typischen Kleinschreibungen zu berücksichtigen, wurde die Option *ignore case* gewählt).

Insgesamt finden sich 1464 Kommentare und 47 Replies, in denen mindestens eine dieser Formen vorkommt. Das ist auf die Gesamtmenge von 29.326 Kommentaren und 22.875 Replies gesehen nicht viel, allerdings sind es sprachliche Formen, die im medialen Setting von Instagram-Kommentarbereichen ausgesprochen aufschlussreich sind. Ausdrücklicher als mit jeder anderen Form machen die Schreibenden durch solche Adressierungen deutlich, dass sie die Figur überhaupt für ansprechbar halten und zumindest im Modus des Als-ob mit ihr in Interaktion treten.

Eine Durchsicht der Belege zeigt verschiedene Verwendungsweisen und Funktionen der Formeln. *Hallo sophie*, *hey sophie* und *hi sophie* werden typischerweise an den Beginn der Kommentare gesetzt (in den Replies ist noch das Handle @ichbinsophiescholl vorgeschaltet, das aber beim Antworten automatisch eingefügt wird). So können die Nutzenden also explizieren, dass sie ihren Kommentar, dessen Publikum im öffentlich einsehbaren Kommentarbereich ja prinzipiell unbestimmt ist, an Sophie Scholl richten. Als Grußformeln ohne denotative Bedeutung dienen sie vor allem dazu, überhaupt erst einmal den Kontakt zu etablieren, in dessen Rahmen sich dann Kommunikation anschließen kann. Dabei ist zu bedenken, dass sich bei Anreden immer stilistische Wahlen ergeben, welche die Beziehung zwischen anredender und angeredeter Person definieren und mitgestalten (Zifonun et al. 1997: 915). So fällt auf, dass fast alle Nutzenden ganz selbstverständlich Sophie Scholl mit Vornamen ansprechen; für die distanziertere Anrede *Frau Scholl* findet sich nur ein Beleg, und auch für die Anrede mit vollem Namen *Hallo Sophie Scholl* finden sich nur zwei Belege.

Bei *liebe Sophie* findet sich eine größere Varianz in der Position innerhalb der Kommentare. In 585 (= 43 %) Fällen findet sich die Anredeformel am Beginn der Kommentare, in 277 Fällen (= 20 %) am Ende, allenfalls noch gefolgt von einem satzbeendenden Interpunktionszeichen oder einem oder mehreren Emojis, und in 500 Fällen (= 37 %) innerhalb des Kommentars. Am Beginn des Kommentars fungiert *liebe Sophie* wie die anderen genannten Anredeformeln als Grußformel, wie sie für die schriftliche Kommunikation insbesondere in Briefen oder Emails unter einander Vertrauten typisch ist. In Settings des interaktionsorientierten Schreibens dagegen sind solche Grußformeln meist verzichtbar. Wenn sie doch genutzt werden, sind sie stilistisch deutlich markiert und können z. B. Nachrichten eine besondere Ernsthaftigkeit verleihen (Pérez-Sabater 2021). Zudem ist *liebe Sophie* gegenüber den Grußformeln mit *Hallo*, *Hi* und *Hey* deutlich häufiger, was darauf hindeuten könnte, dass Nutzende zwar mit Sophie Scholl Kontakt aufnehmen, aber bei aller angezeigten Vertrautheit dennoch eine für das Medium eher untypische, distanzierte Haltung einnehmen. Vermutlich ist den Schreibenden klar, dass sie eine fiktionale Figur und eben keine gewöhnliche Instagram-Nutzende adressieren.

Ein wenig anders verhält es sich mit den Verwendungen von *liebe Sophie* innerhalb und am Ende der Kommentare. Hier machen sie zum einen wiederum deutlich, dass die Kommentare an Sophie Scholl adressiert sind. Zum anderen scheinen sie, anders als die formelhafte, eröffnende Grußformel, eher als Zeichen der Verbundenheit zu dienen, mit der einer Äußerung besondere Nachdruck verliehen werden kann wie in Beispiel 5-47.

Datenbeispiel 5-47 (Projektkorpus @ichbinsophiescholl)

Das ist nicht egoistisch 🤗. Ich hätt das auch so gemacht. Pass gut auf dich auf, liebe Sophie. In München Rad zu fahren ist ziemlich abenteuerlich. (21-06-22_08-01-39)

Der Ausdruck von Sorge um das Wohlergehen Sophie Scholls und der Rat, auf sich aufzupassen im Münchner Stadtverkehr, wird durch die eingeschobene Anredeformel noch einmal verstärkt und zeugt von starker Involvierung. Ähnlich verhält es sich mit den verschiedentlich anzutreffenden Fällen, in denen die Anrede mit Vornamen mit Interjektionen wie *ach Sophie* (43 Belege) oder *oh Sophie* (21 Belege) kombiniert wird (Beispiel 5-48).

Datenbeispiel 5-48 (Projektkorpus @ichbinsophiescholl)

Das Erschreckenste, es gibt immer noch Menschen, die diesen unwissenschaftlichen Mist glauben ... ach Sophie, ich würde dich gern aus dieser, deiner Zeit holen. (21-05-11_15-15-41)

Als typische emotionsausdrückende sprachliche Mittel (Schwarz-Friesel 2013: 155) bringen solche adressierten Interjektionen deutlich zum Ausdruck, dass sich die Schreibenden der adressierten Person emotional verbunden fühlen.

Neben diesen expandierten Formen der Anrede findet sich natürlich auch die einfache Anrede mit Vornamen (Zifonun et al. 1997: 916). Eine Korpusabfrage dieser Formen ist schwieriger, da aus dem Wort *Sophie* allein nicht erschlossen werden kann, ob es adressierend im Vokativstatus oder referierend gebraucht wird. Eine mögliche Abfrage, die jedoch nicht alle relevanten Fälle erfassen wird, ist die nach parenthetisch markierten Verwendungen, in denen also *Sophie* durch Kommata oder andere Satzzeichen einschließlich Emojis in gliedernder Funktion abgetrennt wird. Siehe dazu den Beleg in Beispiel 5-49 (eine entsprechende Korpusabfrage in der Abfragesprache CQP lässt sich so formulieren: `"," "sophie"%c [pos="\$.*"|EMOIMG"]`).

Datenbeispiel 5-49 (Projektkorpus @ichbinsophiescholl)

Liebe kann man nicht erklären, Sophie 🖤 (21-05-05_16-10-37)

5.6 · Fallstudie: Involvierung auf @ichbinsophiescholl

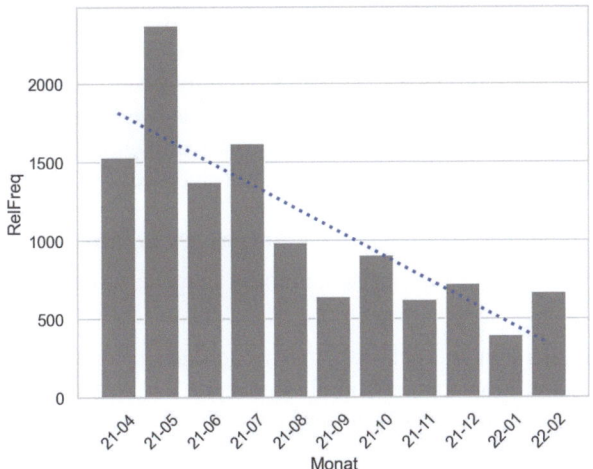

● **Abb. 5.11** Relative Häufigkeiten von Anredeformen mit dem Vornamen *Sophie*

In dem mehrfachadressierten Kommunikationsraum der Kommentarbereiche muss zumindest bei Sätzen, die keine Form in der zweiten Person enthalten, der Name *Sophie* in anredender Funktion verwendet werden, um die entsprechende Adressierung deutlich zu machen. Auch wenn die explizit nähestiftenden oder emotionsausdrückenden Zusätze hier fehlen, zeigt doch die direkte Adressierung als solche, dass die Nutzenden sich so weit in die Erzählung involvieren lassen, dass sie mit der Erzählfigur selbst, und nicht etwa nur mit der erzählenden Instanz, z. B. der Redaktion, oder mit anderen Nutzenden in Interaktion treten.

Eine diachrone Auswertung der relativen Häufigkeiten, also normalisiert auf Frequenz pro Millionen Wörtern, all dieser Anredeformeln ergibt die Verteilung in ● Abb. 5.11 (die blaue Linie zeigt eine lineare Regression).

Es zeigt sich mit gewissen Schwankungen eine Abnahme der namentlichen Anreden über die Zeit hinweg. Diese sehr explizite Form der direkten Adressierung der Figur Sophie Scholl als ein Indikator involvierter Kommunikation geht also nach und nach zurück. Ob damit die Involvierung insgesamt zurückgeht, ist damit aber noch nicht gesagt. Der Rückgang könnte auch darauf zurückzuführen sein, dass die Nutzenden mit der Zeit eine so vertraute Haltung gegenüber der Figur Sophie Scholl einnehmen, dass auf die formelhaften Anreden eher verzichtet werden kann. Da insbesondere die Grußformeln überhaupt erst den Rahmen schaffen, in dem dann Interaktion stattfinden kann, ist es durchaus erklärlich, dass diese vor allem zu Beginn des Projektes häufiger genutzt werden.

Es empfiehlt sich deshalb, noch andere Formen der direkten Adressierung zu untersuchen. Neben den direkten Anredeformen können Äußerungen auch durch Verbformen und Pronomen in der zweiten Person direkt adressiert werden. Um nach solchen Formen zu suchen, muss die Annotationsschicht mit der morphosyntaktisch feingliedrigeren Annotation abgefragt werden. Das Tagset des RFTagger sieht bei Verben sowie Pronomen die Kategorie Person mit den möglichen Werten 1–3 vor. So wird beispielsweise *dich* mit PRO.Pers.Subst.2.Acc.Sg.* getaggt. Somit können mit dem einfachen Suchausdruck .2. Kommentare ausgegeben werden, die mindestens eine Form in der

2. Person enthalten. Dabei ist jedoch eine Einschränkung auf die Kommentare der ersten Ebene vorzunehmen. Da sich ja Replies typischerweise an andere Nutzende richten, die ebenfalls in der zweiten Person adressiert werden, sind hier die entsprechenden Formen kein verlässlicher Indikator für Involvierung im genannten Sinne. Außerdem müssen Kommentare ausgeschlossen werden, die durch ein sogenanntes Mention explizit an andere Nutzende gerichtet sind wie z. B. der Beleg in Beispiel 5-50:

Datenbeispiel 5-50 (Projektkorpus @ichbinsophiescholl)

@14695 guck dir mal den account an, geile Aktion! (21-04-30_11-50-30)

Außerdem hat sich, wie unten noch genauer ausgeführt wird, auf dem Account die Konvention etabliert, an die Redaktion des Accounts gerichtete Kommentare mit dem Hashtag *#teamsoffer* zu markieren. Diese werden oft in der 2. Person Plural formuliert, sind aber gerade kein Indikator für Involvierung im genannten Sinne.

Die Suche ist also auf Kommentare der ersten Ebene einzuschränken, die weder über Mentions noch über den Hashtag #teamsoffer an Nutzende oder die Redaktion adressiert sind. In der Corpus Workbench kann hierfür eine sogenannte Subquery aktiviert werden, die nur in Kommentaren ohne Mentions und #teamsoffer suchen:

```
sub = <comment>[word != "@.*|#teamsoffer" %c]*</comment>
```

In dieser Subquery, die 27272 Kommentare umfasst, ergibt die Suche nach Formen der 2. Person 16727 Treffer. Diese verteilen sich auf insgesamt 6415 Kommentare, also 22 % der Kommentare insgesamt und 24 % der Kommentare in der Subquery. Bei einer stichprobenhaften Prüfung der Belege für drei Postings vom 05.05.2021, vom 15.12.201 und vom 06.01.2022 zeigt sich, dass die Operationalisierung zwar zu einigen Pseudotreffern wie etwa dem folgenden führt:

Datenbeispiel 5-51 (Projektkorpus @ichbinsophiescholl)

Super Idee 💡 ja so aktiv kann Geschichte sein. Mittendrin und hochaktuell . Macht weiter so 👏 das darf ganz dolle unter das Volk. (21-05-05_12-07-54)

Mit einer Trefferquote von 84 %, 100 % und 90 % der Kommentare in den betrachteten Postings, die sich bei manueller Prüfung tatsächlich als Adressierungen der inszenierten Figuren erweisen, ist sie aber durchaus valide.

Die häufigsten Formen der 2. Person sind in ◘ Tab. 5.16 aufgeführt.

Vor allem Sophie als die den Account vorgeblich bespielende Einzelperson scheint also in den Kommentaren adressiert zu werden. Aber auch an die Widerstandsgruppe werden Kommentare gerichtet. Zwei exemplarische Belege verdeutlichen das:

Datenbeispiele 5-52 und 5-53 (Projektkorpus @ichbinsophiescholl)

(5-52) Wow, du bist meine Heldin. Ich wünsche ich wäre wie du ❤ (21-04-30_11-57-51)

(5-53) Wollte euch schon immer sagen, seid ich von euch gehört habe: Danke für euren Mut 👏 (21-05-04_15-05-44)

Tab. 5.16 Häufigste Wortformen der 2. Person

Wortform	Frequenz	Wortform (Forts.)	Frequenz
du	3380	hast	535
dich	1481	habt	507
ihr	1424	seid	349
euch	1420	kannst	276
dir	1414	wirst	162
bist	622	lass	159

Während diese Kommentare aus der Frühphase auf allgemeine Weise Lob und Anerkennung für die Person Sophie Scholl und die anderen aus der Gruppe zum Ausdruck bringen, finden sich zu späteren Zeitpunkten auch viele Kommentare, die auf sehr detaillierte Weise das dargestellte Geschehen begleiten. Auffällig sind zum einen die Fragen, die Nutzende an Sophie Scholl richten. Mit solchen Fragen holen sie zusätzliche Informationen zum Geschehen ein, doch indem sie sie an Sophie Scholl adressieren und nicht etwa an die Redaktion, die zu den historischen Fakten ja auch Auskunft geben könnte, nehmen Nutzende dadurch auch Anteil am erzählten Geschehen und beweisen Empathie. Deutlich wird das zum Beispiel im folgenden Beleg.

Datenbeispiel 5-54 (Projektkorpus @ichbinsophiescholl)

Eine Fernbeziehung tut auf Dauer weh. Weil man sich körperlich nicht nah ist. Wie lange hast du Fritz nicht mehr gesehen? (21-10-17_09-54-03)

Es handelt sich um einen Kommentar unter einem Post, in dem ein Foto von Sophie Scholls in Russland stationiertem Verlobten Fritz auf einer Kommode zu sehen ist. In der Bildbeschreibung heißt es unter anderem: „Er fehlt mir sehr! Hoffentlich sehen wir uns bald wieder!" Die Emotionsbekundung der Erzählfigur wird durch den mitfühlenden Kommentar aufgenommen, und die angeschlossene Frage wirkt gleichsam als Gesprächsangebot.

Weiterhin finden sich an Sophie Scholl adressierte Fragen, die geradezu auf die Handlung Einfluss zu nehmen versuchen wie etwa im folgenden Beleg:

Datenbeispiel 5-55 (Projektkorpus @ichbinsophiescholl)

Hast du deine Schwester schon gefragt? Vielleicht hat sie ein bisschen gestöbert ähm aufgeräumt

Dieser Kommentar findet sich unter einem Post, der Sophies Zimmer zeigt, nachdem sie es auf der Suche nach verloren gegangenen Unterlagen durchwühlt hat. Die Frage, ob sie ihre Schwester schon gefragt habe, ist hier keine reine Informationsfrage, sondern vielmehr ein Ratschlag, wie der Verbleib der Unterlagen geklärt werden könnte.

Auch sonst finden sich in den an Sophie Scholl adressierten Kommentaren zahlreiche Ratschläge und Warnungen, etwa in folgendem Kommentar zu einem Post, in dem Sophie Scholl von ihrem Metamphetaminkonsum berichtet:

Datenbeispiel 5-56

Ich glaube du solltest auch auf deine Gesundheit achten, also lieber ohne dieses Wundermittel. (22-02-01_12-59-48)

Im folgenden Kommentar zu einem Posting, in dem Sophie Scholl erleichtert von einem Lebenszeichen ihres Verlobten berichtet und fragt, wie sie ihn aus der Ferne unterstützen kann, macht ein User gleich mehrere Vorschläge, wie Sophie agieren kann.

Datenbeispiel 5-57 (Projektkorpus @ichbinsophiescholl)

Vllt kannst du ihm ein Foto schicken und etwas für ihn zeichnen? Es muntert ihn vllt auf, wenn du ihn an schöne Erlebnisse von euch beiden erinnerst. Wenn man an etwas Schönes denkt, geht es einem gleich viel besser. Oder du schreibst ihm, wie du dir die Zukunft mit ihm ausmalst!❤ (21-12-15_13-57-30)

Auffallend häufig sind auch die formelhaft verfestigten Warnungen *pass auf dich auf* (88 Belege) bzw. *passt auf euch auf* (60 Belege), die Nutzende wohl auch in dem Wissen um die stete und am Ende auch tödliche Gefahr äußern. Gemein ist all diesen Ratschlägen und Warnungen, dass es sich um direktive Sprechakte handelt, die Einfluss auf die adressierte Person und ihre Handlungen nehmen sollen und deshalb auch eine Wahl- und Handlungsfreiheit seitens dieser Person voraussetzen. Im Kontext des inszenierten historischen Geschehens ist das durchaus bemerkenswert, da das Geschehen bereits abgeschlossen ist. Dennoch lassen sich Nutzende offenbar so sehr von der Darstellung involvieren, dass sie dies wenigstens vorgeblich ausblenden und die Figur so adressieren, als sei eine echtzeitliche Kommunikation mit der Figur möglich. Es fällt auch auf, dass die Nutzenden ihre an Sophie Scholl gerichteten Ratschläge und Warnungen als potenziell gesichtsbedrohende Akte durch Facework-Strategien abschwächen (etwa „vllt" und die Formulierung als Frage in Beleg 5-57). Auch das spricht für eine subjektiv wahrgenommene emotionale Nähe zur adressierten Figur.

Eine diachrone Auswertung verspricht Aufschluss darüber, wie sich diese Adressierungen in der 2. Person über die Projektlaufzeit verteilen. Da in einzelnen Kommentaren aber gleich mehrere Formen der 2. Person vorkommen können (so finden sich in der Formulierung *das hast du dir verdient* gleich drei Formen der 2. Person), ist es nicht sinnvoll, allein die relativen Häufigkeiten zu berechnen. Vielmehr wird für jedes Posting der Anteil der Kommentare erhoben, welche mindestens eine entsprechende Form enthalten. Für eine differenzierte Auswertung werden dabei Singularformen, welche primär der Anrede Sophie Scholls dienen dürften, und Pluralformen, welche die gesamte Widerstandsgruppe, aber oft auch die Redaktion adressieren, getrennt gefasst. Die Anteile lassen sich dann gruppiert nach Monaten in einem Punktdiagramm visualisieren (◘ Abb. 5.12).

Abb. 5.12 Verteilung der Kommentare mit Adressierung im Zeitverlauf

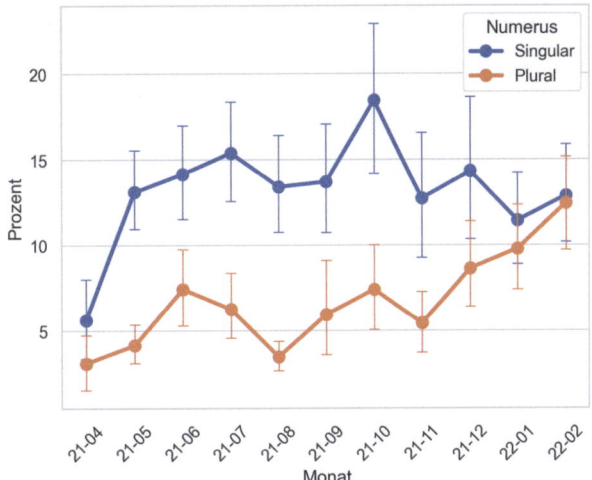

Das Diagramm zeigt für jeden Monat den durchschnittlichen Anteil der in der 2. Person adressierten Kommentare. Da die Werte innerhalb der rund 30 Postings pro Monat zum Teil stark streuen und die Messgenauigkeit deshalb schwankt, zeigen die senkrechten Fehlerbalken zusätzlich noch 95%-Konfidenzintervalle an. Diese geben also an, dass 95% der gemessenen Anteile sich innerhalb der gezeigten Spannbreite bewegen. Zusätzlich gilt, dass bei zwei Punkten, deren Fehlerbalken sich nicht überlappen, der Frequenzunterschied als signifikant, also überzufällig gelten kann.

Man sieht also, dass der Anteil mit Formen der 2. Person adressierten Kommentare zu Beginn des Projektes ansteigt, sich aber mit gewissen Schwankungen auf hohem Niveau einpendelt. Auch wenn, wie oben gezeigt, die expliziten Anredeformeln mit der Zeit zurückgehen, behalten die Nutzenden die Praxis der direkte Anreden Sophie Scholls bei. Gegen Ende des Projektes ist bei den Adressierungen in der zweiten Person Plural sogar ein Anstieg zu verzeichnen. Das dürfte ganz am Ende des Projektes vor allem daran liegen, dass Nutzende die Redaktion adressieren und im Rückblick Dank oder Lob aussprechen:

Datenbeispiel 5-58 (Projektkorpus @ichbinsophiescholl)
Mega Projekt von euch ... 😍 Ihr seid echt toll 👏 👏 👏 (22-02-18_12-17-39)

Ein anderer Grund dürfte jedoch sein, dass in den späteren Monaten Sophie Scholl immer stärker als Mitglied der Widerstandsgruppe in Erscheinung tritt und auch für die Gruppe spricht. So ist die Caption zum Posting vom 06.01.2022, das den Entwurf eines Flugblatts und einen Bogen Briefmarken zeigt, in der 1. Person Plural formuliert:

Datenbeispiel 5-59 (Projektkorpus @ichbinsophiescholl)

Wir haben neue Pläne! Unser nächstes Flugblatt soll noch mehr Menschen erreichen, deshalb schicken wir sie an hunderte Adressen aus den Telefonbüchern des Landes. Ich bin dafür zuständig, die Adressen auf die Umschläge zu tippen. Wir wollen uns dabei aber nicht noch mehr in Gefahr bringen, deshalb gibt es eine zweite Neuerung: Wir wollen die Briefe nicht nur aus München abschicken. Das würde die Gestapo schnell zu uns führen. Stattdessen fahren wir in verschiedene Städte und werfen sie dort ein. Vielleicht finden wir auch noch Kuriere, die keine Fragen stellen. Wie findet ihr die neuen Pläne? (2022-01-06_15-56-34)

Diese Formulierung in der 1. Person Plural spiegelt sich dann auch in den Kommentaren, die dann ebenfalls im Plural formuliert sind und z. B., wie im folgenden Beleg, Warnungen aussprechen:

Datenbeispiel 5-60 (Projektkorpus @ichbinsophiescholl)

Seid bitte vorsichtig! Das klingt doch alles sehr riskant… ich hoffe euer Mut wird belohnt und Flugblätter erreichen die richtigen Leute 🍀 (22-01-06_15-56-34)

Auch diese Warnung setzt eine Wahl- und Handlungsfreiheit der angesprochenen Personen voraus, die bei historischen Figuren de facto nicht gegeben ist, was umso mehr als Anzeichen für eine starke Involvierung interpretiert werden kann.

Um zu wirklich abschließenden Urteilen darüber zu kommen, wie sich die direkten Adressierungen über die Zeit verteilen und inwiefern sie sich an die inszenierten Figuren im Modus des Als-ob richten, bedürfte es manueller Kodierungen auch über die Stichproben hinaus. Doch bereits der quantifizierende Zugriff über die gewählte Operationalisierung mit Formen der 2. Person zeigt, dass die gezielt subjektivierten Darstellungen der historischen Geschehnisse über die gesamte Projektlaufzeit in den Kommentaren Nachhall fanden und sich die Nutzenden in auf eine direkte Interaktion mit den dargestellten Figuren einließen.

Diese Rezeptionshaltung wird offenkundig schon durch die Postings selbst gefördert. 144 der insgesamt 377 Captions (= 30 %) enden wie das genannte Beispiel vom 06.01.2022 mit einer Frage, welche die Nutzenden gezielt anspricht und zur Reaktion aktiviert. Darüber hinaus hat sich der Account selbst an den Interaktionen der Nutzer:innen in den Kommentarbereichen beteiligt und war mit 222 Kommentaren und 4407 Replies sogar der aktivste überhaupt. Dabei trat der Account wie bereits angedeutet in zwei Rollen auf, die einer über die gesamte Projektlaufzeit eingehaltenen Konvention folgend eindeutig markiert wurden. Mit dem Hashtag #teamsoffer wurden Kommentare markiert, welche die Redaktion als Redaktion verfasste und in denen sie beispielsweise historische Hintergrundinformationen lieferte oder Fragen zur Inszenierung beantwortete. Kommentare ohne diesen Hashtag sprechen hingegen mit der Stimme Sophie Scholls, wodurch die Fiktion der Ansprechbarkeit der Figur selbst aufrechterhalten und aktiv ausgebaut wird.

Mit 1985 Kommentaren mit dem Hashtag #teamsoffer und 2422 ohne diesen Hashtag überwiegen die Kommentare mit der Stimme Sophie Scholls sogar. Eine diachrone

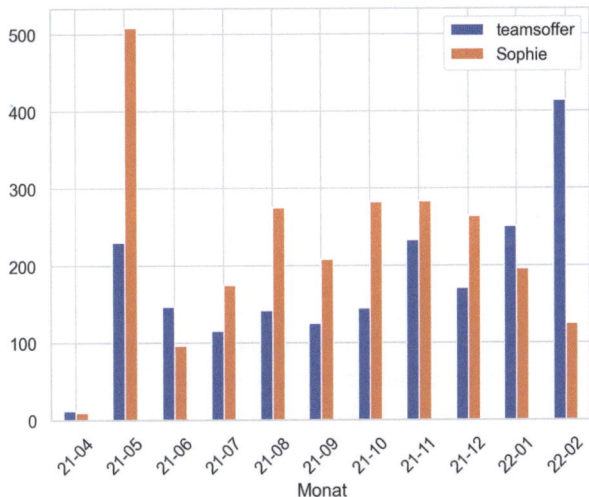

Abb. 5.13 Anzahl der Kommentare des Accounts @ichbinsophiescholl im Zeitverlauf, gruppiert nach Rollen

Auswertung zeigt zudem, dass dies über lange Strecken der Projektlaufzeit der Fall war. Erst in den letzten beiden Monaten wurden mehr Kommentare aus der Perspektive der Redaktion verfasst, wobei aber bis zum 16.02.2022, zwei Tage vor dem Posting, der die Verhaftung zeigte, auch die Figur Sophie Scholl kommentierte (Abb. 5.13).

Ein Blick in die Belege für die mit der Stimme Sophie Scholls verfassten Kommentare zeigt, dass diese vor allem auf jene Kommentare antworten, die gezielt Sophie Scholl adressieren, und beispielsweise die Warnungen und Ratschläge annehmen und, wie man in konversationsanalytischer Terminologie (Birkner et al. 2020: 286 u. ö.) sagen kann, diese ‚ratifizieren':

Datenbeispiel 5-61 (Projektkorpus @ichbinsophiescholl)

@16407: Verteilt euch gut und lasst euch ja nicht erwischen!! Viel Glück!

@ichbinsophiescholl: @16407 Vielen Dank! Wir werden sicherlich einen guten Weg finden, die Flugblätter breit zu verteilen. (22-01-06_15-56-34)

Auch der oben bereits zitierte Vorschlag, dass Sophie ihren in Russland stationierten Verlobten Fritz mit einem Foto oder einer Zeichnung aufmuntern könne, wird accountseitig mit der Stimme Sophie Scholls angenommen und ratifiziert:

Datenbeispiel 5-62 (Projektkorpus @ichbinsophiescholl)

@15234 Schöne Ideen! Vielleicht ist etwas Gezeichnetes eine Möglichkeit. Ich glaube, ein Brief wird eher ankommen als ein Päckchen… (21-12-15_13-57-30)

Zudem richten viele Nutzende ihre Fragen direkt an Sophie Scholl, die dann auch häufig als Sophie Scholl antwortet. In einigen Fällen wie etwa dem folgenden Beleg antwortet der Account sogar zweifach, also sowohl mit der Stimme Sophie Scholls als auch zusätzlich rahmend als Redaktion mit dem Hashtag #teamsoffer:

Datenbeispiel 5-63 (Projektkorpus @ichbinsophiescholl)

@*15881*: Wie finanziert ihr euren Protest? Sind Briefmarken und Fahrscheine nicht sehr teuer?

@ichbinsophiescholl: @15881 Ein paar Menschen unterstützen die Weiße Rose finanziell.

[…]

@ichbinsophiescholl: @19016 #TeamSoffer Tatschlich hatte die Weiße Rose einige finanzielle Unterstützer:innen, wie beispielsweise Eugen Grimminger, die Geld für die Aktionen spendeten. Fritz schickte Sophie ebenfalls ab und zu etwas Geld, auch wenn er offenbar nicht wusste, wofür Sophie dies benötigte. Selbstverständlich kosteten die benötigten Utensilien zwar Geld, jedoch war die unauffällige Beschaffung teilweise ein viel größeres Problem. (22-01-06_15-56-34)

Auf diese Weise ermöglichte der Account den Nutzenden sozusagen eine doppelte Aneignung des historischen Geschehens: Einmal als unmittelbare und subjektiv erlebbare Erzählung in Echtzeit und einmal als distanziertere und stärker historisches Faktenwissen vermittelnde Rekonstruktion. Dabei zeigt sich aber auch, dass sich beide Aneignungen überlagern können, insbesondere gegen Ende des Projektes, da mit dem Wissen um das bevorstehende Ende die Fiktion des offenen Ausgangs kaum mehr aufrechtzuerhalten ist. Deutlich wird dies an folgendem Kommentar:

Datenbeispiel 5-64 (Projektkorpus @ichbinsophiescholl)

Liebe Sophie, was wäre wenn ich dir sagen würde, dass ich aus der Zukunft komme und dir erzähle, dass du & Hans in ein paar Tagen stirbt, wenn ihr nicht mit den Flugblättern aufhört. Was würdest du tun? (22-02-15_17-28-21)

Obwohl der Kommentar mit der expliziten Anredeformel und der Adressierung in der 2. Person zwei der oben thematisierten Indikatoren für Involvierung enthält und die historischen Tatsachen nur im Modus des Hypothetischen formuliert werden, weist der Kommentar bereits deutlich aus der erzählten Welt hinaus.

Abschließend sei noch ein kurzer Blick auf die Emojis geworfen. Dem Rahmenkonzept von Landert (2017) entsprechend können emotional aufgeladenes Vokabular und schriftsprachliche Mittel der Emphase als Indikatoren für Involvierung gedeutet werden. Auch wenn das Funktionsspektrum von Emojis weit über den Emotionsausdruck hinausreicht und die konkrete Funktionszuweisung nur am Einzelfall und kontextsensitiv geschehen kann, so kann doch gerade in Kommentaren die „emotionale Einordnung eines Sachverhaltes oder eine Handlung" (Pappert 2017: 196) als wichtige Funktion von Emojis beschrieben werden.

Die sechs häufigsten Emojis in den Kommentaren einschließlich der Replies sind in ◨ Tab. 5.17 aufgelistet.

5.6 · Fallstudie: Involvierung auf @ichbinsophiescholl

Tab. 5.17 Häufigste Emojis im Gesamtkorpus

Emoji	Absolute Häufigkeit
❤	5922 (17,6 %)
👏	2972 (8,8 %)
😢	2779 (8,2 %)
😍	1760 (5,2 %)
😂	1327 (3,9 %)
🙌	1046 (3,1 %)

Die beiden Klatsch-Emojis 👏 und 🙌 erweisen sich beim Blick in die Belege in vielen Fällen als Beifallsbekundungen, die durchaus emotional sein können, aber sich – vor allem in der Anfangsphase des Projektes – primär auf das Projekt als solches beziehen:

Datenbeispiel 5-65 (Projektkorpus @ichbinsophiescholl)

Super Idee! Ich bin begeistert!!! 👏 (21-04-30_11-50-30)

🙌 Sehr gutes Projekt. Wir dürfen niemals vergessen! (21-04-30_11-50-55)

Aber auch Sophie Scholl wird für ihre Taten Beifall gespendet:

Datenbeispiel 5-66 (Projektkorpus @ichbinsophiescholl)

Bist eine starke Frau und sei wie du bist 👏 (21-06-02_08-28-51)

Das Herz-Emoji scheint dagegen klarer als Ausdruck von Zuneigung zur Figur Sophie Scholl zu fungieren:

Datenbeispiel 5-67 (Projektkorpus @ichbinsophiescholl)

Wie großartig ist diese Idee 👏 was für ein Projekt 👏 Sophie, ich werde dich begleiten ❤ (21-05-04_10-46-32)

Interessant ist hier die Doppeladressierung. Der zunächst an das Projekt als solches gerichtete Beifall wird dann um eine direkte Ansprache Sophie Scholls sowohl mit Namen als auch mit Adressierung in der 2. Person ergänzt, die dann mit dem Herz-Emoji zusätzlich emotional gefärbt wird.

Grenzt man die Suche wie oben auf jene Kommentare ein, die in der zweiten Person adressiert sind, aber weder ein Mention noch den Hashtag #teamsoffer enthalten und

Tab. 5.18 Häufigste Emojis in Kommentaren, die Formen der 2. Person enthalten

Emoji	Absolute und relative Häufigkeit
🖤	1195 (20,4 %)
👏	368 (6,3 %)
😢	334 (5,7 %)
😍	298 (5,1 %)
🙌	146 (2,5 %)
🍀	143 (2,4 %)

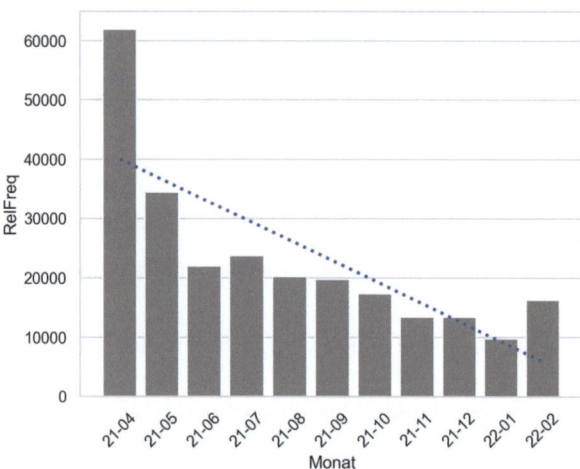

Abb. 5.14 Relative Häufigkeiten (pro Millionen Wörter) von Emojis im Zeitverlauf

deshalb tendenziell an die Figur Sophie Scholl gerichtet sind, so ergibt eine Auswertung der häufigsten sechs Emojis das Ergebnis in ◘ Tab. 5.18.

Der Anteil der Herz-Emojis ist hier also im Vergleich etwas höher (20,3 % vs. 17,6 %). Niedriger fällt dagegen der Anteil der Beifall-Emojis aus, aber auch das Tränen-Emoji wird seltener verwendet. Der Ausdruck von Trauer scheint eher dem Reden *über* als *mit* Sophie Scholl zuzugehören. Interessant ist auch, dass der Tränen lachende Emoji in den adressierten Kommentaren nicht zu den häufigsten Emojis gehört; er gehört womöglich einer spaßhaften Interaktionsmodalität an, die den Nutzenden in der Kommunikation mit der Figur Sophie Scholls eher unangemessen zu sein scheint.

Eine diachrone Auswertung der relativen Häufigkeiten von Emojis zeigt, dass in der Frühphase des Projektes mehr Emojis verwendet wurden, wobei der hohe Wert für den April 2021 vor allem auf die vielen Beifall-Emojis zurückgeht – allein 👏 macht in diesem Monat 28 % aller Emojis aus (◘ Abb. 5.14).

5.6 · Fallstudie: Involvierung auf @ichbinsophiescholl

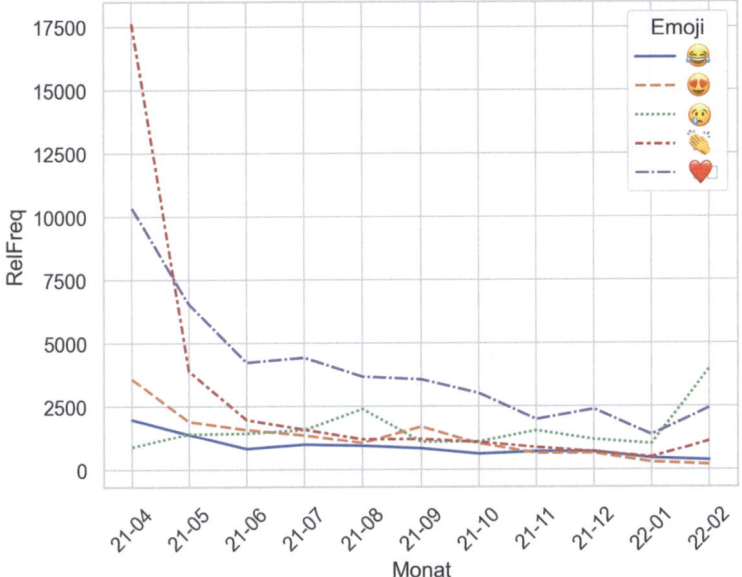

Abb. 5.15 Relative Häufigkeiten (pro Millionen Wörter) von Emojis im Zeitverlauf

Eine nach den häufigsten Emojis aufgeschlüsselte diachrone Auswertung ergibt Ergebnis in ▶ Abb. 5.15.

Neben dem massiven Rückgang des Beifall-Emojis schon im zweiten Monat fällt vor allem auf, dass die beiden Herz-Emojis ❤ und 😍 beide mit der Zeit in der Frequenz zurückgehen. Dagegen nimmt das Tränen-Emoji 🥺 einmal im August 2021 und dann wieder am Ende des Projektes deutlich zu und ist im Februar 2022 sogar das häufigste Emoji. Diese (durch den kontextabstrahierenden Zugriff natürlich denkbar groben) Befunde lassen den Schluss zu, dass die Nutzenden über die Projektlaufzeit durch den Emojigebrauch ihre emotionale Involvierung zum Ausdruck bringen, wobei die Zuneigung zur Figur Sophie Scholls im mit Blick auf den bekannten tödlichen Ausgang der Geschichte nach und nach in Trauer umschlägt.

5.6.5 Methodische Reflexion

Die vorgestellten Analysen sind auf der Grundlage eines Korpus der gesammelten Beiträge und Kommentare auf dem Instagram-Account @ichbinsophiescholl der Frage nachgegangen, ob und wie sich die Nutzenden durch die Inhalte des Accounts involvieren lassen, wie sie dem schriftsprachlich Ausdruck verleihen und wie sich die Involvierung im interaktiven Zusammenspiel der accountseitigen und nutzerseitige Beiträge entfaltet. In Rückgriff auf ein pragmatisches Rahmenkonzept von Landert (2017) wurde Involvierung als u. a. sprachlich ausgedrückte emotionale Beteiligung bei der Auseinandersetzung mit Social-Media-Inhalten definiert und ausgehend von konkreten Textdaten korpuslinguistisch operationalisiert. Neben Anredeformen und Adressierungen in der zweiten Person, die zeigen, dass Nutzende mit der auf dem Account inszenierten historischen Figur in direkte Interaktion treten und oft sogar Antwort des Accounts mit der Stimme Sophie Scholls erhalten, wurde auch der Gebrauch von Emojis untersucht. Die Ergebnisse legen nahe, dass sich viele Nutzende über die gesamte Laufzeit des Projektes stark involviert zeigen. Zwar gibt es durchaus Veränderungen wie etwa den stetigen Rückgang der expliziten Anredeformen. Das erklärte Ziel des Projektes, „User:innen emotional, radikal subjektiv und in nachempfundener Echtzeit an den letzten zehn Monaten ihres [Sophie Scholls] Lebens teilhaben" zu lassen, wurde in dieser Hinsicht also erreicht. Wie das aus einer normativen, z. B. geschichtsdidaktischen und erinnerungskulturellen Perspektive zu bewerten ist, ist eine andere Frage, aber die linguistischen Befunde zeigen immerhin detailliert auf, dass und wie eine entsprechend emotionalisierte und subjektivierte Aneignung von historischem Wissen sich in den Kommentaren ausprägt, welche den Erinnerungsraum Instagram mit konstituieren.

Für die Analyse wurden primär quantitative Zugänge gewählt, die den Vorteil haben, den gesamten Datensatz auszuwerten und diachrone Verteilungen sichtbar zu machen. Ergänzt wurden die quantitativen Auswertungen durch stichprobenhafte Blicke ins Textmaterial, um die Validität der Operationalisierungen abschätzen und den konkreten Gebrauch der untersuchten sprachlichen Formen besser beurteilen zu können. Insgesamt müssen solche quantitativen Zugriffe aber vergleichsweise grob bleiben. Nicht nur muss mit Pseudotreffern gerechnet werden, die auch bei sorgsamer Operationalisierung kaum vollständig ausgeschlossen werden können. Auch kommen durch den distanzierten Blick auf das Material mögliche Kontexteffekte etwa durch die sequentielle Position einzelner Kommentare nicht in den Blick. Das betrifft im Besonderen die Analyse des Gebrauchs von Emojis, deren Funktion hochgradig kontextsensitiv sind. Hier wären sequenzielle Feinanalysen nötig. Auch die sich möglicherweise über mehrere Postings erstreckenden Interaktionen zwischen Nutzenden untereinander oder auch zwischen Nutzenden und dem Account in den verschiedenen Rollen, bedürften qualitativer Analysen.

5.6.6 Anschlussstellen für weitere Untersuchungen

Die hier vorgestellten Analyseansätze und -befunde dienen der ersten Erschließung des Materials in seiner Breite, die in anschließenden Feinanalysen weiter vertieft und angereichert werden können. Vielversprechend erscheint etwa eine manuelle Annotation der an die Figur Sophie Scholl adressierten Kommentare nach Sprechakttypen wie Fragen, Ratschlägen oder Warnungen. Auch die Kommentare des Accounts selbst, sowohl als Redaktion als auch mit der Stimme Sophie Scholls, könnten genauer und auch kontrastiv zueinander auf typische sprachliche Muster untersucht werden. Lässt sich erkennen, nach welchen Prinzipien die Redaktion jeweils entschied, entweder als Redaktion mit #teamsoffer oder mit der Stimme Sophie Scholls zu antworten?

Komplementär zu den hier untersuchten Adressierungen in der 2. Person könnten auch Kommentare gesondert in den Blick genommen werden, die in der 1. Person verfasst sind und in denen die Nutzenden mögliche eigene Perspektiven und Erfahrungen explizit in den Diskurs einbringen. Dieser partizipatorische Charakter gilt in der geschichtsdidaktischen Diskussion als ein entscheidender Vorzug von Social-Media-History-Formaten (Bunnenberg et al. 2021: 282). Über die morphologische Annotation könnte auch in Anknüpfung an Henig und Ebbrecht-Hartmann (2022: 222), die für Social-Media-History-Formate eine Fokusverschiebung „from past to present, from history to experience" konstatieren, eine tempusbezogene Auswertung erfolgen. Sind viele Kommentare in Passung zur bewusst gewählten Echtzeitlichkeit des Erzählens in den Postings im Präsens verfasst, sind andere im Präteritum gehalten und nehmen das erzählte Geschehen ausdrücklich als vergangenes Geschehen in den Blick. Hier bieten sich quantifizierende Zugänge zur diachronen Verteilung ebenso an wie qualitative Analysen einzelner im Präteritum gehaltener Kommentare.

Ebenfalls vielversprechend sind multimodale Analysen unter Einbezug der Bilder und Videos in den Postings. Mit automatisierten linguistischen Annotationen wie dem Part-of-speech-Tagging vergleichbare Verfahren der automatisierten Bildanalyse sind zwar in der Entwicklung begriffen (Lobinger et al. 2019), allerdings liegen derzeit noch keine Standards und kaum frei zugängliche und einfach nutzbare Softwarelösungen vor. Aber auch eine manuelle Annotation der visuellen Inhalte und eine anschließende Suche nach Text-Bild-Beziehungen in den Captions und Kommentaren verspricht interessante Erkenntnisse. So kann z. B. gefragt werden, wie Nutzende auf die gezeigten Motive oder auch die Gestaltungsweisen der Postings Bezug nehmen (Jaki 2021).

Auch literaturwissenschaftliche und -didaktische Anschlussfragen bieten sich an. So können nicht nur die sprachlichen und multimodalen Erzählstrategien in den Postings und Captions zwischen Dokumentation und Fiktion untersucht werden. Anhand der Kommentare können auch nutzerseitige Reflexionen über die Faktualität und Fiktionalität der Erzählung in den Blick genommen – viele Nutzende fordern etwa die Kennzeichnung fiktionaler Elemente ausdrücklich ein – und für das Vorhaben einer Förderung von Faktualitätskompetenz (Martínez 2021) nutzbar gemacht werden.

Zuletzt sei darauf hingewiesen, dass die Untersuchung des Accounts @ichbinsophiescholl um Untersuchungen anderer, vergleichbarer Social-Media-History-Formate ergänzt werden sollte. Im deutschsprachigen Raum ist das Projekt mit seinem Re-enactment-Konzept bislang einzigartig, allerdings dürften in näherer Zukunft weitere Projekte dieser Art folgen. Auch existiert auf Instagram eine Vielzahl von geschichtsbezogenen Accounts mit eher dokumentarischem Anspruch wie etwa @annefrank-house_official, deren Kommentarbereiche als Kontrastfolie zu dem halbfiktionalen Account @ichbinsophiescholl herangezogen werden könnten.

❓ Arbeitsaufgabe

Die Aufgabe ist naheliegend und dabei einfach und anspruchsvoll zugleich: Versuchen Sie, die Erstellung des Korpus und die vorgenommenen korpuslinguistischen Auswertungen zumindest in Teilen zu reproduzieren. Die hierfür benötigten Tools sind in ▶ Abschn. 4.4 beschrieben. Die genutzten Python-Skripte sind in einem öffentlichen Repositorium zugänglich abgelegt unter können genutzt und ggf. auch angepasst werden:
▶ https://osf.io/34hj7/

Rechnen Sie damit, dass nicht alles gelingt, der sichere Umgang mit diesen Werkzeugen erfordert viel Übung. Aber am besten lernt man ihn, indem man es einfach probiert. In einem nächsten Schritt können Sie dann auch eigene Ideen verfolgen und z. B. das Korpus nach anderen Fragestellungen analysieren oder einen ähnlichen Analyserahmen auf andere Daten anwenden.

Zusammenfassung und Ausblick

© Der/die Autor(en), exklusiv lizenziert an Springer-Verlag GmbH, DE, ein Teil von Springer Nature 2025
M. Beißwenger et al., *Korpusgestützte Analyse internetbasierter Kommunikation*,
https://doi.org/10.1007/978-3-476-05977-2_6

In diesem Buch haben Sie, ausgehend von einer Präzisierung des Konzepts der Digitalität als soziokultureller Rahmenbedingung der Kommunikation in der und mit den Mitteln der ‚Kultur der Digitalität', linguistische Konzepte für die Analyse internetbasierter Kommunikation kennengelernt. An ausgewählten Phänomenen und Praktiken, die sich in der Chat- und Messengerkommunikation, in Online-Foren und in sozialen Netzwerken empirisch nachweisen lassen, wurden Forschungslinien der bisherigen linguistischen Forschung zur internetbasierten Kommunikation nachgezeichnet. Dabei standen insbesondere der Sprachwandel durch internetbasierte Kommunikation sowie pragmatische Aspekte des Kommunizierens in den multimodalen und hypermedialen Kommunikationsumgebungen des Internets im Fokus.

Sie haben Basiskonzepte für die korpusgestützte Erforschung internetbasierter Kommunikation sowie eine Reihe von Korpusressourcen zum Deutschen und zu anderen Sprachen kennengelernt. Die vorgestellten Korpora stehen für wissenschaftliche Nutzungszwecke frei zur Verfügung und enthalten Sprachgebrauchsdaten aus verschiedenen Kommunikationsformen und Plattformen, die für Zwecke der linguistischen Recherche und Analyse aufbereitet wurden. Darüber hinaus haben Sie einen Einblick erhalten, wie Sie selbst Korpora internetbasierter Kommunikation erheben und diese unter Nutzung digitaler Werkzeuge aufbereiten, verwalten und auswerten können. Wie sich Korpora internetbasierter Kommunikation zur Beantwortung von Forschungsfragen einsetzen lassen und welche methodischen Überlegungen bei der Konzeption und Durchführung eigener korpusgestützter Untersuchungen eine Rolle spielen, wurde in fünf Fallstudien aufgezeigt und an konkreten Fragestellungen veranschaulicht.

Wenn es uns gelungen ist, Ihnen mit diesem Angebot eine theoretisch fundierte, praxisorientierte und anschauliche Orientierung an die Hand zu geben, verfügen Sie über grundlegende Kenntnisse und Fertigkeiten, um selbst korpusgestützte Untersuchungen zu Phänomenen und Praktiken internetbasierter Kommunikation durchzuführen. Sie sind in der Lage, geeignete Korpora für Ihre Forschungsfragen auszuwählen (oder selbst zu erheben), reflektiert mit Trefferlisten und Metadaten umzugehen, Korpusdaten auszuwerten sowie die methodische Konzeption und Durchführung Ihrer Untersuchungen für Dritte nachvollziehbar zu dokumentieren. Für die Beschreibung der untersuchten Phänomene und die Interpretation Ihrer Ergebnisse vor dem Hintergrund des Stands der Forschung reicht ein Einführungsbuch selbstverständlich nicht aus. Dafür sollten Sie zusätzlich auf die reichhaltige deutsch- und englischsprachige Fachliteratur zum Thema zurückgreifen, die die Sie interessierenden Aspekte differenzierter behandelt, als es in diesem Buch möglich ist. Die in diesem Buch enthaltenen Literaturverweise sowie die Literaturliste können dafür – neben einer eigenständigen, systematischen Literaturrecherche – einen fruchtbaren Ausgangspunkt bilden.

Zur internetbasierten Kommunikation gibt es vielfältige Fragestellungen, die noch nicht oder erst ansatzweise erforscht sind. Einerseits werden die Kommunikationsanwendungen und -umgebungen beständig weiterentwickelt. Andererseits unterliegt auch das, was Nutzer:innen in und mit diesen Anwendungen tun, wie sie Sinn und Verstehen organisieren, kommunikative Aufgaben bearbeiten und dafür sprachliche und nichtsprachliche Mittel einsetzen, einer hohen Dynamik. Im kontinuierlichen Wechselspiel von Technologie, Affordanzen und Praktiken wird die Relation von kommunikativen Zwecken und Ausdrucksmitteln immer wieder neu verhandelt und es verändert sich der Rückgriff auf Zeichen- und Gestaltungsinventare. Die internetbasierte Kommunikation ist ein Paradebeispiel für den Gebrauch von Sprache in der Kultur der Digitalität. Die Entwicklungen, die sich dabei – auch in ihrem Reflex auf die Sprache als gesellschaftlichem Gesamtzusammenhang (also auch außerhalb digitaler Umgebungen) – beobachten lassen, werden auch künftig spannende Forschungsfragen eröffnen, mit deren Bearbeitung Linguist:innen – auch schon im Rahmen von Studienarbeiten – zum Verständnis digitalkultureller Prozesse beitragen können. Wir freuen uns, wenn Sie die Lektüre dieses Buches dazu motivieren konnte, an dieser faszinierenden Aufgabe teilzuhaben.

Serviceteil

Literatur und Ressourcen – 302

Literatur und Ressourcen

Korpora und Korpussammlungen

[AMC]: *Austrian Media Corpus*. https://amc.acdh.oeaw.ac.at/.
[COCA]: *Corpus of Contemporary American English*. https://www.english-corpora.org/coca/.
[CoMeRe]: *Communication médiée par les réseaux*. https://repository.ortolang.fr/api/content/comere/v2/comere.html.
[CorCenCC]: *National Corpus of Contemporary Welsh*. https://www.corcencc.org/.
[DCK]: *Dortmunder Chat-Korpus*. https://www.uni-due.de/germanistik/beisswenger/aktivitaeten.php#chatkorpus.
[DeReKo-WDD]: *Deutsches Referenzkorpus. Wikipedia-Artikeldiskussionen (deutsch)*.
[DeReKo-WPD]: *Deutsches Referenzkorpus. Wikipedia-Artikel (deutsch)*.
[DeReKo-WRD]: *Deutsches Referenzkorpus. Wikipedia-Redundanzdiskussionen (deutsch)*.
[DeReKo-WUD]: *Deutsches Referenzkorpus. Wikipedia-Nutzerdiskussionen (deutsch)*.
[DeReKo]: *Deutsches Referenzkorpus*. https://www.ids-mannheim.de/digspra/kl/projekte/korpora/.
[DGD]: *Datenbank für Gesprochenes Deutsch*. https://dgd.ids-mannheim.de/dgd/pragdb.dgd_extern.welcome.
[DiDi]: *DiDi-Korpus. Digital Natives – Digital Immigrants*. https://commul.eurac.edu/annis/didi.
[Dortmunder Chat-Korpus]: *Dortmunder Chat-Korpus*. https://www.uni-due.de/germanistik/beisswenger/aktivitaeten.php#chatkorpus.
[DWDS-Blog]: *DWDS-Blogkorpus*. https://www.dwds.de/d/korpora/blogs.
[DWDS-KK]: *DWDS-Kernkorpus (1900–1999)*. https://www.dwds.de/d/korpora/kern.
[DWDS-WDG]: *Wörterbuch der deutschen Gegenwartssprache*. https://www.dwds.de/wb/wdg/search?q=.
[DWDS]: *Wortauskunftssystem DWDS der Berlin-Brandenburgischen Akademie der Wissenschaften*. http://www.dwds.de/.
[EFG WikiCorpus]: *EFG WikiCorpus*. https://www.ortolang.fr/market/corpora/efg-wikicorpus.
[FOLK]: *Forschungs- und Lehrkorpus Gesprochenes Deutsch*, verfügbar in der *Datenbank für Gesprochenes Deutsch*. https://dgd.ids-mannheim.de/dgd/pragdb.dgd_extern.welcome.
[GloWbE]: *Die Korpussammlung und -rechercheplattform English-Corpora.org*. https://www.english-corpora.org/.
[JANES]: *Korpus des nicht-standardkonformen Slowenischen*. https://nl.ijs.si/janes/viri/avtomatsko-oznaceni-korpusi/.
[MoCoDa2]: *Mobile Communication Database*. https://db.mocoda2.de/c/home.
[NottDeuYTSch]: *Nottinghamer Korpus deutscher YouTube-Sprache*. http://hdl.handle.net/11372/LRT-4806.
[sms4science.ch]: *Schweizer SMS-Korpus*. https://corpora.linguistik.uzh.ch/annis/.
[SoNaR]: *Stevin Nederlandstalig Referentiecorpus*. https://www.clarin.eu/blog/tour-de-clarin-resource-netherlands-sonar-reference-corpus-dutch.
[Suomi24]: *Suomi-Ressourcenfamilie*. http://urn.fi/urn:nbn:fi:lb-2022011221.
[VLO]: *Virtual Language Observatory*. https://vlo.clarin.eu/
[WeChat-Korpus]: *Korpus chinesischsprachiger WeChat-Interaktionen*.
[WikiDemo]: *WikiDemo Corpus*. https://korap.ids-mannheim.de/instance/wikidemo.
[WUS]: *What's up, Switzerland?* https://whatsup.linguistik.uzh.ch.

Software

AntConc. https://www.laurenceanthony.net/software/antconc/.
BeautifulSoup. https://pypi.org/project/beautifulsoup4/.
CAT. https://4cat.nl/.
Corpus Workbench. https://cwb.sourceforge.io/.
Instaloader. https://instaloader.github.io/.
RFTagger. https://www.cis.lmu.de/~schmid/tools/RFTagger/.

rtweet. https://cran.r-project.org/web/packages/rtweet/.
SketchEngine. https://www.sketchengine.eu/.
SoMaJo. https://github.com/tsproisl/SoMaJo.
SoMeWeTa. https://github.com/tsproisl/SoMeWeTa.
Trafilatura. https://trafilatura.readthedocs.io/en/latest/.
TreeTagger. https://www.cis.lmu.de/~schmid/tools/TreeTagger/.
Voyant Tools. https://voyant-tools.org/.
WebLicht. https://weblicht.sfs.uni-tuebingen.de/.
YouTube Data Tools. https://tools.digitalmethods.net/netvizz/youtube/.
Zeeschuimer. https://github.com/digitalmethodsinitiative/zeeschuimer.

Skripte und Materialien zu Abschn. 4.4

Programmieren für Geistes- und Sozialwissenschaftler:innen: https://github.com/yannickfrommherz/exdimed-student.
GitHub-Repositorium KAIBK: https://github.com/fussballlinguist/KAIBK.

Literatur

Ammon, Ulrich (2005): Standard und Variation: Norm, Autorität, Legitimation. In: Ludwig M. Eichinger/Werner Kallmeyer (Hg.): *Standardvariation. Wie viel verträgt die deutsche Sprache? Jahrbuch des Instituts für deutsche Sprache 2004*. Berlin/New York: De Gruyter, S. 28–40. https://doi.org/10.1515/9783110193985.28.

Androutsopoulos, Jannis (2020): Auslassungspunkte in der schriftbasierten Interaktion. Sequenziell-topologische Analysen an Daten von griechischen Jugendlichen. In: Jannis Androutsopoulos/Florian Busch (Hg.): *Register des Graphischen. Variation, Interaktion und Reflexion in der digitalen Schriftlichkeit*. Berlin/Boston: De Gruyter, S. 133–158. https://doi.org/10.1515/9783110673241-006.

Androutsopoulos, Jannis (2024): Zeit und Zeitlichkeit in der digitalen Kommunikation. In: Jannis Androutsopoulos/ Friedemann Vogel (Hg.): *Handbuch Sprache und digitale Kommunikation*. Berlin/Boston: De Gruyter, S. 71–92.

Androutsopoulos, Jannis/Vogel, Friedemann (Hg., 2024): *Handbuch Sprache und digitale Kommunikation*. Berlin/Boston: De Gruyter. https://doi.org/10.1515/9783110744163.

ANNIS User Guide (o. J.): http://korpling.github.io/ANNIS/4.0/user-guide/aql/index.html

Antomo, Mailin/Steinbach, Markus (2010): Desintegration und Interpretation: Weil-V2-Sätze an der Schnittstelle zwischen Syntax, Semantik und Pragmatik. In: *Zeitschrift für Sprachwissenschaft* 29 (1), S. 1–37.

[AR 2018] (2016): *Deutsche Rechtschreibung. Regeln und Wörterverzeichnis. Aktualisierte Fassung des amtlichen Regelwerks entsprechend den Empfehlungen des Rats für deutsche Rechtschreibung*. Mannheim. https://www.rechtschreibrat.com/DOX/rfdr_Regeln_2016_redigiert_2018.pdf (20.11.2024).

[AR 2024] *Amtliches Regelwerk der deutschen Rechtschreibung. Regeln und Wörterverzeichnis*. Hg. von der Geschäftsstelle des Rats für deutsche Rechtschreibung. Auf der Grundlage des Beschlusses des Rats für deutsche Rechtschreibung vom 15.12.2023. Mannheim. https://www.rechtschreibrat.com/DOX/RfdR_Amtliches-Regelwerk_2024.pdf (20.11.2024).

Auer, Peter (1986): Kontextualisierung. In: *Studium Linguistik 19*, S. 22–47.

Auer, Peter (2024): *Online-Syntax. Eine Einführung in die Analyse gesprochener Sprache*. Berlin/Heidelberg: Metzler. https://doi.org/10.1007/978-3-662-68611-9.

Averbeck-Lietz, Stefanie (2015): *Soziologie der Kommunikation. Die Mediatisierung der Gesellschaft und die Theoriebildung der Klassiker*. Berlin/Boston: De Gruyter.

Barbaresi, Adrien (2019): The Vast and the Focused: On the need for thematic web and blog corpora. In: *7th Workshop on Challenges in the Management of Large Corpora (CMLC-7)*. Cardiff, S. 29–32. https://hal.archives-ouvertes.fr/hal-02447305 (27.05.2024).

Barbaresi, Adrien (2021): Trafilatura: A Web Scraping Library and Command-Line Tool for Text Discovery and Extraction. In: *Proceedings of the 59th Annual Meeting of the Association for Computational Linguistics and the 11th International Joint Conference on Natural Language Processing*. Association for Computational Linguistics, S. 122–131. https://doi.org/10.18653/v1/2021.acl-demo.15.

Barbaresi, Adrien/Geyken, Alexander (2020): Die Webkorpora im DWDS – Strategien des Korpusaufbaus und Nutzungsmöglichkeiten. In: Konstanze Marx/Henning Lobin/Axel Schmidt (Hg.): *Deutsch in Sozialen Medien. Jahrbuch des Instituts für Deutsche Sprache 2019.* Berlin/Boston: De Gruyter, S. 345–348. https://doi.org/10.1515/9783110679885-017.

Barbaresi, Adrien/Pohlmann, Jens (2021): A Reproducible IT-Blog Corpus. In: *Journal of Open Humanities Data* 7 (0), S. 17. https://doi.org/10.5334/johd.35.

Barbaresi, Adrien/Würzner, Kay-Michael (2014): For a fistful of blogs: Discovery and comparative benchmarking of republishable German content. In: *KONVENS 2014, NLP4CMC Workshop Oktober 2014.* Hildesheim, S. 2–10.

Bartz, Thomas/Pölitz, Christian/Morik, Katharina/Storrer, Angelika (2014): Using Data Mining and the CLARIN Infrastructure to Extend Corpus-based Linguistic Research. In: J. Odijk (Hg.): *Selected Papers from the CLARIN 2014 Conference, October 24–25, 2014.* Soesterberg: Linköping University Electronic Press, S. 1–13. https://ep.liu.se/ecp/116/001/ecp15116001.pdf (24.09.2024).

Beißwenger, Michael (2000): *Kommunikation in virtuellen Welten: Sprache, Text und Wirklichkeit.* Stuttgart: Ibidem-Verlag.

Beißwenger, Michael (2007): *Sprachhandlungskoordination in der Chat-Kommunikation.* (= Linguistik – Impulse & Tendenzen 26) Berlin/New York: De Gruyter. https://doi.org/10.1515/9783110953121.

Beißwenger, Michael (2010): Chattern unter die Finger geschaut: Formulieren und Revidieren bei der schriftlichen Verbalisierung in synchroner internetbasierter Kommunikation. In: Vilmos Ágel/Mathilde Hennig (Hg.): *Nähe und Distanz im Kontext variationslinguistischer Forschung.* Berlin/New York: De Gruyter, S. 247–294. http://duepublico2.uni-due.de/receive/duepublico_mods_00073389 (27.05.2024).

Beißwenger, Michael (2013): Das Dortmunder Chat-Korpus. In: *Zeitschrift für germanistische Linguistik* 41(1), S. 161–164.

Beißwenger, Michael (2016): Praktiken in der internetbasierten Kommunikation. In: Arnulf Deppermann/Helmuth Feilke/Angelika Linke (Hg.): *Sprachliche und kommunikative Praktiken. Jahrbuch 2015 des Instituts für Deutsche Sprache.* Berlin/New York: De Gruyter, S. 279–310. https://www.degruyter.com/document/doi/10.1515/9783110451542-012/html (24.09.2024).

Beißwenger, Michael (2020): Internetbasierte Kommunikation als Textformen-basierte Interaktion: ein neuer Vorschlag zu einem alten Problem. In: Henning Lobin/Konstanze Marx/Axel Schmidt (Hg.): *Deutsch in sozialen Medien: interaktiv, multimodal, vielfältig. Jahrbuch 2019 des Leibniz-Instituts für Deutsche Sprache.* Berlin/Boston: De Gruyter, S. 291–318.

Beißwenger, Michael/Lüngen, Harald (2020): CMC-core: a schema for the representation of CMC corpora in TEI. In: *Corpus* (20). https://doi.org/10.4000/corpus.4553.

Beißwenger, Michael/Lüngen, Harald (2022): Korpora internetbasierter Kommunikation. In: Michael Beißwenger/Lothar Lemnitzer/Carolin Müller-Spitzer (Hg.): *Forschen in der Linguistik. Eine Methodeneinführung für das Germanistik-Studium.* Paderborn: Brill Fink, S. 431–448.

Beißwenger, Michael/Pappert, Steffen (2018): Internetbasierte Kommunikation. In: Frank Liedtke/Astrid Tuchen (Hg.): *Handbuch Pragmatik.* Stuttgart: Metzler, S. 448–459.

Beißwenger, Michael/Pappert, Steffen (2019): *Handeln mit Emojis. Grundriss einer Linguistik kleiner Bildzeichen in der WhatsApp-Kommunikation.* Duisburg: UVRR. https://doi.org/10.17185/duepublico/75179.

Beißwenger, Michael/Pappert, Steffen (2020a): Small Talk mit Bildzeichen. Der Beitrag von Emojis zur digitalen Alltagskommunikation. In: *Zeitschrift für Literaturwissenschaft und Linguistik* 50 (1), S. 89–114. http://link.springer.com/article/10.1007/s41244-020-00160-5 (06.04.2025).

Beißwenger, Michael/Pappert, Steffen (2020b): Sprachverfall durch Emojis? Eine pragmalinguistische Perspektive auf den Beitrag von Bildzeichen zur digitalen Kommunikationskultur. In: *Aptum. Zeitschrift für Sprachkritik und Sprachkultur* 16, 32–50.

Beißwenger, Michael/Pappert, Steffen (2022): Höfliches Handeln mit Emojis: Eine Fallstudie aus dem Bereich der Angewandten (Medien-)Linguistik. In: Michael Beißwenger/Lothar Lemnitzer/Carolin Müller-Spitzer (Hg.): *Forschen in der Linguistik. Eine Methodeneinführung für das Germanistik-Studium.* Paderborn, S. 179–200. https://www.utb.de/doi/suppl/10.36198/9783838557113 (06.03.2025).

Beißwenger, Michael/Pappert, Steffen (2024): Bildzeichen: Emoticons und Emojis. In: Jannis Androutsopoulos/Friedemann Vogel (Hg.): *Handbuch Sprache und digitale Kommunikation.* Berlin/Boston: De Gruyter, S. 201–223.

Beißwenger, Michael/Steinsiek, Sarah (2023): Interpunktion als interaktionale Ressource. Eine korpusgestützte Untersuchung zur Funktion von Auslassungspunkten in der internetbasierten Kommunikation. In: Michael Beißwenger/Eva Gredel/Lothar Lemnitzer/Roman Schneider (Hg.): *Korpusgestützte Sprachanalyse. Grundlagen, Anwendungen und Analysen.* Tübingen: Narr, S. 287–310. https://doi.org/10.24053/9783823396109.

Beißwenger, Michael/Storrer, Angelika (2012): Interaktionsorientiertes Schreiben und interaktive Lesespiele in der Chat-Kommunikation. In: *Zeitschrift für Literaturwissenschaft und Linguistik* 42 (4), S. 92–124.

Beißwenger, Michael/Bartz, Thomas/Storrer, Angelika/Westpfahl, Swantje (2015): *Tagset und Richtlinie für das Part-of-Speech-Tagging von Sprachdaten aus Genres internetbasierter Kommunikation.* Guideline-Dokument aus der GSCL Shared Task ‚Automatic Linguistic Annotation of Computer-Mediated Communication / Social Media' (EmpiriST2015). https://ids-pub.bsz-bw.de/frontdoor/deliver/index/docId/5065/file/Beisswenger_Bartz_Storrer_Tagset_und_Richtlinie_fuer_das_PoS_Tagging_2015.pdf (28.05.2024).

Beißwenger, Michael/Imo, Wolfgang/Fladrich, Marcel/Ziegler, Evelyn (2019): https://www.mocoda2.de: a database and web-based editing environment for collecting and refining a corpus of mobile messaging interactions. In: *European Journal of Applied Linguistics* 7 (2), S. 333–344.

Beißwenger, Michael/Fladrich, Marcel/Imo, Wolfgang/Ziegler, Evelyn (2020): Die Mobile Communication Database 2 (MoCoDa 2). In: Henning Lobin/Konstanze Marx/Axel Schmidt (Hg.): *Deutsch in sozialen Medien: interaktiv, multimodal, vielfältig. Jahrbuch 2019 des Leibniz-Instituts für Deutsche Sprache.* Berlin/Boston: De Gruyter, S. 349–352.

Beißwenger, Michael/Gredel, Eva/Rebhan, Lena/Steinsiek, Sarah (2023): Ellipsis Points in Messaging Interactions and on Wikipedia Talk Pages. In: Louis Cotgrove/Laura Herzberg/Harald Lüngen/Ines Pisetta (Hg.): *Proceedings of the 10th International Conference on CMC and Social Media Corpora for the Humanities.* University of Mannheim, 14–15 September 2023, S. 40–46. https://www.uni-mannheim.de/cmc-corpora2023/proceedings/ (20.11.2024).

Beißwenger, Michael/Gredel, Eva/Bartz, Thomas/Flinz, Carolina/Hamdi, Antonia/Herzberg, Laura/Lemnitzer, Lothar/Lüngen, Harald/Radtke, Nadja/Rebhan, Lena/Rüdiger, Jan-Oliver/Schmidt, Thomas/Steinsiek, Sarah (2025): *Sprachkorpora im Deutschunterricht* (Sprachlich-Literarisches Lernen und Deutschdidaktik. Reihe SLLD(E) – Einführungen, Band 5). https://doi.org/10.46586/SLLD.390 (10.06.2025).

Berg, Mia/Kuchler, Christian (Hg.) (2023): *@ichbinsophiescholl: Darstellung und Diskussion von Geschichte in Social Media* (= Historische Bildung und Public History 1). Göttingen: Wallstein Verlag.

Berg, Mia/Lorenz, Andrea/Oswald, Kristin (Hg.) (2025): *Geschichte auf Instagram und TikTok: Perspektiven auf Quellen und Praktiken.* Berlin/Boston: De Gruyter Oldenbourg.

Berger, Peter L./Luckmann, Thomas (1966): *The Social Construction of Reality: A Treatise in the Sociology of Knowledge.* New York: Doubleday & Company.

Bergmann, Rolf/Nerius, Dieter (1998): *Die Entwicklung der Großschreibung im Deutschen von 1500 bis 1700.* Heidelberg: Winter.

Betz, Emma/Deppermann, Arnulf/Mondada, Lorenza/Sorjonen, Marja-Leena (2021): Okay across languages: toward a comparative approach to its use in talk-in-interaction. In: *Studies in language and social interaction* 34. Amsterdam/Philadelphia: John Benjamins.

Birkner, Karin/Auer, Peter/Bauer, Angelika/Kotthoff, Helga (2020): *Einführung in die Konversationsanalyse.* Berlin/Boston: De Gruyter.

Birkner, Thomas (^{2}2019): *Medialisierung und Mediatisierung.* Baden-Baden: Nomos.

Böckmann, Barbara/Meer, Dorothee/Mohn, Michelle/Och, Anastasia-Patricia/Paltrinieri, Ilaria/Renelt, Alina/Ramdorf, Christine/Rettinghausen, Daniel/Staubach, Katharina/Tenz, Martin (2019). Multimodale Produktbewertungen in Videos von Influencerinnen auf YouTube: Zur parainteraktiven Konstruktion von Warenwelten. In: *Zeitschrift für Angewandte Linguistik* (70), S. 139–171. https://doi.org/10.1515/zfal-2019-2003.

Bös, Birte (2024): Interpersonales Beziehungsmanagement in der digitalen Interaktion. In: Jannis Androutsopoulos/Friedemann Vogel (Hg.): *Handbuch Sprache und digitale Kommunikation.* Berlin/Boston: De Gruyter, S. 329–349.

Bredel, Ursula (2011): *Interpunktion.* (= Kurze Einführungen in die germanistische Linguistik 11). Heidelberg: Winter.

Breindl, Eva/Volodina, Anna/Waßner, Hans-Ulrich (2014): Handbuch der deutschen Konnektoren 2. Semantik der deutschen Satzverknüpfer. In: *Schriften des Instituts für Deutsche Sprache* 13. Berlin/München/Boston: De Gruyter.
Brinker, Klaus/Cölfen, Hermann/Pappert, Steffen (⁹2018): *Linguistische Textanalyse. Eine Einführung in Grundbegriffe und Methoden.* Berlin: Schmidt.
Brown, Penelope/Levinson, Stephen C. (1987): *Politeness: Some universals in language use.* Cambridge: Cambridge University Press.
Brown, Penelope/Levinson, Stephen C. (2007): Gesichtsbedrohende Akte. In: Herrmann, Steffen/Sybille Krämer/Hannes Kuch (Hg.): *Verletzende Worte. Die Grammatik sprachlicher Missachtung.* Bielefeld: transcript Verlag, S. 59–88.
Bubenhofer, Noah (2006–2015): *Einführung in die Korpuslinguistik: Praktische Grundlagen und Werkzeuge.* Elektronische Ressource: https://www.bubenhofer.com/korpuslinguistik/ (23.09.2024).
Bucher, Hans-Jürgen (2011): Multimodales Verstehen oder Rezeption als Interaktion. Theoretische und empirische Grundlagen einer systematischen Analyse der Multimodalität. In: Hajo Dieckmannshenke/Michael Klemm/Hartmut Stöckl (Hg.): *Bildlinguistik. Theorien – Methoden – Fallbeispiele.* Berlin: Schmidt, S. 123–156.
Bucher, Hans-Jürgen (2024): Handeln unter den Bedingungen digitaler Kommunikation: ein integrierter aneignungstheoretischer Ansatz. In: Jannis Androutsopoulos/Friedemann Vogel (Hg.): *Handbuch Sprache und digitale Kommunikation.* Berlin/Boston: De Gruyter, S. 9–30.
Bunnenberg, Christian/Logge, Thorsten/Steffen, Nils (2021): SocialMediaHistory. In: *Historische Anthropologie* 29 (2), S. 267–283. https://doi.org/10.7788/hian.2021.29.2.267.
Burkhardt, Hannes (2021): *Geschichte in den Social Media: Nationalsozialismus und Holocaust in Erinnerungskulturen auf Facebook, Twitter, Pinterest und Instagram.* Göttingen: V&R unipress.
Busch, Florian (2021): *Digitale Schreibregister. Kontexte, Formen und metapragmatische Reflexionen.* Berlin/Boston: De Gruyter. https://doi.org/10.1515/9783110728835.
Busch, Florian (2024): Wortschreibung und Interpunktion in digitalen Interaktionen: Formen und Funktionen graphematischer Kontextualisierung. In: Jannis Androutsopoulos/Friedemann Vogel (Hg.): *Handbuch Sprache und digitale Kommunikation.* Berlin/Boston: De Gruyter, S. 137–156.
Busch, Florian (2025). Texting in Time: Approaching time and temporalities of smartphone-based interactions. In: *Language & Communication* 100, S. 196–211. https://doi.org/10.1016/j.langcom.2024.12.005
Caffi, Claudia/Janney, Richard W. (1994): Toward a pragmatics of emotive communication. In: *Journal of Pragmatics* 22 (3), S. 325–373. https://doi.org/10.1016/0378-2166(94)90115-5.
Catasso, Nicholas (2015): Der seltsame Fall der weil-Sätze mit Verb-Zweit-Wortstellung im Deutschen: Zwischen Norm und Mündlichkeit an der Schnittstelle Syntax-Semantik-Pragmatik. In: Noel Aziz Hanna, Patrizia/Barbara Sonnenhauser/Caroline Trautmann (Hg.): *Empirie und Theorie.* http://epub.ub.uni-muenchen.de/view/subjects/13282.html (27.05.2024).
Chanier, Thierry/Poudat, Céline/Sagot, Benoît/Antoniadis, Georges/Wigham, Ciara R./ Hriba, Linda/Longhi, Julien/Seddah, Djamé (2014): The CoMeRe corpus for French. Structuring and annotating heterogeneous CMC genres. In: *Journal for Language Technology and Computational Linguistics* 29 (2), S. 1–30. https://doi.org/10.21248/jlcl.29.2014.187.
Cotgrove, Louis (2023): New opportunities for researching digital youth language: The NottDeuYTSch corpus. In: Marc Kupietz/Thomas Schmidt (Hg.): *Neue Entwicklungen in der Korpuslandschaft der Germanistik. Beiträge zur IDS-Methodenmesse 2022.* (= Korpuslinguistik und interdisziplinäre Perspektiven auf Sprache (CLIP) 11). Tübingen: Narr, S. 102–115. https://pub.ids-mannheim.de/laufend/clip/clip11.html (23.09.2024).
Cotgrove, Louis Alexander (2018): *Nottinghamer Korpus Deutscher YouTube-Sprache (The NottDeuYTSch Corpus) (2022–07–27).* http://hdl.handle.net/11372/LRT-4806 (27.05.2024).
Cotgrove, Louis Alexander/Herzberg, Laura/Lüngen, Harald (Hg.) (2025): *Exploring digitally-mediated communication with corpora: Methods, analyses, and corpus construction.* (= Digital Linguistics 2). Berlin/Boston: De Gruyter.
Crystal, David (2001): *Language and the Internet.* Cambridge: University Press. https://doi.org/10.1017/CBO9781139164771.

Dang-Anh, Mark (2024): Remixpraktiken in digitalen Kommunikationen. In: Jannis Androutsopoulos/Friedemann Vogel (Hg.): *Handbuch Sprache und digitale Kommunikation*. Berlin/Boston: De Gruyter, S. 455–475.

Davies, Marc (2009): The 385+ million word Corpus of Contemporary American English (1990–2008+). In: *International Journal of Corpus Linguistics* 14(2), S. 159–190. https://www.mark-davies.org/articles/davies_36.pdf (27.02.2025).

Davies, Marc (2015): Introducing the 1.9 Billion Word Global Web-Based English Corpus (GloWbE). In: *21st Century Text* (5). https://21centurytext.wordpress.com/introducing-the-1-9-billion-word-global-web-based-english-corpus-glowbe/ (27.02.2025).

December, John (o. J.; 90er-Jahre): *What is Computer-Mediated-Communication* ... http://www.december.com/john/study/cmc/what.html (27.05.2024).

Deppermann, Arnulf (2007): *Grammatik und Semantik aus gesprächsanalytischer Sicht*. (= Linguistik – Impulse & Tendenzen 14). Berlin/New York: De Gruyter.

Deppermann, Arnulf/Feilke, Helmuth/Linke, Angelika (2016): Sprachliche und kommunikative Praktiken: Eine Annäherung aus linguistischer Sicht. In: Arnulf Deppermann/Helmuth Feilke/Angelika Linke (Hg.): *Sprachliche und kommunikative Praktiken. Jahrbuch 2015 des Instituts für Deutsche Sprache*. Berlin/New York: De Gruyter, S. 1–23.

Diewald, Nils/Gierke, Marco/Kupietz, Marc/Lüngen, Harald (2024): Das Orthografische Kernkorpus (OKK) in DEREKO. Zusammensetzung, Analyse- und Zugriffsmöglichkeiten über KorAP. In: Sabine Krome/Mechthild Habermann/Henning Lobin/Angelika Wöllstein (Hg.): *Orthographie in Wissenschaft und Gesellschaft. Schriftsystem – Norm – Schreibgebrauch. Jahrbuch des Instituts für Deutsche Sprache 2023*. (= Jahrbuch des Instituts für Deutsche Sprache 2023). Berlin/Boston: De Gruyter, S. 329–344. https://pub.ids-mannheim.de/laufend/jahrbuch/jb2023.html (27.02.2025).

Dohrn, Hannes/Riehle, Dirk (2011): Design and implementation of the Sweble wikitext parser: unlocking the structured data of Wikipedia. In: *Proceedings of the 7th International Symposium on Wikis and Open Collaboration*, S. 72–81. https://doi.org/10.1145/2038558.2038571

Döring, Nicola (2023): *Forschungsmethoden und Evaluation in den Sozial- und Humanwissenschaften*. 6. Aufl. Berlin: Springer.

Dürscheid, Christa (2004): Netzsprache. Ein neuer Mythos. In: *Osnabrücker Beiträge zur Sprachtheorie* 68, S. 141–157.

Dürscheid, Christa (2016): Graphematische Mikrovariation. In: Ulrike Domahs/Beatrice Primus (Hg.): *Handbuch Laut, Gebärde, Buchstabe*. Berlin/Boston: De Gruyter, S. 492–510.

Dürscheid, Christa/Frick, Karina (2016): *Schreiben digital: Wie das Internet unsere Alltagskommunikation verändert*. (= Einsichten 3). Stuttgart: Kröner.

[DWDS]: *Wortauskunftssystem DWDS der Berlin-Brandenburgischen Akademie der Wissenschaften*. http://www.dwds.de/.

[DWDS-WB]: *Digitales Wörterbuch der deutschen Sprache – das DWDS-Wörterbuch*. https://www.dwds.de/d/wb-dwdswb.

[DWDS-WDG]: *Wörterbuch der deutschen Gegenwartssprache (WDG), verfügbar im DWDS-System*. https://www.dwds.de/d/wb-wdg.

Ehlich, Konrad (1983): Text und sprachliches Handeln. Die Entstehung von Texten aus dem Bedürfnis nach Überlieferung. In: Aleida Assmann/Jan Assmann/Christof Hardmeier, (Hg.): *Schrift und Gedächtnis. Beiträge zur Archäologie der literarischen Kommunikation*. München: Fink, S. 24–43.

Ehlich, Konrad (1984): Zum Textbegriff. In: Annely Rothkegel/Barbara Sandig (Hg.): *Text – Textsorten – Semantik. Linguistische Modelle und maschinelle Verfahren*. Hamburg: Buske, S. 531–550.

Ehlich, Konrad (2007): Schrift, Schriftträger, Schriftform: Materialität und semiotische Struktur. In: Ders.: *Sprache und sprachliches Handeln*. Berlin/New York: De Gruyter, S. 703–721.

Eickelmann, Birgit (2020): *Lehrkräfte in der digitalisierten Welt. Orientierungsrahmen für die Lehrerausbildung und Lehrerfortbildung in NRW*. Hg. v. d. Medienberatung NRW. https://www.schulministerium.nrw/system/files/media/document/file/lehrkraefte_digitalisierte_welt_2020.pdf (20.11.2024).

Evert, Stephanie/CWB Development Team (2022): *The IMS Open Corpus Workbench (CWB)*. http://cwb.sourceforge.net/files/CQP_Tutorial.pdf (27.05.2024).

Fabricius-Hansen, Cathrine (2009): Konjunktor. (Kapitel C12) In: Ludger Hoffmann (Hg.): *Handbuch der deutschen Wortarten*. Berlin: De Gruyter, S. 759–790.

Feilke, Helmuth (1996): *Sprache als soziale Gestalt. Ausdruck, Prägung und die Ordnung der sprachlichen Typik*. Frankfurt am Main: Suhrkamp.

Fett, Daniel (2006): *Tutorial: Reguläre Ausdrücke*. https://danielfett.de/2006/03/20/regulaere-ausdruecke-tutorial/ (27.05.2024).

Fiehler, Reinhard/Barden, Birgit/Elstermann, Mechthild/Kraft, Barbara (2004): *Eigenschaften gesprochener Sprache. Theoretische und empirische Untersuchungen zur Spezifik mündlicher Kommunikation*. (= Studien zur Deutschen Sprache 30: https://pub.ids-mannheim.de/laufend/studien/). Tübingen: Narr.

Fischer, Friederike/Meier-Vieracker, Simon/Niendorf, Lisa (Hg.), 2025): *TikTok – Memefication und Performance. Interdisziplinäre Zugänge*. Heidelberg: Springer.

Fišer, Darja/Beißwenger, Michael (Hg.), 2017): *Investigating Computer-Mediated Communication: Corpus-Based Approaches to Language in the Digital World*. (= Translation Studies and Applied Linguistics). Ljubljana: University Press. https://doi.org/10.4312/9789612379612 (06.04.2025).

Fišer, Darja/Ljubešić, Nikola/Erjavec, Tomaž (2020): The Janes project. Language resources and tools for Slovene user generated content. In: *Language Resources and Evaluation* 54, S. 223–246. https://doi.org/10.1007/s10579-018-9425-z.

Frey, Werner/Masiero, Federica (2018): Desintegration versus Parordination bei *obwohl*- und *weil*-Konstruktionen. In: *ZAS Papers in Linguistics* 59, S. 57–82.

Frey, Jennifer-Carmen/Glaznieks, Aivars/Stemle, Egon W. (2016): The DiDi Corpus of South Tyrolean CMC Data. A multilingual corpus of Facebook texts. In: Anna Corazza/Simone Montemagni/Giovanni Semeraro (Hg.): *Proceedings of the Third Italian Conference on Computational Linguistics (CLiC-it 2016)*. 5–6 December 2016, Napoli/Torino, S. 157–161. http://ceur-ws.org/Vol-1749/paper27.pdf (27.05.2024).

Frick, Karina (2024): Identitätsarbeit und kollektive Beziehungsgestaltung im WhatsApp-Gruppenchat. In: *Zeitschrift für Literaturwissenschaft und Linguistik* 3 (2024), S. 433–463. https://doi.org/10.1007/s41244-024-00344-3.

Frick, Karina/Meletis, Dimitrios (2024): People incorrectly correcting other people: The pragmatics of (re-)corrections and their negotiation in a Facebook group. In: *Discourse, Context & Media* 61, S. 1–11. https://doi.org/10.1016/j.dcm.2024.100804.

Frick, Karina/Pappert, Steffen (2026, im Druck): Emojis und Emoticons im analogen Raum. Ein Fall transkontextueller Re-Semiotisierung? In: *Zeitschrift für Semiotik* 48 (1/2).

Ge, Jing/Herring, Susan C. (2018): Communicative functions of emoji sequences on Sina Weibo. In: *First Monday* 23(11). https://doi.org/10.5210/fm.v23i11.9413.

Geyken, Alexander (2007): The DWDS corpus: A reference corpus for the German language of the 20th century. In: Christiane Fellbaum (Hg.): *Collocations and Idioms: Linguistic, lexicographic, and computational aspects*. London: Continuum Press, S. 23–41. https://www.dwds.de/dwds_static/publications/text/geyken_2007_kerncorpus.pdf (23.09.2024).

Gibson, James J. (2015): *The Ecological Approach to Visual Perception*. New York: Psychology Press.

Giddens, Anthony (1984): *The constitution of society: Outline of the theory of structuration*. Cambridge: Polity Press.

Giesecke, Michael (1989): ‚Natürliche' und ‚künstliche' Sprachen – Grundzüge einer informations- und medientheoretischen Betrachtung des Sprachwandels. In: *Deutsche Sprache* 4, S. 317–340.

Giesecke, Michael (1992): *Sinnenwandel, Sprachwandel, Kulturwandel. Studien zur Vorgeschichte der Informationsgesellschaft*. Frankfurt am Main: Suhrkamp.

Glaznieks, Aivars/Frey, Jennifer-Carmen (2020): Das DiDi-Korpus: Internetbasierte Kommunikation aus Südtirol. In: Konstanze Marx/Henning Lobin/Axel Schmidt (Hg.): *Deutsch in Sozialen Medien. Interaktiv – multimodal – vielfältig*. Berlin/Boston: De Gruyter, S. 353–354.

Gohl, Christine/Günthner, Susanne (1999): Grammatikalisierung von weil als Diskursmarker in der gesprochenen Sprache. In: *Zeitschrift für Sprachwissenschaft* 18 (1), S. 39–75.

Gredel, Eva (2018): *Digitale Diskurse und Wikipedia: Wie das Social Web Interaktion im digitalen Zeitalter verwandelt*. Tübingen: Narr.

Gredel, Eva (2024): Popularisierung und Einhegung von öffentlichem Wissen in digitalen Diskursen am Beispiel Klimawandels. In: Jannis Androutsopoulos/Friedemann Vogel (Hg.): *Handbuch Sprache und digitale Kommunikation*. Berlin/Boston: De Gruyter, S. 413–433.

Gredel, Eva/Herzberg, Laura/Storrer, Angelika (2018): Linguistische Wikipedistik. In: *Zeitschrift für germanistische Linguistik* 46 (3), S. 480–493. https://doi.org/10.1515/zgl-2018-0029.

Gredel, Eva/Pospiech, Ulrike/Schindler, Kirsten (2024): KI und Schreiben in (hoch-)schulischen Kontexten. In: *Zeitschrift für germanistische Linguistik* 52 (2), S. 378–404. https://doi.org/10.1515/zgl-2024-2018

Günthner, Susanne (2008): „weil – es ist zu spät". Geht die Nebensatzstellung im Deutschen verloren? In: Markus Denkler/Susanne Günthner/Wolfgang Imo et al. (Hg.): *Frischwärts und Unkaputtbar. Sprachverfall oder Sprachwandel im Deutschen?* Münster: Aschendorff, S. 103–128.

Günthner, Susanne/Mutz, Katrin (2004): Grammaticalization vs. Pragmaticalization? The development of pragmatic markers in German and Italian. In: Walter Bisang/Nikolaus Himmelmann/Björn Wiemer (Hg.): *What makes Grammaticalization? A Look from its Fringes and its Components.* Berlin/New York: De Gruyter, S. 77–107.

Guo, Pan (2006): 二十世纪以来汉语标点符号研究 *[Research on Chinese punctuation marks since the 20th century]*. Central China Normal University.

Haaf, Susanne (2022): Werkzeuge für die Korpusanalyse. In: Michael Beißwenger/Lothar Lemnitzer/Carolin Müller-Spitzer (Hg.): *Forschen in der Linguistik. Eine Methodeneinführung für das Germanistik-Studium.* Paderborn: Brill Fink, S. 471–489.

Habscheid, Stephan (2000): ‚Medium' in der Pragmatik. Eine kritische Bestandsaufnahme. In: *Deutsche Sprache. Zeitschrift für Theorie, Praxis, Dokumentation* 2, S. 126–143.

Hanks, William (1996): *Language and communicative practices.* (Critical Essays in Anthropology). Boulder: Westview Press.

Hara, Noriko/Shachaf, Pnina/Hew, Khe Foon (2010): Cross-Cultural Analysis of the Wikipedia Community. In: *Journal of the American Society for Information Science and Technology* 61 (10), S. 2097–2108. https://doi.org/10.1002/asi.21373.

Hausendorf, Heiko (2015): Interaktionslinguistik. In: Ludwig M. Eichinger (Hg.): *Sprachwissenschaft im Fokus. Positionsbestimmungen und Perspektiven.* Berlin: De Gruyter, S. 43–70.

Hector, Tim Moritz/Hrncal, Christine (2024): Sprachassistenzsysteme in der Interaktion. In: Jannis Androutsopoulos/Friedemann Vogel (Hg.): *Handbuch Sprache und digitale Kommunikation.* Berlin/Boston: De Gruyter, S. 309–328.

Heinrich, Philipp (2021): *Collocation and Concordance Computation.* https://github.com/ausgerechnet/cwb-ccc (22.12.2021).

Henig, Lital/Ebbrecht-Hartmann, Tobias (2022): Witnessing Eva Stories: Media witnessing and self-inscription in social media memory. In: *New Media & Society* 24 (1), S. 202–226. https://doi.org/10.1177/1461444820963805.

Henn-Memmesheimer, Beate/Eggers, Ernst (2010): Inszenierung, Etablierung und Auflösung: Karriere einer grammatischen Konstruktion im Chat zwischen 2000 und 2010. In: *Networx* 57. http://www.mediensprache.net/networx/networx-56.pdf (20.11.2024).

Heritage, John (2010): Conversation Analysis: Practices and methods. In: David Silverman (Hg.): *Qualitative research. Theory, method and practice.* 3. Aufl. London: Sage, S. 208–230.

Herring, Susan C. (1999): Interactional Coherence in CMC. In: *Journal of Computer-Mediated Communication* 4 (4). https://doi.org/10.1111/j.1083-6101.1999.tb00106.x (06.04.2025).

Herring, Susan/Stein, Dieter/Virtanen, Tuija (2013): *Pragmatics of Computer-Mediated Communication.* Berlin/Boston: De Gruyter.

Herring, Susan C./Wright, Elijah/Bonus, Sabrina (2005): Weblogs as a bridging genre. In: *Information Technology & People* 18 (2), S. 142–171. https://doi.org/10.1108/09593840510601513.

Herzberg, Laura (2016): *Korpuslinguistische Analyse interaktiver Einheiten. Das Beispiel okay.* Masterarbeit an der Philosophischen Fakultät, Lehrstuhl für Germanistische Linguistik. Universität Mannheim.

Herzberg, Laura (2024): *OKAY. Form, Position, Funktion und Verbreitung eines Internationalismus in der digitalen Welt.* Berlin/Heidelberg: Springer.

Herzberg, Laura/Storrer, Angelika (2019): Investigating OKAY across genres, modes and languages: A corpus-based study on German and French. In: *Cahiers du Laboratoire de Recherche sur le Langage* 8, S. 149–176.

Hoffmann, Ludger (^{3}2016): *Deutsche Grammatik: Grundlagen für Lehrerausbildung, Schule, Deutsch als Zweitsprache und Deutsch als Fremdsprache.* Berlin: Schmidt.

Hoffmann, Sabine (2020): Schweigen in Videokonferenzen: Vom Umgang mit Störungen in Online Besprechungen. In: *Studi Germanici Quaderni dell'AIG* 3, S. 201–218.

Huang, Chu-Ren/Shi, Dingxu (2016): *A reference grammar of Chinese*. Cambridge: Cambridge University Press.
Hutchby, Ian (2001): Technologies, Texts and Affordances. In: *Sociology* 35 (2), 441–465.
Imo, Wolfgang (2015): Vom Happen zum Häppchen … Die Präferenz für inkrementelle Äußerungsproduktion in internetbasierten Messengerdiensten. In: *Networx, Nr. 69*. http://www.mediensprache.net/networx/networx-69.pdf (27.05.2024).
Imo, Wolfgang (2016): *Grammatik. Eine Einführung*. Stuttgart: Metzler.
Imo, Wolfgang (2024): Digital vermittelte Interaktion ohne Kopräsenz: Immer noch Interaktion? In: Jannis Androutsopoulos/Friedemann Vogel (Hg.): *Handbuch Sprache und digitale Kommunikation*. Berlin/Boston: De Gruyter, S. 249–268.
Imo, Wolfgang/Lanwer, Jens Philipp (2019): *Interaktionale Linguistik. Eine Einführung*. Stuttgart: Metzler.
Jaki, Sylvia (2021): This is simplified to the point of banality. Social-Media-Kommentare zu Gestaltungsweisen von TV-Dokus. In: *Journal für Medienlinguistik* 4 (1), S. 54–87. https://doi.org/10.21248/jfml.2021.36.
Jauhiainen, Timmo/Piitulainen, Jussi/Axelson, Erik/Linden, Krister (2022): Language Identification as part of the Text Corpus Creation Pipeline at the Language Bank of Finland. In: K. Berglund/M. La Mela/I. Zwart (Hg.): *Proceedings of the 6th Digital Humanities in the Nordic and Baltic Countries Conference (DHNB 2022)* 3232. Aachen: CEUR, S. 251–259. http://ceur-ws.org/Vol-3232/paper23.pdf (23.09.2024).
Jucker, Andreas H./Dürscheid, Christa (2012): The Linguistics of Keyboard-to-Screen Communication. A New Terminological Framework. In: *Linguistik online* 6, S. 39–64. https://doi.org/10.13092/lo.56.255.
Kaiser, Julia (2016): Reformulierungsindikatoren im gesprochenen Deutsch: Die Benutzung der Ressourcen DGD und FOLK für gesprächsanalytische Zwecke. In: *Online-Zeitschrift zur verbalen Interaktion* 17, S. 196–230.
Keibel, Holger (2009): *Mathematische Häufigkeitsmaße in der Korpuslinguistik: Eigenschaften und Verwendung*. Mannheim: Institut für Deutsche Sprache. http://www.ids-mannheim.de/kl/dokumente/freqMeasures.html (02.04.2025).
Kilgarriff, Adam/Baisa, Vít/Bušta, Jan/Jakubíček, Miloš/Kovář, Vojtěch/Michelfeit, Jan/Rychlý, Pavel/Suchomel, Vít (2014): The Sketch Engine: ten years on. In: *Lexicography* 1 (1), S. 7–36.
Kinnebrock, Susanne/Schwarzenegger, Christian/Birkner, Thomas (2015). Theorien des Medienwandels – Konturen eines emergierenden Forschungsfeldes? In: Susanne Kinnebrock/Christian Schwarzenegger/Thomas Birkner (Hg.): *Theorien des Medienwandel*s. Köln: Herbert von Halem, S. 11–28.
Kittur, Aniket/Chi, Ed H./Suh, Bongwon (2009): What's in Wikipedia?: Mapping Topics and Conflict Using Socially Annotated Category Structure. Präsentiert auf: *CHI '09: CHI Conference on Human Factors in Computing Systems, Proceedings of the SIGCHI Conference on Human Factors in Computing Systems*. Boston, S. 1509–1512.
Klug, Nina-Maria/Stöckl, Hartmut (2015): Sprache im multimodalen Kontext. In: Ekkehard Felder/Andreas Gradt (Hg.): *Handbuch Sprache und Wissen*. Berlin/Boston: De Gruyter, S. 242–264.
[KMK] (2017): *Kultusministerkonferenz. Bildung in der digitalen Welt. Strategie der Kultusministerkonferenz*. https://www.kmk.org/fileadmin/Dateien/pdf/PresseUndAktuelles/2018/Digitalstrategie_2017_mit_Weiterbildung.pdf (20.11.2024).
[KMK] (2021): *Kultusministerkonferenz. Lehren und Lernen in der digitalen Welt. Die ergänzende Empfehlung zur Strategie „Bildung in der digitalen Welt"*. https://www.kmk.org/fileadmin/veroeffentlichungen_beschluesse/2021/2021_12_09-Lehren-und-Lernen-Digi.pdf (20.11.2024).
Knight, Dawn/Loizides, Fernando/Neale, Steven/Anthony, Laurence/Spasić, Irena (2020): Developing computational infrastructure for the CorCenCC corpus – the National Corpus of Contemporary Welsh. In: *Language Resources and Evaluation*. https://doi.org/10.1007/s10579-020-09501-9.
Knorr, Charlotte (2022): *Soziale Affordanzen der Thematisierung auf Medienplattformen. Vom Kennen über das Können zum Wollen bei der Setzung und Gestaltung von Themen*. Wiesbaden: Springer.
Koch, Peter/Oesterreicher, Wulf (1985): Sprache der Nähe – Sprache der Distanz. Mündlichkeit und Schriftlichkeit im Spannungsfeld von Sprachtheorie und Sprachgeschichte. In: *Romanistisches Jahrbuch* 36, S. 15–43.

Koch, Peter/Oesterreicher, Wulf (1994): Schriftlichkeit und Sprache. In: Hartmut Günther/Otto Ludwig (Hg.): *Schrift und Schriftlichkeit. Ein interdisziplinäres Handbuch internationaler Forschung*. Band 1. Berlin/New York: De Gruyter, S. 587–604.

Koch, Peter/Oesterreicher, Wulf (2007): Schriftlichkeit und kommunikative Distanz. In: *Zeitschrift für germanistische Linguistik* 35 (3), S. 346–375.

König, Katharina (2021a): Sprachnachrichten als Zugang zu authentischer Mündlichkeit im Kontext Deutsch als Fremdsprache. In: Susanne Günthner/Juliane Schopf/Beate Weidner (Hg.): *Gesprochene Sprache in der kommunikativen Praxis. Analysen authentischer Alltagssprache und ihr Einsatz im DaF-Unterricht*. Tübingen: Stauffenburg, S. 247–277.

König, Katharina (2021b): Text- und Audio-Postings in der mobilen Messenger-Kommunikation – Vergleichende Perspektiven auf transmodale Kommunikation. In: Susanne Tienken/Stefan Hauser/Hartmut Lenk/Martin Luginbühl (Hg.): *Methoden kontrastiver Medienlinguistik*. Bern: Peter Lang, S. 147–162. https://doi.org/10.3726/b18579.

König, Katharina (2024): Transmodal messenger interaction – Analysing the sequentiality of text and audio postings in WhatsApp Chats. In: *Discourse, Context & Media* 62, 100818.

König, Katharina/Duan, Lilje (2023): Mündlichkeit im Posting-Format. Praktiken der dialogischen Kommunikation über Sprachnachrichten per WhatsApp und WeChat im DaF-Unterricht. In: Katharina König/Ortwin Lämke (Hg.): *Zugänge zu Mündlichkeit im Kontext DaF*. Baden-Baden: Georg Olms, S. 93–127.

König, Katharina/Hector, Tim Moritz (2017). Zur Theatralität von WhatsApp-Sprachnachrichten. Nutzungskontexte von Audio-Postings in der mobilen Messenger-Kommunikation. In: *Networx, Nr. 79*. ISSN: 1619-1021. http://www.mediensprache.net/networx/networx-79.pdf (27.05.2024).

König, Katharina/Hector, Tim Moritz (2019): Neue Medien – neue Mündlichkeit? Zur Dialogizität von WhatsApp-Sprachnachrichten. In: Konstanze Marx/Axel Schmidt (Hg.): *Interaktion und Medien*. Heidelberg: Winter, S. 59–84.

König, Katharina/Steinsiek, Sarah/Beißwenger, Michael/Fladrich, Marcel (2023): Forschendes Lernen mit der Mobile Communication Database (MoCoDa 2). Didaktische Potenziale und Anregungen für den Unterricht Deutsch als Fremdsprache. In: *Korpora Deutsch als Fremdsprache (KorDaF)* 3 (2). https://doi.org/10.48694/kordaf.3851.

Krotz, Friedrich (2001): *Die Mediatisierung kommunikativen Handelns. Der Wandel von Alltag und sozialen Beziehungen, Kultur und Gesellschaft durch die Medien*. Wiesbaden: VS Verlag für Sozialwissenschaften.

Krotz, Friedrich (2007): *Mediatisierung: Fallstudien zum Wandel von Kommunikation*. Wiesbaden: VS Verlag für Sozialwissenschaften.

Kühner, Janina (2017): Fachdidaktisches Essay: Beispielhafte Konzeption einer Literaturunterrichtseinheit mit Voyant. In: *Skriptum* 6 (1), S. 41–57.

Kupietz, Marc/Diewald, Nils/Margaretha, Eliza (2020): RKorAPClient: An R Package for Accessing the German Reference Corpus DeReKo via KorAP. In: *Proceedings of the Twelfth Language Resources and Evaluation Conference*. Marseille, S. 7015–7021. https://aclantology.org/2020.lrec-1.867/ (23.09.2024).

Kupietz, Marc/Lüngen, Harald/Diewald, Nils (2023): Das Gesamtkonzept des Deutschen Referenzkorpus DeReKo. Vom Design bis zur Verwendung und darüber hinaus. In: Arnulf Deppermann/Christian Fandrych/Marc Kupietz/Thomas Schmidt (Hg.): *Korpora in der germanistischen Sprachwissenschaft. Mündlich, schriftlich, multimedial. Jahrbuch des Instituts für Deutsche Sprache 2022*. Berlin/Boston: De Gruyter, S. 1–28. https://pub.ids-mannheim.de/laufend/jahrbuch/jb2022.html.

Landert, Daniela (2017): Participation as user involvement. In: Christian R. Hoffmann/Wolfram Bublitz (Hg.): *Pragmatics of Social Media*. Berlin/Boston: De Gruyter, S. 31–60. https://doi.org/10.1515/9783110431070-002.

Lemnitzer, Lothar/Beißwenger, Michael (2022): Linguistische Annotation. In: Michael Beißwenger/Lothar Lemnitzer/Carolin Müller-Spitzer (Hg.): *Forschen in der Linguistik. Eine Methodeneinführung für das Germanistik-Studium*. Paderborn: Brill Fink, S. 259–274.

Lemnitzer, Lothar/Diewald, Nils (2022): Abfrage und Analyse von Korpusbelegen. In: Michael Beißwenger/Lothar Lemnitzer/Carolin Müller-Spitzer: *Forschen in der Linguistik. Eine Methodeneinführung für das Germanistik-Studium*. Utb Band 5711, S. 374–390.

Lemnitzer, Lothar/Zinsmeister, Heike (2015): *Korpuslinguistik: Eine Einführung*. Tübingen: Narr.

Liedtke, Frank (2009): Schrift und Zeit. Anmerkungen zu einer Pragmatik des Schriftgebrauchs. In: Elisabeth Birk/Jan G. Schneider (Hg.): *Philosophie der Schrift*. Tübingen: Max Niemeyer, S. 75–94.

Liedtke, Frank/Tuchen, Astrid (Hg., 2018): *Handbuch Pragmatik*. Stuttgart: Metzler.

Limburg, Anika/Bohle-Jurok, Ulrike/Buck, Isabella/Grieshammer, Ella/Gröpler, Johanna/Knorr, Dagmar/Mundorf, Margret/Schindler, Kirsten/Wilder, Nicolaus (2023): Zehn Thesen zur Zukunft des Schreibens in der Wissenschaft. (= Diskussionspapier 23). Hochschhulforum Digitalisierung. https://hochschulforumdigitalisierung.de/sites/default/files/dateien/HFD_DP_23_Zukunft_Schreiben_Wissenschaft.pdf

Lobin, Henning (2010): *Computerlinguistik und Texttechnologie*. (= LIBAC – Linguistik für Bachelor). Paderborn: Fink.

Lobin, Henning (2014): *Engelbarts Traum. Wie der Computer uns Lesen und Schreiben abnimmt*. Frankfurt am Main: Campus Verlag.

Lobin, Henning (2018): *Digital und vernetzt. Das neue Bild der Sprache*. Stuttgart: Metzler.

Lobinger, Katharina/Reißmann, Wolfgang/Pfurtscheller, Daniel/Brantner, Cornelia/Venema, Rebecca/Marchiori, Elena (2019): Theoretische, thematische, forschungsethische und methodologische Herausforderungen der Visuellen Kommunikationsforschung: Ein programmatischer Ausblick. In: Katharina Lobinger (Hg.): *Handbuch Visuelle Kommunikationsforschung (= Springer Reference Sozialwissenschaften)*. Wiesbaden: Springer Fachmedien, S. 1–28. https://doi.org/10.1007/978-3-658-06738-0_37-1.

Lotze, Netaya/Kersten, Saskia (2024): Digitale Onomastik. In: Jannis Androutsopoulos/Friedemann Vogel (Hg.): *Handbuch Sprache und digitale Kommunikation*. Berlin/Boston: De Gruyter, S. 177–200.

Lüngen, Harald/Kupietz, Marc (2020): IBK- und Social Media-Korpora am Leibniz-Institut für Deutsche Sprache. In: Konstanze Marx/Henning Lobin/Axel Schmidt (Hg.): Deutsch in Sozialen Medien. *Interaktiv, multimodal, vielfältig. Jahrbuch des Instituts für Deutsche Sprache 2019*. Berlin/Boston: De Gruyter, S. 319–344.

Lüngen, Harald/Beißwenger, Michael/Herold, Axel/Storrer, Angelika (2016): Integrating corpora of computer-mediated communication in CLARIN-D: Results from the curation project ChatCorpus2CLARIN. In: Stefanie Dipper/Friedrich Neubarth/Heike Zinsmeister (Hg.): *Proceedings of the 13th Conference on Natural Language Processing (KONVENS 2016)*, S. 156–164. https://www.linguistics.rub.de/konvens16/pub/20_konvensproc.pdf (04.04.2025).

Luth, Janine/Marx, Konstanze/Pentzold, Christian (2022): Ethische und rechtliche Aspekte der Analyse von digitalen Diskursen. In: Eva Gredel/DFG-Netzwerk „Diskurse – digital" (Hg.): *Diskurse – digital*. Berlin/Boston: De Gruyter, S. 99–134. https://doi.org/10.1515/9783110721447-006.

Margaretha, Eliza/Lüngen, Harald (2014): Building Linguistic Corpora from Wikipedia Articles and Discussions. In: *Journal for Language Technology and Computational Linguistics* 29(2), S. 59–82. https://doi.org/10.21248/jlcl.29.2014.189.

Marquardt, Anja (2022): Die Amputation des Leibes – Lehre in Zeiten von Kontaktbeschränkungen und Videokonferenzen. In: *Online-Magazin Ludwigsburger Beiträge zur Medienpädagogik* 22. https://doi.org/10.21240/lbzm/22/09.

Martínez, Matías (2021): Was ist und wozu dient Faktualitätskompetenz? Faktuale Erzähltexte als Gegenstand medialer Bildung. In: *MiDU – Medien im Deutschunterricht* (2), S. 1–11. https://doi.org/10.18716/ojs/midu/2021.2.2.

Marx, Konstanze/Meier-Vieracker, Simon (2024): Digitale Gewalt: Formen und interaktive Verfahren. In: Jannis Androutsopoulos/Friedemann Vogel (Hg.): *Handbuch Sprache und digitale Kommunikation*. Berlin/Boston: De Gruyter, S. 435–454.

Marx, Konstanze/Weidacher, Georg ([2]2020): *Internetlinguistik. Ein Lehr- und Arbeitsbuch*. Tübingen: Narr.

Meer, Dorothee (2018). „Liebe dagi bee du bist wunder wunderhübsch 💕😍😍😘😘😘" – Osmotische Werbung und jugendliche Identitätsarbeit im Rahmen von Kommentarlisten auf YouTube. In: Eva Neuland/Benjamin Könning/Eliya Wessels (Hg.): *Jugendliche im Gespräch: Forschungskonzepte, Methoden und Anwendungsfelder aus der Werkstatt der empirischen Sprachforschung*, S. 299–328. https://doi.org/10.3726/b14325.

Meer, Dorothee (2021). Hybridisierung und Ausdifferenzierung durch die Hypermedien – Osmotische Werbung und Medienwandel am Beispiel alter und neuer Textsorten. In: Susanne Tienken/Stefan Hauser/Hartmut Lenk/Martin Luginbühl (Hg.): *Methoden kontrastiver Medienlinguistik*, S. 241–258. https://doi.org/10.3726/b18579.

Meibauer, Jörg (2007): Syngrapheme als pragmatische Indikatoren: Anführung und Auslassung. In: Sandra Döring/Jochen Geilfuß-Wolfgang (Hg.): *Von der Pragmatik zur Grammatik*. Leipzig: Leipziger Universitätsverlag, S. 21–37.

Meibauer, Jörg/Demske, Ulrike/Geilfuß-Wolfgang, Jochen/Pafel, Jürgen/Ramers, Karl Heinz/Rothweiler, Monika/Steinbach, Markus (^{3}2015): *Einführung in die germanistische Linguistik*. Stuttgart: Metzler.

Meier, Simon (2019): „Vollalimentierte Talkshowkonformisten": Diskursdynamik von Medienkritik in YouTube-Kommentarbereichen. In: Hektor Haarkötter/Johanna Wergen (Hg.): *Das YouTubiversum. Chancen und Disruptionen der Onlinevideo-Plattform in Theorie und Praxis*. Wiesbaden: Springer, S. 69–92. https://doi.org/10.1007/978-3-658-22846-0_5.

Meier, Simon (2020): Medienaneignung und Medienkritik auf YouTube. Korpuslinguistische und sequenzielle Analysen zu rekontextualisierten Talkshow-Auftritten der AfD. In: Hans-Jürgen Bucher (Hg.): *Medienkritik zwischen ideologischer Instrumentalisierung und kritischer Aufklärung*. Köln: Herbert von Halem, S. 274–295.

Meier-Vieracker, Simon (2023): „Liebe Sophie" – Adressierung und Involvierung in Instagram-Kommentaren am Beispiel des Projekts @ichbinsophiescholl. In: *Korpora Deutsch als Fremdsprache* 3(2), S. 112–136. https://doi.org/10.48694/kordaf.3849.

Meier-Vieracker, Simon/Bülow, Lars/Marx, Konstanze/Mroczynski, Robert (2023): *Digitale Pragmatik* (= Digitale Linguistik). Berlin/Heidelberg: Metzler. https://doi.org/10.1007/978-3-662-65373-9.

Meiler, Matthias (2024): Wissenschaftspraktiken im digitalen Raum. In: Jannis Androutsopoulos/Friedemann Vogel (Hg.): *Handbuch Sprache und digitale Kommunikation*. Berlin/Boston: De Gruyter, S. 547–565.

Meredith, Joanne (2017): Analysing technological affordances of online interactions using conversation analysis. In: *Journal of Pragmatics* 115, S. 42–55.

Metcalf, Allan (2010): *OK: The Improbable Story of America's Greatest Word*. New York/Oxford: Oxford University Press.

[MoCoDa2]: *Mobile Communication Database*. https://db.mocoda2.de/c/home (20.11.2024).

Morek, Miriam (2022): Gesprächsanalytische Transkription. In: Michael Beißwenger/Lothar Lemnitzer/Carolin Müller-Spitzer (Hg.): *Forschen in der Linguistik. Eine Methodeneinführung für das Germanistik-Studium*. Paderborn: Brill Fink, S. 391–407.

Mostovaia, Irina (2018): Nonverbale graphische Ressourcen bei Reparaturen in der interaktionalen informellen Schriftlichkeit am Beispiel der deutschen Chat-Kommunikation via IRC-Chat und WhatsApp. In: *Journal für Medienlinguistik* 1, S. 42–79. https://doi.org/10.21248/jfml.2018.6.

Mostovaia, Irina (2021): *Selbstreparaturen in der schriftlichen Interaktion. Eine kontrastive Analyse deutscher und russischer Kurznachrichtenkommunikation*. Berlin/New York: De Gruyter. https://doi.org/10.1515/9783110681710.

Müller-Spitzer, Carolin/Koplenig, Alexander/Wolfer, Sascha (2022): Methodische Grundlagen: Empirisches Forschen in der germanistischen Linguistik. In: Michael Beißwenger/Lothar Lemnitzer/Carolin Müller-Spitzer (Hg.): *Forschen in der Linguistik. Eine Methodeneinführung für das Germanistik-Studium*. (= UTB 5711). Paderborn: Brill Fink, S. 21–34.

Nerius, Dieter (Hg.) (2007): *Deutsche Orthographie*. 4. Aufl. Hildesheim: Georg Olms.

Norman, Donald A. (1988): *The psychology of everyday things*. New York: Basic Books.

Oloff, Florence/Ibnelkaïd, Samira (2024): Video-vermittelte Interaktion. In: Jannis Androutsopoulos/Friedemann Vogel (Hg.): *Handbuch Sprache und digitale Kommunikation*. Berlin/Boston: De Gruyter, S. 269–288.

Oostdijk, N. H./Reynaert, R./Schuurman, I./Hoste, V. (2013): The construction of a 500-million-word reference corpus of contemporary written Dutch. In: P. Spyns/J. Odijk (Hg.): *Essential Speech and Language Technology for Dutch*. Berlin: Springer, S. 219–247.

Pappert, Steffen (2016): Zur Konzeptualisierung von Kommunikationsereignissen. In: Ulrike Behrens/Olaf Gätje (Hg.): *Mündliches und schriftliches Handeln im Deutschunterricht. Wie Themen entfaltet werden*. Frankfurt am Main: Lang, S. 15–37.

Pappert, Steffen (2017): Zu kommunikativen Funktionen von Emojis in der WhatsApp-Kommunikation. In: Michael Beißwenger (Hg.): *Empirische Erforschung internetbasierter Kommunikation*. Berlin/Boston: De Gruyter. https://doi.org/10.1515/9783110567786-007.

Parkes, Malcolm B. (1992): *Pause and Effect. An Introduction to the History of Punctuation in the West*. Aldershot: Scolar Press.

Pasch, Renate/Brauße, Ursula/Breindl, Eva/Waßner, Ulrich Hermann (2003): *Handbuch der deutschen Konnektoren 1. Linguistische Grundlagen der Beschreibung und syntaktische Merkmale der deutschen Satzverknüpfer (Konjunktionen, Satzadverbien und Partikeln)*. Berlin/New York: De Gruyter.

Pérez-Sabater, Carmen (2021): Moments of sharing, language style and resources for solidarity on social media: A comparative analysis. In: *Journal of Pragmatics* 180, S. 266–282. https://doi.org/10.1016/j.pragma.2021.04.034.

von Polenz, Peter (2000): *Deutsche Sprachgeschichte vom Spätmittelalter bis zur Gegenwart. Band I: Einführung, Grundbegriffe, 14. bis 16. Jahrhundert*. Berlin/New York: De Gruyter.

Posner, Roland (1985): Nonverbale Zeichen in öffentlicher Kommunikation. In: *Zeitschrift für Semiotik* 7 (3), S. 235–371.

Poudat, Céline/Lüngen, Harald/Herzberg, Laura (2024): *Investigating Wikipedia: Linguistic Corpus Building, Exploration and Analysis*. (= Studies in Corpus Linguistics 121). Amsterdam.

Proisl, Thomas (2018): SoMeWeTa: A Part-of-Speech Tagger for German Social Media and Web Texts. In: *Proceedings of the Eleventh International Conference on Language Resources and Evaluation (LREC 2018)*, S. 665–670.

Proisl, Thomas/Uhrig, Peter (2016): SoMaJo: State-of-the-art tokenization for German web and social media texts. Berlin: Association for Computational Linguistics, S. 57–62. http://www.aclweb.org/anthology/W16-2607 (21.03.2019).

Reineke, Silke/Deppermann, Arnulf/Schmidt, Thomas (2023): Das Forschungs- und Lehrkorpus für Gesprochenes Deutsch (FOLK). Zum Nutzen eines großen annotierten Korpus gesprochener Sprache für interaktionslinguistische Fragestellungen. In: Arnulf Deppermann/Christian Fandrych/Marc Kupietz/Thomas Schmidt (Hg.): *Korpora in der germanistischen Sprachwissenschaft. Mündlich, schriftlich, multimedial. Jahrbuch des Instituts für Deutsche Sprache 2022*. Berlin/Boston: De Gruyter, S. 71–102.

Rieder, Bernhard (2013): Studying Facebook via Data Extraction: The Netvizz Application. In: *ACM*. S. 346–355. (= WebSci '13). New York: ACM. http://doi.acm.org/10.1145/2464464.2464475.

Schegloff, Emanuel A. (1997): Practices and actions: Boundary cases of other-initiated repair. In: *Discourse Processes* 23, S. 499–545.

Schildhauer, Peter (2014): *Textsorten im Internet zwischen Wandel und Konstanz. Eine diachrone Untersuchung der Textsorte Personal Weblog*. Universität Halle-Wittenberg.

Schiller, Anne/Teufel, Simone/Stöckert, Christine/Thielen, Christine (1999): *Guidelines für das Tagging deutscher Textcorpora mit STTS. (Kleines und großes Tagset)*. Universität Stuttgart, Institut für maschinelle Sprachverarbeitung; Universität Tübingen, Seminar für Sprachwissenschaft. https://www.linguistik.hu-berlin.de/de/institut/professuren/multilinguale-kontexte/korpora/dokumente/kiezdeutschkorpus-1/stts-1999.pdf.

Schlobinksi, Peter (2001): *knuddel – zurückknuddel – dich ganzdollknuddel*. Inflektive und Inflektivkonstruktionen im Deutschen. In: *Zeitschrift für germanistische Linguistik* 29, S. 192–218.

Schmid, Helmut (2003): Probabilistic part-of-speech tagging using decision trees. In: D. B. Jones/H. Somers (Hg.): *New Methods In Language Processing*. London: Routledge, S. 154–164.

Schmid, Helmut/Laws, Florian (2008): Estimation of Conditional Probabilities With Decision Trees and an Application to Fine-Grained POS Tagging. In: *Coling 2008 Organizing Committee*. Manchester, S. 777–784. https://aclanthology.org/C08-1098 (13.03.2023).

Schmidt, Thomas (2014): The Research and Teaching Corpus of Spoken German – FOLK. In: European Language Resources Association (ELRA) (Hg.): *Proceedings of the Ninth conference on International Language Resources and Evaluation (LREC '14)*. Reykjavik: European Language Resources Association, S. 383–387.

Schmidt, Thomas (2022): Daten und Metadaten. In: Michael Beißwenger/Lothar Lemnitzer/Carolin Müller-Spitzer (Hg.): *Forschen in der Linguistik. Eine Methodeneinführung für das Germanistik-Studium*. Paderborn: Brill Fink, S. 249–258.

Schmitz, Ulrich (2006): Schriftbildschirme. Tertiäre Schriftlichkeit im World Wide Web. In: Jannis K. Androutsopoulos/Jens Runkehl/Peter Schlobinski/Torsten Siever (Hg.): *Neuere Entwicklungen in der linguistischen Internetforschung*. (= Germanistische Linguistik 186/187). Hildesheim: Georg Olms, S. 184–208.

Schmitz, Ulrich (2011): Sehflächenforschung. Eine Einführung. In: Hajo Diekmannshenke/Michael Klemm/ Hartmut Stöckl (Hg.): *Bildlinguistik. Theorien – Methoden – Fallbeispiele.* (= Philologische Studien und Quellen 228). Berlin: Schmidt, S. 23–42.

Schöch, Christof et al. (2020): Abgeleitete Textformate: Text und Data Mining mit urheberrechtlich geschützten Textbeständen. In: *Zeitschrift für digitale Geisteswissenschaften* 5. https://doi.org/10.17175/2020_006.

Schröder, Christoph/Richter, Christoph (2022): Relationale Affordanzen. Oder die Möglichkeit einer ‚fantastischen Authentizität' auf Instagram Aus dem Buch Spuren digitaler Artikulationen. In: Nick Böhnke/Christoph Richter/Christoph Schröder/Martina Ide/Heidrun Allert (Hg.): *Spuren digitaler Artikulationen. Interdisziplinäre Annäherungen an Soziale Medien als kultureller Bildungsraum.* Bielefeld: transcript Verlag, S. 139–170. https://doi.org/10.1515/9783839459744-005.

Schwarz-Friesel, Monika (²2013): *Sprache und Emotion.* Tübingen/Basel: Francke.

Severinson Eklundh, Kerstin (2010): To Quote or Not to Quote: Setting the Context for Computer-Mediated Dialogues. In: *Language@Internet* 7, https://scholarworks.iu.edu/journals/index.php/li/article/view/37587 (06.04.2025).

Sieberg, Bernd (2016): Reaktive. Vorschlag für eine Erweiterung der Kategorie Responsive. In: Brigitte Handwerker/Rainer Bäuerle/Bernd Sieberg (Hg.): *Gesprochene Fremdsprache Deutsch (=Perspektiven Deutsch als Fremdsprache)* 32. Baltmannsweiler: Schneider Verlag Hohengehren, S. 101–117.

Sollaci, Luciana B./Pereira, Mauricio G. (2004): The introduction, methods, results, and discussion (IMRAD) structure: a fifty-year survey. In: *Journal of the Medical Library Association* 92 (3), S. 364–367.

Spieß, Constanze (2024): Digitale Interaktion, Positionierungen und Identitäten im Diskurs. In: Jannis Androutsopoulos/Friedemann Vogel (Hg.): *Handbuch Sprache und digitale Kommunikation.* Berlin/Boston: De Gruyter, S. 351–371.

Spitzmüller, Jürgen (2024): ‚Digitale Sprache' im öffentlichen Diskurs: Sprachkritik und Mediensprachideologien. In: Jannis Androutsopoulos/Friedemann Vogel (Hg.): *Handbuch Sprache und digitale Kommunikation.* Berlin/Boston: De Gruyter, S. 479–500.

Stalder, Felix (2016): Kultur der Digitalität. Frankfurt am Main: Suhrkamp.

[STANDARD-CN] (2011) *Zhonghua renmin gongheguo guojia zhiliang jiandu jianyan jianyi zongju (30 December 2011),* 中华人民共和国国家标准 *GB/T 15834–2011:*标点符号用法 *[National Standard of the People's Republic of China GB/T 15834–2011: General Rules for Punctuation].* https://web.archive.org/web/20161109233830/; http://www.moe.edu.cn/ewebeditor/uploadfile/2012/06/01/20120601102833791.pdf (20.11.2024).

Steinhoff, Torsten (2024). ChatGPT: Das Ende des Schreibunterrichts? In: *BiSS-Journal* 19, S. 20–23. https://www.biss-sprachbildung.de/wp-content/uploads/2024/06/BiSS-Journal_19.pdf.

Steinhoff, Torsten (2025). Künstliche Intelligenz als Ghostwriter, Writing Tutor und Writing Partner. Zur Modellierung und Förderung von Schreibkompetenzen im Zeichen der Automatisierung und Hybridisierung der Kommunikation am Beispiel des Schreibens mit ChatGPT in der 8. Klasse. In: Christian Albrecht/Jörn Brüggemann/Tabea Kretschmann/Christel Meier (Hg.): *Personale und funktionale Bildung im Deutschunterricht. Theoretische, empirische und praxisbezogene Perspektiven.* Stuttgart: Metzler, S. 85–99.

Steinsiek, Sarah (2021): *„Hm aber glaube das das Mega schwierig ist weil es soll ja auch ein bisschen schwierig sein." Korpusgestützte Untersuchungen zu grammatischen Besonderheiten in digitaler Alltagskommunikation.* https://doi.org/10.17185/duepublico/75213.

Steinsiek, Sarah (2023): Eine Interjektion im Spannungsfeld von Mündlichkeit und Schriftlichkeit: Zur formalen und funktionalen Spezifik von „HM" in geschriebener Alltagskommunikation. In: Katharina von Elbwart/Bernhard Fisseni/Katja Winter/Eva Wodtke (Hg.): *Beackerte Felder: Kultur, Bildung, Erinnerung: Gaby Herchert zum 65. Geburtstag.* Münster: Aschendorff, S. 317–340. https://doi.org/10.17185/duepublico/75213.

Steinsiek, Sarah/Beißwenger, Michael/Zang, Yinglei (2025): Digital Punctuation from a Contrastive Perspective: Corpus-based Investigations of Ellipsis Points in German and Chinese Messaging Interactions. In: Louis Alexander Cotgrove/Laura Herzberg/Harald Lüngen (Hg.): *Exploring digitally-mediated communication with corpora: Methods, analyses, and corpus construction.* Berlin/Boston: De Gruyter (Digital Linguistics 2), S. 83–114.

Storrer, Angelika (2011): Korpusgestützte Sprachanalyse in Lexikographie und Phraseologie. In: Karlfried Knapp (Hg.): *Angewandte Linguistik: ein Lehrbuch*. Tübingen/Basel: Francke, S. 216–239.

Storrer, Angelika (2013): Sprachstil und Sprachvariation in sozialen Netzwerken. In: Barbara Frank-Job/Alexander Mehler/Tilmann Sutter (Hg.): *Die Dynamik sozialer und sprachlicher Netzwerke. Konzepte, Methoden und empirische Untersuchungen an Beispielen des WWW*. Wiesbaden: Springer, S. 331–366. https://doi.org/10.1007/978-3-531-93336-8_15

Storrer, Angelika (2014): Sprachverfall durch internetbasierte Kommunikation? Linguistische Erklärungsansätze – empirische Befunde. In: Albrecht Plewina/Andreas Witt (Hg.): *Sprachverfall? Dynamik – Wandel – Variation. Jahrbuch des Instituts für Deutsche Sprache 2013*. Berlin/Boston: De Gruyter, S. 171–196.

Storrer, Angelika (2017a): Internetbasierte Kommunikation. In: Deutsche Akademie für Sprache und Dichtung; Union der deutschen Akademien der Wissenschaften (Hg.): *Vielfalt und Einheit der deutschen Sprache. Zweiter Bericht zur Lage der deutschen Sprache*. Tübingen: Stauffenburg, S. 247–282.

Storrer, Angelika (2017b): Interaktive Einheiten in der internetbasierten Kommunikation. In: Y. Ekinci (Hg.): *Grammatik und Variation: Festschrift für Ludger Hoffmann zum 65. Geburtstag*. Heidelberg: Synchron Publishers, S. 119–132.

Storrer, Angelika (2018a): Interaktionsorientiertes Schreiben im Internet. In: Arnulf Deppermann/Silke Reineke (Hg.): *Sprache im kommunikativen, interaktiven und kulturellen Kontext*. Berlin/Boston: De Gruyter, S. 219–244. https://doi.org/10.1515/9783110538601-010.

Storrer, Angelika (2018b): Web 2.0. Das Beispiel Wikipedia. In: Karin Birkner/Nina Janich (Hg.): *Handbuch Text und Gespräch*. Berlin/Boston: De Gruyter, S. 398–418.

Storrer, Angelika (^{2}2019): Hypertextlinguistik. In: Nina Janich (Hg.): *Textlinguistik. 15 Einführungen und eine Diskussion*. Tübingen: Narr, S. 305–320.

Storrer, Angelika/Herzberg, Laura (2022). Alles okay! Korpusgestützte Untersuchungen zum Internationalismus OKAY. In: Michael Beißwenger/Lothar Lemnitzer/Carolin Müller-Spitzer (Hg.), *Forschen in der Linguistik. Eine Methodeneinführung für das Germanistik-Studium*, S. 37–59. https://doi.org/10.36198/9783838557113.

Sun, Kun (2021): An Investigation of the Factors Influencing Chinese Readers' Perception of Sentence Boundaries in Mandarin. In: Paul Rössler/Peter Besl/Anna Saller (Hg.): *Vergleichende Interpunktion – Comparative Punctuation*. Berlin/Boston: De Gruyter, S. 215–236. https://doi.org/10.1515/9783110756319-010.

SWR (2021): *Instagram-Projekt zu Sophie Scholl von SWR und BR*. In: https://www.swr.de/unternehmen/ich-bin-sophie-scholl-projekt-100.html (04.05.2023).

Szurawitzki, Michael (2022): WeChat 2.0. Überlegungen zum kommunikativen Potenzial der Applikation angesichts aktueller Tendenzen von Messenger-Kommunikation. In: Interkulturelles Forum der deutsch-chinesischen Kommunikation 2 (1), S. 23–44. https://doi.org/10.1515/ifdck-2022-0001.

[TEI-P5_C9] (o. J.) Computer-mediated communication. In: *TEI Guidelines for Electronic Text Encoding and Interchange P5 Version 4.8.0, Chapter 9*. https://tei-c.org/release/doc/tei-p5-doc/en/html/CMC.html (20.11.2024).

Ueberwasser, Simone (2015/2022): The Swiss SMS Corpus. Documentation, facts and figures. http://www.sms4science.ch/ (07.04.2025).

Ueberwasser, Simone/Stark, Elisabeth (2017): What's up, Switzerland? A corpus-based research project in a multilingual country. In: *Linguistik online* 84 (5). https://doi.org/10.13092/lo.84.3849.

Uhmann, Susanne (1998): Verbstellungsvariation in weil-Sätzen: Lexikalische Differenzierung mit grammatischen Folgen. In: *Zeitschrift für Sprachwissenschaft* 17(1), S. 92–139.

Vogel, Friedemann/Deus, Fabian (2024): Strategische Kommunikationspraktiken in digitalen Diskursarenen. In: Jannis Androutsopoulos/Friedemann Vogel (Hg.): *Handbuch Sprache und digitale Kommunikation*. Berlin/Boston: De Gruyter, S. 393–411.

Von Rotz, Jonas/Tokarski, Kim Oliver (2020). Social Influencer. Eine Analyse ausgewählter visueller und auditiver Stile erfolgreicher Social Influencer auf YouTube. In: Jochen Schellinger/Kim Oliver Tokarski/Ingrid Kissling-Näf (Hg.): *Digitale Transformation und Unternehmensführung. Trends und Perspektiven für die Praxis*, S. 407–434. https://doi.org/10.1007/978-3-658-26960-9.

Wachter, Christian/Schröter, Christian, geb. Vater (2023): Hypertext. In: AG Digital Humanities Theorie des Verbandes Digital Humanities im deutschsprachigen Raum e. V. (Hg.): *Begriffe der Digital Humanities. Ein diskursives Glossar* (= Zeitschrift für digitale Geisteswissenschaften / Working Papers, 2). Wol-

fenbüttel, Version 2.0 vom 14.03.2024. HTML / XML / PDF. https://doi.org/10.17175/wp_2023_005_v2.
Wagner, Jens-Christian/Groschek, Iris/Ebbrecht-Hartmann, Tobias (2022): *Instagram-Projekt „Ich bin Sophie Scholl": Ein Debattenbeitrag*. In: https://www.stiftung-evz.de/wer-wir-sind/neuigkeiten-aus-der-stiftung/neuigkeit/instagram-projekt-ichbinsophiescholl-ein-debattenbeitrag/.
Warnke, Ingo H. (2013): Urbaner Diskurs und maskierter Protest – Intersektionale Feldperspektiven auf Gentrifizierungsdynamiken in Berlin Kreuzberg. In: Kersten Sven Roth/Carmen Spiegel (Hg.): *Angewandte Diskurslinguistik. Felder, Probleme, Perspektiven*. Berlin: De Gruyter, S. 189–221. https://doi.org/10.1524/9783050061054.189.
[WDG] (1970): *Wörterbuch der deutschen Gegenwartssprache. 3: glauben – Lyzeum*. Berlin, o. V.
Weingarten, Rüdiger (1989): *Die Verkabelung der Sprache. Grenzen der Technisierung von Kommunikation*. Frankfurt am Main: Fischer-Taschenbuch-Verlag.
Wittgenstein, Ludwig (1984): *Werkausgabe in 8 Bänden. Band 1: Tractatus logico-philosophicus. Tagebücher 1914–1916. Philosophische Untersuchungen*. Frankfurt am Main: Suhrkamp.
Zifonun, Gisela/Hoffmann, Ludger/Strecker, Bruno (1997): *Grammatik der deutschen Sprache*. Berlin/New York: De Gruyter.
Zima, Elisabeth (2024): Multimodale Analysen zur Fremd- und Selbstwahl in ZOOM-Videokonferenzen. In: Susanne Kabtanik/Lars Bülow/Marie-Luis Merten/Robert Mroczynski (Hg.): *Pragmatik multimodal*. Tübingen: Narr. https://doi.org/10.24053/9783823395829.

MIX
Papier aus verantwortungsvollen Quellen
Paper from responsible sources
FSC® C105338

If you have any concerns about our products,
you can contact us on
ProductSafety@springernature.com

In case Publisher is established outside the EU,
the EU authorized representative is:
**Springer Nature Customer Service Center GmbH
Europaplatz 3, 69115 Heidelberg, Germany**

Printed by Libri Plureos GmbH
in Hamburg, Germany